16	3	2	13
5	10	11	8
9	6	7	12
4	15	14	1

João Villaverde e José Marcio Rego

BRESSER-PEREIRA:
RUPTURAS
DO PENSAMENTO

Uma autobiografia em entrevistas

editora 34

EDITORA 34

Editora 34 Ltda.
Rua Hungria, 592 Jardim Europa CEP 01455-000
São Paulo - SP Brasil Tel/Fax (11) 3811-6777 www.editora34.com.br

Copyright © Editora 34 Ltda., 2021
Bresser-Pereira: rupturas do pensamento © João Villaverde e José Marcio Rego, 2021

A FOTOCÓPIA DE QUALQUER FOLHA DESTE LIVRO É ILEGAL E CONFIGURA UMA
APROPRIAÇÃO INDEVIDA DOS DIREITOS INTELECTUAIS E PATRIMONIAIS DO AUTOR.

Imagem da capa:
Retrato de Luiz Carlos Bresser-Pereira por Renata Castello Branco

Capa, projeto gráfico e editoração eletrônica:
Franciosi & Malta Produção Gráfica

Revisão:
Beatriz de Freitas Moreira

1ª Edição - 2021

Catalogação na Fonte do Departamento Nacional do Livro
(Fundação Biblioteca Nacional, RJ, Brasil)

Villaverde, João
V436b   Bresser-Pereira: rupturas do pensamento
(uma autobiografia em entrevistas) / João Villaverde
e José Marcio Rego. — São Paulo: Editora 34, 2021
(1ª Edição).
400 p.

ISBN 978-65-5525-063-3

     1. Bresser-Pereira, Luiz Carlos. 2. Economia.
3. Brasil - História econômica e política, séculos XX
e XXI. 4. Teoria do desenvolvimento econômico.
5. Administração pública. I. Rego, José Marcio.
II. Título.

CDD - 330.15

BRESSER-PEREIRA: RUPTURAS DO PENSAMENTO
Uma autobiografia em entrevistas

Apresentação do autobiografado.. 11

Apresentação dos entrevistadores.. 15

Cronologia: o Brasil e o mundo desde 1934 19

1. Uma ética da responsabilidade
    Os primeiros anos 35
    Formação política.. 39

2. A descoberta do Brasil e uma decisão de risco
    Debates nos anos 1950.. 43
    Os intelectuais nacionalistas do ISEB.................................... 47
    Começando a estudar o desenvolvimento econômico 51

3. Uma vida na FGV
    Entrada na FGV e estudos nos Estados Unidos...................... 55
    O primeiro mestrado do Brasil 59
    A área de administração pública... 63

4. Uma interpretação política
    Interpretação desenvolvimentista.. 67
    Uma interpretação política 70
    Planos ao chegar ao Brasil... 74
    Dois ensaios: as revoluções utópicas...................................... 78

5. Construindo com Abílio Diniz o Pão de Açúcar
    O início do trabalho no Pão de Açúcar.................................. 81
    Conflito familiar e sequestro de Abílio Diniz......................... 85
    A crise financeira do Pão de Açúcar....................................... 88

6. Um apaixonado por teorias
    As primeiras teorias... 91
    Teoria da tecnoburocracia 94
    Teoria da taxa de lucro e as fases do capitalismo..................... 97
    Quantas teorias?.. 100

7. Pensando a democracia e lutando por ela
Prevendo a transição democrática 103
Uma teoria da consolidação democrática 105

8. Estudando Marx
Estudando Marx com Yoshiaki Nakano................................... 111
Na vida pública com Nakano.. 113
Como arranja tempo?.. 115
Publicando em inglês 116

9. Em que o senhor acredita?
Como o senhor se vê?.. 119
Um desenvolvimentista social-democrático? 120
Cinco ideologias 123

10. Começando a vida pública com Franco Montoro
O Banespa 135
O governo Montoro e as Diretas Já.. 138
Uma visita a Cuba 139
Tancredo, Sarney e o Plano Cruzado 142

11. A descoberta da inflação inercial
Teoria da inflação inercial 143
O Plano Real 150
Revista de Economia Política 152

12. No Ministério da Fazenda
O populismo reinante.. 157
Plano Bresser 163

13. Uma solução global para a dívida externa
Abertura comercial... 167
Uma solução para a crise da dívida externa.............................. 168
Demissão do Ministério da Fazenda 176

14. Começa a longa semiestagnação
A crise fiscal do Estado... 179
Eleições presidenciais de 1989 183
Plano Collor 185

Dezembro de 1991, acordo com o FMI 188
Os dois métodos 189

15. Liberais e desenvolvimentistas
Econonomistas ortodoxos e heterodoxos 197
A crítica ao neoliberalismo 200
Ser um político ou um intelectual? 205

16. Um *think tank* no governo
O convite de Fernando Henrique Cardoso 209
Campanha presidencial e o convite para o ministério 210
O novo governo 212
Os primeiros passos no MARE 216
MARE, um *think tank* 220

17. Reformar o Estado com uma teoria
A Teoria da Reforma Gerencial 221
A segunda grande reforma da administração pública 223
A Emenda Constitucional da Reforma Administrativa 226
A oposição à reforma 228
A dimensão internacional da reforma 232
Ministério da Ciência e Tecnologia 236

18. Oxford e Paris
A crise financeira de 1998-1999 241
Oxford e a Terceira Via 243
O projeto França 248
Um grande amigo tardio 251

19. A saída da política
A saída do PSDB 253
Os empresários novamente 254
Nakano cria uma escola neoclássica 257
Aprender com os companheiros 260

20. Uma interpretação desenvolvimentista
Uma estranha teoria da dependência 263
Interpretações do Brasil 266
Em defesa dos empresários e dos engenheiros 270

21. O Novo Desenvolvimentismo

De volta ao desenvolvimentismo e a Keynes 273

Nasce o Novo Desenvolvimentismo 276

Economia política do Novo Desenvolvimentismo.................... 289

Um *work in progress* 292

A história do "social-desenvolvimentismo" 296

22. A esquerda no governo

Governo Lula 301

Governo Dilma.............................. 303

O impeachment e as eleições de 2018.............................. 306

23. De volta ao estudo do capitalismo

Retomando o estudo do capitalismo.............................. 313

Capital e organização 316

Os dois projetos com os japoneses.............................. 318

Virada neoliberal e globalização 320

Capitalismo neoliberal financeiro-rentista 323

24. A Grande Crise Brasileira

Quase estagnados há quarenta anos 329

Crise moral e a Lava Jato 331

O Projeto Brasil Nação.............................. 333

A crise brasileira se aprofunda.............................. 335

Comissão Arns 336

Uma oportunidade para o Brasil.............................. 338

25. A Covid-19 e a finitude

A crise do coronavírus.............................. 341

A reestruturação do SUS.............................. 343

Emitir ao invés de aumentar a dívida pública 345

Diante da morte 350

Índice de nomes.............................. 353

Notas 365

Sobre Luiz Carlos Bresser-Pereira 395

Sobre os autores 399

"A ideia da novidade absoluta é impensável. O novo só pode existir em ruptura com o passado... Por trás de todas as rupturas do pensamento há um contexto contínuo que garante a continuidade das comunidades humanas."

Paul Ricoeur

"De repente os intelectuais brasileiros começam a se sentir com forças suficientes para pensar o mundo contemporâneo a partir da problemática que se estabelece localmente, em vez de pensar a problemática local à luz do que está se desenvolvendo nos polos mais em evidência da luta ideológica."

Roberto Schwarz

Apresentação do autobiografado

Muitas vezes me ocorreu ou amigos me sugeriam que escrevesse uma autobiografia, mas eu sempre recusava. Dizia que me faltava tempo, algo que é tão precioso quando envelhecemos. Ou que eu tinha ainda muita coisa para escrever e fazer, que não sou um bom contador de histórias, que meu mundo é mais o mundo das ideias do que o da política. É claro que alguns escritores maiores são capazes de ser ao mesmo tempo particulares e universais. Antonio Candido mostrou isso muito bem na homenagem que fez a Pedro Nava; este, em sua autobiografia, uniu o pessoal e o universal e produziu uma obra literária maior.[1] Foi também por essa razão, porque não sou um escritor, mas um economista ou economista político, que resisti a embarcar neste projeto autobiográfico. Mas afinal, quando João Villaverde e José Marcio Rego me propuseram fazer uma autobiografia através de entrevistas, concordei. Achei que desta forma o tempo que eu dedicaria ao projeto seria pequeno. Me enganei. Depois de feitas e transcritas as entrevistas, tive um enorme trabalho para revisar, ordenar e, algumas vezes, completar o que eu havia dito. Mas estou satisfeito com o resultado. Acho que temos aqui um bom livro.

Esta é uma autobiografia intelectual e política. Falo também da minha vida pessoal e familiar, mas pouco. Não tenho boa memória para essas questões. Tive a sorte de me casar com uma companheira ótima; construímos uma bela família, quatro filhos e onze netos. Realizei de forma satisfatória os objetivos a que me propus quando jovem, e o papel de Vera Cecília foi fundamental nessa boa luta que pode ser a vida quando trabalhamos duramente e temos sorte.

Nesta autobiografia vou falar mais do que fiz nos diversos governos dos quais participei e das teorias econômicas e políticas que desenvolvi. Sou um apaixonado por teorias que sejam simples e comprováveis, e tenho algum talento para o pensamento abstrato que é essencial para que elas façam sentido e nos ajudem a pensar. Acredito que o pensamento é capaz de realizar rupturas, mas, como diz Paul Ricoeur, o novo, as novas ideias e as novas instituições têm sempre como cenário de fundo o passado, o já pensado e já vivido.[2] Ao pensarmos nós temos que considerar a realidade observada e as explicações para elas: é isso que faz a ciência; mas precisamos levar em conta os nossos valores morais, que não podem ser submetidos às ciências sociais. Podemos e devemos colocar as religiões e as ideologias como objetos de nosso estudo, podemos estudar a sociologia do conhecimento, mas os valores e as crenças têm uma autonomia que lhes é própria, que testemunham a nossa liberdade. Jamais me contentei com a simples afirmação de valores e princípios morais, mas é claro que são importantes e exigem nosso compromisso pessoal para com eles. Não considero que os intelectuais devam construir utopias e definir simplesmente a partir da razão as regras da vida social. Eu sempre quis compreender como nossos valores e objetivos maiores foram socialmente definidos e como é possível realizá-los a partir da nossa vida em sociedade, da nossa experiência, dos nossos princípios morais e do nosso conhecimento científico. Para mim, o pensamento jamais é gratuito. O conhecimento tem sempre um objetivo pragmático: orientar a ação para o interesse público ou o bem comum. Meu compromisso com as ciências sociais é, portanto, um compromisso moral. Eu naturalmente sempre busquei atingir meus objetivos pessoais, mas rejeito o individualismo, que para mim é a doença da modernidade, e defendo o republicanismo e o socialismo democrático — duas ideologias solidárias que limitam a dureza da busca do poder, que é própria dos humanos, e da implacável competição que define o capitalismo. Os homens não foram ainda capazes de construir uma forma de organização social superior ao capitalismo, mas estou seguro que cidadãos republicanos, capazes de privilegiar o interesse público mesmo quando ele conflite com seus interesses particulares, e socialistas, que acreditam na possibilidade de construir instituições solidárias, construirão um capitalismo melhor — sociedades nacionais em que o progresso ou o desenvolvimento humano foi mais longe.

Nesta autobiografia por entrevistas meu compromisso com o leitor é o compromisso com a verdade. Não com a verdade em si mesma, que não existe, mas com a verdade honesta e franca que eu possa alcançar ao contar minhas histórias, minha ação na vida pública, minhas ideias. Esta é uma autobiografia política, porque embora nunca tenha me candidatado, exerci funções políticas. É uma autobiografia intelectual, porque minha vida foi sempre a de um professor e um intelectual. Intelectual público que não hesita em se comprometer com a realidade embora esta raramente seja tão bela como queríamos que fosse. É a história de um pensamento que foi evoluindo e se tornando mais abstrato, mas, dialeticamente, sempre voltado para a ação. É a história de um trabalho firme e uma busca incessante que deram e continuam dando sentido para a minha vida. Tornou ela o mundo melhor? Muito pouco, mas fez minha vida melhor.

Agradeço aos meus dois entrevistadores. Eles foram ótimos. Mostraram já conhecer muita coisa da minha vida e da minha obra para fazer suas perguntas. Agradeço a Cecília Heise, que sempre revisa meus trabalhos. E agradeço a minha mulher, Vera Cecília, que, além de me apoiar em tudo, ainda que criticamente, ajudou-me a revisar esta autobiografia fazendo ela própria sua revisão.

Luiz Carlos Bresser-Pereira

Apresentação dos entrevistadores

Quando se depara com Luiz Carlos Bresser-Pereira pela primeira vez, é possível saber se ele está bem ou mal-humorado. Se ele abre um sorriso de imediato é porque o papo vai fluir. Mas se ele, por outro lado, mantém o rosto fechado é porque está com o pensamento cerrado, às voltas com um problema — real ou teórico. A experiência de sentar-se com o ex-ministro de Estado, ex-diretor do Pão de Açúcar, ex-secretário de Governo de São Paulo e sempre professor Bresser-Pereira, para percorrer oito décadas, foi rica e intensa. Do alto de seus 86 anos, ele guarda uma memória notável e se deixa levar pelas emoções. Histórias mal resolvidas do passado, algumas contadas aqui pela primeira vez, ainda trazem alguma irritação. Momentos engraçados, mesmo distante quatro ou cinco décadas, ainda o fazem rir.

Professor na Escola de Administração de Empresas de São Paulo (que ele chama simplesmente de Escola), a EAESP da FGV, desde 1959, Bresser continua inquieto: ele está muito preocupado com os rumos do país — tanto políticos, após a eleição de Jair Bolsonaro para presidente, quanto econômicos, dado que a estagnação estrutural não é rompida desde 1980 e tende a ser aguçada dada a péssima resposta do governo Bolsonaro à pandemia do novo coronavírus em 2020. A inquietação de Bresser, agora, tem nome: o Novo Desenvolvimentismo. Ele batiza assim a teoria econômica que tem ocupado sua mente nos últimos anos e aposta que somente uma política econômica que leve os marcos novo-desenvolvimentistas em consideração poderá fazer com que a década que começa, de 2020, enfim marque uma ruptura com as últimas três gerações.

Este livro nasceu há muitos anos. João Villaverde esteve no coquetel de lançamento de *Macroeconomia da estagnação* (Editora 34), em abril de 2007, como repórter. Depois, em 2012, cursou o Laporde (Latin American Advanced Programme on Rethinking Macro and Development Economics), uma parceria da FGV com a Universidade de Cambridge coordenada por Bresser-Pereira. Jornalista de formação, entrevistou Bresser-Pereira para o *Valor Econômico* e *O Estado de S. Paulo* em diversas oportunidades. Autor de um livro-reportagem sobre a crise econômica do governo Dilma Rousseff,

Perigosas pedaladas: os bastidores da crise que abalou o Brasil (Geração Editorial, 2016), João passou à vida acadêmica: primeiro como pesquisador visitante na Universidade de Columbia (EUA) e depois como mestrando em Administração Pública e Governo na EAESP-FGV. Foi nesta oportunidade que ele foi aluno de Bresser-Pereira e José Marcio Rego. Fora das redações de jornais, mas ainda pensando com cabeça jornalística, Villaverde nutria a ambição de entrevistar o ex-ministro, de carreira tão heterogênea, de forma franca: tratar de seus três tempos como ministro de dois presidentes, mas também como secretário do governo paulista em meio à redemocratização, como presidente do Banespa, como diretor do Pão de Açúcar, como fundador do PSDB, como eleitor do PT, como professor da FGV, como teórico. Todas as facetas. O contato de João Villaverde com José Marcio Rego se intensificou depois que escreveram um artigo em parceria, publicado na *Revista de Economia Política*. Ficaram grandes amigos e, como amigos, selaram o projeto de entrevistar Bresser-Pereira de forma abrangente, sincera e profunda. Villaverde concluiu o mestrado e em seguida iniciou o doutorado na própria FGV.

José Marcio Rego é um grande amigo de Bresser-Pereira. Como conta Bresser, José Marcio é hoje seu melhor amigo. Foi aluno de Bresser na FGV desde 1981 e, como José Marcio gosta de dizer, ninguém assistiu mais a suas aulas do que ele. Há mais de dez anos o auxilia nas aulas. Como intelectual e economista, acompanhou a batalha contra a inflação inercial, tendo publicado livros sobre o assunto e assessorado Bresser-Pereira quando este foi ministro em 1987. E depois a luta pela Reforma Gerencial do Estado. Com dois doutorados (um na FGV e outro na PUC), curador da Casa do Saber e professor, Rego se entusiasmou pelo projeto, que fez lembrar sua antiga série de *Conversas com...* publicadas pela Editora 34 entre 1996 e 2006. O primeiro volume, *Conversas com economistas brasileiros* é um clássico da história do pensamento econômico nacional.

A dupla Villaverde e Rego, então, decidiu unir os dois projetos: a abordagem jornalística e a experiência com um projeto de fôlego. Com o dia a dia na FGV, decidiram também arriscar o pedido. Bresser aceitou e o projeto foi colocado de pé muito rapidamente depois de seu sinal verde. A participação de Cecília Heise, Nelson Marconi, Bárbara Pombo, João Almeida e Alcino Leite foi importante, especialmente na fase inicial do projeto. Vera Cecília, esposa de Bresser-Pereira, sempre nos recebeu com enorme paciência em sua residência. Patrícia Bresser, sua filha, presente nas primeiras entrevistas e depois na coleta de fotografias, foi muito importante. A todos eles agradecemos muitíssimo.

O formato, então, estava definido. Villaverde e Rego entrevistariam Bresser-Pereira em sua residência, na Zona Oeste de São Paulo, em diversos encontros. Não haveria restrição — toda pergunta foi permitida. Foram cinco encontros entre outubro de 2017 e 31 de março de 2018. Todos começavam muito cedo pela manhã e terminavam quando já estava escuro. Pouco mais de um ano depois, reencontraram-se uma última vez para concluir as pontas abertas, em entrevista realizada a 26 de abril de 2019. Ao todo, quase trinta horas de gravação. O trabalho de edição e revisão foi intenso, sendo concluído em meio à pandemia, com reuniões entre Bresser, Rego e Villaverde ocorrendo por meio de aplicativos digitais, dado o necessário isolamento social. O ponto final foi colocado a 6 de junho de 2020, quando, então, este livro chegou às mãos do editor Paulo Malta. Agradecemos a ele e à equipe da Editora 34 pelo incrível trabalho.

A versão aqui publicada é integral, porém editada para facilitar a leitura. Optamos por um caminho cronológico. Não faltam histórias de bastidores sobre governos em Brasília e em São Paulo. Embates intelectuais, que ficam mais claros conforme chegamos ao século XXI, são muitos neste livro. A formação acadêmica, as primeiras leituras e as posições ideológicas pessoais também estão presentes. Ao final do volume, o leitor encontrará as notas de rodapé, que ajudam a detalhar pontos e nomes mencionados. Para terminar, inserimos uma curta linha cronológica do Brasil e do mundo desde 1934, para pôr o leitor diante dos tempos vividos por Bresser.

Esperamos que esta obra seja tão agradável de ler quanto foi de realizar. Não é preciso concordar com Luiz Carlos Bresser-Pereira em tudo. Nós, entrevistadores, temos nossas diferenças com pontos importantes de seu pensamento, que fique registrado. O que nos parece inegável, no entanto, é sua arguta visão crítica, que permanece intensa. Trata-se de um brasileiro inquieto com o país que ele acompanha de perto há quase nove décadas, que passou por enormes transformações — algumas delas tão recentes que ainda não cicatrizaram.

Boa leitura!

João Villaverde e José Marcio Rego
24 de março de 2021

Apresentação dos entrevistadores

Cronologia: o Brasil e o mundo desde 1934

1934-1939

Quando Luiz Carlos Bresser-Pereira nasce, a 30 de junho de 1934, em São Paulo, o país ainda estava sob a égide da primeira Constituição republicana de 1891. Duas semanas depois, a nova Carta é promulgada, selando formalmente o intenso período iniciado com a Revolução de 1930 (que ungiu ao poder federal o presidente Getúlio Vargas), e a revolta constitucionalista de 1932. Em São Paulo, as primeiras construções de arquitetura moderna surgem, com o edifício Esther, no centro da capital, ficando pronto em 1938. No mesmo ano, a "vila modernista" do arquiteto Flávio de Carvalho é inaugurada no bairro dos Jardins. O maestro Heitor Villa-Lobos compõe a série das *Bachianas Brasileiras* e Sérgio Buarque de Holanda escreve *Raízes do Brasil*, em 1936. No Brasil, ademais, o período de agitações políticas continuaria mesmo depois da nova Constituição, primeiro com a Intentona Comunista de 1935 e depois com o autogolpe promovido por Vargas, em novembro de 1937, decretando a ditadura do Estado Novo. Nos Estados Unidos, o período é marcado, na cultura, pela consolidação do cinema sonoro e as comédias musicais de Fred Astaire e Ginger Rogers, do jazz de Benny Goodman e Duke Ellington e pelo surgimento das revistas em quadrinhos, como *Superman* (1938) e *Batman* (1939), e pelo livro e filme *E o vento levou* (1936 e 1939). Na França, o grande cinema de Jean Renoir e de *A grande ilusão* (1937). Na política, começa o predomínio do partido Democrata, com as eleições sucessivas do presidente Franklin Roosevelt. Na economia, Roosevelt encarava a Grande Depressão com seu conjunto de políticas anticíclicas, sob o nome New Deal. O economista inglês John Maynard Keynes publica sua obra mais importante, *A teoria geral*, em 1936. É completo o poder de Josef Stálin na União Soviética, que vivia sob o movimento cultural do "realismo soviético" e os expurgos de opositores. A Espanha vive terrível guerra civil, culminando com o massacre de Guernica, tornado eterno pelo pintor Pablo Picasso, e a ditadura do general Franco. A extrema direita japonesa se reorganiza e inicia uma corrida armamentista na Ásia. A Alemanha viu a República de Weimar sucumbir para o nazismo, com a ascensão do austríaco Adolf Hitler ao poder, em 1933, dando início a uma sucessão de invasões territoriais e conflitos armados que levaria ao início da Segunda Guerra Mundial no fim de 1939.

1940-1945

Os terríveis anos da Segunda Guerra Mundial, com batalhas sucessivas na Europa, na América do Norte e na Ásia. Winston Churchill é eleito primeiro-ministro da Inglaterra, iniciando parceria com Roosevelt e Stálin para a formação dos Aliados em 1941, depois que os japoneses atacaram Pearl Harbor e Hitler rompeu o pacto de não agressão com os soviéticos. A França é ocupada pelos nazistas. O pêndulo bélico começa a virar em 1943 e dois anos mais tarde a Alemanha é tomada pelas tropas soviéticas, levando ao suicídio de Hitler, e o Japão cai perante os Estados Unidos, que usa pela primeira vez a bomba atômica (primeiro em Hiroshima e depois em Nagasaki). Roosevelt não acompanha os dias finais: falece a 12 de abril de 1945. A França é libertada, a Itália deixa o fascismo para trás com a morte do ditador Benito Mussolini e a Espanha franquista e Portugal salazarista são isolados no pós-Guerra. No Brasil, o Estado Novo é terminado também em 1945, com o ressurgimento dos partidos políticos e as eleições livres no fim do ano. Getúlio Vargas é derrubado, mas apoia o presidente eleito, o general Eurico Gaspar Dutra. Em São Paulo, Luiz Carlos Bresser-Pereira cursa o ensino primário na escola pública.

1946-1954

É promulgada em 1946 a nova Constituição brasileira e, com ela, a Lei 1.079, dos crimes de responsabilidade, que seria largamente usada em processos de impeachment. Sylvio Gonçalves Pereira, pai de Bresser, é eleito deputado estadual paulista pelo PTB, em 1947. No mesmo ano, o Partido Comunista é tornado ilegal e seus parlamentares são cassados, incluindo o escritor baiano Jorge Amado, que era deputado federal. Em 1950, ano da Copa do Mundo de futebol no Brasil e de estreia do estádio do Maracanã, as eleições gerais terminam com o retorno à presidência de Getúlio Vargas, desta vez pelo voto direto. Um grupo de intelectuais nacionalistas liderados por Hélio Jaguaribe cria em 1953 um instituto que será transformado no ISEB e lança a revista *Cadernos do Nosso Tempo*. Apoiado em uma equipe de economistas desenvolvimentistas, os "boêmios cívicos", Vargas retoma o projeto de industrialização, funda o BNDES, a Petrobras, a Eletrobras e o Banco Central, mas seu governo é abalado desde o princípio por dificuldades políticas, aguçadas pela oposição da UDN, e econômicas, que tem como grande evento simbólico a "greve dos 100 mil", em São Paulo, em 1953. O governo Vargas é interrompido a 24 de agosto de 1954, com o suicídio do presidente. A literatura brasileira ganha Graciliano Ramos e Guimarães Rosa, entre outros. Bresser-Pereira faz o ginásio e o ensino médio no Colégio São Luís, dos jesuítas, trabalha como jornalista em *O Tempo*, jornal cujo pai era o proprietário, passa a participar de um grupo de intelectuais progressistas católicos na JEC e na JUC, e inicia seu curso de Direito no Largo São Francisco. É fundada a Escola de Administração de Empresas de São Paulo (EAESP), vinculada à Fundação Getúlio Vargas (FGV). Celso Furtado volta de Paris e começa a trabalhar na CEPAL sob o comando do argentino Raúl Prebisch, e ambos fundam a versão latino-americana do Desenvolvimentismo Clássico. São anos da Guerra Fria entre os Estados Unidos e a União Soviética. Guerra, de fato, ocorre na Coreia, em 1951. Na vizinha China, o movimento comunista de Mao Tsé-Tung lidera revolução em 1949. Em Moscou, Stálin falece a 5 de março de 1953, iniciando prolongada disputa interna para sua sucessão. O poder político troca de mãos nos Estados Unidos, com a vitória do republicano Dwight Eisenhower no fim de 1952. Surgem a televisão e o disco de vinil (o *long play*, ou LP). A Itália ganha corações e mentes pelo mundo ocidental com o surgimento do "neorrealismo italiano", movimento cinematográfico liderado por Rosselini, De Sica e Visconti. Na França, o movimento existencialista de Jean-Paul Sartre e Simone de Beauvoir ganha força. Albert Camus publica *A peste*.

1955-1960

A vitória de Juscelino Kubitschek nas eleições de 1955 dá ensejo a um período de ouro da cultura nacional. Enquanto Brasília, a nova capital, é construída em tempo de ser inaugurada a 21 de abril de 1960, surgem a bossa nova de João Gilberto, Tom Jobim, Vinicius de Moraes e Baden Powell, o Cinema Novo de Nelson Pereira dos Santos, Ruy Guerra e Glauber Rocha e o movimento neoconcreto, liderado por Ferreira Gullar, enquanto se consolida o samba-canção de Dorival Caymmi e Dolores Duran. Guimarães Rosa lança *Grande sertão: veredas*. Celso Furtado escreve e lança sua obra máxima, *Formação econômica do Brasil*. A Seleção Brasileira de Futebol ganha a Copa do Mundo de 1958, disputada na Suécia, liderada por Pelé, Garrincha e Nilton Santos. A tenista Maria Esther Bueno vence os principais torneios do esporte. Bresser-Pereira lê os trabalhos do ISEB e, em 1955, decide se tornar um economista ou sociólogo do desenvolvimento. Completa em 1957 os estudos de Direito na Faculdade de Direito da USP. No mesmo ano, casa-se com Vera Cecília Prestes Motta. Em 1958 presta concurso para professor da FGV, é aprovado, e no ano seguinte inicia vinculação como professor e pesquisador, escrevendo seu primeiro *paper*, "The Rise of Middle Class and Middle Management in Brazil". Bresser começa a se interessar mais profundamente por economia e lê Arthur Lewis, iniciando uma trajetória de reflexões sobre o desenvolvimentismo. Em 1960, Bresser embarca para o mestrado na Michigan State University, nos Estados Unidos. A Guerra Fria ganha contornos dramáticos com o envio ao espaço em 1957, pelos soviéticos, do satélite Sputnik, primeiro artefato humano a deixar a Terra. Em Cuba, guerrilheiros liderados por Fidel Castro e Ernesto Che Guevara promovem a revolução em 1959. No ano seguinte, o democrata John Kennedy é eleito presidente dos EUA, país que assistira ao surgimento do *rock and roll* de Chuck Berry, Little Richard e Elvis Presley, todos fenômenos de vendas de LPs e aparições na televisão. Na França, surge a Nouvelle Vague, com os cineastas Truffaut, Resnais e Godard. Em outubro de 1960 Jânio Quadros é eleito presidente com o apoio dos liberais, que desde Washington Luís e Júlio Prestes não elegiam um representante, terminando assim o ciclo de governos desenvolvimentistas iniciado pela Revolução de 1930.

1961-1964

Bresser volta dos Estados Unidos em setembro de 1961, quando o país reagia à renúncia do presidente Jânio Quadros. Torna-se professor e pesquisador da FGV, inicia o doutorado em Economia na USP, e publica o artigo "O empresário industrial e a revolução brasileira" (1963), no qual já assinala a profunda crise política e institucional que estava em marcha. O governador gaúcho Leonel Brizola cria a cadeia da legalidade para evitar um golpe militar que impeça o vice de Jânio, João Goulart, assumir. O parlamentarismo é instaurado, com Tancredo Neves como primeiro-ministro e João Goulart como presidente. A experiência dura pouco. Em janeiro de 1963, o presidencialismo vence plebiscito e Jango ganha poderes de fato. No ministério de Jango passaram Celso Furtado, Darcy Ribeiro, San Tiago Dantas e Walther Moreira Salles, entre outros. A instabilidade política é agravada por uma crise de balanço de pagamentos e pelo contexto da Guerra Fria, com Fidel Castro declarando o caráter socialista da revolução cubana e um risco de conflito nuclear em 1962 entre EUA e União Soviética. John Kennedy é assassinado em Dallas, no fim de 1963, quando, também, os Estados Unidos estavam em grande agitação contra a segregação racial. São tempos de Martin Luther King e Malcolm X. Na cultura, os Estados Unidos são tomados pelos jovens ingleses de Liverpool, os Beatles. No Brasil, a bossa nova experimenta seu auge, bem como o Cinema Novo, com Glauber Rocha lançando sua obra máxima, *Deus e o diabo na terra do sol*, e Nelson Pereira dos Santos lança *Vidas secas*, baseado no livro de Graciliano Ramos. A Seleção Brasileira de Futebol vence a Copa de 1962, disputada no Chile. No Brasil, no contexto da Guerra Fria, o país se polariza politicamente, os liberais se associam aos militares, e o governo Jango é interrompido com um golpe militar deflagrado em 31 de março de 1964 e concluído dois dias depois, quando se inicia o regime liderado pelo marechal Castello Branco.

1965-1970

De início "envergonhada", como denominou o jornalista Elio Gaspari, a ditadura militar permite eleições para governadores no fim de 1965, mas em seguida extingue os partidos políticos, intervém no movimento sindical e começa a censurar meios de comunicação. Uma nova Constituição é redigida e aprovada em 1967. A 13 de dezembro de 1968, o segundo presidente da ditadura, Arthur da Costa e Silva, decreta o Ato Institucional nº 5 (AI-5), que torna a ditadura "escancarada". De início liberal e ortodoxa, liderada por Roberto Campos e Octavio Gouvêa de Bulhões, a política econômica do regime passa a ser desenvolvimentista quando Antônio Delfim Netto assume o Ministério da Fazenda, em março de 1967. Os poderes de Delfim são ampliados quando Emílio Garrastazu Médici assume o poder, no fim de 1969, período em que, também, a repressão militar atinge seu auge. São tempos de perseguições, prisões, torturas e assassinatos de dissidentes. Guerrilha armada no Araguaia e nos centros urbanos. Censura nos jornais e, a partir de 1969, nas artes. Professor na FGV e, desde 1963, assessor (e depois diretor) do Grupo Pão de Açúcar, Bresser escreve seu primeiro livro, *Desenvolvimento e crise no Brasil*, lançado no início de 1968. O livro rapidamente vende toda a primeira tiragem, iniciando um processo de reedições ampliadas e atualizadas. Bresser escreve um ensaio sobre as revoltas estudantis e outro sobre a revolução política da Igreja, concluindo sua relação com a religião após ter passado pela Juventude Estudantil Católica (JEC) e pela Juventude Universitária Católica (JUC), além do Partido da Democracia Cristã (PDC), onde conhecera Franco Montoro, entre outros amigos que carregaria por décadas. Participa da fundação do CEBRAP em 1970 e, dois anos depois, publica *Tecnoburocracia e contestação*, concluindo em seguida o doutorado na USP, tendo como orientador o ministro da Fazenda, Delfim Netto. São anos de Chico Buarque, da Tropicália de Caetano, Gil e Tom Zé, de *Terra em transe*, de Glauber Rocha, e *Macunaíma*, de Joaquim Pedro de Andrade. A Seleção Brasileira de Futebol ganha a Copa de 1970, disputada no México. As agitações sociais nos Estados Unidos ganham dramaticidade, com o assassinato de Martin Luther King e de Bob Kennedy, ambos em 1968. A Guerra do Vietnã ocupa o imaginário coletivo. O conservador republicano Richard Nixon vence as eleições e assume em 1969. São anos do movimento hippie, de Beatles, Jimi Hendrix, Janis Joplin, Bob Dylan e do festival de Woodstock. As revoltas estudantis na França alcançam seu auge em maio de 1968. Ernesto Che Guevara é assassinado na Bolívia. O mundo assiste a Fellini e Pasolini nos cinemas e o homem chega à Lua, com o Apollo 11 lançado pela NASA, em julho de 1969.

1971-1978

Os "Trinta Anos Gloriosos" do pós-Segunda Guerra Mundial começam a terminar, com o ocaso do modelo econômico instituído pelo acordo de Bretton Woods. Depois de os Estados Unidos incorrerem em déficits em conta-corrente crescentes, Nixon rompe com o que restava do padrão-ouro em 1971 e lida com profunda crise política, com o escândalo do Watergate levando à sua renúncia em meados de 1974. São tempos do choque do petróleo, em 1973, e de renhida inflação nos países ricos ocidentais. A Revolução dos Cravos em Portugal encerra a ditadura de Salazar, em 1974. Na vizinha Espanha, o ditador Franco falece em 1976 e começa a transição para a democracia. No mesmo ano, morre Mao Tsé-Tung e o regime comunista chinês passa a um período de maior abertura econômica, depois que a distensão política começara no início da década, quando Nixon e seu secretário Henry Kissinger vão a Pequim. A cultura é massificada com a popularização da TV, dos discos de vinil e das fitas cassete. Hollywood ganha o predomínio das salas de cinema pelo mundo, com uma nova linguagem, também massificada, exemplificada com os *blockbusters Tubarão* (1975), *Rocky* (1976) e *Star Wars* (1977). No Brasil, são anos do "milagre econômico", seguido pela sucessão de Médici para Ernesto Geisel, em 1974, e este substitui Delfim Netto por Mário Henrique Simonsen no comando econômico. A ditadura continua "escancarada". A vitória da oposição, o MDB, nas eleições para o Congresso em 1974, leva ao aumento da paranoia dos militares, culminando com o fechamento da instituição em abril de 1977. Bresser estuda com Yoshiaki Nakano a obra de Karl Marx durante a década de 1970, e escreve seus dois artigos básicos sobre a nova classe tecnoburocrática, "A emergência da tecnoburocracia" (1972) e "Notas introdutórias ao modo tecnoburocrático ou estatal de produção". Lança em 1977 o livro *Estado e subdesenvolvimento industrializado* e, no mesmo ano, apoia a reedição do clássico *Inflação brasileira*, de Ignácio Rangel. Suas intervenções no debate público começam a ser periódicas, a partir do jornal *Folha de S. Paulo*. Em 1977, o famigerado "pacote de abril", um conjunto de medidas autoritárias adotadas pelo governo Geisel, provoca, pela primeira vez desde 1964, uma reação negativa da burguesia. Bresser escreve então uma série de artigos assinalando que estava começando a transição democrática, os quais vão ser reunidos no livro de 1978, *O colapso de uma aliança de classes*. Já era possível ver uma luz no fim do túnel da ditadura. Em um espaço de meses, entre meados de 1976 e o início de 1977, morrem JK, Carlos Lacerda e Jango.

1979-1982

Começa a distensão do regime militar. Geisel passa o poder a Figueiredo e este sanciona a Lei da Anistia, que permite a volta de perseguidos políticos, entre eles Miguel Arraes, Leonel Brizola e Luiz Carlos Prestes. A luta institucional do MDB é liderada por Ulysses Guimarães, Tancredo Neves, Teotônio Vilela, Mário Covas e Franco Montoro. Uma nova fornada de lideranças começa a se formar, com Fernando Henrique Cardoso, José Serra e José Richa, de forma institucional, e Luiz Inácio Lula da Silva, de forma sindical, a partir das lutas operárias em São Bernardo do Campo. Há liberdade partidária e, em poucas semanas, surgem PT e PDT, enquanto o MDB se transforma no PMDB, do qual Bresser e o mestre Celso Furtado, também de volta ao Brasil, se aproximam. O segundo choque do petróleo em 1979 e o brutal aumento da taxa de juros norte-americana dão início, no ano seguinte, a grande crise da dívida externa, que toma toda a América Latina, combinada com aumento veloz e descontrolado da inflação. Bresser conhece a China (que acabara de ter o comando político assumido por Deng Xiaoping) e a União Soviética, ambas em 1979. Em 1981 funda a *Revista de Economia Política* e, no mesmo ano, publica o livro *A sociedade estatal e a tecnoburocracia*. A partir da FGV e contando com o amigo e ex-aluno Yoshiaki Nakano como coautor, ambos publicam o artigo fundador da teoria da inflação inercial, "Fatores aceleradores, mantenedores e sancionadores da inflação" (1983) e no ano seguinte o livro *Inflação e recessão*, ao mesmo tempo que, em conjunto com um grupo de economistas da PUC-Rio (que inclui André Lara Resende, Persio Arida, Edmar Bacha e Chico Lopes), foi desenvolvida essa teoria. Em 1982, auge da crise econômica, a oposição conquista os governos dos principais estados, com Montoro em São Paulo, Brizola no Rio e Tancredo em Minas. No Brasil, uma mudança geracional cultural é verificada: morrem Vinicius de Moraes, Glauber Rocha, Hélio Oiticica, Elis Regina e Cartola. Surge o rock brasileiro, com a Blitz e o Barão Vermelho, este liderado pelo poeta Cazuza. O grupo britânico Queen vem ao Brasil e leva multidões a estádios de futebol. O mundo ocidental passa por uma profunda reviravolta intelectual e, principalmente, política, com claras implicações econômicas: o neoliberalismo desaloja o keynesianismo. Margaret Thatcher assume o poder na Inglaterra em 1979, e dois anos depois, nos Estados Unidos, é a vez de Ronald Reagan. As instituições originais de Bretton Woods, como o FMI e o Banco Mundial, ganham nova orientação. O FED, o Banco Central norte-americano, passa a fazer parte da linha de frente da política econômica. São tempos da Revolução Iraniana, de 1979, e do assassinato de John Lennon, em dezembro de 1980.

1983-1986

Uma a uma, as ditaduras latino-americanas começam a cair, primeiro com a Argentina, depois com o Brasil e, no Chile, o poder de Augusto Pinochet começa a ruir. A oposição toma posse em São Paulo, no Rio de Janeiro e em Minas Gerais. Bresser-Pereira participa ativamente da campanha para o governo de São Paulo de Franco Montoro. Vitorioso, ele faz de Bresser--Pereira o presidente do Banespa, o que leva Bresser a pedir licença do Pão de Açúcar pela primeira vez, em março de 1983. A campanha das Diretas Já, no primeiro semestre de 1984, unifica o país e as lideranças contra a ditadura. A transição democrática acontece com amplo apoio da sociedade civil. O voto direto para presidente não é aprovado, mas a ditadura está derrotada. De forma indireta, Tancredo Neves é eleito presidente em janeiro de 1985, e ainda nesse ano é aprovada emenda constitucional que dá direito de voto aos analfabetos, aumentando em parte os eleitores que, no final de 1986, darão uma vitória histórica ao PMDB. Enquanto isso, no Rio, é realizado o festival musical Rock In Rio, marca da nova geração que surge. São tempos de novos ídolos do esporte, como os pilotos Ayrton Senna e Nelson Piquet. Tancredo adoece e não consegue assumir, com o vice José Sarney sendo empossado presidente temporário, tornando-se oficial com o falecimento de Tancredo em 21 de abril de 1985. Sarney herda dos militares uma inflação elevadíssima, de mais de 10% ao mês. Um a um, os economistas ligados à teoria da inflação inercial começam a entrar no governo, e, em fevereiro de 1986, o ministro da Fazenda Dilson Funaro lança o Plano Cruzado, no qual são adotadas ideias da teoria da inflação inercial. De início muito bem recebido, esse plano transforma Sarney e Funaro em heróis, mas o país é tomado por uma euforia populista, as receitas das empresas e os salários aumentam 30% em termos reais, e a inflação volta a explodir, salários e vendas caem, as empresas e os estados da federação ficam quebrados, e a popularidade do presidente cai. Nos EUA, Reagan é reeleito e a indústria cultural norte-americana é massificada. São tempos de Michael Jackson e Madonna.

Na União Soviética, o desastre de Chernobyl e a escolha do novo líder, Mikhail Gorbachev. Na França, Mitterrand muda a direção de seu mandato, de socialista para liberal. Bresser-Pereira defende sua livre-docência na USP em 1984 com a tese depois transformada em livro, *Lucro, acumulação e crise*. Surge a AIDS, que choca o mundo. É criado o CD, para substituir o disco de vinil, e o videocassete permite às pessoas assistir filmes em casa.

1987-1990

A Constituinte de 1987-88 toma as atenções políticas do país, que nutre grande esperança no futuro. Concluída e promulgada em outubro de 1988, a Constituição Cidadã marca o fim formal das regras instituídas pelo regime militar. Acuado pelo fracasso do Plano Cruzado, que aprofunda não apenas a crise econômica mas também a crise política, Sarney autoriza seu ministro da Fazenda, Dilson Funaro, a declarar a moratória da dívida externa em fevereiro de 1987. Dois meses depois, Funaro cai e Bresser-Pereira é convidado para assumir o cargo. A 24 de abril, Bresser torna-se ministro da Fazenda. Ao assumir, elabora o Plano de Controle Macroeconômico, para discutir com os demais países as condições para a saída da moratória, lança um plano de controle da inflação e passa a estudar uma proposta para solução da grande crise da dívida externa. O Plano Bresser é anunciado em junho. É inicialmente bem-sucedido, mas o ministro não consegue apoio para o ajuste fiscal necessário e o plano fracassa. Em dezembro, Bresser pede demissão. Sua proposta de solução para a crise da dívida externa, baseada na securitização com desconto da dívida para com os bancos, depois de recusada acaba sendo adotada pelos Estados Unidos, o Plano Brady, e resolve o problema da dívida. Bresser volta à FGV e ao Pão de Açúcar e vai, no fim de 1988, fundar o PSDB ao lado de FHC, Serra, Franco Montoro e Mário Covas. Depois de 29 anos são realizadas eleições diretas para presidente da República e no fim de 1989 disputavam lideranças tradicionais (Ulysses Guimarães, Mário Covas, Leonel Brizola e Aureliano Chaves) e novas (Lula e Collor, que fazem o segundo turno). Bresser faz a campanha de Covas, e é o primeiro dirigente do PSDB a defender o apoio tucano a Lula no segundo turno das eleições. Abílio Diniz é sequestrado e Bresser negocia com os sequestradores a bem-sucedida liberdade. Collor é eleito presidente em apertado segundo turno e toma posse em março de 1990, anunciando, em seguida, o Plano Collor, envolvendo não só nova troca de moeda e congelamento de preços, mas também o início da abertura comercial, das privatizações e conta com o famigerado (e trágico) bloqueio de ativos financeiros. A política econômica é liderada pela nova ministra Zélia Cardoso de Mello. O governo faz a abertura comercial ainda em 1990 e, dois anos depois, a abertura financeira. Terminam, assim, cinquenta anos de regime de política econômica desenvolvimentista nos quais o Brasil experimentou um enorme crescimento, e começam os anos de regime de política econômica liberal que levaram o país à desindustrialização e a crescimento inferior ao dos países ricos e dos principais países em desenvolvimento. São tempos do "Consenso de Washington", do auge econômico do Japão, da popularização dos videogames, da queda do muro de Berlim em novembro de 1989 e do fim da Guerra Fria. Na África do Sul, o ex-prisioneiro político Nelson Mandela assume como presidente, encerrando o nefasto apartheid.

1991-1994
A União Soviética é desmantelada no Natal de 1991. Francis Fukuyama fala em "o fim da história". O democrata Bill Clinton é eleito presidente dos EUA no fim de 1992. Em conflito permanente com as instituições, Collor troca Zélia por Marcílio Marques Moreira e inicia a liberalização financeira em dezembro de 1991. As acusações de corrupção contra Collor se agravam e o presidente sofre processo de impeachment no ano seguinte. O vice, Itamar Franco, assume e, a partir de meados de 1993, com Fernando Henrique Cardoso no Ministério da Fazenda, que, com base na teoria da inflação inercial, em particular na proposta de uma moeda indexada, começa a implementar o que viria a ser o bem-sucedido Plano Real que, em julho de 1994, encerra catorze anos de alta inflação (que chegou a configurar hiperinflação no final do governo Sarney). Candidato presidencial, FHC tem em Bresser o tesoureiro de sua campanha. Nos anos anteriores, Bresser publicara o artigo "Development Economics and World Bank's Identity Crisis" (1995), os livros, *A crise do Estado* (1992) e *Economic Reforms in New Democracies* (1993), este em parceria com Adam Przeworski e José María Maravall. Surgem os telefones celulares e começam a se massificar nos países ricos os computadores pessoais. Ulysses Guimarães desaparece após acidente aéreo em Angra dos Reis. O piloto brasileiro Ayrton Senna morre após acidente e leva a grande comoção nacional em maio de 1994. Dois meses depois, a Seleção Brasileira de Futebol ganha a Copa do Mundo, disputada nos EUA. Em dezembro, falece Tom Jobim.

1995-1999
Com a posse de FHC na Presidência, em janeiro de 1995 Bresser-Pereira assume o Ministério da Administração Federal e Reforma do Estado e nos quatro anos seguintes formula e inicia a implementação da Reforma Geren-

cial de 1995, que incluiu uma Proposta de Emenda à Constituição (PEC) que é enfim aprovada em 1998. Foi uma das reformas principais do mandato tucano, ao lado da quebra do monopólio da Petrobras na exploração do petróleo, dos programas de intervenção e resgate de bancos privados (Proer) e públicos (Proes) e das privatizações da Companhia Vale do Rio Doce (em 1997) e da Telebras (em 1998). Bresser é novamente o tesoureiro da campanha de FHC, que aprovara mudança constitucional permitindo a reeleição. Vitorioso, FHC convida Bresser para assumir o Ministério da Ciência e Tecnologia e também a presidência do CNPq a partir de janeiro de 1999, quando começa o segundo mandato. Uma grande crise financeira explode logo na segunda semana do governo, causada pela forte apreciação cambial que se seguiu ao Plano Real. A oposição vai às ruas com o "Fora FHC". A política econômica deixa para trás a âncora cambial e passa a seguir o tripé, com metas de inflação perseguidas pelo BC, metas de superávit primário perseguidas pelo Ministério da Fazenda e câmbio flutuante. Depois de colocar de pé o sistema Lattes, de registro e organização acadêmica, Bresser-Pereira deixa o ministério e consequentemente Brasília em julho de 1999, durante reforma ministerial de FHC para evitar o impeachment. Bresser vai a Oxford (Inglaterra). Neste período organiza com Peter Spink o livro *Reforma do Estado e administração pública gerencial* (1996) e escreve *Reforma do Estado para a cidadania* (1998), que resume a reforma realizada e a teoria que a inspirou. São tempos de consolidação do Real, em nível nacional, e do neoliberalismo, em nível global. Os EUA experimentam forte crescimento econômico e o presidente Bill Clinton, reeleito em 1996, vence processo de impeachment contra ele movido dois anos depois. Boris Yeltsin comanda conturbada transição política e econômica na Rússia e passa o poder a Vladimir Putin no fim do milênio. Os conservadores deixam o poder no Reino Unido em 1997, com a vitória de Tony Blair e do "novo trabalhismo". A União Europeia é formada e, com ela, a moeda comum, o euro. Bill Gates, dono da Microsoft, torna-se o homem mais rico do mundo. A cultura norte-americana domina o mundo ocidental a partir dos filmes, da televisão, da música e também do esporte, com Michael Jordan, jogador de basquete do Chicago Bulls, tornando-se o esportista mais bem pago do mundo. Hugo Chávez é eleito na Venezuela. Uma dura crise na Argentina se inicia. Em um mesmo ano, 1997, falecem Darcy Ribeiro, o sociólogo Betinho e a princesa Diana.

2000-2010

Fora do governo, Bresser-Pereira vai para a Universidade de Oxford, onde discute a terceira via e a quase-estagnação da América Latina desde que abandonou o desenvolvimentismo. De volta ao Brasil e sem posição executiva no Grupo Pão de Açúcar (onde está como integrante do Conselho de Administração), Bresser-Pereira volta à FGV e passa a ser professor e pesquisador em tempo integral. Organiza, com José Marcio Rego, o livro *A grande esperança em Celso Furtado*. Começa a formular a Teoria Novo-Desenvolvimentista, fazendo, com Yoshiaki Nakano, a crítica da estratégia de crescimento com poupança externa, adotada pelo governo FHC, e da política de altos juros e câmbio apreciado desse governo. Ao mesmo tempo começa a construir uma crítica metodológica à teoria neoclássica com o trabalho "Os dois métodos e o núcleo duro da teoria econômica". Colabora na criação da Escola de Economia de São Paulo da Fundação Getúlio Vargas (EESP-FGV) e coordena o I Fórum de Economia da FGV, em 2004, um encontro anual de debates com acadêmicos e ministros de Estado. Apoia Geraldo Alckmin para presidente em 2006, mas Lula é reeleito. Durante o segundo mandato de Lula, com o movimento mais acentuado do PSDB para a direita, Bresser-Pereira começa a se desencantar com o partido. Apoia por fidelidade partidária Serra em 2010, mas pouco depois da vitória de Dilma Rousseff, do PT, para a Presidência, Bresser deixa o partido que ajudara a fundar. Resume a Teoria da Reforma Gerencial e seu fundamento filosófico no livro *Construindo o Estado republicano* publicado originalmente pela Oxford University Press em 2004. A partir desse ano passa a ensinar regularmente um curso de inverno na prestigiosa École des Hautes Études en Sciences Sociales, em Paris. Escreve, em 2006, o artigo "Novo Desenvolvimentismo e ortodoxia convencional", que tem grande repercussão, e em 2007 o livro *Macroeconomia da estagnação*, em que as teses do Novo Desenvolvimentismo, por ele formuladas desde o início da década, começam a se organizar. Este é seguido por *Globalização e competição* (2009), escrito originalmente em francês. São os anos do ataque terrorista às torres gêmeas, nos EUA, a 11 de setembro de 2001, e das guerras no Iraque e no Afeganistão movidas por George W. Bush. O primeiro smartphone é lançado em 2007, o iPhone, da Apple, que passa a ser a companhia mais valiosa do mundo. O acrônimo BRICS é criado, marcando a ascensão dos países emergentes (Brasil, Rússia, Índia, China e África do Sul), mas são China e Índia que se destacam com forte crescimento econômico. A crise financeira mundial estoura no fim de 2008. Barack Obama é eleito presidente norte-americano. Com Chávez, Lula, Nestor Kirchner (Argentina) e Pepe Mujica (Uruguai), a América Latina constitui uma virada à esquerda. Celso Furtado e Leonel Brizola falecem em 2004.

2011-2019

Depois da "década perdida" nos anos 1980, esta foi a vez da "década frustrada". Do crescimento de 7,5% do PIB em 2010 e a eleição da primeira mulher para a Presidência ao país comandado pela extrema direita de Jair Bolsonaro. No meio do caminho, a pior recessão da história econômica brasileira, um novo impeachment presidencial (de Dilma), a prisão do ex-presidente Lula, de deputados e senadores, de diretores da Petrobras e dos maiores empreiteiros do país. Dilma é reeleita em apertada eleição em 2014, mas é impedida de continuar no cargo menos de dois anos depois. O vice, Michel Temer, assume, mas é acusado duas vezes pela Procuradoria-Geral da República (PGR) por crimes de corrupção passiva. Milhões de brasileiros vão às ruas de todo o país nas jornadas de junho de 2013 e depois novamente entre 2015 e 2016, para se manifestar contra e a favor de Dilma. São os anos do julgamento do "mensalão" pelo Supremo Tribunal Federal televisionado ao vivo e depois da Operação Lava Jato, liderada por procuradores de Curitiba e julgada por Sergio Moro. Anos do julgamento das "pedaladas fiscais" no Tribunal de Contas da União (TCU) e da Copa do Mundo de 2014, disputada no Brasil, quando a seleção perde por 7 x 1 da Alemanha. Três acidentes aéreos chocam o país: o candidato presidencial Eduardo Campos morre durante a campanha de 2014, o time inteiro da Chapecoense na Colômbia, no fim de 2016, e meses depois o ministro do STF Teori Zavascki, em Angra dos Reis. Militar e deputado federal por 28 anos, Jair Bolsonaro é eleito presidente no fim de 2018, iniciando uma constante radicalização calcada em confrontos sucessivos com as instituições. Bresser-Pereira lança em 2014 o livro *A construção política do Brasil* (Editora 34), depois ampliado e reeditado duas vezes. Em 2016 é a vez de *Macroeconomia desenvolvimentista*, escrito em conjunto com Nelson Marconi e José Luís Oreiro e, dois anos depois, do livro *Em busca do desenvolvimento perdido*. Em 2017, publica na revista da USP, *Estudos Avançados*, o artigo "Capitalismo financeiro-rentista", que é o núcleo de um ensaio que está escrevendo sobre o capitalismo, livro cuja redação teve que suspender durante algum tempo para revisar esta autobiografia. Escreve também nessa década uma série de novos artigos sobre a economia política e a teoria econômica do Novo Desenvolvimentismo, o qual vai ganhando um número crescente de adeptos e se constituindo em uma escola de pensamento econômico. Entre novembro de 2017 e abril de 2019 Bresser-Pereira concede as entrevistas a João Villaverde e José Marcio Rego, que viriam a se tornar o livro que o leitor agora tem em mãos. Bresser se envolve na campanha de 2018, participando de encontro com os candidatos da esquerda, Ciro Gomes (PDT) e Fernando Haddad (PT), na residência de Delfim Netto em São Paulo em 26 de abril de 2018, reunião que foi testemunhada por Villaverde e Rego. Bresser apoia Ciro no primeiro turno e Haddad no segundo. Em 16 de maio de 2019, Bresser vai a Curitiba com o ex-ministro Celso Amorim para uma visita a Lula dentro da cela na Polícia Federal local. Falecem Hélio Jaguaribe, Fernão Bracher, Paul Volcker, Dom Paulo Evaristo Arns, Oscar Niemeyer, Antonio Candido, João Gilberto, Nelson Pereira dos Santos, Antunes Filho, Francisco Brennand, Beth Carvalho, Chico de Oliveira e Paul Singer. No Vaticano, o papa Bento XVI deixa o cargo e passa a ser "ex-papa", enquanto o argentino Jorge Mário Bergoglio, sob o nome Francisco, assume. Na Venezuela, Hugo Chávez falece em março de 2013 e, desde então, o poder é ocupado pelo ditador Nicolás Maduro. Em Cuba, Fidel Castro falece em 2016 e o irmão Raúl assume o poder dois anos depois. Em julho de 2016, o Reino Unido choca o mundo com a aprovação do Brexit, para saída da União Europeia, iniciando uma crise política que duraria três anos, envolvendo três premiês diferentes. Obama transmite o cargo em janeiro de 2017 para o populista Donald Trump. Durante toda a década, Putin comanda a Rússia, Recep Erdogan a Turquia e Angela Merkel a Alemanha, enquanto o Oriente Médio e o Norte da África são chacoalhados pela "primavera árabe" e pela guerra civil na Síria. O uso das redes sociais se populariza no Ocidente e no Oriente. A vida cotidiana passa a ser crescentemente organizada por "aplicativos" eletrônicos. Novas mídias são rapidamente superadas, como o CD, o DVD e o Blu-Ray. A cultura de massas é cada vez mais superada pela individualização no consumo de entretenimento (com os serviços de *streaming* como Netflix e as vendas pela internet da Amazon).

2020

Os "anos 20" começam com tudo: a primeira pandemia desde a gripe espanhola, a partir da Covid-19, leva o mundo para o confinamento, o isolamento social e a terríveis cenas de hospitais lotados e enterros em massa. O mundo desenvolvido testa taxas de juros zeradas ou mesmo negativas como forma de contrabalançar os efeitos econômicos da pandemia e, ao mesmo tempo, baratear os gastos extraordinários com saúde. A atividade econômica global paralisa de forma semelhante apenas no período da Grande Depressão dos anos 1930. No Brasil, Bolsonaro dobra a aposta na radicalização. O isolamento presidencial leva o país a discutir novamente o uso do impeachment. Já frágil mesmo antes da chegada do vírus, a economia brasileira se vê diante de uma queda sem paralelo do PIB. Por meio de artigos para a *Folha de S. Paulo*, Bresser-Pereira continua a participar ativamente do debate público, seja ao defender a emissão monetária como a menos custosa das estratégias temporárias de combate aos efeitos do vírus, seja como integrante da Comissão Arns, que defende o afastamento de Bolsonaro da Presidência. As aulas na FGV são transferidas das salas de aula para o ambiente virtual, incluindo o curso de Bresser com José Marcio Rego para a pós-graduação em Administração Pública e Governo. A 30 de junho, Bresser completa 86 anos de idade, atingindo idade que seus mestres Raúl Prebisch e Celso Furtado não alcançaram. Nas eleições municipais, Bresser apoia Guilherme Boulos, derrotado em segundo turno para a prefeitura de São Paulo. Donald Trump perde a reeleição: os EUA elegem o democrata Joe Biden para a Presidência, que assume em janeiro de 2021 após atos terroristas insuflados por Trump contra o Congresso. Biden inicia vacinação em massa e aprova pacote de quase 2 trilhões de dólares em gastos públicos para sair da crise da pandemia. O PIB brasileiro despenca mais de 4% em 2020. A Covid-19 mata mais de 300 mil brasileiros em apenas 12 meses. A vacinação, frequentemente sabotada por Jair Bolsonaro, começa devagar em janeiro de 2021. Luiz Carlos Bresser-Pereira e sua esposa Vera Cecília são vacinados entre fevereiro e março.

João Villaverde e José Marcio Rego

1
Uma ética da responsabilidade

OS PRIMEIROS ANOS

Como era seu pai e sua relação com ele? E sua mãe?

Tive uma relação muito boa com os dois. Eu e meu irmão Sílvio Luiz, um ano e meio mais moço, tivemos uma educação maravilhosa. Meu pai, Sylvio Pereira, foi advogado, jornalista, político e romancista; minha mãe, Clara Bresser, educadora.[3] Ambos vinham de famílias de classe média; a família de meu pai era de advogados, a da minha mãe, de educadores. Meu avô paterno, Horácio Gonçalves Pereira, tinha um cartório; meu avô materno, Alfredo Bresser da Silveira, tem seu nome em dois grupos escolares de São Paulo. O Bresser veio da minha mãe, cujo bisavô, Carlos Abrão Bresser, foi um agrimensor alemão de Krefeld que veio para o Brasil nos anos 1830 para ajudar a construir as estradas de ferro; no museu do Pátio do Colégio há um mapa de São Paulo assinado por ele, datado de 1841. Sua filha, Clara, minha bisavó, casou-se com um Silveira, e por isso o nome de nascença de minha mãe era Clara Bresser da Silveira. Meu tio bisavô, Carlos Bresser, tinha uma chácara em São Paulo, no local onde hoje é a rua Bresser e o metrô Bresser.

O meu pai tinha uma visão ética do mundo muito forte, uma ideia dos deveres das pessoas para com a sociedade e da necessidade de ser verdadeiro naquilo que você é e diz. A filosofia de educação do meu pai era essencialmente ética. Uma ética da responsabilidade pessoal. Ele não ficava nos dizendo o que devíamos fazer; supunha que nós sabíamos o que era certo e o que era errado. E confiava que eu e meu irmão Sílvio Luiz agiríamos bem; jamais duvidava. O que criava uma obrigação complicada para nós. Não podíamos mentir, não podíamos desapontá-lo. E quando, já na adolescência, desobedecíamos, não escondíamos a desobediência. Quando chegávamos em casa à noite mais tarde do que havia sido estipulado, não subíamos a escada na ponta dos pés para que ele não pudesse ouvir, nem batendo o pé, mas normalmente. Estávamos assumindo a responsabilidade da desobediência. Já minha mãe era uma professora e uma pessoa sábia para as questões da vida prática. A vocação de meu pai não era para o ensino, ainda que tenha sido professor universitário por algum tempo. Minha mãe era uma professora nata que sabia ensinar e nos ajudava muito enquanto estávamos no ensino fundamental. Ensinava muito bem tudo que era preciso saber — lições de português, de matemática, e o que era mais importante, lições de vida. Lidava com dificuldades que se apresentaram na vida, frustrações, dor, com muita sabedoria. Era realista, não era utópica como meu pai. Acho que recebi deles essa responsabilidade pela sociedade em que vivo e essa vontade de mudar o mundo. Tive também tios e tias muito interessantes. Para minha visão do mundo, Alexandre Barbosa Lima Sobrinho foi o tio mais importante. Era um grande intelectual nacionalista.[4] Ele era casado com minha tia Maria José. Sílvio Luiz e eu passávamos sempre as férias na casa dele no Rio de Janeiro. Eles tinham dois filhos da mesma idade que nós.

Meu pai tinha paixão pela política. Aprendi muito com ele. Quando eu tinha uns nove anos de idade, perguntei: "O que é política?". Não sei como veio essa pergunta na minha cabeça. Ele me respondeu imediatamente: "Política é a arte do compromisso". Isso deve ter acontecido em 1943, estávamos no governo do Getúlio Vargas. Eu acho que meu pai estava pensando no Getúlio, que foi um grande político e um mestre na arte do compromisso, dos acordos e das concessões mútuas. O estadista é aquele que tem a visão do país e sabe fazer compromissos (*compromises* em inglês) para conquistar a maioria para realizar seu compromisso (*commitment*) maior com a Nação. Em inglês isso fica mais claro porque há duas palavras para o nosso compromisso: *compromise* é fazer acordo, é uma relação contratual de mútuo respeito, enquanto o *commitment* é um penhor ou um comprometimento. Quando me casei com minha mulher Vera Cecília, eu me comprometi seriamente com ela, mas isso não nos livra de fazer acordos.

Nessa época, qual era a ocupação do seu pai?

Mais jovem, ele havia sido jornalista; na minha infância, foi um advogado bem-sucedido e depois, político. Ele tinha um sentimento forte do bem público e da justiça social. Em 1946, ele foi candidato a deputado estadual por São Paulo e foi eleito. Mas teve uma vida política breve. Ele não conseguiu ser reeleito. Para poder continuar a participar da política, que o apaixonou, ele fundou um jornal diário, *O Tempo* — um ótimo jornal, mas já havia três outros grandes jornais em São Paulo.[5] Fundou o jornal com recursos de Hugo Borghi, que então havia se candidatado ao governo de São Paulo. Em 1949 meu pai não conseguiu se reeleger, Borghi não ganhou a eleição e se desinteressou pelo jornal. Meu pai cometeu então a loucura de comprá-lo usando as poupanças modestas que havia feito. Ele que era um simples profissional liberal, não era um empresário. Ele conseguiu levar o jornal durante cinco anos, mas com muita dificuldade. Em 1955 foi obrigado a fechar o jornal, que foi à falência. Por quinze anos ele pagou dívidas. Não foi fácil para ele e para minha mãe.

E os irmãos?

Eu fui o mais velho de cinco irmãos. Dois de sangue, Sílvio Luiz, um ano e meio mais moço, e Sérgio Luiz, dez anos mais moço; e três irmãos-primos, Antônio Carlos, Fernando e Tereza Menezes. Seus pais morreram muito cedo, quando eram crianças, e meus pais educaram os três como se fossem seus filhos. Sílvio Luiz foi muito ligado a mim, mas já faleceu. Foi um notável administrador público e um grande irmão. Tereza fez um mestrado na ECA-USP e se tornou diretora e professora de teatro. Sérgio Luiz foi também professor da FGV e um bem-sucedido administrador público tanto em nível estadual quanto federal. Fernando teve uma vida modesta e construiu uma família. Antonio Carlos é apaixonado pelos bichos e transformou seu sítio em um pequeno zoológico.

Que livros leu na adolescência?

Li muita coisa! Li muito Alexandre Dumas na minha adolescência. Eu era fascinado por ele, por *Os três mosqueteiros*. E também por Walter Scott, seu *Ivanhoé* e outros livros seus que eu só podia ler na Biblioteca Municipal do centro da cidade. Eu tomava meu bonde na esquina da rua da Consolação com a avenida Paulista e chegava até lá. Li também policiais, principalmente Edgard Wallace, que hoje está esquecido.

Eu tinha Jules Verne em casa, mas não dei a devida importância a ele. Para mim, as aventuras escritas por Alexandre Dumas e por Sir Walter Scott eram insuperáveis. Na mesma linha, descobri Michel Zévaco, um folhetinista francês do final do século XIX, que escrevia as incríveis aventuras de Pardaillan na corte francesa do fim do século XVI. O Pardaillan era um espadachim incrível. Ele vencia dez adversários ao mesmo tempo. Foi um antecessor do Indiana Jones. Ainda adolescente li também *E o vento levou* e me apaixonei por Scarlett O'Hara — uma heroína maravilhosa.

No final dos anos 1940, nós morávamos bem no alto do Pacaembu, na rua Itápolis, perto da avenida Paulista. Era fácil ir até a Biblioteca Municipal. Eu pegava um bonde na rua da Consolação e ia até lá para ler os livros de Walter Scott e Zévaco. Dos meus tempos de menino, lembro primeiro das casas em que vivemos na Aclimação durante anos. Minha mãe mudava de casa com uma incrível facilidade. Quando eu tinha uns cinco anos, éramos vizinhos da família de Jorge da Cunha Lima. Sua mãe era muito amiga de minha mãe. Continuaram amigas até o final da vida. Eu sempre a chamei de tia Anita. Jorge da Cunha Lima tornou-se depois um grande amigo meu. Eu me lembro mais dos três anos que vivemos na Vila Mariana, quando tinha de sete a nove anos. Nós morávamos na rua Altino Arantes. Naquela época era uma rua de terra cheia de moleques. Entre eles havia um que se chamava Nino. Ele era muito esperto. Ele devia ser uns dois anos mais velho do que eu. Éramos ótimos amigos. Aprendi com ele a andar no estribo dos bondes, e a não pagar a passagem. Ele se desviava do cobrador e nunca pagava. Acho que só fiz isso uma vez. Eu e Sílvio Luiz jogávamos bolinha de gude com ele. Era preciso ficar atento porque ele roubava nossas bolinhas. Nós aprendemos a nos defender. Naquela época estudávamos em escola pública, no Grupo Escolar Princesa Isabel. Isso nos tornou mais espertos. Assim, quando fomos passar férias no Rio de Janeiro, na casa de tia Maria José, vimos que estávamos bem mais espertos do que Roberto e Fernando Barbosa Lima, que eram um pouco mais velhos do que nós, mas estudavam em escola particular e não brincavam na rua.

Há duas coisas na minha infância das quais lembro muito bem porque foram duas lições. No primeiro ano no Grupo Escolar Princesa Isabel eu tinha um colega ruivinho, que se sentava um pouco à minha frente e à direita. A professora Célia ia ensinando, e volta e meia o ruivinho gritava "canja!", ou seja, "fácil!". No fim do ano, ele foi reprovado. E aprendi que jamais se deve menosprezar o adversário, não apenas o adversário pessoa, mas também o adversário conhecimento que você ainda não tem ou a ação que você ainda não realizou.

Um pouco mais tarde, quando eu devia ter nove anos, um dia minha mãe foi chamada pela manhã pelos seus irmãos que brigaram. Seus dois irmãos eram médicos e cerca de dez anos mais velhos do que ela, tio Nilo e tio José Bresser da Silveira. Quando, no final do dia, ela voltou, perguntei a ela por que os dois tios haviam brigado. Ela me respondeu que eles brigaram porque haviam ficado íntimos demais e haviam perdido o respeito de um para com o outro. Essa foi uma lição que guardei para toda a vida. Nas relações com nossa família e nossos amigos podemos ser íntimos, mas devemos manter uma certa distância: não podemos falar tudo que pensamos e perder o respeito pelo outro.

FORMAÇÃO POLÍTICA

Como começou a sua formação política?
Minha formação política começou, primeiro, com meu pai. E também nas longas conversas que eu tinha no Colégio São Luís com meu colega, Manoel Gonçalves Ferreira Filho. Mas ela ganhou intensidade quando completei dezesseis anos e comecei a trabalhar no jornal *O Tempo*. Minha primeira profissão foi ser jornalista. Fui jornalista por quase cinco anos em *O Tempo*, e, em seguida, por dois anos na *Última Hora* de São Paulo. Nesses sete anos de trabalho nos jornais tive uma grande aula de jornalismo e de política.

No jornal *O Tempo* segui carreira. Comecei como revisor, depois passei para repórter, e afinal me tornei crítico de cinema, entre 1953 e 1955. Eu fazia críticas todos os dias. O secretário de redação, Hermínio Sacchetta, foi muito importante nesta época para mim. Ele era um grande jornalista, marxista e trotskista. Com meus dezesseis, dezessete anos, tive grandes conversas com ele. No final da tarde ele me dava carona. Eu morava no caminho da casa dele. Íamos numa caminhonete do jornal. Ia jantar em minha casa e depois ia estudar. Sacchetta ia jantar na sua casa e voltava mais tarde para o jornal para fechar a edição do dia seguinte. Ele tinha uma paciência infinita comigo. Lembro-me de argumentar com ele sobre a existência de Deus usando as provas de São Tomás de Aquino. Veja se é possível!

Como foi essa história de ter sido crítico de cinema?
Eu me interessava pelas artes, especialmente pelo cinema. Em 1951 me inscrevi no Seminário de Cinema do Museu de Arte de São Paulo. O MASP naquela época ficava na rua Sete de Abril. Havia um curso coordenado pelo Marcos Marguliès que durava um ano, de segunda a sexta-feira, das 8 às 10 horas da noite. Foi um tempo de grandes iniciativas na produção de cinema no Brasil. O tempo da Vera Cruz, da Multifilmes. Zulmira Ribeiro Tavares era minha colega no curso. Ela depois se tornaria uma notável escritora. Foi além de colega uma excelente amiga. Máximo Barro foi também meu colega. Ele depois colaboraria comigo na crítica de cinema em *O Tempo*. Nesta época participei da realização de um documentário dirigido pelo Marcos Marguliès, *Os tiranos*, baseado em um quadro renascentista com esse título que pertence ao acervo do MASP.

Continuando a sua formação política, há a JUC.
Como aluno do Colégio São Luís, onde estudei oito anos, eu já entendia alguma coisa sobre religião. Em 1950, por intermédio do Jorge da Cunha

Uma ética da responsabilidade

Lima, descobri a Ação Católica — primeiro a Juventude Estudantil Católica, a JEC, e depois a JUC, a Juventude Universitária Católica. Eu era aluno do Colégio São Luís, mas nunca me entendi politicamente com os padres do colégio. Através de Jorge da Cunha Lima entrei em contato com um grupo de intelectuais progressistas, católicos, que formavam a Ação Católica daquela época. Foi outro aprendizado. Descobri Alceu Amoroso Lima. Ele era o personagem intelectual mais importante para nosso grupo de amigos. Conheci a obra de algumas grandes personalidades católicas francesas como Jacques Maritain, um filosofo tomista progressista, sua mulher, Raïssa, e seu belo livro, *As grandes amizades*, e o padre Lebret. Nosso grupo lia Dostoiévski, Bernanos, Saint-Exupéry. Tínhamos um amigo, Paulo Cotrim, que era um pouco mais velho e apaixonado pela cultura; ele era o "assistente técnico" da JEC. Tínhamos também um "tio" muito forte e cheio de vida, entusiasta da cultura e da juventude católica, Hugo Ribeiro de Almeida. O dr. Hugo, como o chamávamos, tinha uma chácara na Serra do Japi, um pouco antes de Jundiaí. Ele nos convidava para ir lá nos fins de semana. Era uma pessoa muito culta. O convívio com ele era muito simpático. Tínhamos boas conversas. Através da Ação Católica conheci André Franco Montoro e dona Lucy. Eles foram da Ação Católica. Montoro começava então sua carreira política. Fiz "boca de urna" para ele se eleger vereador de São Paulo, em 1949, pelo Partido Democrata Cristão. Conheci também outros líderes políticos do PDC como Queiroz Filho, Paulo de Tarso Santos, e Carvalho Pinto, que seria governador de São Paulo (1959-1963). Naquela época o PDC era um partido sério.

Ao mesmo tempo que tive essa influência católica, as conversas com o Sacchetta me interessavam muito. Meu irmão Sílvio Luiz, ainda que um ano e meio mais jovem, também se interessava pelos problemas culturais. Sílvio Luiz fez vestibular e se tornou aluno da Escola de Administração de Empresas da Fundação Getúlio Vargas. Através dele descobri a GV. Soube que eles estavam abrindo concurso para seleção de professores e me apresentei. A GV passou então a ser "a minha escola". Eu e Sílvio Luiz conversávamos muito. De repente lá estávamos nós dois lendo Caio Prado Jr.[6] Era um livro de filosofia, *Dialética do conhecimento* (1962), que havia acabado de ser publicado, mas para nós difícil realmente de entender.[7] Não era um de seus livros de história. Desistimos. O certo é que já naquela época eu me interessava por ciências sociais, particularmente pelo marxismo.

Em 1953 comecei a estudar Direito no Largo São Francisco. Vários amigos nossos, de Vera Cecília e meus, estavam lá: Fernão Bracher, Manoel Gonçalves Ferreira Filho, Jorge da Cunha Lima, Eduardo Milliet, Ivete Senise Ferreira, Luiz Antonio de Almeida Eça, Theophilo Ramos e Fábio Aidar. Fora da Faculdade de Direito, mas também da Ação Católica, tínhamos um grande amigo médico, Maurício Aidar, e sua mulher, Marilu, Klaus Reinach e sua mulher, Lygia Reinach, que seria mais tarde uma grande escultora; e Luiz Ferreira França, professor da Politécnica, e sua mulher, Maria Olympia, prima de Vera Cecília. As duas e também Sonia Bracher seriam mais tarde psicanalistas. Nesta época nosso grupo tinha boas relações com os padres dominicanos, que eram politicamente progressistas. Fernão e eu fomos estudar Filosofia com eles, principalmente São Tomás com Francisco Augusto Catão (frei Bernardo). Frei Carlos Josaphat era uma referência importante para nós. Dois outros padres foram importantes para nós na JUC, padre Enzo Gusso e padre Benedito Ulhoa Vieira, que foi quem nos casou e depois foi arcebispo de Uberaba. Éramos progressistas, mas algo alienados. Tínhamos uma visão pouco clara do Brasil, algo afrancesada, mas estávamos realmente comprometidos com o bem comum.

Foi nessa época que você se casou?

Foi um pouco depois. Eu me casei em 1957 com Vera Cecília Prestes Motta, com quem estou casado até hoje. Construímos uma vida juntos — quatro filhos e onze netos. Começamos a namorar cinco anos antes. Meu sogro era um pequeno importador de peças para automóveis, Marino Motta. Ele ficou preocupado quando soube que eu ia ao cinema praticamente todos os dias (porque era crítico de cinema). Disse à Vera Cecília: "Esse rapaz não tem futuro, minha filha". Mas afinal ficamos grandes amigos. Vera Cecília estudou nos colégios Des Oiseaux e Sion. Ela participou ativamente da JEC. Casei seis meses antes de me formar em Direito. Eu trabalhava na *Última Hora* quando nos casamos. Antes do casamento era proibido ficarmos sozinhos; precisava de um "chaperon" (um acompanhante). Luiz e Maria Olympia foram ótimos nesse ponto. Com eles podíamos mesmo viajar para participar de congressos fora de São Paulo. Aliás, o irmão mais velho de Vera Cecília, Eduardo Caio, também foi um excelente "segura vela". Ele nos acompanhava sempre que precisávamos.

Desse grupo jovem quem era o seu maior interlocutor, com quem você discutia mais?

O meu melhor amigo foi o Fernão Bracher.[8] Antes disso, tive um grande amigo no Colégio São Luís: Manoel Gonçalves Ferreira Filho. Mas durante nosso curso na Faculdade de Direito ele foi ficando cada vez mais de direita liberal-conservadora enquanto eu ia para a centro-esquerda naciona-

Uma ética da responsabilidade

lista e desenvolvimentista. Maneco é um notável constitucionalista e uma pessoa sempre agradável de conversar. Com o Fernão Bracher a relação foi mais tranquila, porque ambos tínhamos em comum o nacionalismo econômico e o espírito público. Fernão sempre foi um conservador, eu, um progressista. Mas nos respeitávamos apesar de nem sempre estarmos de acordo um com o outro. Eu o admirava e ele me admirava apesar de algumas vezes achar que eu ia muito longe nas minhas ideias progressistas. Vera Cecília e eu fomos padrinhos de Candido, o primeiro filho dele e de Sonia. Candi nasceu na Alemanha, quando eles moraram lá por dois anos após Fernão terminar a Faculdade de Direito. Fernão e Sonia (ou Soninha, como a chamávamos) foram os padrinhos de nossa primeira filha, Patrícia, que nasceu um pouco depois.

Como foi o seu curso na Faculdade de Direito do Largo São Francisco, em São Paulo?

Eu entrei na Faculdade em 1953 e me formei em 1957. Além dos meus colegas da JUC, tive alguns outros que se tornaram depois ilustres: Plínio de Arruda Sampaio e José Gregori, mais adiantados; Dalmo Dallari, José Afonso da Silva e José Osório Azevedo, e um ano mais moço do que eu, Fábio Comparato, que hoje é meu colega na Comissão Arns de defesa dos Direitos Humanos. E tive alguns grandes professores, como o Gofredo da Silva Telles, de Introdução ao Direito, Alvino Lima, de Direito Civil, Ataliba Nogueira, de Teoria do Estado, e Luís Eulálio Vidigal, de Direito Processual Civil. Sempre me lembro de Gofredo defendendo a democracia e definindo o Estado e a lei pelo poder potencial de coerção — pela coercibilidade; de Alvino Lima dizendo que a lei é a formalização dos costumes; que são eles que dão legitimidade ao Direito; e de Ataliba Nogueira dizendo que o Estado é meio e não fim. Tenho também más lembranças, mas não vale a pena mencioná-las. A partir do terceiro ano, devido à minha decisão de me tornar um economista ou sociólogo do desenvolvimento, me desinteressei do Direito. Eu só viria a me interessar novamente por essa grande área do conhecimento quando fui estudar o Estado e compreendi que o Estado é o sistema constitucional-legal e a organização que o garante.

2

A descoberta do Brasil e uma decisão de risco

Debates nos anos 1950

Como o senhor vê a década de 1950?

Os anos 1950 foram para mim os anos de estudo no Colégio São Luís e na Faculdade de Direito do Largo São Francisco. Foram os anos da minha entrada para a Ação Católica (JEC e depois JUC) onde havia então um catolicismo moderno e sofisticado intelectualmente, mas algo alienado. Foram os anos do meu encontro e casamento, em 1957, com Vera Cecília, da consolidação de uma profunda amizade com meu irmão dezoito meses mais moço, Sílvio Luiz, e do início de uma grande amizade com Fernão e Sonia Bracher. Foram os anos do conhecimento de grandes figuras como Hermínio Sacchetta, Paulo Cotrim, André Franco Montoro, Plínio de Arruda Sampaio e Chico Whitaker. Foram os anos do Seminário de Cinema e do meu tempo como crítico de cinema, do trabalho no jornal de meu pai, *O Tempo*, e, depois de sua falência, foram os anos do trabalho na *Última Hora* e como redator em três agências de publicidade. Foram os anos do segundo e grande governo de Getúlio Vargas e do governo de Juscelino Kubitschek. Foram os anos de industrialização acelerada, a fundação da Petrobras e da Eletrobras. Foram os anos dos golpes e tentativas de golpe do partido liberal, a UDN. Foram os anos do pacto nacional-popular de Getúlio Vargas que associavam empresários industriais, trabalhadores urbanos e a moderna burocracia pública. Foram os anos da Revolução Cubana. No mundo, foram os anos da vitória sobre o nazismo e do lançamento de bombas atômicas sobre Hiroshima e Nagasaki. Foram anos de progresso social com o New Deal, do início dos Anos Dourados do Capitalismo, dos acordos de Bretton Woods que regularam as finanças internacionais. Foram os anos do keynesianismo desenvolvimentista e social-democrático de John Maynard Keynes, e do desenvolvimentismo clássico de Raúl Prebisch, Arthur Lewis e Celso Furtado. No final da década fiz meu concurso para professor na FGV.

Essa década de 1950 foi realmente movimentada no Brasil. Foi uma década de grande desenvolvimento. Getúlio Vargas, nos breves quatro anos do seu segundo governo, foi um extraordinário presidente. Criou a Petrobras, a Eletrobras, o BNDES. Ele teve uma equipe de assessores econômicos desenvolvimentistas, liderados pelo Rômulo de Almeida[9] e na qual estavam Jesus Soares Pereira,[10] Ignácio Rangel e Guerreiro Ramos[11] — os dois últimos depois foram do ISEB. Getúlio realizou um grande governo, nacionalista e desenvolvimentista. E Juscelino prosseguiu com a mesma estratégia desenvolvimentista.

A principal marca talvez tenha sido a criação da Petrobras.

A Petrobras e também o BNDES foram criados nesse contexto. Tudo isso saiu dessa assessoria econômica do Getúlio — dos seus "boêmios cívicos". Mas então acontece o golpe liberal e o suicídio. Eu não tive nenhuma dúvida em apoiar Juscelino Kubitschek. Eleito, sua posse foi assegurada pelo contragolpe do general Henrique Duffles Teixeira Lott. O governo de Juscelino foi um grande sucesso. Juscelino deu continuidade ao processo de industrialização iniciado por Getúlio. A instalação da indústria automobilística foi uma coisa de grande repercussão não só econômica, mas social e política. Mas teve um custo. O Estado gastou demais na construção de Brasília, a demanda cresceu, e a inflação aumentou significativamente, e as contas externas do país foram muito prejudicadas, obrigando Jânio Quadros e seu ministro da Fazenda, Clemente Mariani, a fazer um ajuste fiscal e uma desvalorização. Foi o início da crise dos anos 1960.

Havia a tese de que o Brasil era um país "essencialmente agrícola".

Havia, era a ideia central de uma interpretação do Brasil que, em um trabalho posterior eu chamei de "interpretação da vocação agrária".[12] A tese que o Brasil era um país "essencialmente agrícola" era também defendida pela classe média tradicional da qual a minha família e a de Vera Cecília faziam parte. A classe média liberal repetia então as ideias da oligarquia cafeeira que defendia o liberalismo econômico. Eu, que descobri o nacionalismo e a industrialização em 1955, me envolvi profundamente nesse debate, mas no final dos anos 1950 ele se tornara superado. A industrialização havia sido tão grande que ninguém mais tinha coragem de afirmar aquela tolice liberal. Todos agora concordavam que o Brasil tinha uma vocação industrial. O Brasil estava então realizando sua revolução industrial e capitalista, que viria a completar em torno de 1980.

O senhor acompanhou o debate entre Gudin e Simonsen?

Não acompanhei o debate entre o Eugênio Gudin e o Roberto Simonsen.[13] Esse debate aconteceu em 1944, e na época eu era criança. Aconteceu no final do primeiro governo Getúlio Vargas, no quadro, vejam só, da Comissão de Planejamento Econômico da Presidência da República. Gudin apostava na vocação agrária do Brasil, enquanto Roberto Simonsen, líder dos empresários industriais da época e notável intelectual, defendia a industrialização estimulada pelo Estado. Simonsen ganhou esse debate. Eu o considero o patrono do desenvolvimentismo brasileiro. Houve também o debate do Guerreiro Ramos com o Florestan Fernandes já nos anos 1950, em uma época em que o Florestan ainda acreditava em uma sociologia pura, exclusivamente baseada na pesquisa, enquanto Guerreiro já sabia como o pensamento sociológico é comprometido com a realidade e apostava na forma ensaio de pensar a sociologia. Afinal, o livro mais importante de Florestan foi um ensaio, *A revolução burguesa*.

E depois teve aquela besteira envolvendo o Gregório Fortunato, que deu força aos opositores de Getúlio num momento já de enorme debilidade do presidente...

Sim, foi um grande erro do segurança de Getúlio. Resultado trágico de um excesso de fidelidade ao chefe. Getúlio foi acusado de corrupção, mas ele foi um político rigorosamente honesto. Getúlio nunca ficou rico, viveu sempre apertado economicamente apesar do seu poder. Ele foi mais do que simplesmente honesto. Ele tinha um forte espírito republicano: colocava o interesse público acima dos seus interesses particulares. Ele foi o comandante da revolução capitalista brasileira; foi o estadista que o Brasil teve no século XX. Isso era inaceitável para os liberais que, no Brasil, naquela época representavam as oligarquias agrário-mercantis. Hoje representam os ricos e a alta classe média — a classe média tradicional cheia de preconceitos de classe e de raça. A desigualdade no Brasil é brutal, e tem claramente caráter racial. A alta classe média é branca, e o restante da população é negra. Então há um desprezo profundo por essa gente, um desprezo visceral. Quem ousa defendê-la — como Getúlio a defendeu no passado e Lula a defende no presente — é imediatamente visto como alguém inaceitável. Os liberais se manifestam politicamente dessa maneira. É isso que está acontecendo no Brasil outra vez, muito claramente, nestes últimos anos.[14]

A tese de que os liberais ajudaram a fazer o ajuste é verdade. Juscelino, com a ideia de construir Brasília, agiu de modo populista do ponto de vista fiscal. Ele criou um desequilíbrio fiscal grande do qual derivou uma inflação de 50% ao ano, uma inflação muito alta naquela época. O Jânio Quadros e depois o João Goulart herdaram esse desequilíbrio e o ajuste fiscal brasileiro só foi realizado mesmo entre 1964 e 1967, por economistas que você pode chamar de liberais, pelo Roberto Campos,[15] que era inteligente demais para ser um simples liberal, e o Octavio Gouvêa de Bulhões, que era um homem da melhor qualidade.[16]

O meio da década de 1950 foi muito turbulento. Com o suicídio de Getúlio assume Café Filho, em setembro de 1954, e Eugênio Gudin assume o Ministério da Fazenda. No curto mas intenso período entre o fim de 1954 e todo o ano de 1955, o Brasil estabelece uma política econômica muito diferente daquela de Getúlio e também daquela que JK implementaria a partir de 1956. Os liberais, no entanto, dizem que nesse período eles fizeram a arrumação da casa do ponto de vista fiscal — o que teria permitido dar asas ao desenvolvimentismo de JK. Como o senhor vê esse embate naqueles anos de sua formação intelectual?

Nos anos 1950, com o governo Vargas, com a sua maravilhosa assessoria econômica comandada por Rômulo de Almeida, com Raúl Prebisch e Celso Furtado o Brasil descobre a importância da industrialização, da "mudança estrutural", e o papel fundamental do Estado nesse processo. Nascia naquela época, com esses dois grandes economistas latino-americanos mais Rosenstein-Rodan, Hans Singer, Arthur Lewis, Ragnar Nurkse e Albert Hirschman, a *Development Economics*, que hoje eu chamo de Desenvolvimentismo Clássico. Foi a teoria que serviu de base teórica para o incrível desenvolvimento econômico do Brasil até 1980. É verdade que o Brasil, fiando-se no acordo que havia sido realizado no quadro da Comissão Mista Brasil-Estados Unidos,[17] importou os insumos e bens de capital que sua indústria necessitava com urgência. O governo americano, porém, irritado com a aprovação da nova Lei de Remessa de Lucros, suspendeu o empréstimo, decorrendo daí "atrasados comerciais" para com empresas dos Estados Unidos que só foram resolvidos em 1953, quando o embaixador Walther Moreira Salles afinal logrou obter o empréstimo do governo americano.[18] O Brasil enfrentou uma crise de balanço de pagamentos que o obrigou a incorrer em "atrasados comerciais", ou seja, em uma moratória branca. Isso decorreu da grande expansão das importações de insumos e de bens de capital para a indústria nacional, que então crescia de maneira acelerada, e de uma forte queda das exportações brasileiras em 1952. E não obstante os esforços de Getúlio e de seus dois ministros da Fazenda, Horácio Lafer e Osvaldo Aranha, em manter sob controle a conta fiscal e as contas externas. Como mostrou muito bem Pedro Cezar Fonseca, Getúlio combinava de maneira dialética o desenvolvimentismo com a ortodoxia fiscal e cambial.[19]

E então aconteceu a Guerra Fria...

A Guerra Fria começou nos anos 1950, mas nós brasileiros a vimos com clareza no governo Kennedy.[20] Ele estava muito preocupado com a possível influência da União Soviética e, por isso, fez o programa Aliança para o Progresso para apoiar o desenvolvimento econômico da América Latina, que, afinal, teve pouco impacto. Por outro lado, não escapou da vocação imperialista de seu país; pelo contrário, a acentuou ao iniciar a Guerra do Vietnã, que seria a primeira grande derrota militar dos Estados Unidos, e apoiou a fracassada invasão de Cuba pela Baía dos Porcos.

Os intelectuais nacionalistas do ISEB

E o ISEB do qual o senhor tanto fala, qual foi a importância desse grupo de intelectuais na sua vida?

Foi grande; determinou uma grande virada na minha formação intelectual e nos meus planos de vida. Aconteceu em janeiro de 1955, quando eu estava iniciando o terceiro ano da Faculdade de Direito da USP e meu plano era ser juiz de direito. Naquele janeiro eu estava na colônia de férias da JUC em Itanhaém (SP), e encontrei em cima de uma mesa o número 4 da revista *Cadernos do Nosso Tempo*. Ela teve apenas cinco números. Foi uma revista publicada pelo grupo de intelectuais nacionalistas do ISEB entre 1952 e 1955, quando o ISEB era ainda o IBSP (Instituto Brasileiro de Estudos Sociais e Políticos). Em 1955 esse grupo de intelectuais foi acolhido pelo Estado brasileiro e surgiu o Instituto Superior de Estudos Brasileiros. Sua sede era no Rio de Janeiro, numa bela casa de frente para o mar na Praia do Botafogo.[21] Quando peguei a revista fiquei "siderado" pelas coisas que estava lendo. Os artigos que mais me impressionaram foram "Significação do nacionalismo", de Hermes Lima, "A sucessão presidencial", de Hélio Jaguaribe, e "A ideologia da 'jeunesse dorée'", ensaio no qual Guerreiro Ramos faz a crítica dos intelectuais católicos conservadores brasileiros dos anos 1930, inclusive Alceu Amoroso Lima, que mais tarde seria um referência básica do nosso grupo da JUC e um opositor progressista ao regime militar.[22] Estes três artigos estão disponíveis no meu website. Naquele momento eu "descobri" o Brasil. Descobri um Brasil que havia feito sua Independência em 1822, mas que continuara um país semicolonial até 1930. Semicolonial porque seus dirigentes e suas elites não tinham uma ideia e um projeto de nação e se limitavam a repetir o liberalismo econômico que vinha do Norte. Neste ano ocorreu a Revolução de 1930, sob a liderança de Getúlio Vargas, e começou a revolução nacional e industrial ou a Revolução Capitalista Brasileira. Uma revolução que estava tornando o Brasil em uma verdadeira nação com o apoio de uma coalizão de classes desenvolvimentista formada por empresários industriais, trabalhadores urbanos, setores da velha oligarquia e a nova burocracia pública profissional que estava surgindo então. Terminada a leitura da revista, eu tomei uma decisão que mudou minha vida. Decidi que não seria mais juiz de direito, como era até então meu plano, mas sociólogo ou economista do desenvolvimento. Eu queria contribuir para a superação do atraso brasileiro e a pobreza de seu povo. Foi uma decisão definitiva. E, naturalmente, fui estudar melhor as novas ideias, inclusive a dos dois filósofos do ISEB, Roland Corbisier e Álvaro Vieira Pinto.

Um ano muito agitado aquele de 1955, aliás. Com o governo Café Filho, que ascendera após o suicídio de Getúlio, e uma série de agitações em meio às eleições presidenciais.

Em 1955, em maio, houve a convenção do Partido Democrata Cristão para a escolha do candidato a presidente da República. O partido liberal, a UDN, que derrubara Getúlio Vargas, escolheu o general Juarez Távora. Meu candidato era Juscelino Kubitschek, cujo programa envolvia levar adiante o desenvolvimentismo de Vargas. Eu e meus amigos da JUC estávamos no PDC porque suas ideias coincidiam com o nosso progressismo católico, mas logo se confirmou serem alienadas da realidade brasileira. Em sua convenção de 1º de maio de 1955, o PDC associou-se à UDN e apoiou Juarez Távora. Decidi, então, "romper" com o PDC [risos]. Fiz isso através de um artigo que nunca mais consegui achar. Eu creio que foi publicado no jornal O *Tempo*, mas pesquisei no Arquivo do Estado de São Paulo e não o encontrei. Foi meu primeiro artigo político, e marcou uma decisão importante na minha vida. Aquela decisão também mostrou que eu não era realmente um político. Sempre fui um intelectual comprometido com o desenvolvimento do Brasil e a diminuição da desigualdade, não um político comprometido com o poder. Eu não saí do PDC para entrar em outro partido. Saí e ponto final. Todos os meus amigos, em 1959, foram chamados para participar do governo Carvalho Pinto (1959-1963) em São Paulo — o Plínio de Arruda Sampaio,[23] o Jorge da Cunha Lima,[24] o Francisco Whitaker.[25] Eu nem pensei em participar. Estava entrando naquele ano na EAESP-FGV.

Em 1955, o senhor tinha vinte anos e tomou uma decisão de risco. Não estava preocupado que não desse certo?

Não estava muito preocupado se eu iria dar certo ou não. Sabia que daria certo de qualquer jeito [risos]. Ou melhor, estava mais ou menos seguro. Mas eu devia fazer o que acreditava dever fazer. Isso estava muito claro para mim. Meu critério fundamental para fazer essa mudança foi que, como economista ou sociólogo, eu teria muito mais condições para contribuir para o desenvolvimento do Brasil do que como advogado ou juiz de direito. A advocacia para mim era excessivamente comprometida com o capitalismo, com os interesses individuais. O sistema judiciário era para mim algo parado, e eu queria algo novo, e naquele momento o novo era a industrialização, o desenvolvimento econômico, a teoria econômica e a sociologia do desenvolvimento. Às vezes fico na dúvida se acertei porque eu vejo hoje economistas tão ruins, economistas ortodoxos tão subordinados aos interesses dos rentistas e financistas, e economistas heterodoxos tão incompetentes. Bem, mas essa é uma outra história.

Enquanto Getúlio era presidente ele ajudou a viabilizar a CEPAL.
É verdade; ele havia compreendido a sua importância. Eu via então que havia uma correlação entre as ideias desenvolvimentistas, da industrialização como projeto, e o que o governo Juscelino Kubitschek estava fazendo. Isso me deixava muito animado. O Brasil tinha um projeto, projeto que Getúlio havia definido e ao qual o novo presidente eleito em 1955 dava continuidade. É claro que havia um problema nessa época — o da entrada do capital estrangeiro na indústria. A tese nacional-desenvolvimentista era a de que o Norte, o Império, se opunha à industrialização e ao desenvolvimento do Sul, dos países periféricos. Continuo pensando assim. Tenho bons motivos para acreditar nisso. Mas eis que as empresas multinacionais começaram a entrar no Brasil para produzir bens manufaturados. Isso parecia ser uma contradição, mas não é. Nada impede que as políticas dos países ricos e as ideologias que eles exportam para cá sejam contra a industrialização, enquanto as empresas multinacionais procuram ocupar seus mercados investindo aqui. Não era uma contradição, mas parecia. Tanto pareceu que o Hélio Jaguaribe,[26] que havia sido o principal fundador do ISEB, publica um livro em 1958 assinalando a participação das empresas multinacionais na industrialização do país. Este livro gerou a primeira crise interna no ISEB. Um ano depois o Guerreiro também sai. Era uma época em que a Revolução Cubana estava causando uma forte radicalização política na América Latina. O ISEB sem Hélio e sem Guerreiro Ramos também se radicalizou.

Mas por que as empresas multinacionais passaram a investir na indústria a partir dos anos 1950?

A descoberta do Brasil e uma decisão de risco

Hélio não compreendeu, como mais tarde Fernando Henrique não compreenderia, que a decisão das empresas multinacionais de investir na indústria não tinha nada a ver com a perspectiva imperial dos Estados Unidos contra a industrialização da periferia. Naquela época as empresas industriais americanas e europeias se interessarem pelo Brasil era uma questão puramente comercial. O Brasil tinha fechado as suas fronteiras, adotava a estratégia de desenvolvimento econômico baseada na industrialização substitutiva de importações, e, para isso, adotava barreiras altas a importação de bens manufaturados; adotava o "modelo de substituição de importações". Diante dessa política, empresas como a Ford, a General Motors ou a Siemens tinham duas alternativas: ou perdiam o mercado brasileiro, ou traziam suas fábricas para cá. Isso, porém, não impedia que os países ricos e seus economistas liberais procurassem convencer os brasileiros que nosso país não devia se industrializar.

Investir na indústria era então estratégia das empresas multinacionais. As empresas não buscam defender teorias ou ideologias, elas buscam o lucro. A melhor forma de realizar lucro para elas, em relação ao Brasil, era investindo aqui. Seus dirigentes e seus governos continuavam liberais, continuavam defensores de taxas alfandegárias muito baixas, da abertura comercial. O Norte continuava com essas ideias que eram e ainda hoje são contrárias ao desenvolvimento do Brasil. Com a Revolução de 1930 e a coalizão de classes desenvolvimentista que Getúlio logrou construir, ainda que de maneira precária, o Brasil se torna uma nação, ou seja, um país autônomo, independente. Tinha então capacidade de ouvir e ignorar as pressões e sugestões que vinham do Norte. Pressões que naquela época não eram tão fortes como são hoje, porque os países centrais eram também desenvolvimentistas. Isso é uma coisa que as pessoas geralmente não sabem. Pensam que o liberalismo econômico foi sempre dominante nos países ricos. Não foi. O capitalismo central nasceu desenvolvimentista na Inglaterra, no século XVIII, no quadro do mercantilismo (que eu chamo de primeiro desenvolvimentismo); em meados do século XIX se tornou liberal. Esse regime de política econômica é mantido até 1929, quando entra em profunda crise. Nos EUA, a partir do New Deal, e na Europa, depois da Segunda Guerra Mundial, surge um novo capitalismo desenvolvimentista — um capitalismo caracterizado pela intervenção moderada do Estado na economia. Durante três décadas vamos ter os Anos Dourados do Capitalismo no qual a política econômica era keynesiana, ou seja, dado o conceito amplo de desenvolvimentismo que uso, era desenvolvimentista. O Banco Mundial, que foi sempre controlado pelos Estados Unidos, era então a sede do pensamento desenvolvimentista. Nos anos

1950 o mundo rico se opunha à industrialização da periferia. Mas não era uma oposição violenta. Isso só mudaria em 1980, a partir da virada neoliberal dos Estados Unidos e do Reino Unido com Ronald Reagan e Margareth Thatcher.

Começando a estudar o desenvolvimento econômico

O primeiro livro de economia que o senhor leu foi do Arthur Lewis, em 1959, em meio a um período de grandes transformações na economia brasileira. No começo da década, o senhor era jornalista em O Tempo, *Getúlio Vargas voltara à Presidência de República. No fim da década, o governo JK estava no auge, com o Plano de Metas e forte crescimento industrial. Pergunto: quanto a conjuntura daquele período histórico, no qual o Desenvolvimentismo Clássico estava sendo posto em prática (1951-1960), influenciou as suas convicções como pensador e intelectual?*

Para seguir minha decisão de ser um economista ou um sociólogo do desenvolvimento resolvi terminar a Faculdade de Direito. Naquela época eu não tinha nenhuma relação com professores ou alunos do curso de Ciências Sociais ou do curso de Economia da USP. Pensei que poderia fazer a conversão através da pós-graduação, mas não foi fácil porque naquela época não havia cursos de pós-graduação como hoje. Era possível fazer o doutorado, mas não havia disciplinas específicas para você se matricular. Bastava que você fosse aceito por um professor titular para ser candidato ao doutorado sob sua orientação. Assim, quando eu me formei, em 1957, decidi não trabalhar na área do Direito.

Depois que o jornal *O Tempo* fechou, no final de 1955, fui para o *Última Hora*. Continuei, portanto, como jornalista, e cheguei a ser secretário da primeira edição (o redator-chefe era o secretário da segunda edição, o grande Paes Leme). Mas meu salário era pequeno e eu o recebia com atraso. Por isso, a partir de um convite de meu primo Fernando Barbosa Lima, em junho daquele mesmo ano de 1957 me transferi do jornalismo para uma agência de publicidade e passei a ser redator de propaganda. Mas sempre com a ideia de que conseguiria me transferir para uma área da academia ligada à Economia ou à Sociologia do Desenvolvimento Econômico. Tentei me inscrever em um novo programa de pós-graduação na Escola de Sociologia e Política de São Paulo, mas o curso afinal não aconteceu. Me candidatei a um posto na CEPAL, mas não obtive resposta. A oportunidade que afinal surgiu foi, em 1958, fazer o concurso para professor assistente em Administração de Empresas na Fundação Getúlio Vargas de São Paulo, coisa que fiz e fui aprovado.

Foi nessa época que li meu primeiro livro de economia. Foi um livro em espanhol do grande Arthur Lewis,[27] *Teoria do desenvolvimento econômico* (1955). Lewis foi um dos fundadores do que chamo de Desenvolvimentismo Clássico. Era um livro bastante geral que estava na mesma linha de pensamento dos intelectuais do ISEB e da CEPAL, de Guerreiro Ramos, Hélio Jaguaribe e Ignácio Rangel, de Raúl Prebisch[28] e Celso Furtado,[29] este último bastante próximo do ISEB. Eu vinha estudando o nacionalismo como ideologia da formação do Estado-nação, e o desenvolvimento econômico como mudança estrutural ou industrialização. Essas eram ideias muito claras que eu começava então a aprender.

Como o senhor começa, então, a pensar teoricamente o desenvolvimento brasileiro?

Desde 1955 procurava acompanhar os debates entre os desenvolvimentistas, como eu, e os liberais. Eu via então que o governo seguia uma linha de ação que correspondia a uma teoria que estava então sendo definida, a Teoria Econômica do Desenvolvimento (*Development Economics*), que incluía o estruturalismo latino-americano cujo centro de irradiação na América Latina era a CEPAL[30] e suas ideias nacionalistas e desenvolvimentistas. O nacionalismo econômico era abordado de forma disfarçada porque se tratava de uma agência das Nações Unidas. Falava-se em "centro" e "periferia", mas a abordagem era de fato nacionalista e anti-imperialista.

Olhando retrospectivamente para os dois economistas que chama de mestres, Raúl Prebisch e Celso Furtado, como o senhor se insere entre os desenvolvimentistas?

Prebisch era muito mais velho que eu. Nunca conversei com ele, infelizmente. Mas acho que foi o maior economista da América Latina. Ele fundou a versão latino-americana, estruturalista, da escola desenvolvimentista clássica. Ele tem contribuições teóricas, como o modelo das duas elasticidades perversas (a elasticidade-renda das importações de produtos primários pelos países ricos era menor que a elasticidade-renda das importações de bens manufaturados pelos países em desenvolvimento) para o qual só havia uma solução: a industrialização. Para Prebisch o desenvolvimento econômico só era possível com "mudança estrutural", ou seja, com transferência da mão de obra do setor agrícola para o setor industrial, que implicava imediatamente um aumento da produtividade na medida em que o valor adicionado *per capita* na indústria é muito maior que no setor primário. Celso Furtado foi discípulo e o mais importante seguidor de Prebisch, e eu, discípulo de Celso, de quem fiquei amigo. Ele foi o mais importante economista brasileiro do século XX. Uma diferença deles comigo no plano da formação é que eles dedicaram toda a sua vida ao estudo da economia e à sua aplicação na vida pública através de políticas econômicas. Eu me dediquei cedo ao estudo da economia, mas em tempo parcial, e só entrei para a vida pública aos 49 anos, quando fui presidente do Banespa. Só fui ser um intelectual em tempo integral aos 63 anos, a partir de julho de 1999, quando deixei o governo FHC. Talvez por isso minha produção acadêmica tenha sido relativamente tardia. Mas a maior diferença só aconteceu no início dos anos 2000, quando comecei a elaborar o Novo Desenvolvimentismo. Prebisch e Furtado são as duas figuras fundamentais do desenvolvimentismo clássico; por muitos anos fui discípulo deles; nos anos 1970 eu fiz a crítica do "novo modelo de desenvolvimento" que envolvia uma primeira crítica ao Desenvolvimentismo Clássico; nos anos 1980, desenvolvi a teoria da inflação inercial; e, afinal, a partir de 2001, comecei a desenvolver a teoria novo-desenvolvimentista.

Por isso, nos últimos vinte anos tenho desenvolvido todo um sistema teórico, o Novo Desenvolvimentismo, que é constituído de uma nova macroeconomia do desenvolvimento, de uma microeconomia do desenvolvimento e de uma economia política. No quadro dessa economia política tenho um artigo recente no qual digo que existem duas formas de organizar o capitalismo: ou o desenvolvimentismo, ou o liberalismo econômico. A forma desenvolvimentista é, na linguagem da informática, a forma *default*. Em todos os países que já passaram por uma revolução industrial e capitalista esse momento crucial no desenvolvimento de uma nação foi desenvolvimentista. O capitalismo começa em todos os países quando acontecem duas revoluções — a formação do Estado-nação e a revolução industrial que, somadas, constituem a Revolução Capitalista. Todas as revoluções industriais — seja qual for o país — aconteceram num quadro do desenvolvimentismo e não do liberalismo econômico.

Mas há sempre os liberais que defendem que o Estado não intervenha em praticamente nada na economia, e ainda hoje nós temos esse embate ideológico fundamental entre desenvolvimentistas e liberais econômicos. O mercado é uma maravilhosa instituição para coordenar sistemas econômicos competitivos, mas há muitos setores no capitalismo, principalmente da infraestrutura, dos insumos básicos e grandes bancos, que não são competitivos. Além disso, o mercado é incapaz de manter equilibrados os cinco preços macroeconômicos. Por isso o desenvolvimentismo é uma forma superior de organizar o capitalismo. Os liberais, ao ignorar a diferença fundamental entre os setores competitivos e não competitivos, cometem um equívoco. O liberalismo econômico é incapaz de levar os países ao verdadeiro desenvolvimento, ao alcançamento dos países ricos. Mas em certos casos em que um ajuste macroeconômico é necessário, o liberalismo econômico mostra-se uma boa alternativa. Sua pergunta sugere que foi isso que aconteceu em 1955, que o governo Vargas havia desajustado a economia e Gudin chegou para pôr as coisas no lugar, mas não creio que isso seja verdade. A política macroeconômica de Getúlio não levou a nenhuma crise fiscal. Ele não foi deposto porque sua política econômica tenha falhado, mas porque ele adotou posições progressistas que não eram suficientemente anticomunistas quanto os militares queriam e que as elites liberais não estavam dispostas a aceitar. No pós-guerra, diante da Guerra Fria, os militares mais politizados entenderam que era preciso fazer uma escolha radical: aliar-se aos Estados Unidos. Não percebiam que era possível rejeitar o comunismo sem se aliar, ou seja, se subordinar, aos Estados Unidos. Por outro lado, no Brasil o liberalismo econômico sempre foi antidemocrático. No mundo rico, durante todo o século XIX, o liberalismo foi autoritário, rejeitou expressamente a democracia, que seria "a ditadura da maioria". No Brasil foi o famoso golpismo da UDN, o partido político liberal daquela época (1945 a 1964).

3

Uma vida na FGV

ENTRADA NA FGV E ESTUDOS NOS ESTADOS UNIDOS

Como o senhor foi para a FGV?
Eu me casara em junho de 1957. Estava então trabalhando em tempo integral, primeiro como jornalista e depois como redator em agência de publicidade. E estava à espera de uma oportunidade para me tornar sociólogo ou economista do desenvolvimento. Depois de algumas tentativas fracassadas, a oportunidade surgiu quando meu irmão Sílvio Luiz me falou sobre o concurso para auxiliar de ensino na EAESP-FGV. Comecei profissionalmente minha vida intelectual quando, no 1º de abril de 1959, comecei como auxiliar de ensino da FGV — ou da GV, como em São Paulo nós a chamamos. Só a partir de então, mas por apenas três anos, pude trabalhar integralmente na área acadêmica. Depois, só voltei a ter essa possibilidade que tanto me atraía a partir de 1999.

Foi importante seu ingresso na Escola de Administração de Empresas de São Paulo da FGV?
Foi fundamental. Permitiu que eu me transformasse em um intelectual comprometido com o desenvolvimento econômico. Quando entrei na FGV não estava interessado particularmente em administração; queria estudar Sociologia e Economia. Mas tratei também de estudar gestão de empresas, e isso foi ótimo para mim.

A década de 1950 termina com o senhor prestes a embarcar para o mestrado nos Estados Unidos. Explode a Revolução Cubana em 1959, que ganha caráter socialista em 1960, enquanto termina o governo de Eisenhower nos EUA e de JK no Brasil. Como foi para o senhor, na FGV, esse período de tantas transformações?
Fiz o concurso para a FGV no final de 1958 e fui admitido em abril de 1959. Saí da agência de publicidade para vir ganhar na FGV exatamente metade do que ganhava. Mas achei que valia a pena; eu tinha um plano: queria

ser um intelectual e poder contribuir para o Brasil com as ideias que fosse capaz de desenvolver. Naquela época, os novos professores deviam ficar um ano no Brasil melhorando o seu inglês e dando assistência para professores da missão americana, professores da Michigan State University, que estavam aqui, e escrevendo um *paper*. Escrevo então, em 1959, meu primeiro *paper* em inglês — "The Rise of Middle Class and Middle Management in Brazil", que submeti à *RAE* (*Revista de Administração de Empresas*), que acabara de ser criada, mas seu primeiro editor, o Raimar Richers, o recusou "porque não tinha base empírica"... Uma tolice academicista. Não tive dificuldade em publicá-lo em uma revista americana.[31] Com esse artigo eu estava começando a discutir o problema da tecnoburocracia — um tema importante da minha obra.

Afinal viajei para os Estados Unidos em março de 1960. Fui para os EUA armado, intelectualmente, para me defender da cultura superior americana. O livro que me armou melhor contra as influências que eu sabia que receberia nos EUA foi o do Guerreiro Ramos, *A redução sociológica*, que era uma crítica da sociologia da modernização americana. É claro que chegando lá, vivendo lá, ninguém resiste e fui influenciado. Ainda bem, porque fui para lá para aprender. E aprendi muita coisa morando e estudando nos Estados Unidos. A Michigan State naquela época era uma universidade de segunda linha, mas foi muito importante para mim. Era uma boa universidade, tinha uma ótima biblioteca e o programa de MBA tinha duração de um ano e meio. Completei-o em um ano, em tempo super-integral. Havia um pequeno número de cursos obrigatórios e muitos cursos optativos que podia fazer na escola de administração de empresas da universidade ou mesmo fora dela. Eu procurei naquele período estudar o máximo possível economia e sociologia. Fui aluno do Lloyd Warner, que foi um grande sociólogo, do William Henry, que também foi um psicólogo muito importante — ambos provenientes da Universidade de Chicago. Um era professor visitante, o outro se mudou para lá. Na área de economia tive um professor de Macroeconomia magnífico, Andrew F. Brimer, e um professor de Antitruste notável, Walter Adams. A aula deste último era fascinante porque era uma grande batalha entre os alunos, que defendiam as grandes corporações para as quais trabalhariam, e o professor que as atacava de maneira provocativa e radical. Ele discutia com os alunos as decisões clássicas da Suprema Corte referentes aos problemas dos cartéis e monopólios. Quando cheguei à Michigan State me disseram "não entre nesse curso, o professor é muito bom, mas é muito difícil". Disse para mim mesmo: "o que eu quero é esse tipo de curso" e lá fui eu. Realmente o curso era uma espécie de batalha. Adams, que depois se tornou um famoso professor nessa área, entrava na sala e montava a briga com os alunos. Ele era vermelho, forte, e provocava os alunos. Era tão divertida a coisa que num curso posterior em que devia fazer uma análise da sociedade americana eu fiz uma análise dessa disciplina [risos].

Tinha algum colega brasileiro nessa turma, contemporâneo seu?
Havia dois professores que entraram comigo. Uma era a Zaíra Rocha Awad, grande amiga minha, que como eu tinha passado pela JUC. Tínhamos uma visão muito semelhante da vida e das coisas. Enquanto estava lá na Michigan State, chegou para fazer o doutorado o meu queridíssimo amigo Gustavo de Sá e Silva, que depois seria diretor da EAESP.[32] Nos Estados Unidos estudei muito e ampliei muito os meus interesses. Descobri lá Wright Mills, Joseph Schumpeter, Robert Merton — pensadores sobre as quais eu tinha pouca informação no Brasil. E abandonei o catolicismo; tornei-me ateu. Foi a sociologia que me levou a tomar essa decisão. Quando você pensa a religião em termos sociológicos e históricos, ficam claras suas duas funções: no plano das ideias, "resolver" o mistério da morte; no plano das instituições, legitimar as normas sociais e estabelecer uma sanção para quem não as observa.

Depois de um ano na Michigan State, o que o senhor fez nos últimos seis meses nos Estados Unidos?
Primeiro estudei três meses em Harvard assistindo a duas disciplinas da Escola de Administração de Empresas e uma terceira, de desenvolvimento econômico, no Departamento de Economia da Universidade. A grande diferença não eram os professores, mas os alunos, que eram muito melhores em Harvard. Chegou, então, o verão, nessa estação do ano não havia cursos em Harvard, e fui para a Universidade de Michigan (não a Michigan State), em Ann Arbor, para fazer um curso de Desenvolvimento Econômico e Sociedade com o professor Bert Hoselitz, que naquele trimestre era professor visitante. Ele era um importante professor de Desenvolvimento Econômico — um sociólogo do desenvolvimento da Universidade de Chicago. Depois, pude ainda passar duas semanas com ele em Chicago, mas meus dezoito meses de bolsa acabaram e não tive alternativa senão voltar para o Brasil.

Como ficava a sua visão desenvolvimentista depois de um ano e meio morando e estudando nos Estados Unidos?
Meu desenvolvimentismo foi, de certa forma, abalado. Isso era inevitável. Aprendi lá teoria econômica ortodoxa. Aprendi um outro mundo no

qual as ideias de desenvolvimento e de industrialização não estavam realmente presentes. Mas creio que mantive minha perspectiva desenvolvimentista básica. Tanto assim que defini como objeto de estudo os empresários industriais, a partir do pressuposto de que o desenvolvimento implica uma aliança dos empresários industriais com os trabalhadores e com uma parte da burocracia pública. Além disso, queria verificar se minhas hipóteses desenvolvimentistas, opostas às ideias dominantes no Departamento de Sociologia da USP, eram verdadeiras: que os empresários não se originavam da oligarquia cafeeira, mas eram principalmente imigrantes, e que a revolução industrial havia começado em 1930, com Getúlio, nem antes nem depois. A primeira hipótese foi claramente comprovada pela pesquisa, contrariando a visão alternativa que já era então dominante entre os cientistas sociais. Os resultados da pesquisa não comprovaram, mas fortaleceram a segunda hipótese — a do papel central da Revolução de 1930, que levou Vargas à Presidência da República, no processo de industrialização do Brasil.

Como foi a volta para a EAESP?

Na FGV, começo a dar aulas no primeiro semestre de 1962. Naquele semestre dei duas disciplinas: "Introdução à Administração de Empresas", no curso de graduação, e "Estratégia de Empresas", na pós-graduação. Comecei bem, oferecendo as disciplinas que geralmente abrem e concluem os cursos de administração de empresas. No curso de Estratégia ou Diretrizes Administrativas contei com a ajuda de um bom professor da Michigan State University. Dei aulas de administração e estratégias de empresas até 1967. No ano seguinte consegui me transferir para o Departamento de Ciências Sociais onde estavam, então, as disciplinas de economia. Assim, finalmente, eu me tornava um economista do desenvolvimento. Foi também na FGV que elaborei meus dois primeiros artigos publicados, "The Rise of Middle Class and Middle Management in Brazil", aquele que escrevi em 1959, antes de viajar para os Estados Unidos, e "O empresário industrial e a revolução brasileira", assim que voltei.[33]

Dar aulas na FGV nos anos 1960 e 1970 era muito agradável. Fiz grandes amigos: Antonio Angarita Silva, Gustavo de Sá e Silva, Maurício Tragtenberg, meu cunhado Fernando Claudio Prestes Motta, Eduardo Suplicy, Carlos Osmar Bertero, Fábio Mariotto, os sociólogos Sergio Miceli, Maria Rita e José Carlos Durand, meus colegas economistas Robert Cajado Nicol, Luiz Antonio Oliveira Lima, Alkimar Moura. Os alunos eram geralmente progressistas e estavam interessados no desenvolvimento econômico que, então, ocorria de maneira acelerada no Brasil. Nos anos 1970 havia uma turma excepcional nessa matéria; os alunos eram abertos às ideias do desenvolvimentismo, do nacionalismo, da democracia, e de uma maior justiça social e repartição de renda nacional.

Sua experiência como professor deve ter sido muito importante tanto na FGV, sempre, como, por períodos breves, no Departamento de Ciência Política da USP, no IEDES da Sorbonne e na École des Hautes Études en Sciences Sociales, em Paris.

Nunca parei de dar aulas. Desde que comecei a dar aulas na FGV, em 1962, eu só parei mesmo quando fui ministro da Fazenda, em 1987, e quando fui ministro da Administração Federal — do MARE. De resto, eu me organizei para continuar dando aulas enquanto trabalhava no Pão de Açúcar ou no governo Montoro. Em 1977 dei um curso de Desenvolvimento Econômico no programa de pós-graduação do IEDES-Sorbonne, e entre 2004 e 2011 dei aulas apenas em janeiro e fevereiro na École des Hautes Études en Sciences Sociales.

O PRIMEIRO MESTRADO DO BRASIL

O senhor ocupou cargos administrativos na EAESP-FGV?

Sem dúvida. Entre 1963 e 1972 fui coordenador da pós-graduação na EAESP, que se chamava então CPG, e tive a oportunidade de, em 1965, criar o primeiro programa de mestrado no Brasil. Nós já tínhamos na EAESP disciplinas de pós-graduação ensinadas pelos professores da Michigan State University, que eram realizados no período diurno e não davam título de mestre. Em 1963 eu crio o CPG (o Curso de Pós-Graduação em Administração de Empresas), que existiu entre esse ano e 1971. Era originalmente um curso que viria a se chamar "curso de especialização"; um programa diurno que durava no mínimo um ano e um noturno com duração de dois anos. Era um curso de formação profissional que vinha atender a uma demanda associada ao grande desenvolvimento industrial pelo qual o Brasil passava então. Seu sucesso foi enorme. Os alunos do noturno eram principalmente engenheiros. Dada essa demanda, em 1965 propus à Congregação da Escola a transformação do programa em um mestrado, e este foi aprovado na sua reunião de 14 de junho desse ano. O parecer do Conselho Federal de Educação que regulou originalmente a pós-graduação no Brasil (Parecer 977/65) não havia ainda sido aprovado, e, ao fazer a minha proposta, considerei três nomes, "master", "magister" e "mestrado", e optei pelo último. O Mestrado em Administração de Empresas ficava colado ao CPG. Para realizá-lo os alunos formados no CPG tinham que fazer, adicionalmente, mais três matérias avançadas e apresentar um trabalho de conclusão de curso. Na pesquisa que Fátima Bayma de Oliveira realizou sobre os cursos de pós-graduação no Brasil, esse foi o primeiro mestrado criado no país. Só em 1977 a PUC do Rio Grande do Sul iniciaria seu primeiro mestrado.[34] Era um mestrado profissional, semelhante aos MBAs americanos.

Antes que os Estados Unidos criassem os programas de pós-graduação modernos, constituídos por cursos regulares, as universidades em toda parte ofereciam o título de doutorado, cujos requisitos eram definidos em cada caso. Ao serem criados nesse país os programas de mestrado, estes foram, em princípio, mestrados profissionais, cabendo aos doutorados serem acadêmicos ou científicos. Segui essa lógica e criei um mestrado profissional, que, no período diurno, exigia pelo menos dois anos em tempo integral, e, no período noturno, três anos e meio. O parecer 977/65, de Newton Sucupira, previa os mestrados profissionais *stricto sensu* (os programas de especialização eram os *lato sensu*). Entretanto, em 1968, a Lei da Reforma Universitária previu o credenciamento dos programas de pós-graduação *stricto sensu* (mestrados e doutorados) junto ao Conselho Federal de Educação, e, um pouco depois, a CAPES (Coordenação do Ensino Superior) assumia a coordenação desses cursos com o entendimento absurdo que os mestrados deveriam ser exclusivamente acadêmicos. Eu ignorei o problema. Seguia, assim, a lógica da criação da EAESP, que fora a de adotar um sistema inovador de ensino baseado na experiência americana, sem, portanto, se subordinar ponto por ponto à regulamentação brasileira.

Meus colegas, porém, não pensaram assim. Entenderam que deviam se subordinar inteiramente à lógica brasileira e, em 1971, aprovaram a reforma da pós-graduação na EAESP. O CPG foi substituído por um curso de duração mais curta, destinado a obter receita para a Escola, e o mestrado profissional foi substituído por um mestrado exclusivamente acadêmico — um grande equívoco, com poucos alunos. Resisti o quanto pude, argumentei que eles estavam matando o nosso verdadeiro MBA — o CPG completado pelo título de mestre para a minoria dos alunos que cumprissem as exigências adicionais, e que a partir daquele momento a EAESP deixava de ter um programa de mestrado para competir com os mestrados das grandes universidades. Eu entendia que nosso programa devia se classificar entre os cinquenta melhores programas do mundo. Fui derrotado. Meus colegas, porém, decidiram escolher altos padrões "acadêmicos" para a nossa pós-graduação; na verdade, naquele momento eles escolheram a mediocridade. A partir de

1972 deixamos de ter um programa equivalente, e a EAESP ficou para trás. Mais tarde escrevi um artigo sobre o tema, "Mestrado subdesenvolvido", no qual eu disse que mestrado subdesenvolvido era aquele com ares ou pretensão de doutorado.[35]

Na década de 1980, com a passagem de Claudio de Moura Castro pela CAPES, a ideia do mestrado profissional foi gradualmente sendo admitida, ao mesmo tempo que se permitia a passagem do aluno diretamente para o doutorado. Desde 1972, toda vez que assume um novo diretor, eu lhe digo estas coisas e proponho que se crie na Escola um verdadeiro MBA, para concorrer internacionalmente, mas sem resultado.

E a criação do Departamento de Economia da EAESP?

Esta foi uma bela experiência. Quando fiz o concurso para a Escola estava entendido que depois de fazer o MBA na Michigan State eu devia me inserir em um dos cinco departamentos específicos de administração de empresas (administração geral, produção, marketing, finanças e métodos quantitativos). Eu me localizei no Departamento de Administração Geral, no qual dei cursos de introdução à administração de empresas, teoria das organizações e diretrizes ou estratégia de empresas. E produzi uma grande quantidade de casos. Eu, porém, queria me transferir para o Departamento de Ciências Sociais, onde estavam as disciplinas de economia — um departamento que por muitos anos foi liderado pelo Antonio Angarita — um professor de direito fascinante do qual logo me tornei amigo. Em 1968 consegui minha transferência e em 1970 eu e o Ary Bouzan propusemos a criação do Departamento de Economia. Ary, que faleceu muito cedo, foi o primeiro chefe do Departamento, eu, o segundo. Mas permaneci na chefia apenas por dois anos. Em seguida, propus que a chefia do departamento fosse ocupada pelos professores nas duas últimas posições da carreira por rodízio. Com isso queria evitar os conflitos políticos que havia em quase todos os departamentos. Foi uma maravilha. E durante quase trinta anos fui um líder informal do departamento, amigo de todos os professores.

Foi com base no Departamento de Economia e na minha participação na Comissão de Pós-Graduação que nós criamos a área de concentração em Economia de Empresas, que foi incluída entre os programas de pós-graduação da ANPEC (Associação Nacional dos Cursos de Pós-Graduação em Economia) e passou a ter uma avaliação muito boa. Eu havia proposto uma política quanto às escolas de pensamento econômico. As quatro disciplinas de economia fundamentais eram macroeconomia, microeconomia, desenvolvimento econômico e economia brasileira: os professores que ensinassem macroeconomia deveriam adotar uma perspectiva keynesiana, os que ensinassem microeconomia, uma abordagem neoclássica marshaliana, e os que ensinassem desenvolvimento econômico e economia brasileira, uma visão desenvolvimentista. Era um bom compromisso. Dessa maneira nós escapávamos da ortodoxia radical da Escola de Pós-Graduação em Economia da FGV e a heterodoxia também radical da Unicamp. Hoje, com o Novo Desenvolvimentismo, eu organizaria os cursos de maneira um pouco diferente.

Nos anos 1970 o senhor escreveu um artigo na revista Senhor *sobre a EAESP e seus alunos de graduação. Como foi isso?*

Esta foi uma coisa interessante. Em 1980 a revista *Senhor* era então uma revista de alta qualidade. Dado o desenvolvimento da economia brasileira e o sucesso de alguns líderes empresariais, como o Abílio Diniz, que haviam se formado na EAESP, a revista decidiu fazer uma matéria de capa sobre o assunto. Abílio foi para a capa da revista e me convidaram para escrever um artigo. Escrevi um artigo do qual gosto muito, "A formação contraditória das classes dominantes". O artigo começa com a seguinte frase (pega o artigo e lê): "Estou passando pelos corredores e ouço: 'Quando as empresas brasileiras forem dirigidas por administradores profissionais e não pelos filhos dos donos teremos uma sociedade mais justa e eficiente, em que cada um ocupará posições de acordo com seu mérito'; ou então: 'As organizações burocráticas são uma forma de dominação autoritária'. Entro na biblioteca e alguém afirma: 'Mas afinal, não estamos em uma sociedade capitalista?'. Ao que outro responde com outra pergunta: 'E por que não pensar no socialismo democrático, autogestionário?'". Eu começo assim o artigo porque naquele momento a classe média brasileira era progressista, e isso se revelava nos nossos alunos do curso de graduação. Eles eram realmente ótimos. Bons alunos que não pensavam apenas na sua carreira profissional, mas também no Brasil e no mundo. Tive então alunos como o José Valney Brito, o Benedito Duarte e o Antônio Carlos Ascar, que foram amigos de toda a vida. Naquela época estávamos ainda no regime autoritário e eu já havia publicado o meu livro prevendo a transição democrática que aconteceria no final de 1984, *O colapso de uma aliança de classes* (1978). Vou falar sobre esse assunto mais adiante. A sociedade brasileira estava otimista com a industrialização e a perspectiva da conquista da democracia.

A ÁREA DE ADMINISTRAÇÃO PÚBLICA

E sua participação na administração pública?

Em 1970 o presidente da FGV, Simões Lopes, decidiu criar um curso de graduação em Administração Pública na EAESP. O curso foi criado apoiado em um convênio com o Governo do Estado de São Paulo, e por isso devia ser gratuito. Entretanto, não tínhamos professores na área, de forma que o novo curso ficou muito semelhante ao curso de Administração de Empresas — tanto assim que muitos alunos que não podiam ou não queriam pagar o curso de empresas se matriculavam no de pública. No início dos anos 1980 foi criado um Mestrado em Administração Pública, mas mal pensado e sem os profissionais necessários. Eu, porém, tive alguns ótimos alunos nesse programa, especialmente a Evelyn Levy e a Cláudia Costin. No início de 1989, de volta do Ministério da Fazenda, o diretor da Escola, Marcos Cintra Cavalcanti, convidou-me para presidir uma comissão para reorganizar completamente a pós-graduação em Administração Pública. Trabalhamos durante dois anos. Contei com a colaboração de alguns professores da melhor qualidade, como Peter Spink, Orlando Figueiredo, Marta Farah e Regina Pacheco. O resultado foi o programa que mantém o mesmo título até hoje, Mestrado e Doutorado em Administração Pública e Governo, e, embora tenha sofrido reformas nestes últimos quase trinta anos, conserva suas características básicas: um conjunto de disciplinas obrigatórias e três linhas de pesquisa: uma voltada para o Estado e a administração pública, outra sobre o governo local, e uma terceira sobre a avaliação de políticas públicas. Esta última só ganhou este caráter quando passou a ser coordenada por Ciro Biderman. O título geral do programa quer transmitir a ideia de uma visão ampla do Estado, da administração pública e da ação do governo, ou seja, da política. É um belo programa.

E há a história da reforma do nosso curso de graduação em Administração Pública. Creio que em 2003 o presidente da Fundação, Carlos Ivan Simonsen Leal, criou na EAESP o Departamento de Gestão Pública. Era uma velha aspiração que, no entanto, nos pegou de surpresa. Criado o departamento decidi optar por ele. Eu ensinaria economia na Escola de Economia e Estado, Sociologia e Política na EAESP. Logo depois da criação do departamento, no início de 2009, houve uma reunião para a qual foi convidado o Francisco Aranha, coordenador dos cursos de graduação, tanto de Administração de Empresas quanto de Administração Pública, para nos dar uma avaliação do programa de administração pública. Foi uma coisa patética. Ele mostrou que faltava identidade ao curso a partir do fato de que o exame ves-

Uma vida na FGV

tibular era comum para os dois cursos e as listas de disciplinas eram muito semelhantes. Disse que os alunos que realmente queriam fazer administração de empresas escolhiam fazer administração pública porque era mais fácil serem admitidos dada a pior qualidade dos candidatos. Nós sabíamos tudo aquilo, mas não tínhamos tido a coragem de declarar nossa independência. Quando ele terminou sua fala, eu me levantei e disse que estava na hora de montarmos um programa completamente novo e com um vestibular independente. Peter Spink, que era o professor da área mais qualificado, levantou-se também e concordou. E de repente a mudança se tornou uma decisão unânime. Formou-se, então, uma comissão para montar o novo curso coordenada por Maria Rita Loureiro Durand e da qual participavam entre outros Clóvis Bueno de Azevedo e Ana Cristina Braga Martes, que estava entusiasmada pelo projeto. Minhas contribuições para o novo curso foram feitas principalmente através dela — uma amiga cheia de vida e de espírito público. O curso ficou ótimo. Inovador, realmente um curso sobre o Estado enquanto organização ou administração pública e sobre o seu governo e a sua gestão. E não tivemos problemas em ter alunos. Aliás, ótimos alunos.

Finalmente, houve a criação do Mestrado Profissional em Gestão Pública. A Escola de Economia havia tentado criar um curso nessa área, mas não conseguiu candidatos. Há muito tempo eu defendia que a EAESP criasse um curso dessa natureza. Afinal isso foi decidido, e coube a sua coordenação à Regina Pacheco, a minha ótima ex-presidente da ENAP. Eu a ajudei empenhadamente em organizar o curso, ela realizou um belo trabalho de atrair candidatos, e seu esforço e competência deram resultado. O curso é um grande sucesso. Nos últimos tempos tenho ensinado no mestrado e doutorado e neste curso.

Foi também nessa época que o Carlos Ivan criou a Escola de Economia de São Paulo e nomeou diretor o Yoshiaki Nakano. O senhor não era o candidato natural?

Não era. Estávamos em 2003; no ano seguinte eu completaria setenta anos. O Carlos Ivan precisava de gente mais moça, e sem os vícios do velho conflito entre a FGV de São Paulo e a do Rio. A grande crise da Fundação Getúlio Vargas aconteceu em 1980-81, quando a verba da fundação dentro do Ministério da Fazenda, que existia desde a sua criação, foi cortada. Aí a Fundação entrou em crise no Rio, cometeu o erro de tentar extinguir os cursos de graduação do Rio e de São Paulo. Então nós, na EAESP, nos organizamos para defender o nosso curso de graduação. Eu participei dessa defesa com grande firmeza. A crise foi superada, mas anos depois houve uma nova crise, acho que foi quando o Carlos Ivan decide demitir o Michael Zeitlin, que fora um ótimo diretor da Escola, mas que não aceitou a decisão do Rio de Janeiro de demitir um grupo de professores. O problema da autonomia da EAESP foi então recolocado, e o Carlos Ivan reagiu com firmeza. Eu me lembro de uma reunião anual de reavaliação da EAESP na qual o Carlos Ivan estava com os seus principais economistas do Rio. Muitos dos meus colegas ficaram amedrontados e coube a mim conversar com o Carlos Ivan e tranquilizá-los.

No meio dessa crise eu soube que o Gilberto Dupas, que havia sido meu vice-diretor no Banespa, estava se candidatando à presidência da FGV. Ele era uma ótima pessoa e não sei como foi ter essa ideia estapafúrdia, e quem o incentivou a caminhar nessa direção. A Fundação só teve três presidentes. Desde 1944, quando foi criada, até 1992, foi presidida por Luiz Simões Lopes, um amigo de Getúlio Vargas que em 1937 dirigiu a Reforma Burocrática brasileira. Simões Lopes morreu com 91 anos. Seu vice-presidente, Jorge Oscar de Mello Flores, apenas nove anos mais moço, foi um presidente de transição, entre 1992 e 2000. Desde 2000, Carlos Ivan preside a FGV de maneira muito competente. Desde 1980, quando perdeu o subsídio que recebia diretamente do Ministério da Fazenda, a FGV viveu uma crise econômica da qual só realmente saiu nos anos 2000 sob a liderança de Carlos Ivan. Ele é uma pessoa muito interessante. Tem um doutorado em Economia pela Universidade de Princeton, o que o faz um liberal, mas ao mesmo tempo é um nacionalista comprometido com o desenvolvimento do Brasil. Os dois presidentes anteriores da Fundação vinham muito pouco a São Paulo; Carlos Ivan passou a vir regularmente, criou a Escola de Economia de São Paulo e o Departamento de Gestão Pública.

Um pouco depois de assumir a presidência ele decidiu demitir dezesseis professores da EAESP que eram mal avaliados pelos alunos. Abriu-se uma crise, embora nós soubéssemos que uma boa parte deles não tinha realmente condições de ensinar na Fundação. Um pouco depois, quando estava se esgotando o mandato do diretor da EAESP, o Carlos Ivan me chamou ao Rio de Janeiro para conversar. O quadro estava ainda confuso, achei que podia contribuir para a crise propondo uma mudança no sistema de escolha dos diretores das escolas da FGV. Ao invés de se eleger uma lista tríplice, como era o costume na EAESP, propus ao Carlos Ivan e ao seu superintendente, Sérgio Quintela, que estava também na reunião, que a Fundação passasse a usar o sistema do comitê de buscas para escolher seus diretores. Este é o sistema utilizado pelas grandes organizações sem fins lucrativos dos Estados Unidos, inclusive a reitoria das grandes universidades. O Conselho de Ad-

Uma vida na FGV

ministração da entidade nomeia um comitê de buscas constituído por três pessoas de alto nível que, então, faz o recrutamento de candidatos, avalia-os, e fornece ao Conselho o nome de dois ou três que julga mais bem qualificados. Eu havia usado isso no Ministério de Ciência e Tecnologia. Eles aceitaram a sugestão e desde então esse sistema foi adotado em todas as escolas da FGV.

Desde que ele se tornou presidente da FGV, Carlos Ivan foi amabilíssimo comigo. Até hoje sou o único professor em atividade na instituição que foi nomeado Professor Emérito. Eu me senti muito honrado com a homenagem. Em certa ocasião ele me disse que havia três tipos de professor na FGV: os que ele gostaria que se aposentassem antes do tempo, os que devem se aposentar no tempo certo, e aqueles como eu que ele esperava que nunca se aposentassem. Fiquei novamente honrado. Na verdade, ele tem sido um excelente presidente da Fundação.

4

Uma interpretação política

Interpretação desenvolvimentista

De volta ao Brasil, em 1962, o senhor iniciou uma pesquisa sobre as origens étnicas e sociais dos empresários industriais.

Ao chegar ao Brasil, depois de dezoito meses nos Estados Unidos, estava muito claro para mim que meu objetivo era me tornar um sociólogo ou economista do desenvolvimento. A primeira coisa que fiz foi realizar o projeto com a Zaíra Rocha sobre as origens étnicas e sociais dos empresários paulistas. Era uma pesquisa histórica na qual eu buscava uma fundamentação empírica para a tese desenvolvimentista segundo a qual o desenvolvimento econômico brasileiro não se originara das famílias produtoras e comerciantes de café, mas de uma classe média de imigrantes. Nela eu perguntava para as cem maiores empresas paulistas industriais daquela época quem havia sido a pessoa que havia fundado ou desenvolvido decisivamente a empresa. Cerca de 20% a 30% das pessoas sobre as quais levantamos dados já haviam morrido. Constituiu-se, assim, em uma pesquisa histórica. Levantávamos dados sobre a origem étnica, e a situação social e econômica da pessoa na época da sua adolescência. O resultado foi muito claro: 85% dos empresários tinham origem estrangeira, com o avô paterno estrangeiro. E 50% eles próprios eram estrangeiros. Quanto à classe social, eram de classe média, não eram pobres. Tinham trazido da Europa algum dinheiro. E apenas 4% dos empresários tinham origem em famílias relacionadas com a produção ou a comercialização do café. Ou seja, eu estava fazendo uma pesquisa a partir da minha perspectiva desenvolvimentista. Os pesquisadores sérios, como o Sergio Silva, perceberam qual era a relação real do café com a indústria. Não era uma relação direta. O Sergio Silva fez uma análise muito boa sobre esse assunto e usou a minha pesquisa empírica para comprovar o que estava dizendo.[36]

Com essa pesquisa o senhor estava iniciando uma interpretação desenvolvimentista do Brasil?

Creio que sim, uma interpretação desenvolvimentista da revolução capitalista brasileira — de seu êxito entre 1930 e seu fracasso desde 1980 até hoje — a ideia que, a partir de 1930, o Brasil se torna um verdadeiro Estado-nação ao realizar sua revolução nacional e sua revolução industrial que, somadas, resultam na revolução capitalista. Uma interpretação desenvolvimentista na qual o conceito de pacto político ou de coalizão de classes é central. Como desenvolvimentista e isebiano, eu queria mostrar (e de fato mostrei) que a revolução industrial tinha realmente começado em 1930, com Getúlio Vargas, e que os empresários tinham tido origem nos imigrantes. Queria mostrar e mostrei que era falsa a ideia repetida pelos liberais conservadores paulistas da época, que odiavam Getúlio, e, estranhamente, pela Escola de Sociologia de São Paulo (da USP), que se dizia marxista e era sem dúvida progressista, mas se associava ao conservadorismo paulista. Estranhamente mas não inexplicavelmente, dado que a USP nasceu da reação dos paulistas a Getúlio Vargas.

Minha interpretação, que seguia a dos intelectuais desenvolvimentistas do ISEB, era que o Brasil e os demais países latino-americanos haviam se tornado formalmente independentes no início do século XIX, beneficiando-se da ocupação de Portugal e Espanha pelo exército francês de Napoleão, mas não haviam então se tornado verdadeiros Estados-nação, apenas Estados semicoloniais.

A revolução nacional ou formação do Estado-nação e a industrialização só realmente acontecem no Brasil a partir dos anos 1930, depois de uma ampla imigração de europeus (italianos, alemães, ucranianos, japoneses) e sírio-libaneses, da construção de uma infraestrutura financiada pelos lucros do café, e de uma revolução política (a Revolução de 1930 liderada por Getúlio Vargas), fatores que permitiram o desencadeamento da revolução industrial brasileira — uma revolução burguesa nacional. Nas sociedades colonial e semicolonial não houve o feudalismo, mas um escravismo patriarcal. Ao surgir o Brasil moderno com a industrialização, constituiu-se um sistema dualista no qual o setor industrial moderno e nacionalista conflitava com o setor liberal e dependente e também com o imperialismo dos países ricos — ambos afirmando que o Brasil era "um país essencialmente agrícola". Conflitava de maneira ambígua e contraditória, porque os empresários são homens práticos, avessos a ideologias. Era essa interpretação que tornava Guerreiro Ramos, no Rio de Janeiro, o mais importante sociólogo progressista brasileiro dos anos 1950, ao lado de Gilberto Freyre, o mais importante sociólogo conservador da época.

A Escola de Sociologia de São Paulo não tinha outra interpretação?

A Escola de Sociologia de São Paulo, que por muito tempo foi hegemônica dentro da sociologia brasileira, desafiou a interpretação desenvolvimentista de Hélio Jaguaribe e Celso Furtado — uma interpretação que hoje é também minha, que eu chamo interpretação desenvolvimentista da revolução capitalista brasileira. Essa escola dos sociólogos da USP foi fundada pelo notável livro de Florestan Fernandes, *A integração do negro na sociedade de classes* (1965), mas quem lhe deu um caráter antinacionalista ou antidesenvolvimentista foi Fernando Henrique Cardoso a partir de seu livro *Empresário industrial e desenvolvimento econômico* (1964).[37] Nesse livro, baseado frouxamente em uma pesquisa com empresários, Fernando Henrique, que então se definia como marxista, teve um objetivo muito claro: fazer uma crítica da tese dominante até então, segundo a qual a burguesia industrial participava de uma coalizão de classes nacionalista, tese essa presente nos trabalhos dos intelectuais do ISEB, da CEPAL e, a partir de 1958, também do Partido Comunista Brasileiro. Para Fernando Henrique, a burguesia industrial não foi a mola propulsora da industrialização. Ela teria muito pouco de nacional na medida em que hesitava entre se associar às classes médias técnicas e pequeno-burguesas que eram desenvolvimentistas e às classes agrícola e financeira associadas aos interesses internacionais. Ao contrário do que faria, depois, no livro com Enzo Faletto, no quadro da teoria da dependência, Fernando Henrique não negou terminantemente o caráter nacional da burguesia industrial. Com sua pesquisa, ele, além de mostrar a indefinição da burguesia quanto à sua associação com as demais classes sociais, quis também mostrar outra coisa óbvia: que os empresários não tinham então um diagnóstico claro e um projeto de desenvolvimento. Claro que não tinham. Empresários não são intelectuais. Eles estão interessados em aplicar seu capital e realizar lucros. Um pouco mais tarde, Fernando Henrique apresentaria sua proposta alternativa no quadro da teoria da dependência associada: os países latino-americanos deveriam se associar ao império, ao poder hegemônico. Florestan Fernandes só viria a participar de fato desse debate mais tarde, quando, em 1974, escreve *A revolução burguesa*.[38] Nesse ano a teoria da dependência já havia surgido, se dividira em dois grupos, e Florestan vai tomar uma posição claramente de esquerda ao se associar à teoria da dependência original, anti-imperialista, ao invés de se associar à teoria da dependência "associada" de Fernando Henrique e Enzo Faletto. Voltarei a esta questão adiante.

Minha visão era muito diferente porque eu via o projeto de revolução capitalista que os intelectuais do ISEB haviam detectado na primeira parte dos anos 1950 como algo que realmente ocorrera. Que houve uma coalizão de classes desenvolvimentista. Por isso fiz minha pesquisa sobre as origens étnicas e sociais dos empresários paulistas. Para mostrar que eles não tinham origem no café — nos "paulistas de quatrocentos anos". Não há dúvida nenhuma de que a cultura do café criou condições de acumulação de capital que permitiram o desenvolvimento da indústria depois. Mas eu tinha muito claro que os agricultores, os grandes fazendeiros e os comerciantes associados à exportação de café não haviam se tornado industriais. Na verdade, eram contra a industrialização.

Uma interpretação política

E então o senhor começou a desenvolver uma interpretação política do Brasil.

De volta ao Brasil escrevo um primeiro artigo de interpretação política do Brasil, "O empresário industrial e a revolução brasileira" (1963), que publiquei na revista da EAESP, a *Revista de Administração de Empresas (RAE)*. Nesse artigo e depois no livro *Desenvolvimento e crise no Brasil* (1968), formulei minha visão desenvolvimentista da revolução capitalista brasileira. Ela se desencadeou a partir de 1930 com a formação de uma coalizão de classes desenvolvimentista liderada por Getúlio Vargas, da qual participavam empresários industriais, trabalhadores urbanos e a burocracia pública — três classes às quais o Estado desenvolvimentista de Vargas dera identidade e capacidade de iniciativa. A esses três grupos Ignácio Rangel adicionou um quarto: a "oligarquia substituidora de importações", ou seja, a oligarquia que não exportava café, cana-de-açúcar, cacau e algodão, mas produzia principalmente carne no Sul e no Nordeste e estava voltada para o mercado interno.[39] Usei nesse artigo a palavra "desenvolvimentismo", que começava a ser usada na época. Em 2014 o Pedro Cezar Dutra Fonseca, professor da Universidade Federal do Rio Grande do Sul, escreveu um belo artigo sobre o conceito e as origens do desenvolvimentismo. Ele não encontrou referência a essa palavra nos anos 1950. Verificou que o primeiro a usá-la foi Hélio Jaguaribe, em um livro de 1962, e que eu fui o segundo; usei-a nesse artigo sobre os empresários e a revolução capitalista brasileira.[40] Publicado o artigo, fiquei então sabendo que havia sido lançada uma ótima revista na Universidade Federal de Minas Gerais, a *Revista Brasileira de Ciências Sociais*, cujo editor era Julio Barbosa.[41] Fiz então uma revisão e ampliação do artigo sobre o empresário industrial e a revolução brasileira e o enviei para Minas. O artigo foi aprovado, mas não foi publicado, porque, com o golpe militar, a publicação da revista foi interrompida. Ela só teve cinco números, que tenho na minha biblioteca. Eram números grandes, e onde escreviam todas as pessoas com as quais eu queria me associar: Celso Furtado, Ignácio Rangel, Hélio Jaguaribe, Hermes Lima, Luiz Costa Pinto, Florestan Fernandes, Octavio Ianni, Fernando Henrique Cardoso, o padre Fernando de Ávila, Aníbal Pinto, François Perroux. Quando veio o golpe de 1964, essa revista foi descontinuada e fiquei sem onde publicar o artigo. O último número da revista, nº 5, foi de julho de 1963. Em 1968 uma versão revisada do artigo constituiu o quarto capítulo de *Desenvolvimento e crise no Brasil* com o título "Desenvolvimento político".

Em 1963 o senhor publicou seu artigo sobre os empresários industriais e a revolução nacional e industrial brasileira. Nesse ano Fernando Henrique defende sua tese de livre-docência na USP. Como o senhor compara as duas interpretações?

Naquele momento em que Fernando Henrique escrevia seu livro sobre o empresário industrial ele não estava falando em crise, mas na associação da burguesia industrial com o restante da burguesia. Já eu, no artigo que submeti à primeira *Revista Brasileira de Ciências Sociais*, mostrava como uma série de fatos históricos novos haviam levado ao rompimento da aliança da burguesia industrial com as classes populares, e este fato estava produzindo um grave processo de radicalização entre a esquerda e a direita. Eu quase previ o golpe de 1964. Pena que não tenha guardado o manuscrito desse ensaio, só a versão que foi publicada na primeira edição de *Desenvolvimento e crise no Brasil*, que é praticamente igual à versão original, inclusive ao terminar com a gravidade da radicalização política que se observava na sociedade brasileira em 1964.

Como o senhor explicou essa crise, lá em 1963?

O pacto político nacional-desenvolvimentista teve seu auge no governo Kubitschek, mas nesse governo ocorreu uma série de fatos históricos novos, inclusive a Revolução Cubana em 1959, que o foram gradualmente inviabilizando, até que, em 1960, fosse eleito um líder populista de direita apoiado pelos liberais, Jânio Quadros. Esses fatos novos ficaram claros para mim em 1960, quando eu estava estudando nos Estados Unidos. Recebo então uma carta do meu amigo Luiz Antonio de Almeida Eça, que também é um excelente intelectual, hoje especializado em relações internacionais. Ele me escreve num momento em que o Jânio estava prestes a ganhar a eleição e pergun-

Uma interpretação política

tou como ficavam as minhas ideias desenvolvimentistas e nacionalistas. Escrevi a ele uma carta que foi importante para mim porque foi a minha primeira análise política do Brasil. Eu havia lido na capa do *New York Times* uma pequena notícia, de uma coluna, uns poucos centímetros, sobre as eleições que iam acontecer no Brasil: "Candidato de esquerda é apoiado pela direita e candidato da direita é apoiado pela esquerda". Eu disse para mim: "Esta nota realmente mostra a confusão política e ideológica em que o Brasil se encontra no final do governo JK".

O que tinha acontecido com o pacto político industrializante de Vargas — o modelo de desenvolvimento baseado numa coalizão de classes desenvolvimentista? Na minha carta afirmei que aconteceu uma série de fatos históricos novos que mudaram o quadro político-social, que minaram a aliança dos empresários industriais com os trabalhadores e os levaram a se associar com o resto da burguesia. Quais foram esses fatos históricos? Primeiro, uma violenta queda no preço do café, que acontece em 1955, de modo que parou de ser importante o confisco cambial, que era o mecanismo em que se transferia renda da agricultura para a indústria, ou, com base no que compreendi mais tarde, era o mecanismo de neutralização da doença holandesa. Em segundo lugar, a lei de tarifas, que criou um sistema mais tranquilo e objetivo de proteção da indústria do que tinha antes. Então, isso também deixava a briga entre indústria e agricultura menor. Terceiro, o recrudescimento da atividade sindical, que fazia com que os empresários não ficassem tranquilos com sua aliança com os trabalhadores.

E a Revolução Cubana?

Last but not least, a Revolução Cubana. Foi um fato novo fundamental que uniu a classe dominante, que ficara apavorada com a possibilidade de uma revolução socialista. Todos esses fatos uniram a burguesia e levaram à eleição do Jânio Quadros — um líder populista muito hábil. O modelo isebiano continuava valendo, mas haviam mudado as condições reais.

Então, o senhor não tinha trinta anos de idade.

Em 1964 eu tinha trinta anos; 34 anos quando publiquei *Desenvolvimento e crise no Brasil*.[42] Foi o meu primeiro livro. É desenvolvimentista a toda prova [risos] e fazia uma crítica dura da política econômica do regime militar. Alcançou um enorme sucesso. Foi o *best seller* da minha vida. O livro teve cinco edições ou atualizações, a última em 2003; as reimpressões foram muitas. Foi publicado nos EUA também, em 1984. O meu nacionalismo econômico é desenvolvimentista — tenho horror a qualquer nacionalismo étnico. É um nacionalismo econômico que aprendi em 1955 e não perdi por ter ido aos EUA. Conservei-o firmemente porque o capitalismo não é uma competição apenas entre empresas, é também uma competição entre Estados-nação. E os países ricos não estão interessados no nosso desenvolvimento. Estão apenas interessados em exportar para cá capitais, mercadorias e ideias — ideias que muitas vezes interessam a eles, não a nós.

O senhor já conhecia o Fernando Henrique Cardoso nessa época?
Não, só vim a conhecer Fernando Henrique em 1970, quando ele me convidou para fazer parte do Conselho do CEBRAP.[43] Enquanto eu fazia minha pesquisa na FGV sabia que no Departamento de Sociologia da USP estavam estudando os empresários.[44]

Qual era seu objetivo ao se aproximar do CEBRAP?
O CEBRAP havia sido fundado por ele e por outros professores de esquerda da USP que haviam sido aposentados compulsoriamente em 1969. Eles contaram com o apoio financeiro da Ford Foundation para iniciar os trabalhos. Quem preparou a documentação para a constituição formal do CEBRAP foi o Antonio Angarita Silva, um grande amigo, um notável professor de Direito, um político desenvolvimentista, e um conversador fascinante.[45] Eu creio que foi por indicação do Angarita que o Fernando Henrique me convidou para ser membro do Conselho do CEBRAP. Além das reuniões do Conselho, passei a participar ativamente das reuniões acadêmicas. No plano das ciências sociais, até 1970 eu só tinha relações com os sociólogos da EAESP e os assistentes do Delfim na FEA-USP. Eu me aproximei do CEBRAP porque era uma oportunidade para encontrar alguns dos melhores intelectuais brasileiros. Queria ser um intelectual democrático e progressista e ali estavam eles. Eu me definia como um social-democrata, vários deles se diziam marxistas, mas eram antes social-democratas como eu, porque não acreditavam na possibilidade de uma revolução socialista. Marxistas mesmo eram o Paul Singer, o Chico de Oliveira e o Roberto Schwarz. A diferença é que eles não eram nacionalistas (o nacionalismo e o desenvolvimentismo haviam virado "propriedade" dos militares), a não ser o Roberto, que sempre mostrava as contradições do nacionalismo no plano cultural, enquanto eu continuava a ser nacionalista econômico. Mas resolvi deixar isso de lado. Com relação ao problema central da teoria da dependência, em termos factuais, vários deles negavam que Getúlio Vargas tivesse liderado um pacto nacional-desenvolvimentista e, portanto, que houvesse existido uma aliança dos trabalhadores com os empresários industriais. Eles estavam equivocados,

Uma interpretação política

a burguesia industrial brasileira não era realmente tão nacionalista quanto a burguesia dos países ricos, mas fora suficientemente nacionalista para participar ativamente da revolução industrial e capitalista brasileira. Roberto Simonsen, Antônio Ermírio de Moraes, Claudio Bardella e muitos outros tiveram um papel importante na revolução industrial brasileira. Reduzi a gravidade do desacordo ao atribuí-lo apenas ao fato de que eles, e mais amplamente a esquerda brasileira, negavam haver existido uma coalizão de classes desenvolvimentista no Brasil simplesmente porque os industriais aderiram à oligarquia agrário-mercantil, aos liberais e aos interesses estrangeiros no golpe de 1964. Não compreendiam que o pacto existira, mas fatos históricos novos ocorridos nos anos 1950, coroados pela Revolução Cubana, haviam solapado as bases desse acordo.

PLANOS AO CHEGAR AO BRASIL

Quais eram então seus planos ao chegar ao Brasil?
Chegando ao Brasil no fim de 1961, a segunda coisa que fiz (a primeira foi organizar a minha pesquisa sobre as origens dos empresários) foi procurar Florestan Fernandes com o objetivo de fazer o doutorado. Naquela época não havia cursos regulares de pós-graduação. Para fazer o doutorado você precisava ser aceito por um professor habilitado a orientar doutorados. Eu sabia que Florestan era um sociólogo importante, fiquei sabendo pelos jornais que ele e um assistente, Fernando Henrique Cardoso, estavam estudando empresários e, sem nenhuma apresentação, marquei uma entrevista. Fui lá com meu pequeno currículo, minhas ideias e a proposta de pesquisa. Florestan foi de uma frieza absoluta. Depois ele ficou meu amigo, bem depois. Mas naquela época, em 1961, de repente aparece à sua frente um jovem que tinha todas as contraindicações possíveis. Primeiro, porque eu vinha do Direito — a Sociologia e a Ciência Política da USP sempre tiveram horror ao Direito, uma velha e tola pendenga. Segundo, porque eu vinha de uma Escola de Administração de Empresas, a EAESP da FGV, considerada naquela época uma "escolinha". Por fim, eu tinha feito um MBA nos EUA; *business* era algo sem nenhum prestígio acadêmico. E ainda por cima, sem saber da competição entre os dois grupos, informei que fora influenciado pelo ISEB...

E o ISEB era a casa do Guerreiro Ramos, que no final dos anos 1950 tinha atacado Florestan poucos anos antes...

Isso eu não sabia na época. Não sabia do conflito do Florestan com o Guerreiro. Deve também ter pesado. Era então setembro ou outubro de 1961. Logo em seguida sou informado que em janeiro de 1962 a UNESCO estava preparando em São Paulo, na FEA-USP, uma conferência internacional que tinha como organizador o Delfim Netto.[46] Estavam nessa conferência algumas sumidades econômicas, especialmente Nicholas Kaldor, Michal Kalecki e Jan Tinbergen.[47] Eu fui à conferência, estive presente o tempo todo e fiz muitas perguntas e alguns comentários. Acho que o Delfim gostou da minha participação porque no final da conferência pedi a ele para que me aceitasse para o doutorado em Economia na USP, e ele aceitou. Lá fui eu para a Economia e não para a Sociologia.

Pensando retrospectivamente, foi mais adequado?

Foi melhor sim. Talvez a minha cabeça abstrata combine mais com Economia do que com Sociologia. Mas não me deixei contaminar pelo equívoco que caracteriza grande parte do pensamento econômico de usar o método hipotético-dedutivo, de transformar uma ciência social, como é a Economia, em um sistema de silogismos baseado em alguns axiomas como o da plena racionalidade ou do equilíbrio geral. Naquela época, em 1962, para você fazer um doutorado não havia um programa de disciplinas, não havia recrutamentos periódicos, não havia bolsas. Para fazer um doutorado você devia ser admitido por um professor titular e este indicava duas disciplinas chamadas "subsidiárias". Aprovado nestas disciplinas — não havia programa específico para elas — você podia apresentar sua tese. Escolhi a subsidiária de desenvolvimento econômico, que era ensinada pelo Delfim, e a de história econômica, ensinada pela professora Alice Canabrava, historiadora econômica. Mas não tive condições de me entender com ela e mudei para o professor Dorival Teixeira Vieira, que respondia pela área de microeconomia.

O senhor não se entendeu com ela?

Eu já estava trabalhando no Pão de Açúcar e ela queria que eu fosse fazer pesquisas na Biblioteca Nacional, no Rio de Janeiro. Eu não estava interessado em fazer uma tese de história econômica. Queria apenas entender como tinha surgido a indústria no Brasil. Quando escolhi não sabia o que era trabalhar com história econômica.

Entre 1962 e 1964 participei regularmente dos seminários que o Delfim organizava, especialmente nas sextas-feiras à tarde. Havia outro na terça de manhã, muito cedo, mas não dava por conta do meu trabalho no Pão de Açúcar. Esses seminários do Delfim eram muito interessantes. Discutíamos

Uma interpretação política

75

livros e um dos que discutimos em 1963 foi o livro do Ignácio Rangel, *A inflação brasileira*, que debatemos durante várias sessões. Eu aprendi economia nessa época. Foi também quando conheci o Affonso Celso Pastore e outros jovens economistas associados ao Delfim.[48]

Nos anos 1980 e 1990 o pessoal da Unicamp criticava o senhor. Diziam que não era economista. O historiador Fernando Novais o defendia. O senhor se considera um economista autodidata?

Sou basicamente um autodidata em Economia. Fiz o doutorado em Economia na USP, mas para se fazer o doutorado naquela época bastava ser aprovado em duas disciplinas especiais dadas por dois professores titulares e passar pelos respectivos exames. Não havia aulas. Minha tese de doutorado foi na FEA, no Departamento de Economia, mas foi uma tese de sociologia, *Mobilidade e carreira dos dirigentes das empresas paulistas* (1972). Já a tese de livre-docência foi estritamente econômica, *Lucro, acumulação e crise* (1984) — uma análise das fases do desenvolvimento capitalista considerando os tipos de progresso técnico e a distribuição entre salários e lucros. Nos anos 1970, além de estudar Marx, estudei bastante macroeconomia — macroeconomia do desenvolvimento. Eu estava interessado principalmente na determinação do investimento porque o crescimento econômico depende essencialmente da taxa de investimento. Minha hipótese era que a taxa de lucro esperada é mais importante do que a taxa de juros na determinação do investimento. Não cheguei a publicar nada nessa área, mas no meu site estão alguns trabalhos. Eu estudei a vida inteira economia. Continuo estudando e aprendendo. Mas meu aprendizado é mais através do exame da realidade econômica e das políticas econômicas do que através dos livros. Tenho uma belíssima e muito bem organizada biblioteca, mas o importante mesmo é pensar com autonomia a teoria econômica. Só assim é possível construir todo um sistema teórico como é o Novo Desenvolvimentismo.

Quando o senhor terminou seu doutorado?

Eu completei as exigências para poder apresentar a tese de doutorado em 1966, um pouco antes de meu orientador Delfim Netto se tornar secretário da Fazenda de São Paulo, mas só apresentei minha tese de doutorado em 1972, ano no qual terminava o meu prazo. Meu orientador a partir de 1970 foi Diva Benevides Pinho, uma grande especialista em cooperativas. Aproveitei a pesquisa que havia realizado na FGV com Heinrich Rattner e Orlando Figueiredo sobre a carreira e profissionalização dos dirigentes das empresas paulistas. Ainda que apresentada ao Departamento de Economia, era uma tese de sociologia. Em 1974 ela foi publicada pela editora Brasiliense com o título *Empresários e administradores no Brasil*. Minha tese de teoria econômica seria a de livre-docência, sempre na USP.

Como economista político, então, qual foi sua maior influência?

A minha influência fundamental é a economia política clássica e a macroeconomia keynesiana. A economia política foi principalmente de Marx, porque aprendi com ele não apenas a dinâmica do capitalismo, mas também o método histórico e dialético. Todos os grandes pensadores usam ou usaram de alguma maneira o materialismo histórico para compreender como funcionam as sociedades capitalistas. Até Talcott Parsons, um sociólogo funcionalista da teoria da modernização americana, usou indiretamente o materialismo histórico. Ele o esvazia de conflito, mas a infraestrutura e a superestrutura estão lá. O que o materialismo histórico diz é que existem duas (eu prefiro dizer três) instâncias da sociedade: a instância econômica, a político-institucional e a ideológica-cultural, que mudam de forma correlacionada. Elas são endógenas umas em relação às outras, e não se pode isolar uma da outra. Se é assim, como é possível fazer economia sem entender de sociologia e ciência política? Impossível. O marxismo pressupõe que você veja o sistema econômico como um todo.

Minha segunda influência foi de Keynes, que, ao criar a macroeconomia, deu um caráter mais operacional à ciência econômica. Ao invés de limitar a política econômica às políticas de planejamento da infraestrutura e política industrial, ele abriu espaço para a política macroeconômica. Keynes também usou o método histórico-dedutivo. Sua *Teoria geral* — o mais importante livro de economia publicado no século XX — nasceu da sua observação e análise do que estava acontecendo nos países ricos depois da Primeira Guerra Mundial e da Grande Depressão. Em menor grau fui também influenciado por Schumpeter e sua teoria do empresário. E por John K. Galbraith e sua teoria do capitalismo expressa principalmente em seu grande livro, *O novo Estado industrial* (1967).

Minha terceira influência foi do Desenvolvimentismo Clássico — de Raúl Prebisch, Arthur Lewis, Celso Furtado, Ignácio Rangel, Albert Hirschman. Não vejo como é possível um sistema econômico capitalista funcionar sem que o Estado regule o mercado e planeje os setores não competitivos do sistema econômico — setores que o mercado não tem como coordenar. Esse é o caso das empresas de infraestrutura, das empresas produtoras de insumos básicos, de algumas empresas de mineração e petróleo, e os bancos "grandes demais para quebrar" — são setores onde a concorrência é muito limitada ou nula e, portanto, o mercado não tem condições de coordenar. Por outro lado, uma das teses centrais do Novo Desenvolvimentismo é a de que o mercado é incapaz de manter os cinco preços macroeconômicos certos. Na minha definição de Estado desenvolvimentista não basta que ele faça política industrial, invista na infraestrutura, busque reduzir as desigualdades e adote políticas para proteger o ambiente; ele precisa também administrar firmemente os preços macroeconômicos — algo que não é nada fácil, porque são preços de mercado. Este é incapaz de mantê-los certos, mas age sobre eles. O economista tem que respeitar as restrições do mercado ao procurar administrá-los.

Mas há também as influências no plano da sociologia. Max Weber e sua teoria da burocracia foi fundamental para mim. Wright Mills foi também muito importante, e meu professor na Michigan State, Lloyd Warner. E a pesquisa de 1929 e o livro de 1932 de Adolf Berle Jr. e Gardiner Means sobre a separação entre a propriedade e o controle das grandes corporações privadas marcaram a minha visão da tecnoburocracia e do capitalismo. No Brasil, os sociólogos mais marcantes para mim foram Guerreiro Ramos e Hélio Jaguaribe.

Dois ensaios: as revoluções utópicas

Já nos anos 1960 o senhor estava interessado nos grandes temas das sociedades modernas?

É verdade. Minha primeira grande entrada nessa área foram dois ensaios que escrevi em 1968 e 1969, um sobre a revolução estudantil, o outro sobre a revolução política na Igreja Católica. Em 1968, quando vi as agitações sociais começarem, especialmente quando li as excelentes reportagens sobre a revolução estudantil que Arnaldo Pedroso D'Horta escreveu para *O Estado de S. Paulo* em fevereiro daquele ano, eu me pus a escrever um ensaio sobre a revolução estudantil. Estava às voltas com a teoria social, que sempre me apaixonou. Comecei o ensaio em fevereiro e terminei em agosto de 1968. Minha amiga do Seminário de Cinema, Zulmira Ribeiro Tavares, me apresentou a Jacó Guinsburg, da editora Perspectiva, e ele mostrou interesse em publicar o ensaio. Eu disse então que queria fazer um segundo ensaio, porque aquele estava muito pequeno para um livro e porque estava acontecendo naquele mesmo final de 1968 uma revolução política na Igreja Católica latino-americana, na reunião que os bispos latino-americanos realizavam então em Medellín, na Colômbia. Foi quando eles fizeram a "opção preferencial pelos pobres". Eu vi aquela transformação acontecendo e resolvi escrever um ensaio também sobre ela. Achei que me tomaria três meses, mas levou um ano para ficar pronto. Passei todo o ano de 1969 escrevendo esse segundo ensaio, "A revolução política da Igreja Católica". Foi meu acerto de contas. Havia sido da JEC, depois da JUC, como contei, e então, enquanto estudava nos EUA, abandonei a Igreja. Como eu poderia ser sociólogo e continuar acreditando nas religiões? Mas no meio disso houve o AI-5, em dezembro de 1968, e o regime militar fechou ainda mais violentamente. Quando levei para o Jacob os dois ensaios reunidos com o título *As revoluções utópicas*, ele disse que não poderia publicar mais. Hoje, eu não gosto muito do primeiro ensaio, que ficou um pouco juvenil. Mas o segundo, sobre a Igreja, é um ensaio importante para mim. É uma análise da Igreja na véspera de surgir a Teologia da Libertação com o livro do teólogo peruano Gustavo Gutiérrez, *Teologia da Libertação* (1971), e com os trabalhos notáveis do nosso Leonardo Boff — talvez o mais importante dos teólogos da libertação.

O projeto foi recuperado em 2006, não?

É verdade. Diante da recusa da Perspectiva, deixei o projeto de lado. Passou-se mais um ano e então o Eduardo Suplicy, que é um velho e grande amigo meu (ele foi meu assistente de pesquisa quando estava fazendo seu curso de graduação), me apresentou a Rose Marie Muraro, que era a editora da Vozes.[49] Uma mulher cheia de entusiasmo, uma grande figura de qualquer ponto de vista. Foi depois uma líder feminista. Ela queria publicar meu livro, mas então eu já queria fazer outro ensaio. Escrevi, então, o terceiro ensaio, "A emergência da tecnoburocracia", que é muito importante na minha história intelectual. Nele argumento que estava surgindo no capitalismo uma terceira classe social além da classe burguesa e da classe trabalhadora. Os três ensaios apareceram em 1972, pela Vozes, com o título *Tecnoburocracia e contestação*. Quando este livro se esgotou, voltei à ideia de ter apenas os dois primeiros ensaios em um único volume. Houve então uma edição da Vozes de *As revoluções utópicas* e, mais recentemente, uma nova edição pela Editora 34. O ensaio sobre a emergência da tecnoburocracia foi o primeiro capítulo de *A sociedade estatal e a tecnoburocracia* (1981), livro no qual reuni todos os meus trabalhos sobre o tema até então, inclusive o debate com o Belluzzo e o Lima, e o debate com o Giannotti.

Uma interpretação política

5

Construindo com Abílio Diniz o Pão de Açúcar

O INÍCIO DO TRABALHO NO PÃO DE AÇÚCAR

Como o senhor resumiria os anos 1960?
Os anos 1960 foram para mim os anos em que estudei nos Estados Unidos. Foram os anos em que nasceram meus filhos, Patrícia, em 1963, Rodrigo, em 1964, Mônica, em 1966, e Rogério, em 1967. Foram os anos em que comecei a fazer pesquisa e ensinar na EAESP-FGV. Conduzi uma pesquisa sobre as origens étnicas e sociais dos empresários paulistas e outra sobre a profissionalização da administração de empresas. Foi a década em que coordenei a pós-graduação e, em 1965, criei o primeiro curso de mestrado do Brasil. Foi a década em que comecei a trabalhar no Pão de Açúcar em tempo parcial e ajudei o Abílio Diniz a criar a maior empresa de varejo no país. Foi nessa década que comecei o meu doutorado na Faculdade de Economia da USP e publiquei meu primeiro livro, *Desenvolvimento e crise no Brasil*, que teve um grande sucesso — um livro crítico do regime militar que me valeu um inquérito e quase a demissão da FGV. Foi ainda nessa década que, refletindo as transformações que estavam ocorrendo, escrevi sobre *As revoluções utópicas*, que contém um ensaio sobre a revolução estudantil e outro sobre a revolução política na Igreja Católica da América Latina.

No Brasil, os anos 1960 foram os anos da crise do nacional-desenvolvimentismo, da eleição e renúncia de Jânio Quadros, do governo em permanente crise de João Goulart, do golpe militar de 1964 e de um novo golpe, o Ato Institucional nº 5. Foi a década na qual, depois de um bem-sucedido ajuste macroeconômico, o nacional-desenvolvimentismo foi retomado, mas sem a participação dos trabalhadores.

Em nível mundial, os anos 1960 foram os anos do fracasso da tentativa de invasão de Cuba pela Baía dos Porcos e, no quadro da Guerra Fria, foram os anos de apoio dos Estados Unidos aos golpes militares na América Latina. Foi o início da longa e terrível Guerra do Vietnã. Mas foram também os anos da contracultura, dos hippies e dos Beatles, e, em 1968, das revoluções estudantis. Foi a década do aumento da capacidade dos sindicatos de alcançar aumentos de salários e o início do estrangulamento dos lucros nos Estados Unidos. Foi uma década de transformação cultural e de grandes e generosas esperanças.

Como foi o início do trabalho no Pão de Açúcar?

Naquela época o salário na Fundação Getúlio Vargas era muito baixo. Por isso me tornei redator de propaganda das lojas Ultralar, cujo diretor se chamava Loris Miele. Eu dedicava a essa tarefa os meus fins de tarde, entre as cinco e as sete horas. Ao mesmo tempo, me tornei amigo do Abílio Diniz, e quando ele se preparava para inaugurar a Loja 2, em frente ao Mackenzie, eu me encarreguei da propaganda. Repeti esse trabalho de assessoria para as lojas de 3 a 6 ainda nesse mesmo ano. Em janeiro de 1964 Abílio e seu pai, Valentim dos Santos Diniz, me convidaram para trabalhar regularmente na empresa. Foi uma bela e desafiante experiência. Durante vinte anos, entre 1963-64 e 1983, vou dedicar ao Pão de Açúcar um pouco mais de meio período, seis períodos ou seis e meio dos dez períodos de uma semana [risos]. Era assim que eu contava, para o Pão de Açúcar, seis períodos, e para a "Escola", quatro períodos — quatro e mais os fins de semana. O trabalho para a Escola se estendia também pelos fins de semana e incluía toda a minha atividade acadêmica, na FGV, no doutorado e nos meus artigos acadêmicos e livros.

Abílio Diniz aceitou facilmente sua proposta?

Aceitou inicialmente. A proposta inicial era cinco e meio contra quatro e meio. No início dos anos 1970 houve uma pressão muito forte e aumentei um dia para o Pão de Açúcar. Eu tinha a chamada "dupla jornada".

Quando o senhor começa a trabalhar para o Pão de Açúcar, em 1963, a empresa estava prestes a abrir a segunda loja de supermercados em São Paulo. Quando o senhor se desliga pela primeira vez, no começo de 1983, para assumir a presidência do Banespa, o Pão de Açúcar era a maior rede de varejo da América Latina. Abílio já disse em vários depoimentos passados, inclusive no livro Em busca do novo, *que as duas pessoas mais importantes para a história do Pão de Açúcar foram ele e o senhor.*

Foi isso mesmo. Nós fizemos uma dupla que se completava. Trabalhei feito um louco e ele também trabalhava feito um louco. Ele é um grande empresário, absolutamente extraordinário como empresário, e nossa parceria deu muito certo. Mas confesso que era cansativo para mim, não era o que eu queria da vida. Eu estava lá porque precisava — como os salários eram muito baixos na FGV, todo mundo fazia consultoria na época. A solução que encontrei foi essa e deu certo, claro. Mas dificultava o meu estudo acadêmico. Construir com o Abílio o Pão de Açúcar foi uma grande experiência — que me tornou mais assertivo e com uma compreensão do funcionamento das grandes organizações empresariais e do sistema econômico. Uma experiência que depois foi muito útil na minha vida pública.

Como o senhor seguia com a rotina no Pão de Açúcar e ao mesmo tempo publicava livros importantes, inovadores? Como foi conciliar?

Nos anos 1960 publiquei *Desenvolvimento e crise no Brasil* e um livro sobre as revoluções utópicas: a revolução estudantil e a revolução política na Igreja; nos anos 1970 publiquei um livro sobre o novo modelo de subdesenvolvimento industrializado e os trabalhos sobre a tecnoburocracia; no final da década eu trabalhara muito no livro *Lucro, acumulação e crise* (1986). É uma teoria abstrata e geral que tem sido muito útil para mim para continuar pensando sobre o capitalismo. Nessa época ensinava economia brasileira e teoria do desenvolvimento econômico na FGV. Foi então que o Abílio Diniz, lá no Pão de Açúcar, se mostrou interessado pela economia, ao mesmo tempo que havia ficado amigo do então ministro da Fazenda, Mário Henrique Simonsen.[50]

Quando o Abílio se interessou mais por economia e se tornou membro do Conselho Nacional de Economia, nós criamos uma assessoria para ele no Pão de Açúcar.[51] Eu chamei o Nakano para ser o chefe da assessoria, e começamos a ter uma análise de conjuntura regular. Vários outros meus ex-alunos, como o Fernando Dall'Acqua, que depois foi secretário da Fazenda de São Paulo, e o Geraldo Gardenalli, que foi presidente de um dos bancos de São Paulo, a Nossa Caixa. A assessoria econômica era útil para o Abílio, não tanto para a empresa porque é uma empresa de supermercados com pequena implicação macro. Não orientava os investimentos da empresa porque a empresa só investia em supermercados e hipermercados. Nós estávamos numa expansão brutal nos anos 1970; era uma atividade frenética. Os vinte anos que fiquei lá foram de trabalho intenso. Eles me deram autonomia financeira e me deram completa liberdade para defender minhas ideias. Isso foi importante na minha vida.

Sua esposa é psicanalista. Você chegou a fazer análise por algum tempo? Alguma relação com o Pão de Açúcar?

Fiz. O fato de ter uma mulher psicanalista me ajudou a entender a mim mesmo e ao mundo. Não estudei seriamente Freud, mas aprendi muito através dela, da Vera. Fui fazer análise porque ela fez antes e eu cheguei num certo momento que também precisei fazer. Foi muito útil para mim a psicanálise. Então... [silêncio prolongado]... um resultado concreto da análise foi minha decisão de passar um ano letivo na França, em 1977. Em 1976 eu já havia feito conferências em Paris sobre a emergência da tecnoburocracia a convite do Pedro Calil Padis. Foi quando conheci o Luciano Martins e quando tive o prazer de encontrar meu ex-aluno José Paulo Carneiro Vieira, que estava fazendo seu doutorado em sociologia em Paris. Era um jovem brilhante, assistiu às minhas conferências e no final me disse: "Bresser, você está construindo uma obra". Foi a primeira vez que alguém me disse isso. Depois de fazer quatro anos de psicanálise, entre 1973 e 1976, recebi um segundo convite do Calil, agora para dar um curso regular de pós-graduação na França sobre desenvolvimento econômico. Teria que permanecer em Paris entre setembro de 1977 e abril de 1978. Disse para o Pão de Açúcar que iria dar esse curso. O Abílio não concordou, me disse que se eu fosse não voltaria para a empresa. Mas eu havia ganho autonomia pessoal com a psicanálise e fui para Paris. Dei o curso, que acabou não sendo um ano inteiro. O ano letivo na França é mais curto. Saí no começo de setembro e o curso foi até fevereiro. Eu não estava certo se voltaria ou não ao Pão de Açúcar, mas me receberam de braços abertos. E minha vida na empresa melhorou porque me levou a fazer o que acho que devo fazer. Deu certo, voltei a trabalhar no Pão de Açúcar, continuamos os dois a construir uma grande empresa, o Abílio, o grande empresário, e eu, o administrador. E continuamos grandes amigos.

Nos anos 1970 o senhor criou um grupo de conjuntura econômica no Pão de Açúcar?

Nessa mesma época o Abílio passou a fazer parte do Conselho Nacional de Economia, e eu montei um pequeno Departamento de Economia no Pão de Açúcar. Um pouco antes houve a compra da Eletroradiobraz. Era uma empresa de varejo quase do mesmo tamanho do Pão de Açúcar e que estava em situação pré-falimentar. Para comprá-la e assim a salvar da falência era necessário que houvesse apoio do governo. Foi a primeira vez, então, que o Pão de Açúcar teve uma relação significativa com o setor público. Abílio entrou em contato com Simonsen, resolveram o problema, tornaram-se amigos, e o Simonsen o convidou para fazer parte do CNE. Para dirigir o departamento o Simonsen indicou o Paulo Rabello de Castro, um brilhante economista carioca, liberal mas capaz de pensar fora da caixa ideológica, com quem tenho ótimas relações. Eu, porém, queria que a chefia do Departamento de Economia fosse para o Nakano, e o Abílio concordou. Começamos, então, a trabalhar juntos em análise de conjuntura. Foi uma excelente experiência comum.

Conflito familiar e sequestro de Abílio Diniz

Quando o senhor saiu do Ministério da Fazenda, voltou para o Pão de Açúcar?

Voltei. Voltei para o Pão de Açúcar e para a GV. No plano intelectual, além de escrever uma série de *papers* sobre a crise fiscal da economia brasileira, e a perda da sua capacidade de gerar poupança pública, que depois foram reunidos no livro *A crise do Estado* (1992), tomei a decisão de estudar ao mesmo tempo teoria política e italiano. Para isso chamei meu velho e querido amigo, Marcos Salles de Oliveira, com quem eu havia lido, logo depois de me casar, *Ideologia e utopia*, de Karl Mannheim. Ele havia se tornado professor de italiano e passei a ter aulas semanais de noventa minutos com ele, nas quais, depois de uma breve conversa inicial, nós líamos Norberto Bobbio — o grande filósofo político social-liberal italiano.[52] Eu lia o livro em italiano, o Marcos seguia com sua cópia, traduzia algumas palavras, me dava algumas regras da gramática italiana. Nada de aulas teóricas de gramática, verbos. Deu muito certo. Eu aprendi italiano e alguma filosofia política. Quando o Marcos apresentava as regras de gramática que surgiam da leitura, eu me lembro de que três vezes comentei com uma exclamação: "Ma non è logico!". Na quarta vez descobri o segredo da bela língua italiana: "Non è logico ma suona bene!".

E o Pão de Açúcar?

Eu havia deixado o Pão de Açúcar para ser presidente do Banespa no início de 1983, quando já tínhamos mais de quatrocentas lojas em todo o Brasil. Supermercados, hipermercados, pequenas lojas de desconto. Eu havia participado de uma grande aventura empresarial liderada pelo Abílio. Quando voltei, em dezembro de 1988, a empresa estava ainda maior e tinha um belo prédio novo na avenida Berrini. No último andar ficava o sr. Santos. No andar logo abaixo, quatro salas — do Abílio, do Alcides, do Arnaldo e a minha. Mas agora eu não tinha atividades executivas. Passei a ser membro de um Conselho que, na verdade, ainda não existia, era um simples título para mim. A empresa estava muito grande e perdera eficiência. Para manter sua taxa de lucro, aumentara as margens, de forma que a venda por metro

Construindo com Abílio Diniz o Pão de Açúcar

quadrado havia caído, mas ninguém parecia ver o que estava acontecendo. A grande crise pela qual a empresa passou naquela época teve este fato como uma de suas causas.

Enquanto eu estivera ausente surgira um grande conflito familiar. O Abílio tinha 16% das ações desde a fundação. O restante era de seu pai, mas Abílio agia como se fosse o único dono. Abílio era o irmão mais velho, depois vinham Alcides e Arnaldo, sete e nove anos mais moços. No início da década o sr. Santos decidiu doar 8% das ações para cada um dos dois filhos e 2% para cada uma das três filhas, mais jovens. Essa doação fortaleceu os irmãos, em especial o Alcides, que começou a disputar poder na empresa. O sr. Santos, ao invés de reconhecer que Abílio era o grande empresário da família e lhe dar apoio, resolveu se transformar em um "árbitro" entre os três irmãos. Foi um grande erro pelo qual ele acabou pagando caro. O Abílio não aceitou partilhar o poder e a crise explodiu. Assim, quando eu voltei, minha primeira missão foi tentar resolver a crise. Deixei claro para todos qual era o meu objetivo: era tornar o Abílio majoritário. Para isso era necessário que os cinco irmãos recebessem da empresa imóveis e dinheiro em troca de suas ações. E que o sr. Santos e dona Floripes fizessem doações adicionais. Eu tinha um trunfo: era respeitado por todos. Meu objetivo, ao tornar o Abílio majoritário, era salvar a empresa que estava sendo prejudicada pelo conflito. Era algo que interessava a todos e principalmente ao Abílio.

As negociações duraram quatro longos anos. Durante todo o tempo eu contei com a assessoria do diretor jurídico do Pão de Açúcar, meu ex-aluno de pós-graduação na Fundação Getúlio Vargas, Geraldo Andrade Costa. Um momento decisivo nas negociações ocorreu quando o Alcides se dispôs a vender os 8% dele. Era uma quinta-feira, o Abílio tinha viajado para Portugal por três dias, para administrar a empresa que tínhamos lá. Alcides pediu 80 milhões de dólares por suas ações, e eu não tive dúvida em aceitar a proposta sem consultar o Abílio. Consultei apenas o sr. Santos, que concordou. Naquele dia e na sexta-feira definimos quais seriam os prédios das lojas que passariam para o Alcides e o valor em dinheiro. E no mesmo dia fiz o sr. Santos e o Alcides assinarem um documento fechando a operação. Embora eu estivesse trabalhando para o Abílio e para a empresa, era essencial não consultá-lo, porque eu sabia que ele não concordaria. Diria que o preço das ações era alto demais, ou que os imóveis valiam mais do que as avaliações que a empresa já dispunha. De fato, na segunda-feira ele reagiu da maneira prevista; ele havia sido o grande líder da empresa e a considerava toda sua, ou da família, mas sob a sua direção. Não queria descapitalizar a empresa. Ao chegar de Portugal ele disse que era muito dinheiro, que a parte de Alcides não valia aquilo tudo. Eu, porém, estava seguro que fizera a coisa certa, que dera um passo decisivo na solução do conflito familiar, e o Abílio reconheceu este fato.

Nos três anos seguintes continuei negociando, mas havia um problema, que, se não fosse resolvido, não haveria possibilidade de acordo. Era preciso que os outros irmãos de Abílio (Arnaldo, Vera, Sonia e Lucília) e o sr. Santos e dona Floripes concordassem. Lucília logo disse que não venderia suas ações; os outros três concordaram vendendo sua parte por um bom preço. O problema maior era com o sr. Santos e dona Floripes. Eles deviam passar a ser sócios minoritários na empresa. Afinal, pressionado pelos filhos, o sr. Santos concordou. Antes ele já não controlava a empresa, mas tinha o poder formal. Ao deixar de ter esse controle, nunca mais teve qualquer poder na empresa. Os irmãos ficaram satisfeitos, acharam que o acordo havia sido justo. O sr. Santos se acomodou à nova situação, e antes de morrer me nomeou seu testamenteiro. Quem nunca concordou foi a dona Floripes. Ela não se conformou com a perda de poder.

Foi nessa época que houve o sequestro do Abílio?

Foi no final de 1989, durante as eleições presidenciais. O Abílio dispunha de um forte sistema de segurança, mas os sequestradores eram profissionais. Assumi imediatamente a liderança do processo de resgate, contando com a assessoria do Luiz Fernando Furquim, que era o diretor de comunicações do Pão de Açúcar. Avisei a polícia, entramos em contato com os sequestradores, e estávamos terminando as negociações para efetuar o resgate quando a polícia descobriu o local do cativeiro através de um cartão de visitas deixado por um deles em um automóvel. Foi um bom trabalho de detetive que a polícia paulista realizou. Naquele momento o sequestro já durava uma semana. O problema, agora, era como prender os criminosos (a maioria deles era originária do Chile), sem pôr em risco maior a vida de Abílio. Cheguei ao local, que já estava cercado pela polícia, bem cedo, no dia das eleições presidenciais. Abílio e os sequestradores estavam em um sobradinho, subi em cima de um pergolado abaixo da janela do segundo andar e pela janela aberta, sem ver meus interlocutores, procurei assegurá-los de que suas vidas seriam preservadas se soltassem o meu amigo. Não logrei convencê-los. Surgiu então a ideia de chamarmos o cardeal de São Paulo, grande defensor dos direitos humanos, para convencer os sequestradores. Dom Paulo Arns chegou, subiu comigo sobre o pergolado, conversou, e afinal os sequestradores se renderam. Dom Paulo e eu fomos no ônibus que levou os sequestradores para a sede da polícia. Conversei então com o único brasilei-

Construindo com Abílio Diniz o Pão de Açúcar

ro do grupo. O objetivo era meramente dinheiro. Não obstante, naquela manhã defensores da candidatura Collor lançaram a notícia falsa de que Lula estava associado aos criminosos. Um disparate, mas que deve ter dado a Collor alguns votos.

A CRISE FINANCEIRA DO PÃO DE AÇÚCAR

Como foi o choque do Plano Collor no Pão de Açúcar?

Quando voltei para o Pão de Açúcar, em janeiro de 1988, a empresa havia crescido muito. Meu irmão, Sílvio Luiz, era o diretor executivo geral; além de ter sido um grande irmão, era um administrador de empresas de alto nível que estava fazendo um grande trabalho no Pão de Açúcar. O Abílio estava entusiasmado. Então sobreveio a crise da família, e logo vi que teria que me dedicar a esse problema. Eu não deveria intervir na empresa porque o Abílio a via como um sucesso absoluto. Na verdade, o Pão de Açúcar estava frágil, a empresa havia crescido de forma pouco cuidadosa.

Na manhã do dia 16 de março de 1990 cheguei ao Pão de Açúcar e me chamaram para assistir à televisão. Vi a equipe econômica, cinco pessoas falando coisas que não somavam coisa com coisa. Congelamento dos preços, congelamento das poupanças, nenhuma tablita. No final da manhã, o José Valney Brito, meu ex-aluno que naquela época era o diretor financeiro do Pão de Açúcar, apareceu na minha sala: "Dr. Luiz Carlos, fiz as contas e o Pão de Açúcar perdeu hoje 86 milhões de dólares". Num único dia. Eu sabia por que havia perdido, porque o Plano Collor não tinha a tabela de conversão, a chamada "tablita", que neutralizava os efeitos de um congelamento. No regime de alta inflação inercial, empresas como os supermercados compram com prazo médio de trinta dias e vendem à vista. Por isso, aceitavam que os fornecedores colocassem no seu preço metade da inflação prevista para o mês seguinte. Metade e não 100%, porque, supondo-se que os preços aumentassem todos os dias, nos primeiros dias a empresa que vendia à vista e comprava a prazo estava ganhando com a inflação, e nos últimos quinze dias, perdendo; aceitando um aumento de metade da inflação prevista, tanto o comprador à vista quanto o vendedor a prazo ficavam "em casa", sem ganhar ou perder com a inflação. O fornecedor vendera para o Pão de Açúcar naquele mês prevendo que a inflação seria de 80% e colocara um aumento de preço de 40% — a metade da inflação prevista, porque a outra metade já estava no preço anterior. Como, com a inflação naquele nível, as empresas de supermercados já estavam corrigindo os preços quase todos os dias, no decorrer do mês a receita cobriria o valor maior contratado. Como no plano Collor não houve tablita, todas as empresas que vendiam à vista e compravam a prazo foram prejudicadas. Mais cedo ou mais tarde elas teriam que aumentar seus preços para eliminar o prejuízo e a inflação voltaria a subir. No dia seguinte o Valney voltou à minha sala. Ele havia refeito as contas. Não haviam sido 86 milhões de dólares, mas sim 146 milhões de dólares de prejuízo. Naquele mês, o Pão de Açúcar pagou para os seus fornecedores muito mais do que ele havia contratado, porque os preços não subiram como todos esperavam que subissem durante o mês. Foi um ano muito difícil para o Pão de Açúcar e para muitas outras empresas. Como dizem os economistas, os preços relativos haviam sido desequilibrados. E eu sabia que logo a inflação estaria de volta, não obstante aquele violento ajuste ortodoxo.

Depois do Plano Collor, o que aconteceu com o Pão de Açúcar?

A expansão da empresa havia sido grande demais, enquanto a venda por metro quadrado havia caído. E o Plano Collor causou um enorme prejuízo. Assim, no final de 1990 o Pão de Açúcar entrou em uma grande crise financeira. Coube ao Abílio e a mim enfrentá-la. Posso dizer que não foi fácil. Lembrei-me do Gerald Reiss, um brilhante ex-professor da FGV que havia se tornado consultor de empresas, especializado em enfrentar crises, em promover reestruturações. Formamos, assim, um trio. O essencial era, de um lado, enxugar a empresa para que ela voltasse a ser lucrativa; de outro, vender ativos. Para enxugar a empresa, o que fizemos foi fechar muitas lojas, principalmente as "baleias" — lojas um pouco maiores do que um supermercado nas quais eram vendidos eletrodomésticos, como se fosse um hipermercado. Para podermos pagar nossas obrigações, vendemos dois preciosos ativos. A empresa de supermercados de Portugal, que havíamos iniciado em 1970, ao abrir em Lisboa o primeiro supermercado do país. Depois expandimos para a Espanha e para Angola, com hipermercados. Vendemos toda a operação no exterior sem muita pena. Penoso para Abílio e para os demais Diniz foi a outra venda — a da torre de escritórios construída na avenida Berrini. Era um belo e pouco funcional prédio, que levara os administradores da empresa a perder o senso de economia e gastar mais do que o razoável. Eu não tive a menor pena. Insisti que fosse vendida. Foi ótimo. O Pão de Açúcar voltou para a sua velha sede na avenida Brigadeiro Luís Antonio, onde recomeçou uma vida nova.

Na década de 2010 o senhor encerra sua longa passagem pelo Pão de Açúcar. Como foi o término?

Quando voltei do governo e de meu tempo na Universidade de Oxford, no começo de 2000, depois de seis anos de ausência, fui recebido de volta ao Pão de Açúcar de maneira muito calorosa pelo Abílio e por seu pai, o sr. Santos. O Abílio me convidou para ser diretor jurídico do Pão de Açúcar, mas eu disse que não queria. Ele me convidou então para participar de reuniões de diretoria e do Conselho, algo indefinido. Passei a ir toda sexta-feira pela manhã à empresa. Mas o Abílio começou a ficar cada vez mais incomodado com a minha participação. Por outro lado, ele vendeu 20% da empresa para o Casino, da França. A empresa era aberta desde 1995, mas ele e a família Diniz tinham amplo controle. Com a entrada do Casino, o Conselho de Administração teve que ser reformulado, foi criado um Conselho Consultivo, e a minha participação na empresa, que já era pequena, passou a ser mínima. Em 2005 Abílio decidiu vender 51% da empresa para o mesmo Casino, com a condição de que o controle da empresa só ocorresse sete anos depois. Abílio não me consultou. Eu só soube da venda no dia anterior à assinatura do contrato. Ainda tive tempo de lhe dizer que ele estava cometendo um erro. Ele tinha, então, 68 anos; sete anos mais tarde teria 75 anos e, com a saúde de ferro que ele tem, estaria perfeitamente apto a dirigir a empresa. Eu disse: "Abílio, o Pão de Açúcar é sua vida". Mas já era tarde.[53] Mas com esta venda Abílio ficou rico. Ele se achava "pobre" porque só tinha as ações do Pão de Açúcar.

Continuei participando das reuniões consultivas do Pão de Açúcar, no qual discutíamos principalmente a economia brasileira. A economia brasileira crescia então muito lentamente, já no quadro de um regime de política econômica liberal, e as elites se contentavam com um crescimento anual de 3,5% ao ano. Eu achava muito pouco, e só tinha interesse em convencer os dois membros mais moços do Conselho, o Candido Bracher, meu afilhado de batismo, e a Ana Maria Diniz, minha quase afilhada, que esse crescimento era muito pequeno (1,2% ao ano *per capita*), que o Brasil precisava voltar a ter um regime de política econômica desenvolvimentista e voltar a fazer o *catching up*. Fracassei. Ou o Brasil fracassou. Hoje as elites brasileiras estão satisfeitas com um crescimento de 2% ao ano. Venceram os sete anos e surgiu a possibilidade de o Pão de Açúcar fundir-se com o Carrefour, mas o Casino não concordou. O Abílio foi então criar uma nova empresa, a Península. Continuamos grandes amigos.

6

Um apaixonado por teorias

AS PRIMEIRAS TEORIAS

O senhor sempre pensou teoricamente. Foi nos anos 1970 que formulou suas primeiras teorias?

Nos anos 1970, enquanto eu trabalhava duramente no Pão de Açúcar e dava minhas aulas na FGV, mergulhei no desenvolvimento de novas teorias. Primeiro, foi a definição do novo modelo de desenvolvimento do Brasil, que chamei de modelo de subdesenvolvimento industrializado. Depois foi meu aprofundamento nos estudos de Marx e a construção de duas teorias críticas do marxismo com o uso de conceitos marxistas: a teoria da emergência da tecnoburocracia e da organização como a relação de produção própria do modo estatal de produção, e a teoria da distribuição em que a taxa de lucro é constante no longo prazo e a taxa de salários, o resíduo. Nesta década eu ainda fiz a análise, que muitos julgam pioneira, da transição democrática brasileira, que teve como base a teoria da consolidação democrática que estava então já delineada na minha mente, mas que eu apenas formulei bem mais tarde.

No Brasil, os anos 1970 são ainda os anos do milagre, e, quando ele se esgota, do Segundo Projeto Nacional de Desenvolvimento — da forte associação entre as empresas nacionais produtoras de bens de capital, as empresas estatais e o governo militar. É a década na qual o regime militar começa a enfrentar problemas políticos: primeiro, nas eleições de 1974, e depois, com o Pacote de Abril de 1977.

No mundo é a década da derrota humilhante dos Estados Unidos na Guerra do Vietnã. É uma década de crise econômica nos EUA e no Reino Unido, de queda da taxa de lucro e de estagflação. É o momento no qual o keynesianismo entra em crise. No final dos anos 1970 ocorre a virada neoliberal. A teoria neoclássica volta a ser dominante nas universidades, enquanto o fundamentalismo de mercado nas reformas econômicas neoliberais passa a transferir todo o custo do ajuste aos assalariados, enquanto poupa a nova coalizão de classes dominante — a coalizão financeiro-rentista.

E o "novo modelo" de desenvolvimento?

No plano das ideias, em 1969 aconteceu uma coisa importante para mim. O Antônio Barros de Castro vem a São Paulo fazer uma conferência na PUC.[54] Ele tinha voltado do Chile, para onde haviam confluído os intelectuais de esquerda com os golpes militares de 1964 no Brasil, 1967 na Argentina, e 1968 no Uruguai. O Brasil estava então vivendo o "milagre" — taxas de crescimento acima de 10%. Castro havia passado um tempo lá e diz: "Está surgindo uma nova discussão no Chile, sobre a ideia de que o Brasil tenderia à estagnação econômica", algo que o Celso Furtado havia defendido no livro que escreveu em 1966, *Subdesenvolvimento e estagnação na América Latina*. Ao invés de estagnação estava havendo crescimento e um aumento da desigualdade, que, porém, inclui a classe média. Ora, essa classe média servia de demanda para a indústria automobilística ou para os bens de luxo e, portanto, isso explicava o desenvolvimento econômico que estava ocorrendo no Brasil a partir de 1968. O Antônio Barros de Castro nunca escreveu esse ensaio.

Em 1970 escrevi o ensaio "Dividir ou multiplicar: distribuição de renda e a recuperação da economia", no qual defendi essa ideia. O censo de 1970 ainda não estava disponível, e usei uma pesquisa de 1968 sobre a concentração de renda nas principais cidades brasileiras. Cito, naturalmente, a conferência de Castro. Não cito o famoso ensaio de Maria da Conceição Tavares[55] e José Serra,[56] "Além da estagnação". Esse artigo, publicado em 1971, apresentava as mesmas ideias e teve grande repercussão. Meu artigo foi publicado em dezembro de 1970 na revista *Visão*. Esse ensaio correu pela América Latina. O Plínio de Arruda Sampaio, que estava no Chile, o leu e me falou sobre isso quando voltou para cá.

Os militares haviam implantado um novo modelo de desenvolvimento econômico no Brasil. Um modelo que provocava o aumento da desigualdade, da classe média para cima — classe essa que serviu de mercado para a indústria automobilística. Depois do artigo de 1970 sobre o tema, escrevo o ensaio chamado "O novo modelo do desenvolvimento". E durante quatro anos escrevo um livro, *Estado e subdesenvolvimento industrializado*, cuja ideia central é essa. É um livro, publicado em 1977, no qual adoto um nível médio de abstração. Você pode fazer uma teoria bastante geral ou ficar em um nível médio. Neste caso a teoria se ajusta muito à própria realidade, mas não é a análise direta da própria realidade, nem chega a ser uma teoria. É um bom livro, mas teve esse defeito. Teria sido melhor se eu tivesse me limitado a fazer a análise do que estava acontecendo na economia e na sociedade brasileiras.

Minhas preocupações intelectuais nos anos 1970 eram com o novo modelo de subdesenvolvimento industrializado que o Brasil e os demais países da América Latina haviam adotado, com a nova classe gerencial ou tecnoburocrática, e com a discussão da tendência à queda da taxa de lucro, de Marx. A discussão do novo modelo era a crítica dos regimes militares do ponto de vista econômico e político. Eu discutia a aliança tripartite que existia no Brasil entre burguesia, governo e multinacionais.

O senhor comentou a leitura do livro de Ignácio Rangel nos seminários de Delfim Netto em 1963. O senhor, anos depois, em 1978, seria responsável pela reedição do livro. Como foi para o senhor a recepção dessa obra? Quando o problema da inflação ficou claro para o senhor?

Conheci o Rangel nos tempos de ISEB, nos anos 1950, mas conheci mal, não era amigo dele. Fiquei amigo do Hélio Jaguaribe, do Guerreiro Ramos e do Candido Mendes de Almeida. Eu li *A inflação brasileira* quando foi publicado em 1963 e o discuti com o Delfim e a sua equipe na FEA. Nesse livro, o Ignácio defendia a ideia da inflação de custos ou administrativa e adotei essa tese, sempre a relacionando com ele. Mostrou também que a inflação era um mecanismo de defesa da economia diante do problema keynesiano de insuficiência de demanda, que ele chamava de capacidade ociosa. Depois, passaram-se os tempos e eu o tinha perdido de vista. Só vou reencontrá-lo em 1972, quando, de repente, ele aparece numa reunião da Sociedade Brasileira para o Progresso da Ciência, que naquele ano se realizou na USP. Essa não era uma daquelas imensas reuniões que se realizariam adiante, quando a SBPC ajudava a derrubar o regime militar. Mas tinha uma sessão de Economia, estava lá o Antônio Barros de Castro, e de repente aparece o Rangel. Ele havia tido um infarto depois de todo o sofrimento que representou para ele o golpe militar de 1964. O fim do ISEB foi profundamente traumático para seus grandes intelectuais. Eles passaram a ser perseguidos pela direita e pela esquerda — essa com o argumento da teoria da dependência, com a tese de que aqueles que haviam defendido uma coalizão de classes desenvolvimentista apoiada em uma burguesia nacional haviam cometido um grande erro, se não uma traição. Um absurdo. Eis que na reunião da SBPC chegou o Rangel, chegou o "velhinho" [risos]. Que velhinho qual nada! Ele apresentou um pequeno *paper* sobre os ciclos de Kondratieff e a provável crise que se desencadearia em seguida no capitalismo.

Isso era 1972, vejam bem. E o que acontece em 1973? O primeiro choque do petróleo e com ele uma grande crise econômica. A crise veio exatamente como Rangel disse que viria. Fiquei encantado com isso, gostei de

Um apaixonado por teorias

revê-lo. Fiquei amigo do Rangel a partir daí. Sempre procurei ser amigo de meus mestres brasileiros — Celso Furtado, Rangel e Jaguaribe. E os homenageei ainda em vida com um artigo bem cuidado sobre sua obra. Fui ao Rio de Janeiro para conversar e jantar com o Rangel algumas vezes. Em um desses jantares disse que seu livro precisava de uma nova edição. E dei a ideia ao Caio Graco Prado, que era o editor da Brasiliense, que a aceitou com prazer.[57] A nova edição saiu em 1978. O prefácio que fiz para a nova edição não tinha maior interesse; em compensação, o posfácio escrito com Rangel foi ótimo.[58] Ele estava com a ideia de financiar as grandes obras de infraestrutura que o Brasil precisava com os recebíveis das empresas estatais. Foi uma grande solução.

Tendo concluído o doutorado na USP e trabalhando na tese de livre-docência, estudando Marx, o senhor termina os anos 1970, entrando na década de 1980, com uma cabeça mais à esquerda?

Essa pergunta tem a ver com algo permanente na minha vida. Eu sempre me defini como uma pessoa de centro-esquerda, sempre fui um progressista: de um lado, um social-democrata preocupado com a justiça social, de outro, um republicano comprometido com o bem comum; assim, fui sempre um crítico do liberalismo individualista que não compreende que a liberdade só é possível se houver na sociedade cidadãos republicanos que estão dispostos a sacrificar seus interesses particulares em nome do interesse público. Com doze, treze, catorze anos eu discutia no Colégio São Luís com o Manoel Gonçalves Ferreira Filho: eu lia o *Diário de S. Paulo*, e ele, o *Estadão* — o jornal conservador de São Paulo.[59] E nós discordávamos porque o *Diário* era mais progressista — pouca coisa mais progressista; era um jornal do Assis Chateaubriand.[60] Depois entrei na Ação Católica, que então reunia católicos progressistas. Em seguida descobri o ISEB e virei desenvolvimentista de centro-esquerda. Nunca fui de esquerda radical; houve um momento, no final dos anos 1970, em que pensei: "Será que a revolução socialista resolve o problema?", mas nunca acreditei. Eu via o que acontecia na União Soviética — como a tecnoburocracia havia assumido o comando e transformado o socialismo em estatismo.

TEORIA DA TECNOBUROCRACIA

Já estamos, então, no início dos anos 1970. É quando o senhor entra de cabeça no marxismo?

Eu nunca entrei de cabeça no marxismo, mas o marxismo foi sempre uma referência básica para mim. Naquele momento eu estava então interessado em dois temas, ambos envolvendo uma crítica a Marx, mas uma crítica que considero interna, porque usei seus conceitos e seu método histórico-dialético. Um tema era sociológico, o tema da terceira classe social ou da tecnoburocracia, o outro, econômico, a questão da tendência à queda da taxa de lucro.

Qual foi a sua tese principal com relação à nova classe?
Nos anos 1970 defendi a tese de que estava emergindo no capitalismo uma terceira classe — a classe tecnoburocrática ou gerencial. Uma classe não prevista por Marx, mas cujo aparecimento era coerente com o materialismo histórico. Uma terceira classe que implicava um distúrbio para a teoria política. Não se podia mais entender o capitalismo como simplesmente uma luta entre a burguesia e o proletariado. Era impossível entender a sociedade moderna e o capitalismo sem entender que o capitalismo agora era um capitalismo tecnoburocrático ou gerencial no qual uma classe média gerencial surgira entre os trabalhadores e os capitalistas.

Além do senhor, quem estava preocupado com isso?
A única pessoa que escreveu sobre esse tema no Brasil foi o Carlos Estevam Martins, que inclusive foi professor na escola (EAESP-FGV) por um tempo. Nós tivemos boas conversas. Ele chegou a fazer uma boa crítica às minhas ideias.[61] Mas fora ele não havia ninguém no Brasil que estudasse esse tema. Quando terminei meu ensaio "A emergência da tecnoburocracia", eu o levei para ser discutido no CEBRAP. Me lembro bem da discussão porque foi ótima. Estava lá o Chico de Oliveira, que me disse: "Bem, nova classe social; mas qual a relação de produção?". Eu não tinha a rèsposta e disse que iria pensar. Naquele momento meu conceito de classe social era um conceito misto. Tinha um elemento marxista, mas também tinha um elemento de estratificação social funcionalista. Eu havia sido aluno do Lloyd Warner — um notável estudioso da estratificação social dentro da tradição americana de sociologia. A pesquisa sobre as origens étnicas e sociais dos empresários que eu havia realizado adotava uma perspectiva de estratificação com seis estratos: alta classe alta, baixa classe alta, alta classe média, baixa classe média, alta classe baixa e baixa classe baixa. A pergunta do Chico de Oliveira me obrigava a estudar mais o marxismo — coisa que eu já estava fazendo. Estudar o pensamento de um gênio estando livre de ortodoxias é uma maravilha.

Foi nessa época que conheci e me tornei amigo do próprio Chico, de Fernando Henrique, Candido Procópio, Juarez Brandão Lopes,[62] José Arthur Giannotti, Paul Singer, Carlos Estevam Martins, Lúcio Kowarick e Elza Berquó. Eu vi, então, que minhas ideias sobre o nacionalismo estavam em conflito em diversos graus com as daquele grupo de intelectuais de esquerda, mas achei que os acordos sobre a democracia e a diminuição das desigualdades era mais importante e ignorei o problema.

Sua teoria da tecnoburocracia incluía as revoluções comunistas?

Sem dúvida. A teoria que estava desenvolvendo era uma teoria do capitalismo contemporâneo do qual as revoluções socialistas na Rússia e na China faziam parte. O capitalismo que surgiu após a Segunda Revolução Industrial e a Primeira Guerra Mundial era um capitalismo tecnoburocrático ou gerencial. As revoluções naqueles dois países haviam sido realmente revoluções socialistas, mas os trabalhadores não tinham as condições mínimas para tornar realidade o socialismo, e em breve o sistema passou a ser controlado por tecnoburocratas. Enquanto no Ocidente tínhamos duas classes dirigentes — a burguesia e a classe tecnoburocrática —, nos países comunistas a burguesia fora extinta e o poder foi concentrado na tecnoburocracia. Que não teve alternativa senão implantar nos respectivos países uma formação social estatista, que é oposta à formação social liberal. As duas são formas de organização social radicais, uma coordenada inteiramente pela instituição mercado, a outra inteiramente coordenada pela instituição maior, o Estado. As duas formas são inerentemente ineficientes. No Ocidente o liberalismo econômico nunca chegou a ser pleno, e seus grandes momentos de desenvolvimento (suas revoluções industriais e os Anos Dourados do Capitalismo) aconteceram no quadro do desenvolvimentismo — de uma intervenção moderada do Estado na economia. Na União Soviética e na China o estatismo foi durante algum tempo pleno, mas provou-se ineficiente e teve igualmente que ser substituído pelo desenvolvimentismo — pelo equilíbrio entre a coordenação entre Estado e mercado —, que na União Soviética aconteceu de maneira traumática porque se tentou abrir ao mesmo tempo a economia e o Estado. Na China, de forma gradual e bem-sucedida, porque a abertura econômica se manteve firmemente coordenada pelo Estado.

Sua teoria da tecnoburocracia teve repercussão pública no Brasil?

Creio que sim. O livro com o qual tive mais sucesso foi *Desenvolvimento e crise no Brasil,* cuja primeira edição é de 1968, mas os livros sobre a nova classe média, *Tecnoburocracia e contestação* (1972), onde foi publicado originalmente meu ensaio "A emergência da tecnoburocracia", e *A socie-dade estatal e a tecnoburocracia* (1981) tiveram excelente vendagem. Esse último livro deveria ser reeditado. Foi graças a esses trabalhos que eu conhe-ci Luís Nassif, que depois seria um notável jornalista econômico na *Folha* e depois no seu bem-sucedido site de notícias, GGN. Nos anos 1970 ele tra-balhava para a *Veja* e fez uma entrevista de "Páginas Amarelas" comigo so-bre a teoria da tecnoburocracia. A partir de 2014, quando rompeu a Grande Crise Brasileira, o violento ataque das forças neoliberais contra a democracia e o Estado brasileiro, Nassif destacou-se pelo vigor de suas análises.

Teoria da taxa de lucro e as fases do capitalismo

E qual era o tema econômico?
Eu estava interessado na repartição da renda no processo de desenvol-vimento capitalista, mais especificamente interessado em discutir a tendência à queda da taxa de lucro, que é uma tendência central na teoria econômica marxista. A taxa de lucro é o preço macroeconômico fundamental no capi-talismo, Marx supôs que ela tenderia a cair no longo prazo. Defendi a tese da constância da taxa de lucro. Esse meu interesse começou quando estuda-va nos Estados Unidos. Em 1960 eu já conhecia a teoria marxista, a teoria clássica dos salários, e via os marxistas afirmarem que o salário correspon-dia ao custo de reprodução da mão de obra ou o custo de subsistência do trabalhador. E pensei: "Não, isso não é verdade; estou vendo que os traba-lhadores americanos ganham bem mais do que se pode chamar razoavelmen-te de custo de subsistência socialmente definido". Para entender o desenvol-vimento capitalista estava claro para mim que era preciso explicar como os salários cresceram com a produtividade. Porque, em última análise, o desen-volvimento econômico não é outra coisa senão o crescimento dos salários no tempo. No meu modelo inverti a teoria clássica da distribuição. A taxa de lucro, e não a taxa de salários, é para mim a variável constante. Enquan-to houver capitalismo a taxa de lucro será aquela que é satisfatória, que leva as empresas a continuar a investir. Os salários não são dados, mas o "resí-duo" — o que sobra uma vez realizado o lucro. Sobra mais ou sobra me-nos, dependendo do tipo e da intensidade do progresso técnico. Comecei a estudar e a escrever sobre esse problema em 1970. Passei treze anos escre-vendo. Foram três versões: um ensaio em 1970 não publicado, um quase li-vro em 1979, que também não foi publicado, e o livro ou a tese que defendi em 1984.

Um apaixonado por teorias

Ao invés de considerar os salários como dados e a taxa de lucro como resíduo, parti de uma taxa de lucro que tende a ser constante no longo prazo, satisfatória para motivar as empresas a investir, e vi a taxa de salários como resíduo. Eu estava simplesmente reconhecendo o que acontecera historicamente. Os salários não haviam permanecido estagnados, mas, a partir de aproximadamente 1870, cresceram com a produtividade nos países que passaram por todas as fases do desenvolvimento capitalista (Inglaterra, França e Bélgica). A taxa de lucro, por sua vez, não havia caído; ainda que sujeita a variações cíclicas importantes, havia se mantido em nível satisfatório para motivar os empresários e as empresas investirem. Depois de ter terminado o livro, inteirei-me que Sraffa havia também invertido a teoria da distribuição da economia política clássica. Ele o fez por motivos lógicos, eu, por motivos históricos ou empíricos. A taxa de lucro só realmente cairá quando o capitalismo entrar em crise final, ao mesmo tempo que se delineia um substituto para ele. O Nakano me ajudou bastante. Estudamos Marx juntos. O resultado foi bom. *Lucro, acumulação e crise* foi um livro muito importante para mim. Um livro que estuda as fases do desenvolvimento capitalista de acordo com os tipos de progresso técnico e as relações entre salários e lucros. Recentemente, eu o disponibilizei no formato Kindle e publiquei um resumo atualizado dele, "Crescimento e distribuição de renda: o modelo clássico revisado".[63]

Eu estava na sua defesa de livre-docência e algo que me marcou muito foi o Paul Singer, que falou assim: "Olha, o Bresser é um dos poucos economistas no Brasil que produz teoria". Lembra-se disso?[64]

Lembro. Um belo amigo e um ótimo economista marxista, o Paul Singer.[65] A mesma abordagem que usei para escrever sobre as fases do desenvolvimento capitalista e o progresso técnico usei na teoria da tecnoburocracia: usar conceitos marxistas para chegar a conclusões criticadas ou não previstas por Marx. No tema da nova classe gerencial eu estava na fronteira do conhecimento mundial da época. A minha primeira entrada na questão da tecnoburocracia foi o ensaio que escrevi na FGV em 1959, "A emergência da classe média e da administração de nível médio no Brasil". Mas foi só nos anos 1970 que escrevi meus dois ensaios fundamentais sobre a tecnoburocracia: "A emergência da tecnoburocracia", que foi publicado originalmente em 1972 no livro *Tecnoburocracia e contestação*, e o ensaio de 1977 sobre o modo de produção tecnoburocrático ou estatal.

Quando escrevi o primeiro ensaio, eu falava em classe social, mas o meu conceito de classe social estava muito marcado pelo conceito funcionalista americano de camada social. Nesse momento eu não estava usando a metodologia marxista. Quando eu apresentei o primeiro ensaio no CEBRAP, o Chico de Oliveira perguntou: "Se há uma nova classe, qual é então a respectiva relação de produção?". Eu consegui responder a essa pergunta cinco anos depois, no artigo "Notas introdutórias ao modo tecnoburocrático estatal de produção" (1977). Neste ensaio, vou dizer que existe um modo de produção tecnoburocrático ou estatal no qual a relação de produção é a "organização". Eu a defino como a propriedade coletiva dos meios de produção pela classe tecnoburocrática ou gerencial. Modo estatal porque a organização estatal é a maior das organizações burocráticas em uma sociedade capitalista. Passo, então, a usar o conceito marxista de classe. Uso os dois conceitos, o de classe social a partir das relações de produção, e o de estratificação social a partir dos níveis de renda e de prestígio social das famílias. Dependendo do caso você pode usar uma abordagem ou a outra. São coisas relativamente diferentes.

Também apresentei no CEBRAP as "Notas introdutórias", artigo que, depois, foi publicado na revista *Estudos CEBRAP*. A revista era então editada por José Arthur Giannotti, e foi difícil levá-lo a aceitar sua publicação. O Giannotti era marxista nessa época e não concordava com minhas ideias heterodoxas. Depois de quase um ano de impasse falei com o Fernando Henrique, ele interviu e o Giannotti publicou. Mas com uma condição pouco acadêmica: ele escreveria no mesmo número uma crítica e eu a minha resposta. A boa praxe é que você escreve um artigo, a revista o publica, alguém que não concorda escreve uma crítica, esta crítica é levada ao autor para sua resposta, e crítica e resposta são publicadas juntas em um número posterior da revista.

Mas há também a crítica a sua teoria da tecnoburocracia feita por Luiz Gonzaga Belluzzo e Luiz Antonio Oliveira Lima.

É verdade. Essa foi uma crítica que gostei de receber e de responder. Os dois são grandes amigos meus. Na época eles se consideravam marxistas, e eu estava usando conceitos marxistas para chegar a uma conclusão heterodoxa. Eu deixava os marxistas realmente incomodados naquela época; hoje o problema está superado. Os dois escreveram uma crítica às minhas "Notas introdutórias" e a publicaram na revista *Temas e Debates*, do Partido Comunista Brasileiro. Em vinte páginas eles mostravam por A + B que eu não estava sendo fiel a Karl Marx. Nunca escrevi nenhum ensaio na minha vida usando Marx como autoridade, aliás nunca usei o argumento de autoridade em relação a ninguém. A questão da autoridade só se coloca quando se está discutindo a obra de um determinado autor. Então é possível discutir se a minha interpretação desse autor está correta ou não usando-se as palavras do autor como argumento. Minha resposta foi bem trabalhada. A verdade ou falsidade da minha teoria sobre a tecnoburocracia não dependia de serem elas fiéis ou não a Marx, mas na minha resposta mostrei também por A + B que minha visão do problema, além de estar adequada com a realidade histórica do capitalismo, estava muito mais de acordo com o espírito de Marx, com seu método e com sua visão dialética da história, do que a visão deles. Chamei esse artigo de "Lições do aprendiz de feiticeiro", um bom título. E mandei para a revista, que não o publicou. O editor me disse que "não publicavam textos com os quais não concordavam"... Era a velha "linha justa" do Partido Comunista. Publiquei minha resposta também na *Estudos CEBRAP*.[66]

QUANTAS TEORIAS?

O senhor é um apaixonado por teorias. Tem ideia de quantas teorias dignas desse nome construiu ou ajudou a construir?

É verdade, sou um apaixonado por teorias. Por pequenas e por grandes teorias. Eu estou sempre tentando pensar teoricamente, partir do particular para chegar ao universal. As teorias são essenciais para que possamos compreender a sociedade tecnoburocrático-capitalista na qual vivemos. Na construção das teorias econômicas, sociais e políticas nós partimos da observação dos fatos para chegar às ideias gerais. Conforme afirma o notável pensador crítico Roberto Schwarz, para nós no Brasil, como para qualquer outra nação, a história mundial contemporânea só pode ser lida a partir daqui, da mesma maneira que a história do Brasil só pode ser entendida à luz da experiência mundial.[67]

Quantas foram as teorias? O senhor poderia relacionar as principais para as quais deu sua contribuição?

Posso tentar, mas essa é uma questão muito subjetiva. Nos anos 1970 desenvolvi três teorias: (1) a teoria da nova classe, do capitalismo tecnoburocrático e do estatismo soviético; (2) a revisão da teoria clássica da distribuição entre lucros e salários de acordo com o tipo de progresso técnico e sua aplicação à análise das fases do desenvolvimento capitalista; e (3) a teoria da transição e consolidação democrática associada à revolução capitalista. Nos anos 1980 eu me dediquei à (4) teoria da inflação inercial — a uma inflação que decorre da indexação formal e informal da economia. Nos anos 1990 minha contribuição concentrou-se na (5) Teoria da Reforma Gerencial, cujo centro está na matriz que relaciona as formas de propriedade com os tipos de atividades do Estado (específicas ou não específicas, não envolvendo o uso do poder de Estado). A partir dos anos 2000, uma nova contribuição foi (6) a crítica metodológica à teoria econômica neoclássica, e, finalmente, (7) o Novo Desenvolvimentismo — a mais ampla dessas teorias, envolvendo vários modelos ou subteorias. Em todas elas um fenômeno fundamental é a Revolução Capitalista, cujo maior teórico foi Marx, mas eu a coloco no centro de quase todas as minhas teorias, porque essa foi a maior transformação na história da humanidade depois da Revolução Agrícola ocorrida 8 mil anos antes de Cristo. Alguns países a realizaram originariamente, como a Inglaterra e a França; outros de forma tardia, mas ainda no centro do capitalismo, como os Estados Unidos e a Alemanha; outros ainda depois de terem sofrido o imperialismo industrial dos primeiros, como os países do Leste da Ásia e os países latino-americanos, mas com uma diferença: enquanto os primeiros mostraram ser nações realmente independentes e foram bem-sucedidos, os segundos, depois de um período de independência relativa (1930-1990) no qual se industrializaram, submeteram-se ao Norte a partir de 1990 e se desindustrializaram.

Em relação ao Novo Desenvolvimentismo, o que já temos é um sistema teórico formado por várias teorias ou modelos. Por exemplo, a teoria da determinação da taxa de câmbio pela política de crescimento com poupança externa, a teoria da determinação do investimento privado e do desenvolvimento pela taxa de câmbio. Vou discorrer sobre isso adiante, quando falar sobre o Novo Desenvolvimentismo.

O senhor considera que seu ensaio sobre a revolução política da Igreja também conta como teoria? Nele o senhor chegou a prever a importância que teriam as igrejas evangélicas.

Não creio que os argumentos que desenvolvo no ensaio de 1969, "A revolução política da Igreja Católica", constituam uma teoria. Discuto ali a modernização da Igreja Católica, a partir da análise da contribuição de pensadores franceses da primeira metade do século XX. E mostro que já então a Igreja estava perdendo terreno para o as igrejas evangélicas pentecostais. Perdendo terreno feio. Mas não supunha que o número de evangélicos cresceria tanto quanto cresceu. Em 1969 eu não estava fazendo previsões. Estava vendo que havia um fato novo. Estava vendo os pobres e a baixa classe média serem conquistados pelas igrejas evangélicas, cuja estratégia era pres-

Um apaixonado por teorias

tar serviços a eles, principalmente facilitar a integração deles. Hoje essa prestação de serviços é ampla e, como sabemos, bem paga. Hoje a esquerda está preocupada com a força conservadora das igrejas evangélicas. De fato, ela é preocupante, mas eu creio que há um certo exagero nisso. Essas igrejas elegem deputados e até o prefeito do Rio de Janeiro, mas, afinal, qual é sua influência na definição dos problemas políticos e econômicos fundamentais do Brasil? Creio que é pequena. Ela é forte com relação às chamadas "questões comportamentais". Lutam contra o aborto, contra o casamento de gays, contra os direitos dos LGBTs. Mas em todo o mundo, não obstante o conservadorismo político dominante desde os anos 1980, essa é uma causa conservadora perdida. Há ainda muita coisa a fazer, mas o progresso nessa área foi imenso.

7

Pensando a democracia e lutando por ela

Prevendo a transição democrática

Foi ainda nos anos 1970 que o senhor previu a transição democrática e começou a formular sua teoria da consolidação da democracia?

Ainda nos anos 1970 aconteceu uma coisa importante na minha história intelectual. Em 1977, a partir do "Pacote de Abril" do presidente Ernesto Geisel, eu vou desenvolver uma teoria, uma interpretação original do processo de transição democrática que estava então acontecendo, e mais amplamente, uma teoria sobre as condições históricas para a consolidação da democracia em cada país. Nesse mês, o Congresso rejeitou um projeto do presidente Geisel — creio que era um projeto de reforma do Judiciário. O presidente baixou, então, um pacote de medidas autoritárias que incluíam o fechamento provisório do Congresso, a alteração da Constituição, a criação de senadores "biônicos", o aumento do número de deputados dos territórios... uma festa autoritária para garantir a maioria na Câmara dos Deputados e no Senado. Eu fiquei muito impressionado. Naquele dia cheguei à minha casa, eram oito horas da noite, liguei a televisão, e sozinho na sala, assisti à fala do Geisel. Eu posso garantir a vocês que foi a maior carga de ódio que já senti na minha vida até hoje. Porque ele falava com tanto ódio, com tanta raiva... Aquela coisa me deixou muito impressionado. Minha grande surpresa veio a seguir, com a reação das elites econômicas. Pela primeira vez desde 1964 vi a burguesia se mostrar crítica do governo. Na verdade, um ano antes, eu já havia escrito um ensaio, "Estatização ou redefinição do modelo político?", que foi publicado no *Jornal de Debates* em janeiro de 1976. No final de 1974, o Eugênio Gudin, notável economista monetarista, com 95 anos, recebeu o título de "Homem de Visão do Brasil". Em seu discurso ele acusou o governo de estar envolvido num grande processo de estatização, e que isso era inaceitável. O que eu vi nos dois anos seguintes foi uma campanha muito curiosa. A burguesia começou a falar contra a estatização e, com o apoio dos jornais, surgiu uma campanha que contou com a participação dos industriais. Mas havia uma peculiaridade: os liberais falavam contra a estatização, jamais contra o governo. É como se a estatização acontecesse num espaço abstrato [risos]. Escrevi então um ensaio no qual eu dizia que essa campanha implicava mudança no modelo político. Alguma coisa importante estava acontecendo nas elites econômicas, mas os empresários industriais, que naquela época eram o grupo mais bem estruturado, não estavam conseguindo expressar o que estavam pensando. De repente, o Pacote de Abril de 1977 e o protesto geral. Protesto não apenas dos setores democráticos da sociedade, mas da conservadora classe média bem-pensante paulista; a classe média tradicional de profissionais liberais e quase toda a burguesia se revelavam insatisfeitas não obstante a economia brasileira continuasse a apresentar resultados satisfatórios. Desde 1974 estávamos no processo de "distensão" — o nome que Geisel e seu ideólogo, o general Golbery, haviam dado ao processo de liberalização política que anunciaram no início do governo. Um processo muito mais retórico do que verdadeiro, como o Pacote de Abril demonstrou.

Escrevi então o artigo publicado na *Folha*, "A ruptura de uma aliança política" (29/5/1977), no qual mostro que o acordo político da burguesia brasileira com a tecnoburocracia civil e militar, firmado em 1964, estava se rompendo. Depois escrevo uma série de artigos nessa mesma linha, alguns deles já pensando no livro que eu iria publicar no segundo semestre do ano seguinte, *O colapso de uma aliança de classes*. Ainda que os cientistas políticos até hoje não saibam, este foi o primeiro livro que discutiu a transição democrática no Brasil. Nele eu afirmo que a transição democrática estava então começando porque estava havendo uma mudança gradual, mas clara, da posição da burguesia brasileira. Ela estava deixando de apoiar o regime militar e começava a se aliar aos grupos democráticos que, por sua vez, estavam se expandindo. Depois continuei a escrever ensaios sobre a transição democrática que, em 1985, reuni em um segundo livro, *Pactos políticos*.

Com as ideias novas que desenvolvi então sobre as transições e consolidações democráticas, eu pude prever a transição democrática no Brasil. Mas os sociólogos e cientistas políticos brasileiros, enfiados em seu mundo especializado, ainda não reconheceram minha contribuição para a compreensão da transição e consolidação da democracia brasileira, que, afinal, se materializaria em 1985, com o fim do regime militar e a garantia do sufrágio universal, e em 1988, com uma nova Constituição, democrática e social.[68] No início dos anos 1980, três cientistas políticos (Guillermo O'Donnell, Laurence Whitehead e Philippe Schmitter) obtêm um financiamento e lideram um grande projeto de estudos sobre as transições democráticas que estão estavam ocorrendo nos países em desenvolvimento, principalmente na América

Latina. Essa pesquisa é um marco na história da ciência política. Que eu não tenha sido convidado para participar era razoável, porque eu era economista. Mas quando o Fernando Henrique escreveu um artigo sobre o empresário brasileiro e a transição democrática e não me citou eu fiquei aborrecido. O Fernando Henrique sempre foi um *gentleman* comigo, exceto em relação a esse ponto. Não houve nada de grave. Eu havia escrito muita coisa sobre empresários, muitos artigos, *papers*, e sua participação na transição democrática. A citação era obrigatória. Mas não importa. Alguns anos depois a USP organizou um conjunto de livros que buscaram resumir as contribuições das ciências sociais sobre diversos temas. Sergio Miceli foi o principal organizador e o capítulo sobre a transição democrática no Brasil teve como um dos autores o Fernando Limongi. Fui novamente ignorado.

A que o senhor atribui isso?
Essa é a consequência da especialização por campo de conhecimento. Ao invés de haver o campo das ciências sociais, você tem um campo dos economistas, outro dos sociólogos, outro ainda dos cientistas políticos. Isso é uma grande tolice. Pelo menos para alguém que conhece um pouco de Marx, que tem uma visão histórica da sociedade e da economia, que leu Max Weber, Braudel, Arrighi.

Uma teoria da consolidação democrática

O senhor fala em uma teoria sobre as transições e consolidações democráticas. É isso mesmo?
Sim, com *O colapso de uma aliança de classes* e com *Pactos políticos* eu estava começando a desenvolver uma teoria sobre o tema. Mas eu só a desenvolvi plenamente muitos anos depois, no artigo "Transição, consolidação democrática e revolução capitalista" (*Dados*, 2011). Nesse artigo procuro responder à seguinte pergunta: por que a democracia se tornou um regime político dominante e consolidado só no século XX? Por que até o século XIX não apenas os cidadãos e os políticos mas também os filósofos viam a democracia como um regime instável sujeito à demagogia dos governantes? Minha resposta é que a democracia só se tornou possível de maneira consolidada em países que, quando se tornaram democráticos, já haviam realizado a sua revolução capitalista. Originalmente supus que a transição para a democracia já dependia de o país ter realizado sua revolução nacional e industrial, mas há países pré-industriais que, por pressão externa ou por imitação,

Pensando a democracia e lutando por ela

tentam implantar a democracia antes que estejam preparados. Mas fracassam. Essas democracias são muito instáveis. Consolidadas são as democracias nos países ricos. Para serem considerados minimamente democráticos eles precisavam garantir os direitos civis e contar com o sufrágio universal. A garantia dos direitos civis já fora conquistada com a participação dos liberais, mas estes se recusavam a aceitar o sufrágio universal — seria "a ditadura da maioria", segundo eles. Afinal, na virada do século XIX para o XX, esses países se curvaram às pressões das classes populares ao mesmo tempo que suas burguesias perderam o medo de serem expropriadas por partidos socialistas e aceitaram o sufrágio universal. Com a formação do Estado-nação e a revolução industrial, que, na minha perspectiva, constituem a revolução capitalista em cada país, o veto absoluto que as antigas oligarquias impunham à democracia foi suspenso. Isso foi possível porque agora a apropriação do excedente econômico não dependia mais do controle direto do Estado. Bastava que o Estado garantisse o funcionamento do mercado para que a nova classe dominante pudesse realizar o lucro através de uma troca de valores equivalentes no mercado. A Inglaterra foi o primeiro país a formar seu Estado-nação, a realizar a sua revolução industrial e se tornar capitalista. Isso aconteceu no início do século XIX. Tornando-se dominante, a burguesia tratou imediatamente de eliminar os privilégios mais extremados da nobreza e garantir os direitos civis, essencialmente o direito à liberdade, e assim implantar o Estado de direito. Dessa maneira foi atendida a primeira condição mínima para que um regime político possa ser considerado democrático. Foram, porém, necessários cerca de cem anos para que a segunda condição — o sufrágio universal — fosse atendida. A burguesia foi a primeira classe dominante a não vetar sumariamente a democracia, mas ela temia a democracia. O argumento liberal contra a democracia era o de que ela significaria a ditadura da maioria. Por isso resistiu tanto ao sufrágio universal. Só o concedeu porque, de um lado, começou a ficar claro que seu medo de ser expropriada por um governo socialista eleito democraticamente não tinha fundamento, e, por outro lado, porque a garantia dos direitos civis é mais sólida no quadro de regimes democráticos do que em regimes autoritários. E também porque a burguesia é uma classe dominante muito numerosa e precisa de instituições que regulem como seus próprios membros têm acesso ao poder. A divisão clássica nas democracias entre um partido conservador e um partido liberal exprime essa necessidade da classe dominante. A primeira forma histórica de democracia — a democracia liberal — é uma forma mínima de democracia, na qual a participação popular e a garantia dos direitos sociais são limitadas. Isso só muda quando a democracia se torna social ao mesmo tempo que os sistemas de participação política começam a ser desenvolvidos.

Mas não seria essa simplesmente uma análise? É possível chamá-la de teoria?

Acho que dá sim; acho que é uma teoria, tanto que explica por que a democracia está consolidada nos países ricos e também no Brasil, e por que não está no Paraguai ou na Bolívia, por exemplo. Implica dividir a história em antes e depois da revolução capitalista e explicar um avanço extraordinário pelo qual passou a humanidade — a Revolução Democrática que ocorreu no início do século XX. Além da mudança na forma de apropriação do excedente, eu dou outra explicação para a transição e consolidação democrática. A burguesia é a primeira classe dominante da história que é uma classe muito numerosa. As anteriores eram antes simples oligarquias. Ora, quando a burguesia se viu dominante e numerosa, houve necessidade de se estabelecer as regras do jogo para que seus membros chegassem ao poder. Foi por isso que em todos os países surgiu um partido liberal e um partido conservador. Os dois partidos representavam a burguesia. Os partidos e o próprio sistema democrático eram um sistema para garantir aos membros da burguesia um acesso ao poder ordenado, baseado em regras. Mais tarde, quando os partidos social-democráticos ganharam eleições, foi preciso ampliar esse campo de recrutamento. Mas ele continua sendo essencialmente o campo da burguesia.

Eu já tinha essas ideias quando escrevi aqueles dois livros. A ideia básica surgiu quando escrevi na *Folha*, no final de abril de 1977, o artigo "A ruptura de uma aliança de classes", que, depois, resultou no livro *O colapso de uma aliança de classes*, publicado no ano seguinte. Muito depois escrevi um *paper* teórico, "Por que a democracia se tornou o regime político preferido e consolidado apenas no século XX?". O artigo foi escrito em inglês e tentei publicá-lo em alguma revista americana de ciência política, mas não houve jeito. Afinal publiquei-o em português na revista *Dados*, a mais importante revista brasileira de ciência política, e em inglês em uma revista francesa, com o título "Democracy and Capitalist Revolution".[69] O título original era melhor.

Por que não conseguiu publicar o artigo nos Estados Unidos?

Por um motivo que me surpreendeu, mas afinal era evidente. Quando fiz a primeira versão do artigo, eu o enviei para o *Journal of Democracy*, uma revista relativamente nova naquela época, na qual os meus amigos cientistas políticos estavam publicando, Guillermo O'Donnell, Philippe Schmitter. Além disso eu conhecia o editor da revista, Larry Diamond. Fiz o artigo e mandei. Dois dias depois recebo e-mail do Larry Diamond dizendo que o artigo não interessava à revista. Não explicou por quê, fiquei realmente surpreso, mas algum tempo depois eu descobri a razão. A revista não era realmente acadêmica. Era publicada pelo National Endowment for Democracy, uma agência do Estado americano criada no final dos anos 1970, quando foi decidido que os Estados Unidos teriam como uma de suas missões espalhar a democracia pelo mundo. Da mesma forma que o Banco Mundial foi encarregado de pressionar os países em desenvolvimento a abrirem seus mercados, o National Endowment for Democracy foi encarregado de pressionar os mesmos países a se tornarem democráticos. Nobre objetivo, poderá alguém observar. Não, não era um nobre objetivo, era simplesmente uma forma de dominação. E o meu artigo não estava de acordo com o modelo. Eu não dizia que os países que ainda não realizaram sua revolução industrial e capitalista não devem se democratizar, mas dizia que isso era difícil, e o resultado, precário: a democracia resultante não seria consolidada.

O Pacote de Abril de 1977 foi, portanto, o desencadeador da transição democrática. Além de ter feito essa análise, escrito artigos na Folha *e publicar um livro no ano seguinte, o senhor agiu politicamente?*

Sem dúvida. E minha teoria tinha força preditiva: me dava certeza de que a transição democrática ocorreria. Nos anos 1970 eu estava mergulhado na expansão do Pão de Açúcar e na elaboração das minhas ideias sobre o novo modelo brasileiro de desenvolvimento com concentração de renda da classe média para cima, com a elaboração da teoria da emergência da tecnoburocracia, e com a tese de que a democratização do país estava, afinal, em marcha. Eu não tinha nenhuma ação política, não creio que houvesse me inscrito no partido da oposição, o PMDB. Continuava a frequentar as reuniões do CEBRAP. Comecei a escrever artigos regulares na *Folha* em 1974. Eu tinha, então, boas relações com muitos empresários, e procurava mostrar a eles que não fazia mais sentido serem tutelados pelos militares. Nessa linha, a publicação em 1988 do "Documento dos 8" — um manifesto de oito dos mais importantes empresários brasileiros a favor da democracia — foi um avanço importante.

Nas eleições gerais de 1974 houve uma surpresa. O MDB aumentou a sua bancada de deputados e elegeu um grande número de senadores. Nesse mesmo ano o Plínio de Arruda Sampaio voltou do exílio. E ele aceitou meu convite para dar aulas na FGV. Demonstrou ser um ótimo professor, mas não permaneceu muito tempo nessa atividade. O que ele gostava mesmo era de política. Um dia fomos almoçar em um restaurante próximo, no Bexiga, e Plínio observou que em 1978 teríamos novamente eleições para o Senado, que André Franco Montoro certamente seria eleito senador, mas que, dada a instituição da sublegenda nós poderíamos indicar um segundo candidato do MDB. Esse instituto fora criado pelo governo para facilitar candidatos ao Senado da Arena — o partido do governo — no qual havia com frequência mais de um candidato viável em cada estado da federação. Com esse instituto a Arena indicava dois ou mesmo três candidatos ao Senado, os votos dos três eram somados, era eleito o primeiro colocado, e os demais ficavam como suplentes. Agora, dois anos antes das eleições, o que Plínio propunha era que o MDB de São Paulo usasse da mesma estratégia para eleger, através da sublegenda, um candidato claramente de esquerda. "Quem poderia ser?", perguntou o Plínio. "O candidato natural da esquerda é o Fernando Henrique", disse eu. E Plínio imediatamente concordou. Não sei como foi a decisão do diretório estadual do MDB ao decidir usar a sublegenda e escolher Fernando Henrique como segundo candidato, mas era uma estratégia óbvia. Afinal, Fernando Henrique passou da centro-esquerda para a centro-direita, mas essa é uma outra história. Em 1978 Montoro foi eleito, como estava previsto, e Fernando Henrique teve um bom número de votos. Não obstante, em 1980, os líderes sindicais, liderados por Luiz Inácio Lula da Silva, fundaram o Partido dos Trabalhadores, depois de uma histórica greve em São Bernardo do Campo.

Uma outra história interessante foi a iniciativa do meu querido amigo Eduardo Suplicy, creio que em 1975, de realizar um debate político entre os trabalhadores e os empresários. Os debates aconteceram durante duas noites no Teatro Ruth Escobar. Antônio Ermírio representou os empresários no primeiro debate; Bardella, no segundo. Os líderes sindicais eram pessoas modestas, muito menos competentes no plano político-ideológico do que os atuais. A plateia era francamente favorável aos trabalhadores. No começo do segundo debate, o Claudio Bardella começou a falar, devagar, e foi interrompido por um grito da plateia: "E daí?". O Claudio, que é um homem tranquilo, sentiu o desafio e deu uma grande resposta. Mostrou como os empresários e o governo estavam envolvidos em um grande projeto de desenvolvimento em torno do II PND (Plano Nacional de Desenvolvimento). O sistema autoritário se mantinha no poder porque ainda tinha um projeto de desenvolvimento, que envolvia uma coalizão de classes associando a burguesia industrial e a burocracia pública civil e militar. A coalizão, em 1977, começou a se estruturar e, afinal, em 1985, levou o Brasil à democracia.

Pensando a democracia e lutando por ela

8

Estudando Marx

Estudando Marx com Yoshiaki Nakano

Uma grande marca de sua trajetória é a parceria com Yoshiaki Naka-no. Foi seu aluno, estudaram Marx juntos, ele trabalhou sempre com o senhor nos cargos públicos. Mas nos últimos anos há um distanciamento, não? É uma parceria importante...

A parceria foi fundamental para mim. Eu conheci o Yoshiaki como meu aluno de graduação em Administração de Empresas na FGV. Ele foi primeiro meu aluno de Introdução, em 1965, e depois de uma disciplina optativa sobre Administração e Desenvolvimento, em 1967. Eu sempre brinco que ele era quem dormia nas minhas aulas de introdução [risos]. Já na disciplina de 1967 foi outra coisa. Ele fez um trabalho muito bom sobre progresso técnico e desenvolvimento econômico, eu fiquei entusiasmado e levei o artigo para ser publicado na *RAE*, a revista de administração de empresas da FGV. Eu acho que foi o primeiro artigo que um aluno publicou na *RAE*. Em 1969 ele então fez o concurso para professor da Escola, e foi fazer seu doutorado nos Estados Unidos, na Cornell University.

Ele ficou em Cornell cinco anos, estudando, estudando, estudando, e voltou com sua tese já escrita, mas não submetida. A tese era sobre a economia brasileira e as teorias de Marx e Piero Sraffa, e havia nela o problema da transformação de valor-trabalho em preço. Como não resolveu esse problema satisfatoriamente (até hoje ninguém o fez), ele não submeteu a tese, apesar da minha insistência e a do seu orientador em Cornell. Eu cheguei a mandar datilografar a tese na forma digital para facilitar o eventual trabalho de revisão, mas foi inútil. Ao mesmo tempo eu o convidei para estudarmos juntos.

É quando vocês vão estudar Marx em encontros semanais?

Isso, isso. Estudamos muito Marx. Lemos o Livro I e o Livro III de O *Capital*. Um aprendizado extraordinário. Estudamos também a escola de Cambridge, principalmente Joan Robinson. Nessa época eu estava escrevendo o livro *Lucro, acumulação e crise* e a ajuda do Yoshiaki foi muito importante. Ele havia estudado bastante Marx nos seus cinco anos na universidade Cornell.

Esses estudos o tornaram um marxista?

Eu não fui e não sou marxista, mas tenho uma grande admiração por Marx, por seu método histórico-dialético e por sua análise do capitalismo. Não posso ser considerado marxista porque discordo de muitas das ideias de Marx, e porque embora crítico do capitalismo não estou sempre prevendo o seu colapso no curto prazo — uma coisa que geralmente é considerada uma condição para alguém ser considerado marxista. Eu nasci 118 anos depois de Marx; o mundo mudou enormemente nesse período, e não faz sentido continuar citando Marx como fonte da verdade. Aliás, o critério de verdade baseado em textos é sob qualquer condição inaceitável. Mas sou socialista e considero Marx um gênio, um grande economista, um grande sociólogo e um grande filósofo com o qual aprendi muita coisa sobre o método histórico e dialético e sobre o capitalismo. Foi nos anos 1970 que estudei sistematicamente a obra de Marx e Engels. Inicialmente sozinho e a partir de 1975 com o Yoshiaki Nakano, que então voltou dos seus estudos nos Estados Unidos para ser meu colega na FGV.

E ao mesmo tempo vocês estão fazendo os estudos que levariam à teoria da inflação inercial?

Sim. Eu publiquei em 1981 um primeiro artigo inicial sobre a inflação inercial, seguido pelo breve e ótimo trabalho sobre recessão e inflação (1982) do Nakano.[70] Após esses dois artigos convido o Yoshiaki para escrevermos juntos o *paper* fundador da teoria da inflação inercial, "Fatores aceleradores, mantenedores e sancionadores da inflação" (1983).[71] Este *paper* e vários outros que escrevemos sobre a teoria da inflação inercial foram reunidos no livro *Inflação e recessão* (1984). Sobre esse tema vou falar adiante, quando contarei como foi o desenvolvimento da teoria da inflação inercial.

Como era a forma de trabalho entre vocês dois?

Eu ficava na frente da máquina, escrevendo, e ele ficava do meu lado, discutindo ideias, usando sua inteligência e seu conhecimento da teoria econômica para pensarmos juntos. Nós escrevemos muitos artigos juntos por muitos anos. Falarei sobre os dois últimos quando contar a história do Novo Desenvolvimentismo.

Na vida pública com Nakano

Aí o senhor foi convidado para ser presidente do Banespa.

Em 1983, quando o Montoro me convidou para ser presidente do Banespa eu chamei o Nakano para ser diretor de crédito para agricultura. Sua família tem origem no norte do Paraná, ele estudou bastante agricultura no início da sua vida como economista e realmente entendia do assunto. Defendia, então, empresas familiares, agrícolas, altamente sofisticadas tecnologicamente. Foi afinal o que aconteceu. Nakano foi um ótimo diretor do Banespa. Depois foi para o Badesp (o Banco de Desenvolvimento Econômico do Estado de São Paulo), onde Gustavo de Sá e Silva substituíra Roberto Gusmão na presidência. Nakano se associou, então, ao Candido Bracher, que acabara de voltar de seus estudos na Europa e estava iniciando sua vida de bancário-banqueiro. Juntos criaram uma linha especial de crédito que resolveu o grave problema da poluição de Cubatão.[72] Logo em seguida, porém, Nakano voltou a trabalhar comigo na Secretaria de Governo e depois na Secretaria de Ciência e Tecnologia de São Paulo. Foi na Secretaria de Governo que nós fizemos um projeto de lei criando a carreira de gestor público no estado de São Paulo. Nós mandamos o projeto para a Assembleia, mas o governo já estava terminando. A votação foi depois da vitória de Orestes Quércia e a lei não foi aprovada.

Depois o senhor vai ser ministro da Fazenda e ele será seu secretário de Política Econômica.

Isso, fomos juntos para o Ministério da Fazenda. Era uma dupla imbatível... Eu era sempre o chefe, mas que eu soubesse não havia queixas; eu gostava muito de trabalhar com ele, ele me ajudava muito, eu o ajudava. Uma bela parceria. De volta a São Paulo eu crio um pequeno centro de estudos, o Centro Sul-Norte. Chamei o Nakano e a Vera Thorstensen. Os dois juntos fizeram uma pesquisa sobre as relações econômicas internacionais do Brasil, assunto no qual a maravilhosa Vera, também minha ex-aluna, era grande especialista. Nós dois continuamos a trabalhar juntos. Escrevemos então o artigo prevendo o fracasso do Plano Collor um mês depois de ele ter sido lançado. Conto essa história e a nossa viagem a Washington também adiante.

Eis que em 1995 o senhor vira ministro da Administração Pública e Reforma do Estado, mas Nakano não vai trabalhar com o senhor, e sim com Mário Covas.

Estudando Marx 113

O Mário Covas estava eleito governador de São Paulo e ele ia provavelmente me chamar para ser secretário da Fazenda. Ainda que não tivesse um convite do Fernando Henrique, antes que o Mário me convidasse eu fui visitá-lo e disse: "Mário, eu sei que você está pensando em mim, mas eu estou querendo trabalhar no governo federal, com o Fernando Henrique, e quero sugerir que você escolha o Yoshiaki Nakano para ser seu secretário da Fazenda". Ele não conhecia o Nakano. Eu expliquei quem era. Ele perguntou: "E você garante que ele será um bom secretário?". Eu disse que sim, que garantia. Dois dias depois o Covas o chamou. Nakano foi um notável secretário da Fazenda.

O senhor costuma dizer que usa um conceito de liderança. Que conceito é esse? Aprendeu-o na FGV?

Foi na FGV, ainda antes de viajar para os Estados Unidos, que eu aprendi o conceito de liderança, que depois seria fundamental para mim nos cargos que exerci na EAESP-FGV, no Pão de Açúcar e nas diversas posições que ocupei no setor público. O líder existe para atender às necessidades dos seus liderados. Eu aprendi isso com o professor Frost, um professor de Psicologia Social que fazia parte da missão da Michigan State University na EAESP em 1959.[73] Líder é aquela pessoa que tem os meios para atender às necessidades dos seus liderados. O líder está a serviço dos seus liderados, senão ele não será um verdadeiro líder. Experimentei esse ensinamento pouco depois. Eu e Ary Bouzan fundamos o Departamento de Economia da EAESP-FGV em 1970, e por muitos anos fui o seu líder informal. No início fui eleito chefe, mas depois estabeleci uma regra democrática: a partir daquela data a chefia de departamento seria ocupada em rodízio pelos professores associados e titulares. Eu poderia ter querido me eternizar no poder, mas para quê? Meus colegas me aceitavam como líder porque eu estava muito empenhado em desenvolver o departamento. Na Escola minha liderança entre os economistas sempre foi uma coisa muito prazerosa, mas só exerci o cargo de chefe do departamento durante dois anos. Assim construímos um belo Departamento de Economia, que não era apenas ortodoxo, como o da FGV no Rio de Janeiro, nem apenas desenvolvimentista, como era o Instituto de Economia da Unicamp. Ensinávamos microeconomia neoclássica, macroeconomia keynesiana e economia brasileira desenvolvimentista. No Pão de Açúcar eu montei uma equipe muito boa, de pessoas que gostavam de trabalhar comigo. O mesmo aconteceu no Banespa, na Casa Civil do governo Montoro, nos ministérios que dirigi.

E mesmo no Ministério da Fazenda, o Chico Lopes num artigo menciona um ambiente de livre pensar; ele ficava sempre à vontade para poder pensar, não era algo autoritário.

Sim, o importante era que todos pensássemos juntos. Um comportamento que repeti no Ministério da Administração Federal e Reforma do Estado, o MARE, onde formei uma belíssima equipe. Eu provavelmente achei tão bom esse conceito de liderança porque ele é consistente com a minha escolha de vida principal. Com o fato de que eu não defini o poder como um objetivo principal meu. O poder só faz sentido se for para atender às demandas ou aos interesses dos liderados. O poder do político ou do administrador apenas se justifica se ele resulta do serviço bem-feito, voltado para o bem comum.

Como arranja tempo?

Como arranja tempo para ter produção tão diferente uma da outra? Como é sua rotina?

Essa é uma pergunta que me fazem com muita frequência. São duas questões — uma é a variedade das coisas que escrevo, a outra, a quantidade. A explicação para a primeira questão está no fato de que eu, a partir de Marx, vejo todas as ciências sociais como uma coisa só. Daí minha "interdisciplinaridade". A resposta à segunda questão talvez seja que sou muito disciplinado. Eu não tenho rotina, não tem a hora que eu estudo e escrevo. Procuro apenas não dormir tarde. Fora disso, eu não paro de trabalhar. Trabalho de manhã, de tarde e de noite, sempre que há espaço para isso, sem prejuízo, é claro, da minha natação, do meu cinema e da minha família.

O que Vera Cecília acha disso?

Como o trabalho me diverte, como eu faço o trabalho que quero fazer, minha mulher reclama um pouco, mas ela é essencialmente solidária. Vera Cecília sabe como é importante para mim o trabalho acadêmico. Não tenho rotina, mas estou sempre organizando o meu tempo. Tenho uma capacidade de "ajustamento" muito grande. Existe especialmente na indústria automobilística uma coisa chamada "ajustamento da linha de montagem". A empresa está com uma linha para montar uma coisa xis, mas em seguida precisa reajustar a fábrica para fazer outra coisa. Uma das grandes inovações da Toyota foi reduzir esse tempo de ajustamento muito fortemente. Eu costumo dizer que tenho uma rapidez de ajustamento muito grande, sou capaz de sair de uma coisa para outra com relativa facilidade. Essa capacidade deve estar relacionada com o modo como vejo as ciências sociais como um todo: não consigo ver só a economia, só a política, só a sociologia. Isso, então, me facilita transitar de uma coisa para a outra.

O senhor transita entre os diversos cômodos de uma mesma casa nas ciências sociais...

Essa é uma boa metáfora. Para mim não faz sentido ser só economista. Aprendi com Marx a ver a sociedade como uma totalidade. Que tem um aspecto econômico, outro social, e outro político. Mas é a mesma sociedade que precisamos entender como um todo. Um todo histórico, dinâmico e contraditório. Que precisamos estudar nos valendo da dialética. Não adianta tentarmos pensar apenas logicamente, em termos de causa e efeito; temos que conviver com a contradição.

O senhor escreve muito na Folha de S. Paulo?

Escrevo na *Folha* e no *Valor Econômico*, principalmente na *Folha*. Nos anos 1970 eu comecei a me tornar um economista conhecido. Eu comecei a escrever artigos para a página 3 da *Folha* a partir de 1974. Algum tempo depois o grande Octavio Frias pai — que depois ficou muito amigo meu — convidou-me e também Fernando Henrique Cardoso, José Carlos Dias e Severo Gomes para publicarmos um artigo semanal na *Folha*, na segunda página, na coluna de São Paulo, só com nossas assinaturas, como se fossem editoriais.[74] Como intelectuais progressistas da época nós nos identificávamos muito com a *Folha* naquele período. A *Folha* teve um papel importante na luta contra a ditadura militar. E um papel importante na minha vida porque nele publiquei uma infinidade de artigos. E ainda publico, mas não sou mais colunista. Como aconteceu com meu tio Barbosa Lima e o *Jornal do Brasil*, eu pensei que seria colunista da *Folha* toda a vida. Mas não é essa a lógica da *Folha*.

Publicando em inglês

Em 1984 foi publicada nos Estados Unidos uma edição atualizada de Desenvolvimento e crise no Brasil. *Em 1987, seu livro* Inflação e recessão *saiu nos EUA com o título* The Theory of Inertial Inflation.

Pois é, eu havia escrito em inglês meu primeiro *paper*. Havia estudado nos Estados Unidos em 1960 e 1961, e mais brevemente na França em 1966, por quatro meses. Mas eu não escrevi mais em inglês. Eu me escondi no Brasil e na língua portuguesa. Foi no começo dos anos 1980 que isso mudou — que eu comecei a participar da vida intelectual mundial escrevendo e publicando em inglês.

Meu grande amigo canadense, Philippe Faucher, cientista político da Universidade de Montreal, me convidou para participar de uma conferência, não na sua universidade, mas na McGill University, onde ensinava seu amigo Thomas Bruneau. Foi minha primeira participação em uma conferência internacional. Então Philippe me sugeriu que participasse das grandes conferências da LASA (Latin American Studies Association). Um outro ótimo amigo, o cientista político americano Ben Ross Schneider, fez a mesma sugestão. Foram ótimas sugestões. Creio que a primeira LASA da qual participei foi em 1980.

Conheci então Lynne Rienner, que é minha editora até hoje, e uma ótima amiga. Naquele momento ela era uma jovem que trabalhava na Westview Press, em Boulder. Era uma jovem cheia de força e publicou sem hesitar meu livro. Um pouco depois o proprietário da empresa, Praeger, viu que a moça estava ganhando autonomia. Ela não teve dúvida, criou a sua própria editora, a Lynne Rienner Publishers, que hoje é uma ótima empresa editora. Creio que bem maior do que a Westview. Ela publicou em 2017 meu mais importante livro sobre o Brasil, *A construção política do Brasil*, cuja primeira edição em português foi em 2014.

Depois daquelas duas conferências fui a diversas outras conferências de cientistas políticos ainda nos anos 1980. Foi quando conheci cientistas políticos importantes como Philippe Schmitter, Laurence Whitehead e Guillermo O'Donnell, que coordenaram a grande pesquisa sobre as transições democráticas. Participei também de reuniões de economistas políticos que estavam interessados nos problemas políticos que surgiam com as reformas neoliberais que o governo americano decidiu então impor aos países em desenvolvimento. Não se usava essa expressão "reformas neoliberais", mas reformas orientadas para o mercado. Conheci então Barbara Stallings, Robert Kaufman, Stephen Haggard e Joan Nelson, que era uma espécie de sacerdotisa das reformas. Entre os sociólogos americanos eu só conhecia o notável Peter Evans, que fizera sua tese de doutorado sobre o Brasil.

No início dos anos 1990 comecei a participar das reuniões dos economistas pós-keynesianos em Knoxville, no Tennessee. Eram organizadas pelo grande Paul Davidson e sua encantadora mulher, Louise Davidson. Foi lá que conheci Jan Kregel, Hyman Minsky, Thomas Palley, Philip Arestis, Malcolm Sawyer, Marc Lavoie. Este último era então bem jovem. Nesta época tive também um breve encontro com Joseph Stiglitz e outro com Lawrence Summers, um economista incrivelmente arrogante, ambos por causa das minhas relações com o Banco Mundial quando fui ministro da Fazenda. E Jeffrey Sachs, de quem eu fora muito próximo em 1987, quando ele me ajudou a pensar o problema da crise da dívida externa, e de quem continuei amigo.

9

Em que o senhor acredita?

Como o senhor se vê?

O senhor sempre esteve envolvido com muita gente, desde muito cedo demonstrou ambição de estar associado a vários grupos e a circular em diferentes carreiras, não ficando preso a uma cadeira. Como o senhor se entende? Economista, cientista social?

Sou um economista, mais do que isso, um economista político, porque estudei muito teoria social e teoria política. São vários os papéis, mas a atividade intelectual é uma só. Nela o que interessa é a verdade, é estar comprometido com ela e com valores básicos que se resumem no bem comum. Eu sei que a verdade nas ciências sociais é fugidia, que felizmente os seres humanos são relativamente imprevisíveis, porque livres, mas o cientista social está tentando desenvolver análises e construir teorias que nos ajudem a compreender realmente o que está acontecendo, e que, em seguida, permitam que intervenhamos nessa realidade. E para isso o cientista social precisa se envolver com as pessoas. Não se faz ciência sozinho, nem se luta pela justiça sozinho. Você tem que discutir com as pessoas, aprender com elas, trocar opiniões para ir construindo as ideias. Sou um intelectual com um compromisso, a verdade, e com uma missão, o desenvolvimento do Brasil. Um intelectual público que não tem medo de "sujar as mãos" na política.

Uma coisa que eu aprendi com John Kenneth Galbraith foi o seguinte: se um cientista social quer ser respeitado na sua sociedade, ele não pode ser um crítico absolutamente radical dela, mas deve ser um crítico. Se ele só souber fazer "oba-oba", acaba sendo desprezado. Os defensores do *establishment* no Brasil hoje, os liberais associados aos interesses dos rentistas e financistas, podem ter um certo prestígio; são convidados para muitas coisas, conseguirão publicar facilmente nos jornais, mas afinal eles serão meros "puxa-sacos" e não ficará memória deles. O fato de eu ter me associado ao pessoal da PUC-RJ para desenvolver a teoria da inflação inercial significa que aprendi coisas com eles. O fato de ter muitos amigos marxistas me ajudou a compreender Marx e o mundo social. O que aprendi, eu citei; não deixo de citar o que deve ser citado. Mas a ideia fundamental é essa: o que você está buscando com o seu trabalho é a verdade.

O que é fundamental para um intelectual?

O fundamental para um intelectual é que ele se identifique com a sua nação, com o seu povo, mas que essa identificação seja crítica. A condição fundamental é a de sua solidariedade para com a sociedade brasileira. Isso implica um elemento nacionalista, implica sua identificação com a nação brasileira, com seu povo pobre e mestiço, e com a parcela republicana de suas elites. Porque nas classes médias há sempre pessoas com espírito republicano, que estão dispostas a adotar posições políticas que entendem atender ao interesse público mesmo que elas conflitem com seus interesses pessoais. Uma sociedade será tanto melhor quanto tiver mais pessoas com esta qualidade.

Como brasileiro eu devo, antes de mais nada, me solidarizar com a sociedade brasileira. Claro que sou solidário com o povo de todos os países, mas o capitalismo é uma grande competição entre Estados-nação e eu não posso ignorar esse fato. Preciso também ter muito claro para mim que quando ocupo cargos públicos eu sou um servidor — um servidor do interesse público. A alternativa é a busca do poder pelo poder. Ela é corrupta. Eu exerci funções de poder — no Pão de Açúcar, na FGV, no Governo do Estado de São Paulo, em três ministérios, e sei que o poder corrompe.

Um desenvolvimentista social-democrático?

Nós vamos percorrer toda a sua obra, que é grande e longa. Nesses muitos anos sua identificação teórica e sua visão ideológica devem ter mudado. Seria possível fazer agora um resumo, que ajude os nossos leitores, começando pelas ideologias? No que o senhor acredita?

No plano ideológico eu me defino como um desenvolvimentista social-democrático; no plano moral, como um republicano. Desde que comecei a me interessar por política, em torno dos doze anos, eu fui um progressista que preferia ler o *Diário de S. Paulo* ao invés do conservador *O Estado de S. Paulo*. Aos dezesseis anos eu descobri a Ação Católica e me tornei um progressista católico, defensor do bem comum, crítico do capitalismo e do socialismo. Defensor de uma terceira via comunitária na linha de Jacques Maritain, Emmanuel Mounier e o segundo Alceu Amoroso Lima (o primeiro, dos anos 1930, foi conservador). Aos vinte anos eu descobri o ISEB e me tornei um nacionalista econômico ou um desenvolvimentista e, um pouco mais tarde, também um social-democrata — isso em uma época em que os marxistas condenavam a social-democracia por ser "reformista" ao invés de revolucionária. Nos anos 1970 eu li muito Marx, não me tornei um marxista mas caminhei mais para a esquerda.

Em 1980, quando foi fundado o Partido dos Trabalhadores, Eduardo Suplicy saiu do MDB, foi para o PT, e me perguntou se eu não queria fazer o mesmo. Eu me senti muito tentado, mas não o fiz não porque minhas ideias conflitassem com as do novo partido, mas porque a minha condição profissional (diretor do Pão de Açúcar) me pareceu incompatível com a inscrição no PT. Já era difícil explicar como combinava meu trabalho na empresa com minhas ideias políticas, e combiná-lo com as ideias de um partido no qual a ideia da revolução socialista no curto prazo era ainda dominante me pareceu impossível.

Nos anos 1990, especialmente quando participei do governo Fernando Henrique Cardoso, eu continuei um desenvolvimentista, mas tentei um acordo com o liberalismo político: a hipótese de um liberalismo social e de uma terceira via. Foi um erro: a Terceira Via afinal se revelou muito mais próxima do liberalismo econômico do que do desenvolvimentismo e da social-democracia.

Nos anos 2000, porém, agora no quadro de um grande sistema teórico em construção, o Novo Desenvolvimentismo, meu nacionalismo econômico foi reforçado, minha crítica do liberalismo econômico se aprofundou, e passei pela primeira vez a criticar mais consistentemente o liberalismo político. A humanidade deve ao liberalismo político do século XIX um grande progresso: a definição e afirmação dos direitos civis — o direito à liberdade, à vida, ao respeito, a ser julgado segundo a lei, ter quem o defenda perante a justiça, e esta ser imparcial. Jamais devemos perder de vista esse fato. Mas o liberalismo é individualista e as consequências do individualismo para a sociedade são terríveis, porque o individualismo contradiz o respeito ao outro, ataca o princípio da solidariedade e destrói a sociedade. Uma sociedade só é boa se for relativamente coesa. Para isso é necessário que as diversas formas de racismo sejam condenadas; por isso é preciso que as identidades étnicas sejam respeitadas; por isso é preciso que a distribuição de renda não seja escandalosamente desigual e todos sintam que estão se beneficiando do desenvolvimento econômico; por isso é preciso que haja um mínimo de solidariedade e de republicanismo nessa sociedade que desejamos para viver. Ora, o individualismo liberal é o oposto da solidariedade e da prioridade do bem comum sobre o bem individual. O estado de natureza de Hobbes era a

Em que o senhor acredita?

guerra de todos contra todos, o neoliberalismo é a competição de todos contra todos. Hoje, dado o valor intrínseco da natureza e a ameaça do aquecimento global, surgiu uma nova ideologia — o ambientalismo. Naturalmente sou também ambientalista. Meu entendimento é que o progresso ou desenvolvimento humano é o processo através do qual uma sociedade se aproxima dos cinco valores políticos fundamentais que as sociedades modernas definiram para si mesmas: a ordem pública, o bem-estar econômico, a liberdade individual, a justiça social e a proteção do ambiente. Procuro assim combinar as correspondentes ideologias, o desenvolvimentismo, o liberalismo, o socialismo, o ambientalismo, e, naturalmente, o republicanismo.

O senhor tem tido posições muito críticas ao liberalismo econômico.
É verdade. Para mim há três formas de organização econômica do capitalismo: o liberalismo econômico, o desenvolvimentismo e o estatismo, mas entre elas apenas o desenvolvimentismo ou o nacionalismo econômico é capaz de garantir aos povos que se formem como nação, construam seus Estados-nação, e se desenvolvam, primeiro no plano econômico, mas quase ao mesmo tempo no plano social e político. O liberalismo econômico nasceu progressista na Inglaterra e na França, mas há dois séculos é conservador — defende os interesses da burguesia e hoje também dos rentistas e financistas. Sempre foi uma forma ineficiente de organização do capitalismo, caracterizada por baixo crescimento, alta instabilidade financeira e aumento da desigualdade econômica. E o liberalismo político? Ele deu uma grande contribuição para a humanidade quando, no século XVIII, afirmou os direitos civis: o direito à vida, à liberdade, ao respeito à propriedade, a não ser torturado, a só poder ser julgado e condenado de acordo com a lei preexistente. Dessa maneira o liberalismo político foi crítico do conservadorismo, que estava apoiado no arbítrio e no privilégio. Mas quando o conservadorismo se curvou ao liberalismo político, este tendeu a se tornar conservador, entendido o conservadorismo como a prioridade da ordem sobre a justiça. A ordem pública é um bem maior, mas enquanto o conservador prioriza sempre a ordem, o progressista ou de esquerda está disposto a arriscar a ordem em nome da justiça. O grande problema do liberalismo político é sua tendência a subordinar a sociedade ao indivíduo, é afirmar que o Estado-nação só existe para defender os interesses dos indivíduos, é afirmar que a liberdade é o direito de o indivíduo fazer o que bem entender desde que seja de acordo com a lei. Esse liberalismo individualista não é simplesmente conservador; ele tira das nações sua maior qualidade — a de serem coesas na defesa das leis e dos valores comuns.

A crítica ao individualismo liberal está associada ao socialismo. Entendido o socialismo como ideologia, sou naturalmente socialista, e posso imaginar uma sociedade no futuro no qual a autogestão seja dominante. Em 1981, depois de uma visita à Polônia, escrevi um ensaio sobre a revolução autogestionária nesse país.[75] Foi assim que começou a revolução do *Solidarnosc*, que acabou derrotando o estatismo comunista. Mas não acredito na possibilidade de uma revolução socialista, e não vejo como seja possível uma sociedade que seja coordenada no plano econômico apenas pelo Estado; isso é o estatismo, que é tão absurdo e ineficiente quanto é o liberalismo econômico radical que os neoliberais defendem, mas evidentemente nunca logram alcançar.

Quando eu analiso a história do capitalismo, para mim estão claras duas coisas. Primeiro, que seu desenvolvimento, seu dinamismo, resulta da combinação dialética entre uma estratégia desenvolvimentista e um mercado vivo e competitivo; essa relação definiu todos os períodos em que um país experimentou um grande desenvolvimento econômico. Segundo, que o momento político mais alto alcançado pela humanidade aconteceu na Europa social-democrática dos Anos Dourados do Capitalismo. E estou convencido de que isso foi possível porque o capitalismo europeu foi moderado ou domado pelo socialismo, pelos sindicatos de trabalhadores e pelos partidos socialistas. Já os Estados Unidos nunca chegaram ao nível civilizacional da Europa Ocidental, a social-democracia e o socialismo não chegaram a ter uma influência importante nesse país. Mas os americanos também tiveram uma ideologia que moderou o individualismo liberal: o republicanismo. Tanto o socialismo quanto o republicanismo rejeitam a tese de que o ser humano é um indivíduo "racional", ou seja, é uma pessoa que busca, em todas as situações, atender a seus interesses pessoais. O socialismo supõe dialeticamente que os homens e as mulheres são ao mesmo tempo egoístas e solidários; o republicanismo, que são ao mesmo tempo individualistas e dotados de virtudes cívicas.

CINCO IDEOLOGIAS

Quais são as ideologias que o senhor hoje vê como mais relevantes no capitalismo?

Eu geralmente distingo cinco grandes ideologias no capitalismo: em primeiro lugar, o nacionalismo econômico e o liberalismo, que são ideologias que se constituíram com a formação do Estados-nação e são próprias do ca-

Em que o senhor acredita?

123

pitalismo; em seguida, na segunda metade do século XIX, surgiu o socialismo, a ideologia da solidariedade e da crítica da desigualdade; e na primeira metade do século XX, o gerencialismo ou eficientismo, a ideologia da tecnoburocracia. E dou muita importância a uma quinta ideologia, o republicanismo, que é anterior a todas elas, tendo sua origem nas repúblicas grega e romana.

As duas ideologias burguesas são o nacionalismo econômico ou desenvolvimentismo e o liberalismo econômico. O liberalismo é a ideologia da liberdade individual e da liberdade de empreender no mercado; é tanto político quanto econômico. O nacionalismo, por sua vez, é a ideologia da formação do Estado-nação e do desenvolvimento econômico. Deve ser distinguido do nacionalismo étnico ou da xenofobia, que facilmente deriva para o genocídio e para a guerra. A xenofobia é um mal; ela pode exprimir o que há de pior no ser humano: a violência, o ódio, o autoritarismo. Já o nacionalismo econômico é praticamente sinônimo de desenvolvimentismo, é uma ideologia anti-imperialista; é uma necessidade ou uma condição para que um povo se transforme em um verdadeiro Estado-nação e possa se desenvolver. O capitalismo não se caracteriza apenas pela competição entre as empresas, mas também entre os países. Uma competição implacável que, quando presente nos países mais ricos e poderosos, implica imperialismo. O presidente John Kennedy, por exemplo, é geralmente citado como um democrata progressista, mas apoiou a invasão de Cuba e iniciou a Guerra do Vietnã. Um país só se desenvolverá se tiver um projeto nacional de desenvolvimento — um projeto de competição. O liberalismo econômico é a ideologia do mercado; é uma ideologia que está certa quando afirma que o mercado é uma instituição insuperável para coordenar sistemas econômicos *competitivos*; é uma imensa e perigosa tolice quando se radicaliza e pensa que pode excluir o Estado da coordenação econômica, transformando-se, assim, em neoliberalismo. Já o liberalismo político representou uma contribuição histórica para a humanidade quando afirmou os direitos civis e o estado de direito; transforma-se, porém, em um grande equívoco quando se perde no individualismo radical dos nossos dias, que nega a solidariedade e impede que a sociedade alcance aquele mínimo de coesão necessário para se tornar uma boa sociedade, e nos países em desenvolvimento resulta em dependência, em subordinação consentida ao Norte. Radicalizados, tanto o liberalismo econômico como o político se transformam no neoliberalismo — a grave doença que atingiu o capitalismo a partir dos anos 1980. Os liberais no passado e os neoliberais hoje são críticos do nacionalismo, e, nos países em desenvolvimento adotam uma atitude dependente ou colonialista, enfraquecendo, assim, sua capacidade de competição. Em um trabalho anterior eu afirmei que os liberais não prejudicavam a capacidade de competição de seus próprios países porque, ao contrário do que acontece com frequência nos países em desenvolvimento, seus próprios governos estão conscientes de que seu dever maior é defender o capital e o trabalho nacionais. Não obstante, o neoliberalismo foi desastroso para os países ricos tanto em termos econômicos quanto sociais. A Crise Financeira Global de 2008 assinalou o fracasso do liberalismo econômico e criou condições para o surgimento de uma crítica a ele pelo lado conservador. Uma crítica de uma direita populista cujo representante paradigmático é Donald Trump. Ele se declara nacionalista, "America First", mas é apenas um imperialista que resolveu romper a aliança dos Estados Unidos com os demais países ricos. Esta crítica deveria ter vindo de uma centro-esquerda novo-desenvolvimentista, mas, apesar das duas tentativas de Bernie Sanders de ser candidato à Presidência dos Estados Unidos com uma proposta socialista democrática, a nova narrativa e a nova teoria econômica necessárias para dar apoio a essa alternativa ainda não estão satisfatoriamente definidas.

A terceira ideologia é o socialismo. É a mais utópica das ideologias, se pensarmos que seu objetivo único é implantar o socialismo. Se, entretanto, pensarmos no socialismo como a ideologia da solidariedade e da diminuição das desigualdades, então ela passa a ser realista, porque todos os grandes avanços que o Estado de bem-estar social proporcionou foram conquistas do socialismo. Eu sempre me lembro, quando falo sobre isso, de uma entrevista de Antonio Candido ao jornal *Brasil de Fato* em 2011, quando ele já tinha 93 anos.[76] O grande crítico literário brasileiro, que foi sempre um socialista, afirmou então que considerava o socialismo vitorioso, triunfante mesmo, porque a face humana que o capitalismo tem deve-se apenas a esse socialismo.

A quarta ideologia nasceu com a emergência da classe tecnoburocrática no século XX. O eficientismo ou meritocratismo é a ideologia das grandes empresas e dos administradores profissionais privados e públicos, para os quais a eficiência é resultado de sua competência técnica. É também a ideologia dos economistas, mas para eles a eficiência é resultado da alocação correta dos fatores de produção e do aumento do investimento e do progresso técnico. Como ideologia, pretende ser um critério superior ao critério científico da verdade e o critério moral da justiça. É uma ideologia hoje espalhada em todo o mundo, já que o capitalismo em que vivemos é um capitalismo tecnoburocrático no qual há duas classes dominantes — a classe tecnoburocrática e a classe capitalista. É a ideologia do mérito, que premia o trabalho árduo e a capacidade de inovar, mas legitima perversamente as desigualdades. Legitima o papel do administrador e do técnico profissional, o que é uma boa coisa desde que seu poder se limite às organizações burocráticas públicas e privadas. Em outras palavras, desde que não se contradiga com a democracia. O eficientismo se expressa principalmente na identificação espúria da justiça social com a igualdade de oportunidades. O eficientismo tem sido usado amplamente pelos economistas liberais para justificar que as agências burocráticas do Estado, como os bancos centrais e as agências reguladoras, saiam do controle dos políticos eleitos e sejam entregues a técnicos que se supõem serem neutros.

O eficientismo é a ideologia da meritocracia na medida em que a eficiência é explicada pelo fato de que os administradores são escolhidos por seu mérito. É uma ideologia tecnoburocrática, mas o capitalismo também a disputa quando pretende afirmar que os empresários bem-sucedidos são aqueles que têm mérito, que "se fizeram por conta própria", que se beneficiaram da igualdade de oportunidades. Mas mesmo nas social-democracias mais avançadas da Europa, nas quais o ensino é gratuito até a universidade, essa igualdade de oportunidades não existe. Os filhos de famílias ricas têm muito mais oportunidades de avançar e de se tornar empresários do que os filhos das famílias pobres. A tese é menos absurda quando se considera apenas os níveis de educação dos pais que não são ricos mas fazem parte da alta classe média gerencial. Mas mesmo aí é uma ideologia que não se sustenta. Quando tivermos realmente igualdade de oportunidades em uma sociedade, esta sociedade será socialista. Mas mesmo nesse caso hipotético é preciso lembrar que as diferenças de renda em uma sociedade realmente socialista devem variar pouco em relação ao nível de educação ou de competência técnica das pessoas.

Finalmente, incluo na minha lista de ideologias relevantes o republicanismo, não porque seja partilhado por muitos, mas porque é uma ideologia essencial para que tenhamos uma boa sociedade. O republicanismo é a ideologia das virtudes cívicas. Enquanto o liberalismo é a ideologia dos direitos, o republicanismo é a ideologia das obrigações do cidadão para com sua sociedade e seu país.

Como foi a sua descoberta do republicanismo?
Minha crítica ao liberalismo político enquanto ideologia que celebra o individualismo ganhou força quando descobri o republicanismo. Primeiro, ainda no MARE, quando eu dei muita importância ao *ethos* do serviço público que caracteriza os melhores servidores públicos. Foi também quan-

do li Newton Bignotto, notável pesquisador do republicanismo na Universidade Federal de Minas Gerais e fiquei amigo de Lívia Barbosa, antropóloga da Universidade Federal do Rio de Janeiro, com suas ideias sobre a meritocracia. Ainda no MARE, foi importante o convite do meu amigo Manoel Gonçalves Ferreira Filho para fazer duas conferências na Faculdade de Direito de São Paulo em 1996 e em 1997. Elas me levaram a escrever o meu principal trabalho de filosofia política e abriram o meu interesse pelo republicanismo.

A primeira parte dos anos 1990 foram meus anos liberais... Na minha experiência iniciando a Reforma Gerencial do Estado de 1995 eu me voltei para o republicanismo. E aproveitei as minhas duas estadas em Oxford, no início dos anos 2000, para aprofundar meus conhecimentos nessa área. Leio, então, os trabalhos de Quentin Skinner, J. G. A. Pocock, Charles Taylor, Michael Walzer e principalmente o livro *Republicanismo* de Philip Pettit (2001), que é um livro muito claro. O republicanismo é uma ideologia de origem aristocrática. Vem de Aristóteles e de Cícero, o grande senador da República Romana, de São Tomás e da teoria social da Igreja Católica a partir de Leão XIII. Vem dos humanistas dos séculos XIV e XV das repúblicas do Norte da Itália e de Maquiavel. São, todavia, duas ideologias que contradizem uma à outra, especialmente com relação ao conceito de liberdade. Para o liberal, ou os "modernos", a liberdade é o direito que uma pessoa tem de fazer tudo que bem entender desde que não seja contra a lei, enquanto para os republicanos, os "antigos", a pessoa só será livre se ela for capaz de defender o bem público mesmo que esta defesa importe prejuízo pessoal. O liberalismo pressupõe o homem meramente egoísta, o republicanismo demanda virtudes cívicas dos cidadãos. O republicanismo chegou à Inglaterra no século XVII com James Harrington e à França com Montesquieu, já algo misturado com o liberalismo que nasce no fim desse século. Ele foi muito influente nos Estados Unidos desde os "Founding Fathers", como Pocock mostrou de forma definitiva em 1975.[77] Eu estou convencido de que os valores republicanos — essencialmente a prioridade do interesse público em relação ao interesse individual, da sociedade *vis-à-vis* o indivíduo — foram importantes para moderar o individualismo liberal. A partir dos anos 1970, com a virada neoliberal e o abandono da tributação progressiva criada por Franklin Delano Roosevelt, o republicanismo perdeu força nos Estados Unidos, o civismo ficou limitado a uma minoria, enquanto um individualismo selvagem dominava por inteiro a sociedade norte-americana. A polarização da sociedade e a decadência moral que ocorreram desde então foram impressionantes; foram fruto do neoliberalismo individualista que dominou os Es-

Em que o senhor acredita?

tados Unidos desde 1980, mas que desde 2008 está em crise. Eu discuti o republicanismo principalmente no meu livro *Construindo o Estado republicano* (2004), no qual defini o conceito. Eu já havia anteriormente definido os "direitos republicanos" — o direito que os cidadãos têm de que o patrimônio público não seja capturado legalmente por indivíduos espertos ou poderosos. Defini, então, Estado republicano como Estado capaz, especificamente como o Estado capaz de se defender contra aqueles que querem "privatizá-lo", que praticam o *rent seeking* — a busca de rendas.[78]

Foi para mim importante também a leitura de um belo texto de Alfred Stepan sobre as teorias de Estado.[79] Ele foi um notável cientista político anglo-americano, e foi o único cientistas político que leu e citou meu livro, *O colapso de uma aliança de classes*, o primeiro livro de que tenho conhecimento que, em 1978, analisou e antecipou a transição democrática que ocorreria no Brasil no início de 1985. Nesse ensaio, Stepan distinguiu três teorias de Estado: a liberal pluralista, a marxista e a "orgânico-estatista", e se concentrou nesta última, que tinha a sua não declarada preferência. O que era ela? Era a versão católica, tomista e das encíclicas sociais, do republicanismo, que ao invés de falar em interesse público, falava em bem comum. Eu fiquei fascinado com a história, porque eu assim reconciliei o que havia aprendido na juventude, na JUC, com os frades dominicanos e com Jacques Maritain, o que eu havia recentemente aprendido sobre o republicanismo. Mas, naturalmente, não voltei ao catolicismo, que faz parte da minha história, não das minhas crenças.

Poderíamos pensar em um liberalismo cívico ou republicano? Dessa forma estaríamos reafirmando o valor do liberalismo político como afirmação dos direitos civis ou das liberdades e, ao mesmo tempo, rejeitando seu individualismo. Existiria neste caso uma relação dialética entre a sociedade e o indivíduo na qual cidadãos com espírito cívico são capazes de dar preferência ao interesse público em relação a seu interesse privado. Um Estado-nação só é forte e, nos nossos dias, democrático, quando conta com um número razoável de cidadãos e políticos republicanos.

O senhor poderia dar algum exemplo de como o republicanismo modera o individualismo?

Dou dois exemplos que eu, de certa forma, vivi, um deles relativo aos Estados Unidos, o outro, ao Brasil. Dois exemplos que mostram como o enfraquecimento do espírito republicano é mortal para uma nação. Nos anos 1960 estudei nos Estados Unidos, que eram então vistos como o país não apenas mais rico e mais poderoso do mundo, mas também como o mais democrático, como um exemplo para todos. Fiquei muito impressionado com a coesão social da sociedade americana. Assisti ao famoso debate na televisão na campanha presidencial entre John Kennedy e Richard Nixon. Os dois concordaram em tudo. No final ficou a impressão de que Kennedy tinha sido vitorioso não devido a uma opinião diferente, mas ao fato de que na resposta a uma determinada pergunta, Nixon deixou transparecer certa hesitação. Hoje os Estados Unidos são um país profundamente dividido, e em todos os "rankings" sociais de países ricos eles estão sempre em último ou penúltimo lugar em praticamente todos os itens. Como explicar essa profunda decadência moral dos Estados Unidos? A meu ver a principal causa foi a sua virada neoliberal em 1980. A virada não significou apenas liberalizar e desregulamentar todos os mercados e tirar o caráter progressivo do sistema tributário americano, significou também o abandono do republicanismo, que era significativo na sociedade americana, e a adoção de um liberalismo individualista radical.

O Brasil nunca foi uma sociedade coesa, mas nos anos 1980 ela se uniu de maneira notável na sua luta pelo fim do regime militar de 1964. Celebrou-se, então, um grande pacto democrático popular em torno de três ideias: a democracia, definida pela garantia dos direitos humanos e o sufrágio universal; a diminuição das desigualdades, a ser alcançada pelo aumento dos gastos sociais em educação e saúde; e a retomada do desenvolvimento econômico, através de uma estratégia desenvolvimentista. O primeiro objetivo foi alcançado; em relação ao segundo, houve avanços significativos; apenas em relação ao terceiro não houve progresso. Entretanto, também no Brasil ocorreu em 1990 a virada neoliberal, dez anos mais tarde que nos Estados Unidos e no Reino Unido, e desde então a sociedade brasileira começou a ser dominada pelo liberalismo individualista e a se dividir, até que, em 2013, começasse o que eu chamo de a Grande Crise Brasileira — uma profunda crise política e econômica que tornou a sociedade brasileira uma sociedade dominada pelo ódio e a economia brasileira, uma economia semiestagnada, que perdeu o caminho e a perspectiva do desenvolvimento econômico.

Mas voltemos aos direitos republicanos. Que seriam eles?

Em 1996 escrevi o esboço e no ano seguinte eu já tinha o texto do meu ensaio "Cidadania e *res publica*: a emergência dos direitos republicanos".[80] É um dos *papers* mais importantes que escrevi. É um *paper* de teoria política e de direito. Nele eu propus um quarto tipo histórico de direito de cidadania — os "direitos republicanos". Depois me disseram que na teoria do direito já existiam os direitos difusos. Eu parti do ensaio do grande sociólogo inglês,

Em que o senhor acredita?

T. H. Marshall (1950), no qual ele estudou a emergência dos direitos de cidadania na Inglaterra como conceito e como realidade histórica — primeiro os direitos civis, definidos no século XVIII e afirmados principalmente no século seguinte; depois, os direitos políticos, o direito de votar e ser votado, o sufrágio universal, definidos no século XIX e afirmados na virada do século XIX para o XX; e, finalmente, os direitos sociais, definidos na segunda metade do século XIX e afirmados na segunda metade do século XX.[81] Essa é uma classificação dos direitos que ficou clássica. Gosto muito dela porque adota um critério histórico para analisar um problema que também é de filosofia moral. Eu digo nesse artigo que, no último quartel do século XX, estava sendo definido um quarto tipo de direito, que propus chamar de "direitos republicanos". Primeiro pensei em chamá-los "direitos públicos", mas, em uma conversa com Guillermo O'Donnell, ele sugeriu "direitos republicanos"; eu achei ótima a ideia e a adotei.

O que seriam os "direitos republicanos"?

É uma coisa muito importante. É o direito que cada cidadão tem de que a *res publica*, a coisa ou patrimônio público, seja utilizada para fins públicos. É o direito que os cidadãos têm de impedir que pessoas ou grupos de pessoas poderosas (ou apenas espertas) capturem o patrimônio público — capturem de forma legal, sem ferir a lei. A privatização da *res publica* já está prevista em lei; é uma forma de corrupção, é um crime para o qual existem punições previstas em lei. Por que, então, falar em um quarto tipo de direito de cidadania? Porque há muitas formas de captura do patrimônio público que são legais, que a lei não previu ainda como crime ou infração, e que só no último quartel do século XX começaram a ser denunciadas de maneira cada vez mais forte. O que observei, então, foram progressistas falando na captura do Estado, liberais falando em *rent seeking*, ambientalistas protestando contra as violências praticadas contra a natureza, que constitui um patrimônio maior da sociedade. No Brasil, por exemplo, entre 1992 e 2019 a taxa de juros paga pelo Estado a seus credores, os capitalistas rentistas, foi uma apropriação legal da *res publica*. O mesmo pode ser dito das remunerações e aposentadorias de muitos dos servidores públicos brasileiros. Elas não correspondem a trabalho realizado, jamais seriam auferidas se trabalhassem como assalariados no setor privado. Se você está recebendo do Estado juros muito maiores do que a taxa de juros internacional mais o risco-Brasil, você está capturando o patrimônio público dentro da lei. Se você recebe aposentadorias iguais se não maiores do que sua remuneração enquanto estava ativo, você está também se apropriando injustamente da *res publica*. Você não está sendo republicano, está só pensando nos seus interesses. Quando eu escrevi esse ensaio não sabia ainda o que é o republicanismo. Foi em minha estada em Oxford, em 1999, que eu por fim descobri o que é. Afinal, era uma coisa que eu, de alguma forma, sempre soubera, desde o tempo em que, muito jovem, estudei Aristóteles, São Tomás e a filosofia social da Igreja Católica, para os quais a prioridade da sociedade sobre o Estado e o conceito de bem comum são centrais.

O senhor também teve uma reaproximação com o direito e com a filosofia política ao se interessar pelo republicanismo?

Sim, primeiro eu me reaproximei da filosofia política, após ter saído do Ministério da Fazenda, no final de 1987. Fui então estudar Norberto Bobbio de maneira sistemática. Eu fiquei amigo do José Guilherme Merquior. Eu li o belo livro de Celso Lafer, *A reconstrução dos direitos humanos*.[82] Estas leituras me empurraram para o liberalismo político. Em seguida, me reaproximei do direito, porque esta é uma instituição fundamental nas sociedades capitalistas e porque a filosofia do direito é um ramo da filosofia política. Eu defino o Estado como sistema constitucional-legal e a organização que o garante. O direito é, portanto, um dos dois elementos constituintes do Estado, o outro é o aparelho do Estado. As duas grandes instituições das sociedades modernas são o Estado e o mercado. A teoria do direito e a teoria do Estado são irmãs gêmeas, que, em grande parte, se confundem com a filosofia política. Aos vinte anos, encantado com a sociologia e a economia, eu subestimei o direito. Foi um arroubo de juventude.

Mas as ideologias não refletem interesses conflitivos?

Sem dúvida, as ideologias refletem interesses muitas vezes conflitantes das classes sociais. Há, por exemplo, uma contradição entre o nacionalismo e a solidariedade. Ao contrário do socialismo e do liberalismo, que são ideologias universais, o nacionalismo é uma ideologia nacional. Ela fortalece a solidariedade entre os membros da nação, mas exclui os demais. Se eu fosse um idealista, eu diria que o ideal seria não existirem Estados-nação, mas esse é um equívoco no qual incorreram os socialistas, que foi paradoxalmente retomado pelos neoliberais e seu "estado mínimo" e sua globalização entendida como "mundo no qual não existem mais fronteiras". Os Estados-nação são uma realidade incontornável das sociedades modernas. São sociedades político-territoriais que podem ser grandes ou enormes e não obstante muito integradas. São sociedades nas quais a nação ou a sociedade civil usa o Estado (o sistema constitucional-legal e a organização que o garante) para

Em que o senhor acredita?

realizar seus objetivos políticos. Como existe entre os indivíduos, existe também entre os Estados-nação uma relação dialética de cooperação e conflito. O nacionalismo e os Estados-nação, como o liberalismo, os direitos civis e a defesa do mercado, como o socialismo e a defesa da solidariedade, e o republicanismo ou a defesa das virtudes cívicas, são ideologias necessárias que fazem parte da nossa realidade. São ideologias que podemos usar, criticar e, em certos casos, enfrentar.

Elas são em parte conflitantes, mas menos do que se afirma. Sem o desenvolvimento econômico eu não vejo como uma sociedade pode avançar em termos dos outros objetivos. Eu tenho um *paper* onde discuto essa questão, "Desenvolvimento, progresso e crescimento econômico".[83] A história das nações nos conta que seus cidadãos e seus políticos não precisam, necessariamente, defender apenas os seus interesses. Um dia destes, em uma carta para um amigo, eu, no plano do desenvolvimento econômico, opus o desenvolvimentismo ao liberalismo econômico e, no plano da distribuição, o progressismo (socialismo apenas como ideologia) ao conservadorismo. O desenvolvimentismo pode ser tanto progressista quanto conservador; já o liberalismo só pode ser conservador; um liberalismo econômico desenvolvimentista é impossível. O desenvolvimentismo das revoluções industriais no mercantilismo foi sempre conservador; nos Anos Dourados do Capitalismo, porém, foi progressista.

O senhor, portanto, retoma o nacionalismo.

Eu nunca deixei de ser nacionalista econômico ou um desenvolvimentista, mas devo admitir que nos anos 1990 minha aproximação ao liberalismo enfraqueceu meu nacionalismo. O fracasso do desenvolvimentismo populista do PMDB e do governo Sarney me empurraram para o liberalismo; o fracasso do regime de política econômica liberal de Collor e Fernando Henrique me levaram a voltar para o nacionalismo econômico e ao desenvolvimentismo. Quando eu saí do governo Fernando Henrique, em 1999, eu me voltei para o desenvolvimentismo, mas para um desenvolvimentismo novo que eu comecei então a construir como teoria econômica e como narrativa ideológica. Vou então estudar a macroeconomia pós-keynesiana e o desenvolvimentismo clássico, que serviram de base para a social-democracia da Era Dourada do Capitalismo. Vou estudar, em particular, o nacionalismo econômico e dar aulas sobre o tema. Rejeitando sempre, e firmemente, o nacionalismo étnico, que é perigoso, que descamba facilmente para o genocídio e a guerra. Tenho hoje uma bela biblioteca sobre o nacionalismo. Houve uma florescência de estudos sobre nacionalismo a partir dos anos 1970. Refiro-

-me aos livros de autores como Ernest Gellner, Miroslav Hroch, Benedict Anderson, Anthony D. Smith, Eric Hobsbawm.[84] Recentemente, afinal escrevi um bom *paper* sobre nacionalismo: "Nacionalismo econômico e desenvolvimentismo" (2017).[85]

Eu retomei o nacionalismo, mas sei que há nessa ideologia um problema: ela não defende um valor universal. Quando você defende o socialismo, o liberalismo, o republicanismo, você defende ideias universais e fica sempre bem. Você está sendo generoso para com toda a humanidade. Quando defende o nacionalismo, você defende os interesses desta nação. Esse é um problema, mas é irrealista trabalhar apenas com valores universais. Não há alternativa ao nacionalismo em um mundo no qual sua população e seu território estão organizados em Estados-nação. Sendo assim, se você for minimamente realista, você tem que defender os interesses do seu país. O drama que aparece é que o nacionalismo pode se tornar étnico. O nacionalismo econômico é necessário, o nacionalismo étnico não. As identidades étnicas são um mal por natureza, a não ser que se trate de uma identidade que sofra discriminação, como os negros nas sociedades em que são minoria. Quando uma etnia está sendo perseguida, como, por exemplo, os tamils no Sri Lanka, ela precisa se defender, ela não tem alternativa senão ser "nacionalista".

Mas o senhor gosta de falar do seu pragmatismo. Muita gente acha essa palavra pejorativa.

Para mim não é. O pragmatismo está relacionado para mim com o realismo filosófico de Aristóteles, São Tomás, e com a visão histórica de Marx. Tem também muito a ver com o empirismo inglês. E se realiza na visão pragmática americana de Peirce, James e Dewey. A visão dominante da filosofia foi sempre idealista, desde Platão, mas nunca tive simpatia por ela, nem mesmo no plano moral para o qual ela, sem dúvida, oferece uma contribuição. Em um plano mais geral, ontológico, a verdade não está nas ideias mas nas coisas; no plano das ciências sociais, está nas relações sociais realmente existentes, que, por certo, podem ser confrontadas com as relações sociais desejadas, mas estas não podem nem devem ser definidas de forma idealista, mas pragmática. As ideias são mais belas do que as coisas e as relações entre elas, mas compreenderemos as últimas se formos realistas, históricos (quando se tratar das relações sociais), e pragmáticos — quando buscarmos modestamente a verdade existente nas coisas para que ela oriente a nossa ação. Não devemos ter medo das grandes ideias e dos grandes valores, mas não devemos esquecer o que é prático e possível.

Em que o senhor acredita?

E o problema do desenvolvimento sustentável? A questão do aquecimento global?

Nos últimos cinquenta anos, desde a conferência das Nações Unidas de Estocolmo, em 1972, o mundo se deu conta de um problema ecológico maior: o desenvolvimento econômico está destruindo a natureza e a variedade das espécies de animais. Mais recentemente, quando nós nos demos conta que estava havendo o aquecimento global, o problema tornou-se mais grave: agora se colocava o problema da sobrevivência da humanidade. Ficou claro também que a emissão de gás carbônico e as demais violências contra o patrimônio ambiental estavam associadas ao desenvolvimento econômico — o que é verdade — e daí muitos concluíram que havia um conflito insanável entre desenvolvimento econômico e desenvolvimento sustentável — o desenvolvimento que garante a sobrevivência das futuras gerações. Eu acho que há um grande equívoco em relação a esse problema. O desenvolvimento econômico torna-se realmente inaceitável quando você acompanha os economistas neoclássicos que supõem que os homens só buscam seus interesses, de forma que seria impossível uma estratégia de crescimento econômico combinada com uma estratégia de desenvolvimento sustentável. Mas isso obviamente não é verdade. É possível ter um desenvolvimento econômico que seja também sustentável. Quando, por exemplo, o país investe em energia renovável, ao mesmo tempo que vai desativando as usinas que usam carvão ou petróleo. É claro que há um custo — que o desenvolvimento econômico será menor do que seria se ignorássemos o problema ambiental, como faz o presidente Donald Trump, mas isso é suicídio coletivo. Na verdade, o desenvolvimento econômico bem conduzido ajuda a combater o aquecimento global. Para que a humanidade realize a meta da conferência de Paris de 2017, limitando o aquecimento global até o final do século XXI a 1,5 °C, serão necessários imensos investimentos — algo que só países que se desenvolvem poderão realizar, porque poderão dedicar a esses investimentos parte do excedente econômico que geram.

10

Começando a vida pública com Franco Montoro

O Banespa

O senhor entra para o setor público brasileiro, pela primeira vez, em 1983, com quase cinquenta anos de idade. Como foi essa mudança?

Agora nós chegamos à minha vida pública. Foi uma mudança fundamental na minha vida. Eu já era bem conhecido nessa época pelos artigos que escrevia e pelos livros. O Montoro sai candidato ao governo de São Paulo em 1982.[86] Eu continuava seu amigo, mas longínquo. Eu havia rompido com o Partido Democrata Cristão em 1955 porque o PDC apoiou o candidato liberal da UDN, marechal Juarez Távora, em vez de apoiar Juscelino Kubitschek — o candidato desenvolvimentista que seguiria a política de industrialização iniciada por Vargas. Mas eu mantinha boas relações com ele — um homem dotado de grande espírito público e enorme generosidade. Seu filho, André Montoro Filho, economista da USP um pouco mais moço do que eu, me convidou para fazer parte da equipe que, um ano antes da eleição, pensaria o governo do ponto de vista econômico. Nós trabalhamos ao longo daquele ano todo de 1982 e, no final, o Montoro se elegeu e me chamou para ser presidente do Banespa. Foi meu primeiro cargo público, onde fiquei dois anos; nos dois anos seguintes, fui seu secretário de Governo.

Minha experiência no Banespa foi muito boa. Eu tinha a experiência do Pão de Açúcar, e no plano administrativo eu transformei o Banespa num Pão de Açúcar voltado para captar recursos e servir à sociedade. Eu, afinal, me transformava em um servidor público, em alguém diretamente a serviço da sociedade. Como eu costumava brincar, "eu não precisava mais da mão invisível para trabalhar pelo bem comum".

E pegou o Banespa numa situação difícil, sem nenhuma transparência e com uma relação de enorme promiscuidade com o orçamento do próprio governo.

Apesar da administração enviesada do ex-governador Paulo Maluf, o quadro do Banespa não era tão ruim como você está supondo. O banco tinha um excelente quadro de funcionários, semelhante ao do Banco do Brasil. A grande dificuldade foi o fato de que o banco estava endividado em dólares e o governo estava, então, realizando um grande ajuste fiscal e externo que envolvia o pagamento dos empréstimos realizados. Mas consegui resolver o problema e expandir o Banespa graças ao financiamento dos investidores internos sob a forma de CDBs. O banco não se financiava assim anteriormente. Para dirigir o Banespa eu contei com uma excelente equipe. Além dos funcionários internos, que foram de enorme valia, eu contei com pessoas como Gilberto Dupas,[87] Fernando Milliet,[88] Yoshiaki Nakano, Tito Henrique da Silva Neto, Robert Cajado Nicol e Candido Bracher, que então começou sua vida como um futuro grande banqueiro.

O senhor sofreu pressões políticas como presidente do Banespa?

Não sofri nenhuma pressão política. Administrei o banco com total liberdade, naturalmente procurando colaborar com o secretário da Fazenda, que era o João Sayad, o José Serra, que imperava na Secretaria do Planejamento, e o André Montoro Filho, que era o assessor especial do governador para assuntos econômicos. Para a formação da minha diretoria, o governador só me sugeriu dois nomes: o Mauro Benevides e o Tito Henrique. O primeiro foi um notável político do Ceará. Era naquele momento um ex-senador, amigo de Montoro, que não havia conseguido se eleger governador. Foi um diretor do Banespa exemplar. Ficou encarregado da região Norte e Nordeste do Banco e agiu de maneira absolutamente profissional. Só havia uma coisa engraçada. Ele, naturalmente, era antes de mais nada um político. Assim, quando eu passava por perto do seu gabinete, via que na sala de espera estavam sentados visitantes que não eram clientes do banco, mas companheiros políticos. Ele usava um pouco do espaço do banco para fazer política, mas não os recursos do banco. Já o Tito Henrique era um jovem enteado de Ulysses Guimarães. Foi um excelente diretor do Banespa, e depois foi um banqueiro muito bem-sucedido, além de colecionador de obras de arte.

E os empréstimos? Você emprestou para cineastas? Para o Eduardo Coutinho completar Cabra marcado para morrer?

Presidir o Banespa foi uma coisa muito agradável para mim. Porque contei com uma diretoria mista — de pessoas de fora e de dentro do banco — muito boa, porque os funcionários do Banespa eram em geral excelentes, e porque pude financiar dois filmes lançados em 1984, *Cabra marcado para morrer*, de Eduardo Coutinho, e *Quilombo*, de Cacá Diegues. O primeiro foi o maior dos documentaristas brasileiros, e esse filme, sua obra-prima; o segundo, um dos maiores cineastas brasileiros. Foi então, também, que conheci o Carlos Augusto Calil, professor da ECA-USP, intelectual sofisticado e um administrador público cultural de alto nível.[89] Tornei-me muito amigo dele e me aproximei da Cinemateca Brasileira. Fui membro do seu Conselho por muitos anos e por alguns anos presidente da Sociedade Amigos da Cinemateca. Nos anos 2000, no quadro de uma crise da instituição, juntamente com Ismail Xavier, Marcelo Araújo e Calil, entre outros, nós trabalhamos para transformar a Cinemateca em uma organização social e em criar uma sociedade formada pelos membros do Conselho para assumi-la. A transformação em organização social aconteceu, mas aconteceu o impeachment, e o ministro da Cultura da época se associou a gente da Associação Roquette Pinto do Rio de Janeiro — gente sem nenhum conhecimento e experiência na preservação e restauro de filmes — para dar a eles a gestão da Cinemateca. Como o impeachment foi um golpe, a ocupação da Cinemateca foi também um golpe.

Quando Montoro assumiu o Governo do Estado de São Paulo, ele, fiel à sua crença na autogestão, determinou que em todas as empresas do estado fosse dada participação aos seus funcionários. Eu criei uma nova diretoria para isso, que tinha funções específicas dentro da empresa, além de representar os funcionários, e estes elegeram o novo diretor. Mais tarde foi feito um levantamento dessa experiência e a conclusão foi que a experiência do Banespa foi a mais bem-sucedida.

Uma coisa engraçada foi meu encontro com Antônio Abujamra, o grande diretor de teatro. Ele assumira a direção do TBC, o famoso Teatro Brasileiro de Comédia onde Cacilda Becker imperara, e precisava de um empréstimo para montar uma peça. Tive grande prazer em conversar com ele, mas afinal ficou claro que ele queria um "empréstimo", mas não considerava que tivesse que pagá-lo. Era um grande artista, mas não entendia nada de negócios. Era um homem de notável inteligência e sensibilidade. Afinal demos um apoio à sua peça. Muitos anos depois, quando ele comandava um programa de entrevistas muito bom na TV Cultura, o *Provocações*, ele me provocou o que pôde e eu me defendi como pude. Saiu uma ótima entrevista.

Eu tive outra experiência curiosa de relação econômica com artistas em janeiro de 1985, quando Sarney estava prestes a assumir a Presidência da República e eu já estava saindo do Banespa rumo à Secretaria de Governo. A Ruth Escobar, que era uma notável empreendedora pública, organizou no hotel Maksoud Plaza uma grande reunião para tratar das relações das empresas com os artistas no novo Estado democrático que surgia. Era uma reunião de debates, na qual o grande tema eram os patrocínios. Convidado a

Começando a vida pública com Franco Montoro

falar na sessão de abertura, falei breve e algo friamente, como um maldito economista, sobre o problema da relação entre os artistas e as empresas. Na minha fala acentuei a diferença na forma de pensar dos artistas e dos homens de negócios, como eles vivem em mundos diferentes, e disse que os artistas precisavam muitas vezes da ajuda de intermediários para obter o patrocínio das empresas. Fui naturalmente amável com os artistas, mas falei de maneira fria, e não gostaram. A cantora Fafá de Belém, que estava então com grande prestígio porque participara da campanha das Diretas Já, criticou-me indignada. Não havia entendido nada. Em seguida tive que sair, e minha glória foi a grande Irene Ravache correr atrás de mim para entender melhor o que eu quisera dizer. Ela percebeu que eu tinha alguma coisa a dizer que talvez fosse importante para os artistas.

O GOVERNO MONTORO E AS DIRETAS JÁ

Mas então, no começo de 1985, o senhor troca de cadeira e vai ser secretário de Governo do Montoro.

Isso. Depois de quase dois anos no comando do Banespa, o Montoro me chama para ser seu secretário de Governo. Foi uma experiência política nova realmente. Creio que me saí bem, embora não tivesse muitas qualidades para esse tipo de função pública. Sempre me lembro do primeiro dia da minha administração como secretário de Governo. Alguns deputados queriam falar comigo. Pedi para a secretária que marcasse as entrevistas na manhã do dia seguinte. E ela marcou, a partir das 9h30. Mas não apareceu nenhum. Bem mais tarde, sem nenhuma ordem, aparece um deputado, depois aparece outro... como se fosse a coisa mais natural do mundo.

O senhor não estava acostumado com o tempo dos políticos, é isso?

O mundo da política é muito diferente do mundo ao qual eu estava acostumado. É outra lógica, mas eu acabei aprendendo as regras do jogo político. Em 1984 houve um grande momento político no Brasil, o movimento das Diretas Já, que pedia que no final do ano as eleições presidenciais fossem pelo voto direto, ao invés de serem por um Colégio Eleitoral que os militares dominavam. Montoro mostrou-se então à altura do desafio que os brasileiros enfrentavam. Em janeiro de 1986, Montoro deu a partida para o grande movimento popular da transição democrática. Ele chamou o grande comício da Praça da Sé no dia 25 de janeiro, data do aniversário de São Paulo. Foi muita coragem dele, porque muitos acreditavam que a manifestação fracassaria, mas foi um grande sucesso. Eu nunca tive muita paciência com o tempo que a política consome, mas duas semanas antes eu participara, na cidade de Franca (SP), de um primeiro comício pelas Diretas Já representando o governador. Fomos eu, o Fernando Henrique e um filho do Chopin Tavares de Lima, este secretário do Interior e meu amigo dos tempos de JUC — um grande batalhador democrata-cristão. Chegamos no aeroporto, o prefeito nos recebe, muito esperto, muito vivo, e diz: "Eu não vou ao comício". Então reagimos: "Como você não vai?". E ele responde: "É que aumentei o imposto aqui, o pessoal está muito bravo comigo e vão me vaiar" [risos]. Ele foi um ótimo prefeito, mas, de fato, quando seu nome foi citado, foi vaiado.

Enquanto isso, Tancredo Neves, do mesmo PMDB de Montoro, deixa o governo de Minas Gerais para ser o candidato do partido na eleição indireta para presidente da República, na disputa contra Paulo Maluf, do PDS.

O Montoro, nesse momento, foi um grande líder, mostrou sua generosidade e espírito público. Ele podia ter defendido que fosse ele o candidato, mas achou razoável que fosse o Tancredo. O governador de Minas também tinha um grande prestígio, estava politicamente à sua direita, e por isso poderia receber com mais facilidade o apoio das elites para a transição democrática. Houve então muita gente dizendo que Montoro deveria ser o candidato, mas ele resistiu muito bem.

José Serra era o secretário do Planejamento, quando o senhor comandava o Banespa, mas ele sai para ser candidato a deputado federal em 1986.

De fato. A relação do Serra com o Montoro também foi perfeita. O Montoro delegou boa parte da gestão econômica do seu governo a José Serra. Assim, enquanto João Sayad, o secretário da Fazenda, cuidava do equilíbrio financeiro, Serra se encarregou da gestão econômica do estado do jeito que queria, e a fez bem-feita, enquanto Montoro ficava com a liderança política. Ele foi um grande governador de São Paulo devido ao seu espírito público, devido à sua liderança e visão política e à sua generosidade.

UMA VISITA A CUBA

Foi nessa época, enquanto era secretário de Governo do Montoro, que o senhor fez uma visita a Cuba?

De fato, em 1985 o governo cubano organizou um congresso de intelectuais em Havana e convidou um grande grupo de intelectuais para participar, fretando um 707 para fazermos a viagem. O congresso não teve nenhum interesse. A maioria dos participantes se dizia marxista e apenas repetia slogans comunistas. Mas a viagem foi muito interessante para mim, porque pude então conhecer um pouco o povo e a elite governamental cubana. A igualdade econômica era então impressionante, especialmente para quem vinha de um país como o Brasil. O país estava sitiado pelos Estados Unidos, mas as pessoas estavam bem alimentadas e bem-vestidas, as crianças nas escolas estavam todas uniformizadas. Eu estava então lutando no Brasil para implantar o SUS. Naquela época havia um antecessor do Sistema Universal de Saúde, o SUDS, e minha ideia era que o novo sistema de saúde que o regime democrático estava planejando deveria se inspirar no tipo de organização dos cuidados de saúde semelhante ao que havia em Cuba. Ali, já naquela época, todo o território nacional estava dividido por distritos de saúde, havendo um centro de saúde em cada distrito. E, a partir daí, todo um sistema de ambulatórios e hospitais de nível mais alto. Uma maravilha. Não temos um sistema tão bom no Brasil, mas eu considero o SUS a maior realização da democracia brasileira desde que ela foi instaurada em 1985. E sua organização vem, na medida do possível, seguindo o exemplo de Cuba. Não havia e até hoje não há liberdade política em Cuba, mas a população não parecia estar sendo oprimida. Vinte anos depois, a convite da Fundação Friedrich Ebert, do Partido Social Democrático Alemão, fiz uma segunda visita a Cuba, e a minha impressão antes positiva se confirmou.

Apesar do lamentável congresso, a visita a Cuba foi muito interessante inclusive pelos participantes brasileiros. Estavam no grupo, entre muitos outros, Antonio Candido e Chico Buarque de Holanda, mas a pessoa que mais me impressionou foi o poeta e psicanalista Hélio Pellegrino, que conheci então e que morreria não muitos anos depois. Era um homem que parecia iluminado pela alegria e pela inteligência.

De volta ao Brasil, aconteceu uma coisa engraçada. Eu não sou pessoa que participa de cerimônias oficiais ou semioficiais, mas fui assistir à cerimônia de posse da nova diretoria da Febraban (Federação Brasileira de Bancos) que acontecia durante a tarde no auditório do Clube Sírio-Libanês, em São Paulo. Depois que eu ouvi o discurso do ministro da Fazenda e do presidente da Federação que estava partindo, exclamei para mim mesmo: "Estou em Cuba!", e me retirei. Realmente os slogans e lugares-comuns liberais que os participantes repetiam eram incrivelmente parecidos com os slogans e lugares-comuns do congresso de intelectuais em Cuba.

O senhor ficou no governo Montoro até o final, em março de 1987, quando ele passa o cargo para Orestes Quércia.[90] Como foi esse período?

Eu fui durante quarenta dias secretário de Ciência e Tecnologia do Quércia. Eu era filiado ao PMDB, mas não quis me candidatar a deputado nas eleições de 1986 — um bom sinal da minha relativa falta de vocação política. Eu tive muito pouco contato com o Quércia, mas fiquei amigo do João Leiva, deputado estadual que era muito próximo de Quércia e jurava pela honestidade do chefe... Quércia era uma pessoa muito amável e sempre me lembro de uma vez que cheguei ao palácio do governo no fim da tarde. Ele estava sozinho e havia algumas maquetes na sala. Uma delas era a do Memorial da América Latina. Ele falou dos seus projetos, e disse: "Sabe, eu gosto de coisas monumentais" [risos]. Eu acho essa história muito simpática, e folclórica também.

Minha relação com Quércia foi curta e boa. Não tive problemas. Naquele momento, abril de 1987, estávamos longe de pensar em criar o PSDB. Estávamos distantes do rompimento. Em 1982, ao ser escolhido candidato ao governo, Montoro fez a concessão de colocar o Quércia como vice. Foi um erro: Mário Covas deveria ter sido o candidato a vice-governador, mas Quércia já então controlava o PMDB de São Paulo. A liderança do PMDB em São Paulo ficou com Quércia, que era um líder nato e um político muito hábil. Controlou a máquina do partido, não deixando espaço para o outro grupo: o grupo do Montoro, do Mário Covas[91] e do Fernando Henrique, que era o meu grupo.

Eu me considerava membro do grupo do Fernando Henrique. Em relação a isso, em 1986 havia acontecido uma coisa interessante. O Angarita, que era do grupo do Mário Covas, convidou-me para um jantar e trouxe um recado do Mário. Queria que eu passasse a participar do grupo dele, como, aliás, já acontecia com muitos dos meus colegas da FGV de São Paulo. Eu admirava o Mário Covas, mas recusei. Disse que era amigo do Fernando Henrique. Talvez tenha sido um erro. Ele foi o mais notável político brasileiro que eu conheci. Devia ter sido presidente da República. Mas eu era amigo pessoal do Fernando Henrique, e um intelectual como ele. O Mário era um engenheiro, um político que tinha uma visão do Brasil, habilidade política e capacidade administrativa. Um político com espírito republicano no sentido mais forte do termo, decidido a defender os interesses do Brasil e do seu povo com todas as suas forças — com determinação, espírito público e capacidade de liderança.

Tancredo, Sarney e o Plano Cruzado

A emenda das eleições diretas não foi aprovada, mas, diante do êxito da campanha popular, uma parte dos deputados e senadores do partido do governo decidiu apoiar Tancredo Neves e ele é eleito. Porém, um dia antes de assumir, em 14 de março de 1985, Tancredo é internado às pressas. Onde estava o senhor nesse momento?

Eu estava em Brasília com o Montoro para assistir à posse de Tancredo. Nós recebemos na hora do jantar a notícia de que ele fora hospitalizado. Havia a ideia de Ulysses Guimarães, que era o presidente da Câmara dos Deputados e líder do PMDB, o substituir na Presidência, mas os juristas entenderam que, do ponto de vista constitucional, a precedência cabia a José Sarney.

11

A descoberta da inflação inercial

Teoria da inflação inercial

Os anos 1970 terminam com uma crise financeira — a Grande Crise da Dívida Externa — acompanhada por um expressivo aumento da inflação. Foi um momento interessante para os economistas...

Isso mesmo. É nessa época que Paul Volcker, na presidência do Federal Reserve Bank (FED), aumenta brutalmente a taxa de juros e lança os países endividados em moeda externa em uma grande crise. Esta logo é acompanhada pelo surgimento de uma alta inflação inercial que teve como fator acelerador as duas desvalorizações que o Brasil faz então (1980 e 1983). O fator mantenedor foi a indexação da economia que fora formalmente introduzida no Brasil em 1964, e o fator sancionador, o aumento da oferta de moeda.

Naquele momento tomei uma decisão. Não daria mais aulas de desenvolvimento econômico e de economia brasileira; iria estudar e dar aulas sobre a inflação e as crises financeiras, especialmente as crises de balanço de pagamentos. Esses eram os dois grandes problemas que a economia brasileira passava então a enfrentar. Desde que eu havia me interessado por economia, em 1955, até 1980, o Brasil havia conhecido um grande desenvolvimento. Houve uma grave crise no início dos anos 1960, mas a crise foi superada e retomou-se o desenvolvimento. Era um desenvolvimento desigual em termos de distribuição de renda, algo que me levou e os demais economistas democráticos a sermos muito críticos durante todo o período do regime militar. Com relação ao desenvolvimento econômico não tínhamos problema, porque até 1980 a estratégia nacional-desenvolvimentista havia sido realmente muito bem-sucedida. O que nos levou a não perceber então que o desenvolvimento econômico não estava garantido. Mas essa é outra história...

Passei a dar aulas optativas de inflação e de crises financeiras em 1980, e começa então uma grande aventura teórica — o desenvolvimento da teoria da inflação inercial, visando resolver o problema da alta inflação que se manifestava. Quando li e estudei o livro do Rangel, de 1962, passei a considerar, além da teoria normal de inflação de demanda, a tese da inflação de custos associada ao poder de monopólio das empresas. A ideia de um terceiro tipo de inflação — a ideia da inflação inercial — surgiu para mim em 1979, quando dei uma aula especial na pós-graduação da FGV. Eu havia escrito um pouco antes um artigo sobre inflação brasileira, mas nele não havia nenhuma teoria nova. Eu discutia a teoria da inflação de demanda, a teoria da inflação de custos de Rangel, a teoria estruturalista da inflação.[92] De repente, ao preparar aquela aula especial, veio para mim a ideia de que a inflação tinha um elemento inercial ou, como afirmei inicialmente, autônomo da demanda. E que não podia ser reduzida a uma inflação de custos. O poder de monopólio pode ser um fator acelerador da inflação, mas se esgota no momento em que o aumento da margem de lucro é efetivado. Transformei essa aula em artigo, "Inflação no capitalismo de Estado (e a experiência brasileira recente)", que foi publicado no segundo número da *Revista de Economia Política* (abril de 1981), que eu havia acabado de criar.[93] Nesse artigo ainda estou fundamentalmente amarrado na ideia do Rangel da inflação de custos, mas há nele uma seção onde desenvolvo a ideia da inflação inercial. Eu escrevo: "Vamos supor uma economia que tem três empresas (A, B e C) e elas aumentam os seus preços defasadamente na medida em que elas, informalmente, indexaram seus preços. Ninguém sabia quem havia começado, mas o fato era que agora elas não tinham alternativa senão aumentar seus preços de acordo com a inflação prevista. E dessa maneira a inflação se tornava inercial e podia conviver com a recessão". Escrito esse trabalho, em 1982 convidei o Nakano para escrevermos juntos um artigo, que viria a ser o artigo fundador da teoria da inflação inercial, o artigo no qual pela primeira vez foi apresentada de forma completa a teoria — "Fatores aceleradores, mantenedores e sancionadores da inflação".[94] O título do artigo diz tudo: os fatores aceleradores da inflação são choques exógenos que permitem que algumas empresas aumentem suas margens de lucro; o fator mantenedor é o fator inercial, a indexação formal e informal; e o fator sancionador por excelência é o aumento da quantidade nominal de moeda para se manter sua quantidade real e, portanto, a liquidez do sistema econômico.

O artigo ficou pronto no segundo semestre de 1983. No mês de dezembro Nakano foi a Belém do Pará para apresentá-lo no encontro anual da ANPEC.[95] O Chico Lopes — um dos economistas da PUC do Rio de Janeiro que também contribuíram para o desenvolvimento dessa teoria — participou do debate.[96] Nosso artigo era inovador, eu o vejo como o artigo fundador da teoria da inflação inercial, da qual Mário Henrique Simonsen foi o pioneiro com seu conceito de "realimentação" da inflação.

O livro de Simonsen, Inflação: gradualismo x tratamento de choque, *foi publicado em 1970.*

Isso mesmo. Nesse livro ele constrói um modelo convencional de inflação, mas acrescenta entre seus fatores causais o fator "realimentação inflacionária" — uma ideia-chave. Depois eu vim a saber que um economista latino-americano publicou em 1972 um livro sobre esse assunto, Felipe Pazos.[97] No início dos anos 1980, enquanto desenvolvia a teoria da inflação inercial, entrei em contato com jovens economistas, Francisco Lopes, André Lara Resende[98] e Persio Arida, além do Edmar Bacha, de quem era amigo há tempo... [pausa longa e pensativa]. Percebi que nós tínhamos ideias comuns. Eles também estavam estudando a inflação que, naquela ocasião, era o problema brasileiro central. Eu fiquei muito feliz ao descobrir que não estava sozinho. Éramos poucos. Nos catorze anos que durou essa alta inflação, de 1980 a 1994, só oito economistas sabiam o que era inflação inercial: o Simonsen, o Nakano, eu, e os economistas da PUC-RJ que eram amigos entre si: André Lara Resende, Edmar Bacha,[99] Persio Arida e Chico Lopes. Todos ficaram muito amigos meus. Quando Chico Lopes, então presidente do Banco Central do Brasil, foi injustamente acusado de corrupção, eu o defendi com veemência em dois artigos na *Folha.* Afinal, anos depois, ele foi absolvido.

Faltou o oitavo. Seria o Rangel?

Não, o oitavo era o Eduardo Modiano,[100] que era também da PUC-Rio de Janeiro, mas não era ligado ao nosso grupo. Ele também escreveu coisas interessantes sobre esse assunto. O Rangel não entendeu a inflação inercial e ficava bravo quando alguém falava dela. Sempre me lembro de uma reunião anual da ANPEC em Salvador, nos anos 1980, quando o Mário Henrique (Simonsen) me disse: "É, Bresser, parece que nesta reunião só nós dois entendemos dessa história" [risos]. Isso foi por volta de 1984, se não me falha a memória. Eu ri, claro. Era isso mesmo. Porque era uma coisa nova e as pessoas não entendiam, não entrava na cabeça. O Delfim, o José Serra, o Pastore, na época eles não entenderam aquela inflação.

Nos anos 1980 a alta inflação veio com tudo, e tem muita coisa acontecendo ao mesmo tempo. A recessão foi brava, o crescimento — que era forte até 1980 — mergulha e passamos pela dura recessão de 1981 a 1983. O cenário muda completamente.

É isso mesmo. Entramos numa crise enorme a partir de 1980 — uma crise que, de certo modo, dura até hoje, porque desde então a economia brasileira cresce muito lentamente. Diante dessa crise tínhamos que resolver também o problema da dívida externa, e não sabíamos como fazê-lo. Eu conhecia pouco os problemas financeiros internacionais, comecei a aprendê-los com a crise. Em compensação eu sabia como resolver o problema da alta inflação inercial. Em seguida aos "Fatores aceleradores...", o Nakano e eu escrevemos um segundo artigo, "Política administrativa de controle da inflação", no qual propomos o congelamento de preços e o uso de uma "tablita" para neutralizar a inflação inercial presente nos contas a pagar e contas a receber das empresas no momento do congelamento.[101] Logo depois o congelamento seria chamado de "choque heterodoxo", graças ao artigo que Chico Lopes publicou no boletim do CORECON de São Paulo.[102] Ao invés de choque heterodoxo, no nosso artigo chamamos o congelamento de preços de "política heroica" de controle da inflação. Em junho de 1984, André Lara Resende e eu, em uma viagem à Argentina, conversamos intensamente sobre nossas descobertas. André já estava com a grande ideia da moeda indexada, e em setembro publicaria na *Gazeta Mercantil* o artigo "A moeda indexada: uma proposta para eliminar a inflação inercial", que serviu de base para o Plano Real dez anos depois.[103] Ainda em 1984, Nakano e eu publicamos todos os nossos trabalhos sobre a teoria da inflação inercial no livro *Inflação e recessão*.[104] Foi o ano em que meu primeiro livro, *Desenvolvimento e crise no Brasil*, foi publicado em inglês.[105] No final do ano André e Persio participaram de uma conferência em Washington e apresentaram o trabalho "Inertial Inflation and Monetary Reform", com a mesma ideia de moeda indexada do artigo de André de setembro.[106] Rudi Dornbusch imediatamente batizou a proposta de "Larida", e ela teve grande repercussão.[107]

Ainda nos anos 1980 e na inflação inercial. Ela uniu grupos de ações políticas distintas, não?

A mudança nos meus interesses estava menos relacionada à minha evolução pessoal e mais aos novos problemas que surgiam para o Brasil. Eu comecei um jovem intelectual católico, democrata cristão progressista; em seguida me tornei um nacional-desenvolvimentista, de centro-esquerda, em uma época em que o Brasil crescia muito; agora, diante da crise econômica e da alta inflação estava na hora de eu me transformar em um verdadeiro macroeconomista. Nestes anos 1980 os problemas do desenvolvimento e das classes sociais, que haviam sido centrais para mim até então, se tornaram relativamente distantes. Agora os problemas eram a transição democrática, a alta inflação e a Grande Crise da Dívida Externa. Eram as três questões fundamentais que o Brasil enfrentava. No caso da inflação e no da dívida externa eu precisava de economistas que tivessem condições de me ajudar a pensar e a propor soluções. Não apenas condições técnicas, mas também valores comuns. Os economistas que citei, apesar de seu PhD nos Estados Unidos, tinham essas condições. O Bacha era de esquerda; o Persio e o André eram progressistas. Naquele momento nós nos denominávamos economistas neoestruturalistas. Não éramos nem "cepalinos" nem ortodoxos. Isso nunca ficou muito claro porque nos definíamos mais pela negação do que pela afirmação. Não havia conflito entre nós no plano ideológico. O conflito só vai ocorrer depois do Plano Real, quando o pessoal da PUC-Rio de Janeiro dá uma virada liberal para a direita, mas essa é outra história. O fato é que até o Plano Real formávamos um grupo intelectual inovador que tinha uma proposta para resolver o problema da alta inflação inercial. Eles me ajudaram quando eu fui ministro, e eu os ajudei quando eles estiveram no governo — menos, porque não me chamaram tanto quanto eu os chamei.

O Fernão Bracher destacava que você e o Mário Henrique tinham "várias semelhanças e eram amigos".

O Fernão, além de grande amigo, também se tornou amigo desses economistas, e nos ajudou muito a pensar. Quanto ao Mário Henrique, eu sempre tive uma relação muito boa com ele. Ele foi o ministro da Fazenda do governo Geisel, e, juntamente com seu chefe, foi desenvolvimentista. Muitos o consideravam neoclássico, ortodoxo, mas o método que ele usava prioritariamente não era o método hipotético-dedutivo (próprio dos neoclássicos e dos economistas da escola austríaca), mas o método histórico ou empírico. Ele desenvolveu suas principais ideias a partir da observação das regularidades, das tendências, das políticas que deram certo. Essa é a forma de pensar dos economistas heterodoxos competentes, sejam eles marxistas, keynesianos, desenvolvimentistas clássicos ou novo-desenvolvimentistas. Sempre foi a forma que eu procurei pensar. Um verdadeiro neoclássico não está interessado na realidade, ainda que diga sempre que se apoia nela. No coração da ortodoxia neoclássica estão alguns axiomas, o homem racional, as expectativas racionais, os rendimentos decrescentes. A partir deles eles deduzem sua teoria. Deduziram, por exemplo, a teoria quantitativa da moeda, ou a impossibilidade das crises econômicas. O Mário Henrique era um economista conservador, aprendeu a teoria econômica neoclássica, mas pensava sempre apoiado na realidade ou na experiência.

Em seu mais novo livro, Gustavo Franco faz toda uma revisão dos planos dos anos 1980 e promove reiterados ataques aos "choques heterodoxos" e ao conceito de inflação inercial.[108] *Ele rejeita a ideia de que a teoria da inflação inercial seja uma teoria. Qual a sua reação?*

A teoria da inflação inercial é uma teoria que explica um determinado tipo de inflação. Explica a inflação como um processo de indexação formal e informal dos preços. Preços esses que aumentam de maneira defasada, de forma que nenhuma empresa pode deixar de aumentar seus preços quando chega a sua vez sem sofrer perdas. A indexação defasada torna-se uma convenção em uma determinada economia porque os agentes econômicos precisam garantir o equilíbrio dos preços relativos — precisam garantir uma taxa de lucro razoável. É uma inflação na qual uma empresa aumenta num dia, a outra no outro dia, defasadamente, e assim vai se constituindo uma cadeia de aumentos defensivos de preços. Dessa forma a inflação se torna inercial, autônoma da demanda.

A teoria da inflação inercial é importante na história do pensamento econômico. Eu tenho um *paper*, "A descoberta da inflação inercial", que conta a história toda.[109] A teoria dominante na época era a teoria monetarista, defendida pelo Eugênio Gudin. Era a teoria que Mário Henrique havia aprendido. Ali havia uma explicação para a inflação. Como se podia observar uma forte correlação entre a quantidade de moeda em circulação e a inflação, os monetaristas concluíam que a emissão de moeda seria sua causa. Era um equívoco. Na verdade, a oferta de moeda é endógena, nasce da própria dinâmica do sistema econômico, aumenta quando os bancos aumentam seus empréstimos ou o Estado aumenta suas despesas.

Na teoria econômica existe a teoria monetarista da inflação, hoje completamente desmoralizada. Existe a teoria keynesiana, que explica a inflação pelo excesso de demanda, e continua a ser a principal teoria da inflação. E havia a teoria de custos ou teoria administrativa, cujo autor original se chamava Gardiner Means, o economista que fica famoso ao publicar junto com Adolf Berle, em 1932, o livro sobre a separação entre a propriedade e o controle das empresas que deu origem à teoria da classe gerencial ou tecnoburocrática. Gardiner Means escreveu um texto clássico nos anos 1930 sobre a inflação administrada.

No Brasil, o grande economista que escreveu sobre a inflação administrada ou de custos foi o Ignácio Rangel. O problema dessa teoria é que ela é boa em explicar a aceleração da inflação como sendo consequência de as empresas monopolistas aumentarem suas margens, mas ela não explica por que a inflação não volta para trás assim que o choque de preços ou margem de lucro se esgota. Tínhamos essas três teorias: a de demanda, que é a teoria básica; a de custos, também respeitável; e a teoria monetarista, que os bancos centrais adotaram nos anos 1980, quando a teoria econômica neoclássica voltou a ser dominante nas universidades, mas logo a abandonaram; hoje, após a Crise Financeira Global de 2008, a prática de *quantitative easing* (flexibilização quantitativa) pelos principais países ricos desmoralizou definitivamente o monetarismo. Esses países compraram quantidades imensas de títulos privados e de títulos públicos, a compra de títulos públicos implicando aumento da oferta de moeda, sem que houvesse qualquer aumento da inflação. Nenhuma das três teorias explicava uma inflação que era autônoma em relação à demanda — que convivia com a recessão. A existência da inflação inercial mostrava uma coisa fundamental: que a quantidade de moeda é endógena; que ela decorre do aumento dos preços ao invés de ser sua causa; que ela é o fator sancionador da inflação. Ao desenvolvermos a teoria da inflação inercial fizemos uma crítica à teoria monetarista que era muito simples; a pessoa não precisa ser economista para entendê-la. Na literatura econômica existe uma identidade, a equação de trocas (MV=Yp), na qual M é a quantidade de moeda, V, a sua velocidade, Y, a renda nacional, e p, a inflação. Trata-se de uma identidade porque ela parte da definição da velocidade da moeda (de quantas vezes a moeda gira em um ano). Os economistas neoclássicos ou monetaristas, porém, transformaram essa identidade em uma teoria ao supor que a velocidade da moeda (o número de vezes que ela gira em um ano) é constante e afirmar que o aumento de M causava a inflação. Ora, não há nenhuma razão para considerar esse V constante, e, portanto, não se pode fazer a transformação direta do M em p, de aumento da quantidade de moeda em aumento da inflação. Por outro lado, mesmo considerando-se V constante, não há uma boa razão para dizer que é o aumento de M que causa o aumento de p, da inflação. Pode ser o contrário, o aumento de p exigindo o aumento de M para que a liquidez do sistema econômico seja mantida. Keynes não disse textualmente isso, mas mostrou que a quantidade de moeda em uma economia é endógena, ou seja, está diretamente relacionada com o aumento do PIB. Aqui no Brasil eu aprendi o caráter endógeno do dinheiro com Ignácio Rangel, que chegou a essa ideia por sua própria conta, observando a realidade brasileira dos anos 1960.[110] Nós — o grupo de economistas que desenvolveu a teoria da inflação inercial — explicamos por que a quantidade de moeda é endógena. Afirmamos que M é endógeno porque é o fator "sancionador" da inflação; para manter o nível de liquidez da economia que diminuía a cada dia com a inflação é preciso aumentar sua quantidade nominal — o que se fazia por vários caminhos inclusive, principalmente o aumento do crédito, e também pela emissão de moeda. Essa foi uma perspectiva interessante, que tinha um pouco da influência

A descoberta da inflação inercial

de Rangel, embora o meu amigo Rangel não gostasse que se falasse em inflação inercial.

Na discussão teórica o senhor costuma dizer: "Eu aprendi a endogeneidade da moeda com o Rangel".

Realmente, eu aprendi o caráter endógeno da moeda com Ignácio Rangel, quando li seu grande livro, *A inflação brasileira* (1963). Como aprendi a "realimentação da inflação" com Mário Henrique. Esse caráter endógeno da moeda já está em Keynes. Quando, a partir do final dos anos 1980, passei a participar das reuniões dos pós-keynesianos, eu descobri que já havia uma literatura sobre o caráter endógeno da moeda. Seu principal defensor foi o saudoso Basil Moore.[111] Mas eu vi esse problema de forma clara e forte em 1981 e 1982, quando escrevi com o Nakano o nosso *paper* fundamental sobre a teoria da inflação inercial: "Fatores aceleradores, mantenedores e sancionadores da inflação" (1983). A moeda é o fator sancionador da inflação, não sua causa. Quanto a Gustavo Franco, ele não teve nenhuma participação no desenvolvimento da teoria da inflação inercial. Seu mérito foi ter sido o principal executor do Plano Real. Como ele nunca foi reconhecido como autor da teoria da inflação inercial, ele considera que a inflação inercial não existe: algo como "se não fui eu que fiz, não existe" [risos].

O que houve no Brasil entre 1980 e 1994 não foi hiperinflação, mas inflação inercial. Apenas no finalzinho do governo Sarney podemos falar em hiperinflação. Há um texto clássico, de 1956, que definiu hiperinflação como a inflação que supera 50% ao mês.[112] É um conceito formal, mas realmente é importante distinguir inflação inercial de hiperinflação. Inclusive porque os episódios de hiperinflação são geralmente breves. Na hiperinflação a desestruturação da economia se torna insuportável. A inflação inercial no Brasil durou quinze anos.

O PLANO REAL

O Plano Cruzado fracassou em 1986, o Plano Bresser em 1987, ambos baseados na teoria da inflação inercial. Quando o Plano Real começou a ser preparado? Ele também se baseou nessa teoria?

Sem dúvida, mas ao invés de fazer um congelamento acompanhado por uma tablita que neutralizava a inércia, neutralizou-a com o mecanismo da moeda indexada, a URV (Unidade Real de Valor) combinada com uma âncora cambial. Fernando Henrique assumiu a Presidência em maio de 1993;

creio que sua equipe começou a prepará-lo em agosto daquele ano. Agora havia apoio na sociedade para um bom plano de estabilização que não existia no tempo do Plano Bresser. A sociedade brasileira não aguentava mais a inflação. O Chico Lopes dizia que teríamos que esperar pela hiperinflação para afinal acabar com a inflação porque só então as defasagens nos aumentos de preço que caracterizam a inflação inercial desapareceriam e um choque cambial e fiscal poderiam terminá-la. Mas essa não era uma hipótese realista. Era preciso fazer alguma coisa com urgência, um novo congelamento de preços estava excluído, mas a equipe de Fernando Henrique sabia qual era a alternativa para neutralizar a inércia inflacionária: era a proposta da moeda indexada. No dia 8 de dezembro, o Persio deu uma entrevista na qual falou brevemente sobre o plano que estava praticamente pronto. Era exatamente o plano que eu imaginava que eles estavam fazendo, envolvendo a criação temporária de uma moeda indexada, a URV; era o plano originalmente proposto por André Lara Resende em 1984. Depois do fracasso do Plano Bresser, eu e o Yoshiaki Nakano planejávamos realizar em 1988 um novo plano de estabilização no qual usaríamos essa ideia — um plano de otenização, mas eu me demiti antes por falta de condições fiscais mínimas para realizá-lo. Fiquei feliz quando vi que o plano estava para ser lançado, mas o tempo passava e nada de plano. A equipe econômica, embora tivesse tido o apoio do Congresso para realizar o ajuste fiscal, temia que o plano não desse certo. Mário Henrique, Chico Lopes e Nakano haviam dito que havia um risco de a URV desencadear a hiperinflação. Como eu apostava no plano e queria que fosse lançado, escrevi um artigo na *Folha* em fevereiro de 1994 que começava assim: "Este artigo é escrito contra Mário Henrique Simonsen, Chico Lopes e Yoshiaki Nakano" [risos].[113] Era a repetição do que haviam dito Nakano e Chico Lopes na véspera do Plano Bresser. Meu artigo era para dizer que os três estavam errados, que o sistema econômico não funcionava daquele jeito que eles pensavam, que a realidade é mais viscosa, mais agarrada a ela própria do que às expectativas. Aquele meu artigo foi a forma que encontrei para pressionar pelo lançamento do plano. Mais ou menos na mesma época, o Tasso Jereissati e o Mário Covas, então senadores, também pressionaram para que o plano fosse lançado.

O Plano Real foi lançado no dia 1º de abril em 1994. Foi criada a URV indexada ao dólar e três meses depois os preços em URV foram transformados na nova moeda, o real. Foi um sucesso.

Mais do que isso, foi uma maravilha! Afinal, depois de quinze anos de alta inflação inercial ficamos livres dela. E ficou demonstrada a força da teoria da inflação inercial. Muitos acham que o êxito do Plano Real se deveu à âncora cambial adotada, mas esse é um equívoco. A âncora cambial é essencial para se terminar com hiperinflações, quando os preços estão sendo aumentados a cada dia, se não a cada hora, e desaparece a defasagem nos aumentos de preços das empresas — defasagem que é elemento básico do conceito de inflação inercial porque ela implica desequilíbrios defasados dos preços. É essa defasagem que é neutralizada pela tablita ou então pela adoção temporária de uma moeda indexada, como foi o caso do Plano Real. A taxa de câmbio do real, que foi definida como 1,00 real por dólar no dia 1º de julho, não ficou fixa mas se apreciou: chegou a 0,81 real por dólar devido ao otimismo que o plano causou e ao aumento novamente brutal da taxa de juros, que atraiu capitais.

Revista de Economia Política

Um ponto que é muito importante na trajetória pessoal e intelectual do senhor é a Revista de Economia Política, *hoje* Brazilian Journal of Political Economy. *Como surgiu a ideia de criar a* Revista de Economia Política?[114]

Eu havia me tornado muito amigo do Caio Graco Prado desde que ele editara, em 1970, a segunda edição de *Desenvolvimento e crise no Brasil*. A primeira edição se esgotou em três meses, mas a Zahar havia se desinteressado de publicar por causa do AI-5. Então o Eduardo Suplicy, que era amigo do Caio (eu não o conhecia ainda), contou a ele que eu tinha esse livro, Caio me procurou e publicou o livro. Depois ficamos amigos. Era um homem cheio de vida, e um notável editor. Ele publicou todos os meus livros até que morresse prematuramente em um acidente de moto. Ele era um ótimo empresário e editor, mas tinha algo de aventureiro. Meus livros eram todos bem vendidos, mas não tanto quanto *Desenvolvimento e crise no Brasil*. Este foi meu *best seller*.

Em 1980 eu disse a ele que estava interessado em publicar uma revista acadêmica, e ele aceitou imediatamente a proposta. Nós precisávamos de uma revista diferente da que havia na FGV do Rio, a *Revista Brasileira de Economia*. Esta era ortodoxa desde que Gudin a fundara. E diferente também da *Estudos Econômicos* da USP. Precisávamos de uma revista acadêmica que usasse duas teorias heterodoxas — a teoria econômica pós-keynesiana e a teoria desenvolvimentista clássica — para analisar os problemas econômicos brasileiros. Já no segundo número da revista, de abril de 1981, saiu o artigo no qual está minha primeira visão da inflação inercial. A revista, que hoje se chama *Brazilian Journal of Political Economy*, foi fundada dentro da lógica de que o Brasil precisava resolver os seus problemas econômicos, e naquela época havia o problema da inflação e o da dívida externa. Na verdade, estavam começando. E eu achei que podia dar uma contribuição para isso criando a revista. O Caio Graco colocou nas livrarias os primeiros números, que venderam muito. As pessoas queriam ler algo que tratasse da economia real, que é sempre uma economia política.

De onde surgiu o nome?

Chama-se *Revista de Economia Política* porque eu sou um economista político, porque esse é o nome original da nossa ciência. A ciência econômica foi originalmente chamada de "economia política", não "economics". Economia política era o nome da ciência dos economistas clássicos — Adam Smith, Ricardo, Malthus, Marx, Stuart Mill. Para eles não fazia sentido uma ciência que considere apenas o mercado, ignorando o Estado. O capitalismo é coordenado pelo Estado e pelo mercado. Para nós entendermos o capitalismo enquanto economia nós temos que estar sempre combinando a coordenação econômica realizada pelo mercado e pelo Estado. Quando examinamos o capitalismo como um todo, essa combinação se torna ainda mais necessária, mas fica claro que o Estado tem precedência sobre o mercado. Afinal os mercados nacionais e globais só existem porque são regulados e garantidos pelo Estado.

A ciência econômica mudou de nome no final do século XIX quando a teoria econômica neoclássica substituiu a economia política clássica, e para sugerir que agora a teoria econômica se tornara "puramente econômica", livre da política e do Estado, os neoclássicos inventaram a palavra "economics" — um absurdo neoclássico, um retrocesso acadêmico. Ao nomeá-la *Revista de Economia Política*, nós quisemos deixar claro que nós entendemos a Economia como os clássicos e os criadores da macroeconomia, John M. Keynes e Michal Kalecki, a entenderam, como a ciência social dos sistemas econômicos coordenados pelo Estado e o mercado.

Quem inventou a palavra Economics *foi Alfred Marshall?*

Eu não sei se foi Alfred Marshall quem propôs a mudança de nome, mas o sucesso do tratado microeconômico que ele publicou em 1890 foi muito grande e contribuiu para isso.[115] Marshall era um gênio e sabia muito bem a importância da realidade na análise econômica, mas construiu um sistema abstrato inovador que levou seus discípulos, exceto Keynes, a acreditarem que aquele sistema era a "verdadeira teoria econômica" — uma ciên-

A descoberta da inflação inercial

cia ridiculamente "exata", como se fosse possível a uma ciência social ser exata como a matemática ou a estatística.

Como evoluiu a revista? Foi um sucesso? Dá prioridade para determinados temas?

Eu entendo que foi um projeto muito bem-sucedido. É publicada regularmente, sem falha ou atraso, há quase quarenta anos. Seus autores estão entre os melhores economistas brasileiros. É a revista econômica mais importante do Brasil, a mais citada. Seus articulistas devem ter uma visão histórica e holística dos sistemas econômicos. A revista não tem interesse por teoria econômica matemática. Quando o método é histórico ao invés de hipotético-dedutivo, o papel da matemática é necessariamente limitado. Os economistas neoclássicos podem construir teorias expressas exclusivamente através de um sistema de equações, porque usam o método hipotético-dedutivo, o método da matemática. Mas o resultado são modelos sem nenhum realismo, que servem apenas para legitimar a coordenação dos sistemas econômicos pelo mercado. Temos interesse em trabalhos que nos façam compreender a estabilidade dos sistemas econômicos, estudos principalmente macroeconômicos ou de macroeconomia do desenvolvimento. Nos anos 1980, quando um grupo de economistas brasileiros desenvolveu a teoria fundamental para a alta inflação da época, a teoria da inflação inercial, os principais autores inercialistas publicaram na revista. Desde os anos 2000, quando o grande tema é o Novo Desenvolvimentismo, os principais artigos sobre o Novo Desenvolvimentismo também estão sendo publicados na revista.

E a econometria? O senhor publica estudos econométricos?

Claro que publicamos. A econometria é a ciência metodológica através da qual os economistas estudam empírica e historicamente os sistemas econômicos. Como a economia é uma ciência substantiva, a ciência dos sistemas econômicos, ela está baseada na observação da realidade e na busca de regularidades e tendências. A econometria é a forma científica de se fazer essa observação e de testar as hipóteses que fazemos. Ela não resolve todos os problemas, mas é uma ferramenta fundamental dos bons economistas. A revista, que agora se chama *Brazilian Journal of Political Economy*, não tem, porém, interesse por estudos meramente econométricos — estudos que não testam uma teoria, mas apenas uma relação econômica específica qualquer. Reconheço, porém, que esse tipo de estudo, que eu chamo de microeconomia social, teve um grande desenvolvimento em todo o mundo nos últimos trinta anos. Alguns economistas brasileiros fazem estudos excelentes nessa área, como o Ricardo Paes de Barros, o Ciro Biderman, o Naércio Menezes Filho, o André Portela e o Paulo Arvate. Muita gente pensa que são estudos neoclássicos, ortodoxos, mas não são nem ortodoxos nem heterodoxos. São estudos específicos, que podem ser muito bons, sobre política de pobreza, política de educação, política de saúde.

Por que mudou de nome para Brazilian Journal of Political Economy?
A língua da economia é o inglês. Se quisermos ter uma repercussão internacional, precisamos escrever em inglês. A lógica do nosso Conselho é a de que não podemos ficar limitados ao Brasil. Temos que participar do desenvolvimento de teorias ou modelos que são relevantes para o Brasil, para a América Latina, mas que afinal possam interessar ao resto do mundo. Existe um preconceito no mundo rico que teoria econômica não é coisa para economistas que vivem nos países em desenvolvimento. A teoria econômica seria monopólio de quem tem um PhD em uma grande universidade americana, ou inglesa, e trabalha nessas universidades, ou em agências internacionais. Essa tese é evidentemente absurda, mas muitos economistas na periferia do capitalismo a aceitam. Isso é complexo de inferioridade colonial. Nossa revista expressa a convicção firme que temos de fazer pesquisas e desenvolver teorias de padrão internacional que dialoguem com o resto do mundo. E por isso devemos, sempre que possível, escrever e publicar em inglês nossos trabalhos acadêmicos. O título da revista foi inicialmente *Revista de Economia Política*. Já há vários anos passamos a usar *Brazilian Journal of Political Economy* como uma espécie de subtítulo. Recentemente invertemos isso. O nome oficial da revista passou a ser esse e o nome antigo passou a ser o subtítulo. Temos recebido um número cada vez maior de submissões de artigos em inglês. Isso é ótimo!

Como é a administração da revista?
A revista é publicada pelo Centro de Economia Política, uma pequena organização sem fins lucrativos que, além dela, só mantém um Grupo de Discussão, chamado "Novo Desenvolvimentismo e a Social Democracia", coordenado pela Cristina Helena Pinto de Mello, da PUC-SP. Seu financiamento é garantido por algumas empresas patrocinadoras e por mim mesmo. O editor sou eu desde o início. Ela tem um Conselho que hoje é formado também por Cristina Helena, Eleutério Prado (USP), Francisco Eduardo Pires de Souza (UFRJ), Arthur Barrionuevo, José Marcio Rego, Nelson Marconi e Robert Cajado Nicol (FGV-SP). Das reuniões participam também minha filha Patrícia Bresser-Pereira, que administra o Centro de Economia Po-

lítica e cuida da organização da minha obra, e Cecília Heise, que é a verdadeira executiva da revista — cuida de todo o processo de publicação desde a submissão dos artigos. Eu faço uma primeira triagem dos artigos, se estão de acordo com o Editorial Statement, e depois passamos para o Nicol, que é quem escolhe os pareceristas. A revista está hoje no Scielo, um sistema de indexação dos principais periódicos brasileiros, e por isso é completamente aberta. Assim, não temos muitas assinaturas. Antes, quando os dois últimos anos eram fechados, tínhamos muitos assinantes, que ajudavam a manter a revista. Fazemos uma reunião a cada três meses, nas quais discutimos a política da revista e escolhemos os artigos que serão publicados no próximo número, seguindo, aproximadamente, a ordem em que foram submetidos. As reuniões são muito animadas porque aproveitamos para discutir os problemas econômicos do Brasil e a teoria econômica.

12

No Ministério da Fazenda

O POPULISMO REINANTE

José Sarney assume e mantém no Ministério da Fazenda Francisco Dornelles, que havia sido escolhido por Tancredo. Mas seis meses depois eles se desentendem e Dornelles é substituído por Dilson Funaro...

Eu não conheço os bastidores da queda do Francisco Dornelles, mas estou seguro de que o motivo foi o dr. Ulysses e o PMDB não se conformarem que o ministro da Fazenda fosse um economista ortodoxo.[116] Eles estavam convencidos de que a transição democrática fora não só uma revolução democrática e social (e de fato foi, como a Constituição de 1988 demonstrou), mas também uma retomada da estratégia desenvolvimentista — o que era um engano. O regime militar foi também um regime desenvolvimentista, e contou com notáveis economistas desenvolvimentistas como Delfim Netto, João Paulo dos Reis Velloso e também o Mário Henrique Simonsen, que jogava nos dois campos — no liberal e no desenvolvimentista. Mas o PMDB achava que seus quadros sabiam muito melhor o que era necessário fazer para o Brasil retomar o crescimento paralisado desde 1980. Subestimavam a gravidade da crise da dívida externa, da qual decorreu uma crise fiscal do Estado e uma alta inflação inercial. Naquela época os liberais econômicos haviam sumido. Dornelles era um homem do sistema, que dirigira a Receita Federal durante boa parte do regime militar. Um político e um burocrata respeitável. Acho que teria sido melhor ministro da Fazenda do Sarney do que afinal foi o Dilson.[117]

Dilson Funaro assumiu em meados de 1985, em fevereiro de 1986 lançou o Plano Cruzado, com muitos dos interlocutores acadêmicos do senhor trabalhando em Brasília. Era o último ano de mandato dos governadores eleitos em 1982. O senhor era o secretário de Governo de Montoro quando o Cruzado foi anunciado.

Sim, quando graças ao Plano Cruzado a inflação caiu de 10% ao mês para praticamente zero, o Sarney e o Dilson foram transformados em semideuses. O plano, um congelamento de preços, contou com a participação dos meus amigos da teoria da inflação inercial, professores da PUC-Rio de Janeiro. Adotaram, portanto, a tablita que neutralizava a inércia. Mas logo se viu que faltava determinação da Presidência e do Ministério da Fazenda em fazer o necessário ajuste fiscal, não apenas porque o país tinha uma crise fiscal a enfrentar, mas também porque a estabilização dos preços criara uma forte demanda que era preciso imediatamente controlar. Em julho daquele ano já estava claro que o plano caminhava para o fracasso. Eu conhecia Dilson há muitos anos — um empresário competente e uma pessoa ótima. Mas não sabia nada de economia nem tinha experiência política. Em agosto, convidei o Dilson para jantarmos com as respectivas esposas num bom restaurante espanhol aqui em São Paulo. Chegamos mais cedo. Quando ele chegou os comensais se levantaram e bateram palmas. Ele não percebera que o Plano Cruzado havia se transformado em uma bolha de prosperidade que não poderia durar. O Brasil entrara em euforia, as vendas das empresas e as receitas dos governos estaduais e municipais explodiram. Uma festa geral. No jantar eu disse a ele: "Dilson, a situação está muito grave. Está havendo um brutal excesso de demanda e a economia vai quebrar; é preciso iniciar imediatamente um processo muito forte de ajustamento fiscal para segurar a demanda". Mas ele estava tranquilo. Disse que eu não me preocupasse porque ele iria à televisão, faria um apelo ao povo para que consumisse menos e o assunto se resolveria. Eu saí muito preocupado do jantar. O Plano Cruzado foi uma experiência desenvolvimentista que se perdeu no populismo econômico e fracassou em grande estilo — em crise financeira e moratória da dívida externa. Esta era inevitável, mas não precisava ter sido agressiva como foi em fevereiro de 1987. Mergulhado na euforia, o governo perdeu o controle da economia. A bolha do Plano Cruzado arrebentou em dezembro de 1986, e em abril de 1987 lá estava eu como ministro da Fazenda.

A situação do Dilson ficou insustentável e o senhor foi convidado para ser o ministro da Fazenda. Como foi esse dia?

Foi uma surpresa, ainda que eu soubesse que havia pessoas prevendo a queda do Dilson e defendendo o meu nome. Eu estava na banca de livre-docência da Maria Tereza Fleury na USP. A prova de livre-docência importava uma reunião na quinta e outra na sexta. Na quinta-feira eu recebo o telefonema do Sarney, peço à banca para suspender a sessão da sexta e voltarmos a nos reunir no sábado, porque eu tinha de ir a Brasília. Eu já imaginava que iria receber o convite para ser o ministro da Fazenda. Recebi o convite, aceitei, e voltei a São Paulo para terminar os trabalhos da banca [risos].

O senhor tinha alguma expectativa de que viraria ministro da Fazenda naquele momento? O senhor trabalhou para ser o substituto de Funaro?

Tinha, porque havia gente que defendia a minha candidatura; o Fernão Bracher, por exemplo, queria que eu fosse o ministro. Essas pessoas sabiam que eu seria competente como ministro. Eu não tomei nenhuma ação específica para isso, não entrei em campanha, nada disso.

Mas não foi uma surpresa retumbante...

Não, eu sabia que havia muitas alternativas e que eu era uma boa alternativa. Já era economista respeitado, sempre fora da oposição ao regime militar, e estava dentro do PMDB há vários anos.

O senhor, então, vira ministro da Fazenda num período caótico, logo depois do anúncio da moratória da dívida externa.[118] Qual foi a primeira decisão do senhor?

A situação estava realmente caótica. Chegando ao Ministério, eu devia montar uma equipe. O Nakano era meu candidato natural a secretário de Política Econômica. Andrea Calabi, que já estava no posto quando cheguei, foi meu excelente secretário do Tesouro. Rubens Barbosa, meu secretário de Relações Internacionais — um amigo e um notável embaixador — era o mais nacionalista dos meus secretários.[119] O meu presidente do Banco Central podia ser o Fernando Milliet ou o Gilberto Dupas, os dois haviam sido meus vice-presidentes no Banespa. Escolhi o Milliet porque também no Banespa ele era sênior. Eram duas pessoas ótimas, mas como ficou claro mais tarde, o Dupas era um homem mais comprometido com a vida pública do que o Milliet. O Fernando, entretanto, foi um bom presidente do Banco Central e me ajudou quando foi necessário.

O secretário-executivo do senhor, o número 2 do Ministério da Fazenda, era o Maílson da Nóbrega, com quem o senhor tem divergências, não?

O Maílson não fazia parte da minha equipe (eu o convidei porque o Sarney me havia pedido que escolhesse um secretário-executivo do Nordeste), mas ele foi um excelente secretário-executivo. Conhecia o Maílson, sabia que era um servidor público competente, e o convidei. Eu não consultava o Maílson para questões econômicas, mas ele foi ótimo administrando a parte burocrática do Ministério.

O Chico Lopes, da PUC-Rio, também ajudou muito, mas não teve cargo, não é?

No Ministério da Fazenda

Ele teve um papel importante: redigiu a medida provisória que deu origem ao Plano Bresser. Minha equipe ficou uma boa equipe, e estava claro para mim o que eu devia fazer.

O senhor tinha uma estratégia quando assumiu o Ministério?
Sabia bem que eu tinha três grandes problemas para resolver: uma crise fiscal de Estado, uma altíssima inflação, e uma crise da dívida externa. Sabia que a economia estava um caos porque o Plano Cruzado havia causado uma bolha econômica e financeira, com os salários, as vendas das empresas e as receitas dos estados e municípios aumentando 30% em termos reais. Mas no fim do ano o plano entrou em colapso, a inflação voltou com mais força ainda, e isso causou a queda dos salários reais, das vendas das empresas e das receitas dos estados e municípios. No Ministério, eu, primeiro, procurei encaminhar uma solução para os problemas originados da bolha. Em seguida tratei de enfrentar meus três problemas maiores: a alta inflação, eu procurei resolver com o Plano Bresser; a crise fiscal do Estado, eu enfrentei com o Plano de Controle Macroeconômico; e a dívida externa, com a apresentação de uma solução não apenas para a dívida do Brasil, mas de todos os países altamente endividados — uma solução na época inovadora de securitização da dívida externa, que, como vamos ver adiante, resolveu o problema da crise quando os Estados Unidos afinal resolveram adotá-la com o Plano Brady.

Como foi sua relação com o PMDB?
O Plano Cruzado fora posto em execução no quadro do desenvolvimentismo populista que dominara a transição democrática. Havia no PMDB uma "bancada econômica" numerosa: cerca de quinze deputados que pretendiam entender de economia... Na minha segunda semana no Ministério da Fazenda eles pediram uma audiência. Eu lhes digo que a situação era muito grave, que havia uma crise fiscal, e seria necessário fazer um ajuste fiscal. Para eles ajuste fiscal era nome feio; era coisa de economistas ortodoxos e de militares. Disseram: "Ajuste fiscal de jeito nenhum". Eu argumentei, mas eles não estavam de acordo e foram embora inconformados. Uma semana depois fui informado de que a bancada econômica estava organizando um movimento para me expulsar do partido no dia 30 de junho, que era o dia previsto para a convenção do PMDB, e que, por acaso, também é o dia do meu aniversário [risos].

Seria um belo presente...

Fui falar com o dr. Ulysses e ele chamou o Raphael de Almeida Magalhães, o Luciano Coutinho e a Maria da Conceição Tavares. Eu conto essa história porque é importante mostrar o clima extremamente populista que dominava o Brasil naquele momento, ainda inebriado pela conquista da democracia. Eu falo de populismo econômico que pode ser fiscal, quando o Estado gasta irresponsavelmente mais do que arrecada. A palavra populismo com esse sentido econômico surge naquela época. Mais tarde eu cunhei a expressão "populismo cambial" — o Estado-nação gasta irresponsavelmente mais do que arrecada.

O populismo econômico não deve ser confundido com o populismo político. Este é a prática de governantes de estabelecer uma relação direta com os eleitores sem a intermediação de partidos políticos e de ideologias. Ao contrário do que dizem os liberais, para os quais tudo o que não é liberal é populista, o populismo político é muitas vezes a primeira manifestação político-democrática de um povo. Este foi, certamente, o caso do populismo de Getúlio Vargas no Brasil, ou de Andrew Jackson nos Estados Unidos. Não é, portanto, uma coisa má em si mesma. O povo, que nas democracias liberais não participa da política, de repente encontra um líder carismático, com capacidade de conversar com ele. Se essa sociedade está se industrializando ou realizando sua revolução capitalista e se já se tornou formalmente democrática, o populismo pode propiciar uma primeira participação popular na política, a qual, embora limitada, é uma coisa boa. Naturalmente o líder político poderá usar bem ou mal o poder que teve. Eu sempre digo que o Getúlio Vargas foi um populista político que usou bem seu poder e comandou a revolução capitalista brasileira. Já Juan Perón, na Argentina, foi um mau líder, que afinal foi derrotado por "el campo" — os proprietários de terras da Argentina. Hoje os liberais chamam Donald Trump de populista, não tanto porque ele represente uma ameaça maior à democracia, mas porque ele está criticando o neoliberalismo e o projeto de globalização (a pressão sobre todas as sociedades em desenvolvimento para que abram suas economias) que foi lançado em 1980 e hoje está em plena crise.

O populismo econômico é gastar irresponsavelmente mais do que se arrecada. No caso do populismo fiscal, o Estado entra em grandes déficits públicos e desorganiza a economia do país; no caso do populismo cambial, o Estado-nação, todo o país, gasta mais do que arrecada e entra em déficits em conta-corrente crônicos. Nos dois casos, tanto os salários dos trabalhadores e da classe média tecnoburocrática quanto os rendimentos dos capitalistas rentistas sob a forma de juros, aluguéis e dividendos aumentam. Todos ficam felizes, desde que a crise financeira não estoure. Depois que eu saí do

No Ministério da Fazenda

governo organizei um livro sobre o populismo econômico.[120] Getúlio e Lula foram grandes líderes populistas que não praticaram o populismo fiscal. Mas Lula caiu no populismo cambial, um tipo de populismo que os líderes liberais nos países em desenvolvimento geralmente praticam porque acreditam no crescimento com endividamento externo ou "poupança externa". Foi o caso de Menem na Argentina e Fernando Henrique no Brasil.

Como era a relação com o presidente Sarney?
Foi sempre muito boa. Sarney é um político competente e um *gentleman*. E um bom escritor. Não pôde me ajudar com relação ao problema da crise fiscal e da inflação, mas foi impecável quando se tratou de negociar a dívida externa. Na primeira audiência que tive com ele no dia seguinte à posse, o Sarney me deu uma informação que eu ainda não tinha levantado: "As reservas brasileiras estão em 4 bilhões de dólares e estou informado de que, mesmo com a moratória, até agosto elas acabam". De volta ao Ministério, telefonei para o diretor do Banco Central que tratava do assunto, o Carlos Eduardo de Freitas, e ele me disse: "É verdade, é isso mesmo". A primeira coisa que fiz foi uma desvalorização de 10%, naquele mesmo dia. Precisava melhorar minhas exportações e recuperar o nível de reservas. Não podia querer negociar a dívida com as reservas zeradas.

Qual foi o papel do Plano de Controle Macroeconômico?
Para enfrentar os meus três grandes problemas — crise fiscal, crise da dívida externa e alta inflação — eu precisava de um plano de ajuste macroeconômico. Algo semelhante a uma boa carta de intenções ao FMI. Eu sabia que o Adroaldo Moura da Silva e o Décio Kadota haviam criado um modelo de simulação macroeconômica para o Brasil, o primeiro modelo macroeconômico que se fazia aqui. Eu disse ao Nakano: "Vamos chamar os dois e usar o modelo deles para vermos quanto poderemos pagar da dívida sem prejudicar nosso desenvolvimento. Vamos usá-lo para escrever um plano de controle ou ajustamento macroeconômico semelhante às cartas de intenção do FMI. Semelhante formalmente, mas de acordo com o interesse do Brasil. Um plano macroeconômico que oriente a nossa política, mostrando o ajuste fiscal necessário, e que, traduzido para o inglês, servirá de parâmetro para a negociação da nossa dívida externa. Eu só vou aos EUA começar a negociar a dívida externa de posse desse plano". O Nakano se pôs imediatamente a trabalhar com o Fernando Dall'Acqua, meu ex-aluno e o responsável pelo ajuste fiscal no meu governo, o Adroaldo e o Kadota, o Arthur Barrionuevo, meu colega na FGV, e o Martus Tavares, este um notável servidor público

que estava no Ministério do Planejamento, mas veio me ajudar na Fazenda porque percebeu que era ali que havia trabalho sério sendo feito.[121] O Plano de Controle Macroeconômico, que ficou pronto em junho, serviria de orientação para nossa política e de limite para as negociações. Mas eu precisava mais do que isso. Eu precisava de uma proposta que fizesse sentido para o Brasil e os credores. E a encontrei.

O Plano de Controle Macroeconômico mostrava uma preocupação com o orçamento público que não existia antes de 1983. Naquela época havia dois orçamentos — o oficial e a Conta Movimento no Banco do Brasil. Era a mesma coisa que não ter nenhum. Mas desde 1983 havia sido montada uma equipe dentro do Ministério da Fazenda para resolver esse problema. Coube a mim praticar os atos finais que puseram uma certa ordem no orçamento brasileiro.

PLANO BRESSER

A solução para a inflação viria a ser o Plano Bresser?

Duas coisas eram essenciais para o controle da inflação: a neutralização da inércia inflacionária, que o Plano Bresser deveria proporcionar, e o ajuste fiscal que estava previsto no Plano de Controle Macroeconômico. Eu sabia que teria que voltar a recorrer a um plano de estabilização que neutralizasse a inflação inercial. Para aquele tipo de inflação não há outra solução que não uma solução heterodoxa, um choque. Dentro dessa perspectiva, havia a solução do congelamento de preços, uma tablita de neutralização da inércia (dos aumentos defasados de preços) e havia a solução da moeda indexada que o André Lara Resende havia proposto em um artigo publicado na *Gazeta Mercantil* em setembro de 1984 (e que, afinal, foi usada no Plano Real com êxito). Essa segunda proposta tivera grande divulgação porque em dezembro de 1984 André Lara Resende e Persio Arida participaram de conferência em Washington onde apresentaram um trabalho que Rudi Dornbusch imediatamente denominou proposta Larida.

Naquele momento achei mais prudente adotar o congelamento com tablita, como fora tentado no Plano Cruzado. Eu sabia que fazer um congelamento naquele momento seria problemático porque os preços relativos estavam muito desequilibrados, de forma que a tablita não conseguiria corrigir todos os desequilíbrios e sobraria alguma coisa (algum conflito distributivo) que seria "resolvido" por aumento de preços — pela inflação. Por outro lado, eu previa que teria dificuldades de convencer o Sarney a fazer um ajuste fiscal forte — as dificuldades políticas naquela época eram muito maiores do que seriam sete anos mais tarde quando foi feito o Plano Real. Nesta época, em 1994, ninguém mais aguentava a inflação e o populismo econômico perdera força.

Como foi a reação dos trabalhadores?

Os salários caíram fortemente quando a bolha do Plano Cruzado explodiu e a inflação voltou. Caíram na mesma proporção que haviam subido devido à bolha do ano anterior. O Barelli,[122] que era o diretor do DIEESE,[123] entendeu que o Plano Bresser havia causado a redução dos salários, mas isso era uma tolice como eu então demonstrei muito claramente. O que reduziu o salário dos trabalhadores foi a inflação explosiva que aconteceu com o fracasso do Cruzado. Reduziu os salários recolocando-os no nível em que estavam antes do plano.

Menos de um mês depois que assumi o Ministério chamei o Nakano, disse a ele que iríamos fazer um novo plano de estabilização, ele concordou, e pedi que fosse para o Rio de Janeiro falar com o Chico Lopes. Deveria começar a montar o plano lá no Rio de Janeiro, longe de Brasília...

O Chico conta que fechou todo o plano com o Nakano, com a equipe do Ministério, só que dois dias antes do lançamento do Plano Bresser ele teve um ataque de pânico.

Duas noites antes do anúncio do plano, o Nakano disse em um jantar na nossa casa comum — a casa do Ministério: "Olha, no plano tem um mecanismo de neutralização da inércia que é arriscado; pode dar um choque na economia e resultar em hiperinflação". Eu argumentei que era bobagem, que não se preocupassem, que a economia não funcionava desse jeito. Mas na manhã seguinte o Chico Lopes estava em pânico, de mala pronta para ir embora. Conversei com ele e o deixei por conta do Luís Aranha Correia Goulart, um neto do Osvaldo Aranha que estava na minha equipe. O Chico não podia ir embora naquele momento. Ficou. Mas estava muito preocupado. Mais tarde ele seria presidente do Banco Central, depois do Plano Real, no meio da crise financeira que explodiu em janeiro de 1999. De repente ele se viu acusado de corrupção. Um absurdo. Mas o fato é que ele não soube se defender. É um ótimo economista e um bom amigo, mas não teve estrutura necessária para enfrentar a violência da política.

Afinal o Chico ficou em Brasília e o plano foi lançado no dia seguinte — o Plano Bresser, que ficou com meu nome não sei bem por quê: foi o único dos muitos planos de estabilização a ficar com o nome do ministro. Expliquei o plano na televisão, ao vivo; expliquei como o plano iria neutralizar a inflação inercial.

Em vez de falar em aumentos de preços defasados e informalmente indexados, ou de usar o exemplo das empresas A, B e C que aumentavam seus preços defasadamente, eu usei a história do João, do Antônio e da Maria. Expliquei que, supondo-se que na economia brasileira só existiriam essas três pessoas, o João aumentava seu preço em 10% no dia 1º do mês, o Antônio no dia 10, e a Maria no dia 20. Um aumento sempre de 10% que implicava uma inflação dos mesmos 10% ao mês, ninguém sabendo quem havia começado o jogo. Uma espécie de ciranda na qual ninguém podia parar porque se um determinado dia houvesse um congelamento, digamos, no dia 11, o Antonio sairia ganhando porque acabara de reajustar seu preço, enquanto a Maria perderia muito porque seu último reajuste havia sido feito vinte dias antes enquanto os preços continuavam ainda a aumentar.

Como foi a estratégia de explicar o plano? Chamou gente?

Eu tinha um secretário de Imprensa, mas não havia razão para estratégias. O assunto não precisava de publicidade porque era muito sério, a publicidade estava garantida. O importante era ter um bom plano e ter capacidade política para implementá-lo.

O plano imediatamente ganhou o nome de Plano Bresser, não é? Antes disso, havia o Plano Cruzado, que é o nome da moeda. E depois o plano ganhou o seu nome. Como é ter um plano com o seu nome?

Ganhou, porque acho que as pessoas perceberam que a coisa era muito minha. Que eu estava fazendo tudo o que era possível para acabar com a alta inflação. Não sei o motivo... Nós não chegamos a dar um nome ao plano, mas o fato é que logo depois começaram a usar essa expressão, que ficou. Também quiseram transformar a Reforma Gerencial do Estado de 1995, que fiz no governo Fernando Henrique, em Reforma Bresser, mas Reforma Gerencial é um ótimo nome.

No primeiro mês do Plano Bresser a inflação caiu, de fato...

Mas depois voltou a subir gradualmente e aos poucos fui percebendo que não havia dado certo. Por quê? Porque os preços relativos estavam muito desequilibrados no momento do congelamento, e porque não consegui o apoio necessário do Sarney para o ajuste fiscal necessário. "Preços relativos" é linguagem de economista. Quando os preços relativos estão desequilibrados, isso significa que o mercado não os está equilibrando, que os preços estão fora do lugar, algumas empresas estão com preços que significam prejuízo, enquanto outras estão com preços que produzem lucro excessivo. Esta é uma situação que não pode ser sustentada. Mais cedo ou mais tarde as empresas prejudicadas têm que aumentar seus preços — preços que a tablita não foi capaz de corrigir — e a inflação volta.

No campo fiscal, eu percebi que meu plano provavelmente fracassaria cerca de vinte dias depois da minha posse, creio que no dia 20 de maio, quando o Sarney foi à televisão e declarou que ficaria cinco anos ao invés de quatro, como fora combinado com os dirigentes do PMDB. Foi um grande erro da sua parte. Ele poderia ter terminado seu governo um ano antes, vitorioso; terminou um ano depois, em plena hiperinflação, derrotado. Eu assisti gelado ao pronunciamento do presidente e pensei: "O presidente vai ter que colocar todos os seus esforços para obter esse ano adicional, e o ajuste que eu preciso ele não vai poder me dar; além disso, ele vai entrar em conflito com os meus amigos — com o que há de melhor no PMDB, com o Mário Covas e o Fernando Henrique, que estavam no Senado aprovando a Constituição, e com o dr. Ulysses".

Como explica o fracasso do plano com seu conceito de populismo?
O populismo econômico sem dúvida ajuda a explicar o fracasso do Plano Bresser. Foram dois os motivos pelos quais o Plano Bresser não deu certo. A falta de apoio do Sarney ao ajuste fiscal que era necessário e o desequilíbrio dos preços relativos no momento do plano. Quando a inflação voltou, ela voltou com toda a força, de maneira desordenada — desordenada porque nos momentos mais calmos a inflação inercial é ordenada... Eu sempre me lembro quando, em 1983, como presidente do Banespa, eu visitei os bancos japoneses em Tóquio. Quando eu lhes dizia que a inflação era superior a 10% ao mês, mas não havia desorganização geral da economia, eles não entendiam. Ora, com a volta desordenada da inflação, o simples uso da tablita não foi suficiente para neutralizar a inércia inflacionária. Restaram atrasos de preços que tiveram que ser corrigidos para a empresa voltar a ter lucro. Por outro lado, embora o presidente estivesse muito interessado em resolver o problema e não fosse um populista vulgar como eram os participantes da bancada econômica do PMDB, ele não teve força política para realizar o ajuste fiscal necessário para que o plano desse certo. Afinal, em dezembro de 1987 a principal razão pela qual eu me demiti foi a de não ter apoio político para fazer o ajuste fiscal, para fazer um novo plano de estabilização no início do ano seguinte que, desta vez, envolveria uma "otenização" — a adoção de uma moeda indexada do tipo que o Plano Real usou.[124]

13

Uma solução global para a dívida externa

Abertura comercial

A economia brasileira era então uma economia muito fechada.

Sim, mas menos fechada do que geralmente se pensa, porque as altas tarifas aduaneiras sobre a importação de bens manufaturados não eram simplesmente protecionistas; em boa parte elas neutralizavam a doença holandesa em relação ao mercado interno. No dia em que assumi o Ministério, o José Tavares de Araújo veio falar comigo. Ele é um excelente economista do Rio de Janeiro e um velho amigo meu. Não tanto quanto eu gostaria porque ele ficou muito ortodoxo. Ele e o Pedro Malan costumavam vir às reuniões do CEBRAP em São Paulo nos anos 1970. Naquela época eles eram economistas desenvolvimentistas como eu; hoje são liberais. O José Tavares era presidente da Comissão de Política Aduaneira, e no dia da minha posse, quando eu estava comemorando com os amigos mais próximos no escritório do ministro, ele chega para mim e diz, preocupado: "Bresser, eu fiz as contas e a tarifa aduaneira média no Brasil é 45% e o subsídio médio à exportação de manufaturados é 45%". Eu não prestei muita atenção no subsídio, me surpreendi com o tamanho da tarifa, e disse a ele que uma tarifa desse tamanho não fazia o menor sentido. A indústria brasileira não era mais uma indústria infante; um protecionismo nesse nível era inaceitável. Naquela época não se conhecia a doença holandesa, não se sabia que tarifas e subsídios eram uma forma pragmática e intuitiva de neutralizar a doença holandesa e, assim, dar condições de igualdade na competição para as empresas industriais situadas no país. "Vamos começar a fazer a abertura comercial", pensei. Nos dias seguintes combinei com o Nakano e com o José Tavares como nós iríamos dar início ao processo de abertura comercial. Primeiro seria necessário transformar todos os controles administrativos de importação em tarifas, tarifas altas. Uma vez feita essa transformação, seria então possível baixar gradualmente as tarifas. Alguns dias depois, quando os economistas da missão do Banco Mundial no Brasil vieram me visitar, eu os surpreendi informando que começaria a fazer a abertura comercial. Eu disse que começaria a abertura e de fato comecei, e a fiz avançar nos breves sete meses e meio do meu Ministério. Quando, em 1990, a abertura foi realizada, ela se valeu da preparação (a substituição de controles administrativos por tarifas) que eu começara e meu sucessor deu continuidade. Eu era então e continuo hoje a ser contra o protecionismo, mas naquela época eu só conhecia uma condição que não tornava protecionistas as altas tarifas de importação: a de a indústria do país como um todo ou de alguns setores industriais estarem nascendo, serem infantes ou nascentes. Hoje, depois que desenvolvi o modelo da doença holandesa, acho que cometi um erro, porque uma boa parte das tarifas adotadas não era protecionista, mas neutralizava a doença holandesa e, assim, garantia às empresas industriais do país igualdade de condições na competição com as empresas de outros países. Os subsídios às exportações que foram instituídos no Brasil a partir de 1967 faziam a mesma coisa em relação aos mercados externos: eles neutralizavam a doença holandesa. A onda de desindustrialização que ocorreu nos anos 1990 só pode ser explicada por essa abertura comercial equivocada.

UMA SOLUÇÃO PARA A CRISE DA DÍVIDA EXTERNA

E a questão da dívida externa?
O Plano de Controle Macroeconômico ficou pronto em junho e eu fui para Washington. Apresentei o meu plano, do qual o ajuste fiscal era parte essencial, mas disse que não sairia da moratória sem uma solução satisfatória para a crise da dívida externa — uma solução que ninguém até então havia apresentado. Voltei para Brasília e para minhas consultas visando encontrar uma solução. Até que num determinado dia o Roberto Giannetti da Fonseca, que é um empresário e uma pessoa excelente, me disse que havia encontrado alguém que lhe havia falado de uma solução interessante que havia sido adotada na década anterior pela cidade de Nova York. Nos anos 1970 Nova York quebrou, não tinha como pagar suas dívidas, e chamaram Felix Rohatyn, um banqueiro de investimentos. A solução que ele deu para o problema foi a securitização da dívida da cidade. Ou seja, transformou as dívidas da cidade para com os bancos em títulos que podiam ser descontados no mercado financeiro com um desconto. A estratégia havia resolvido o problema. Naquela época ninguém falava ainda em securitização, mas eu não tive dúvida. Encontrara a solução. "Vou propor aos credores a mesma coisa; é uma solução de mercado que não beneficiará só o Brasil, mas todos os países devedores. E creio que interessará também aos bancos credores."

O Roberto narra essa história no livro dele.

Eu sou muito devedor a ele por essa informação, e pelo apoio que me deu quando o secretário do Tesouro, James Baker, recusou publicamente minha proposta depois de tê-la aceitado pessoalmente. A traição de Baker me deixou em uma situação difícil e o Roberto organizou uma reunião de empresários que se solidarizaram comigo. Depois seu sucessor transformaria minha proposta no Plano Brady.

Comecei, então, a montar a proposta. Precisava, primeiro, convencer o Fernão Bracher, que era meu negociador da dívida externa e um homem cauteloso. Ele achou a ideia ousada, ficou com receio de que acabaria não dando certo, mas ouviu meus argumentos e concordou. Na minha equipe, afinal, todos concordaram com a ideia. Precisei, naturalmente, convencer o Sarney, mas não foi difícil. Ele é um nacionalista, não entendeu completamente a proposta, mas o suficiente para dar seu apoio. Diferentemente do que fez em relação ao problema do ajuste fiscal, na questão da dívida externa o Sarney foi o tempo todo exemplar. Ele me apoiou muito no tocante à dívida externa. Numa segunda vez em que conversamos, o presidente chamou o embaixador Rubens Ricupero, que era o seu secretário de Assuntos Internacionais. Expliquei novamente o que estava pretendendo. O Ricupero fez objeções: "Nós já estamos numa crise muito grande, a crise da moratória, temos uma alta inflação, e com isso vamos abrir uma terceira frente de crise".

E foi uma reação imediata do Ricupero?

Não, ele já havia pensado na proposta... O Sarney já havia contado para ele do que se tratava, e quando eu voltei ele já tinha o seu discurso pronto. Eu argumentei com o Ricupero que não era esse o caso, que não estávamos abrindo frente nova de batalha, que eu estava apresentando uma solução para a nossa moratória, que incomodava muito nossos credores. Uma solução boa, inovadora, que os bancos iriam entender. O Sarney deu-se por satisfeito com meus argumentos e eu continuei a trabalhar na proposta. Contratei dois bancos internacionais para nos assessorarem: o First Boston e o Warburg de Londres. Em agosto, participei da visita de Estado do presidente Sarney ao México. Quando chegamos no aeroporto do México, vejo caminhando na minha direção o Marcílio Marques Moreira, embaixador do Brasil em Washington. Fiquei surpreso. "O que faz o embaixador do Brasil em Washington no México?", pensei. Naquela época, o México não era ainda uma quase-colônia dos EUA, como irá ficar em 1994, com a entrada no NAFTA. Vou para o meu quarto e meia hora depois o Sarney telefona pedindo para marcar uma reunião às seis horas. A reunião era com o Ricupero

Uma solução global para a dívida externa

e o Marcílio Marques Moreira. A argumentação era a mesma, com uma diferença: Ricupero é um homem público de alto nível, mas o mesmo não se pode dizer de Marcílio. Como embaixador do Brasil nos Estados Unidos eu vi bem como ele era um mero menino de recados do subsecretário do Tesouro, David Mulford. Sarney reafirmou seu apoio à minha proposta.

O que mais aconteceu nessa visita ao México?
Algo muito interessante. Miguel de la Madrid era o presidente, e o ministro da Fazenda, Gustavo Petricioli, um velho amigo meu.[125] Nós havíamos trabalhado juntos quando fui presidente do Banespa e ele, presidente da Nacional Financiera do México. Por sugestão do Hélio Jaguaribe, nós dois mais o Aldo Ferrer, o grande amigo que tive na Argentina, naquela época presidente do Banco de la Provincia de Buenos Aires, criamos em 1984 uma empresa para substituir a importação de bens de capital em nível latino-americano — a Latinequipe.[126] Nós constituímos a empresa e ficamos amigos. Petricioli era uma pessoa encantadora. A empresa não deu certo. A substituição de importações já estava superada naquele momento.

Mas voltemos à visita ao México. No primeiro dia da visita, os dois presidentes, os dois ministros das Finanças e os dois ministros das Relações Exteriores almoçamos juntos. Em certo momento veio-me uma ideia, eu olho para os cinco a minha volta e digo algo assim: "O que vocês acham de criarmos o G3? Um grupo reunindo Argentina, México e Brasil para discutir o problema da dívida externa?". Afirmo que a crise da dívida externa era muito grave e só tendia a piorar; que nós devíamos encontrar uma saída para o problema. Os credores têm o G7 deles; nós devíamos ter o nosso G3. Sarney concordou, De la Madrid também, o Petricioli achou ótimo, e saindo do almoço fomos os dois falar com o Juan Sourrouille,[127] ministro da Economia da Argentina. Éramos três bons amigos. O Sourrouille achou ótima a ideia. Foi falar então com o Raúl Alfonsín,[128] que também aprovou entusiasmado. E então decidimos que faríamos a primeira reunião do G3 em setembro, em Nova York, na véspera da reunião do FMI e do Banco Mundial que acontece em Washington. Petricioli, que gostava muito de tango e de bons restaurantes, disse: "Vamos fazer uma reunião em Nova York, mas vamos antes almoçar no Le Cirque" [risos]. A reunião aconteceu como fora previsto na sede do Banco do Brasil em Nova York; foi uma ótima reunião. Mas a segunda reunião, marcada para Cancún no início de dezembro, quando haveria uma reunião dos presidentes latino-americanos, nunca aconteceu. O Petricioli desapareceu completamente do mapa. Por causa do Salinas, eu suponho.[129] Entre setembro e dezembro o Salinas havia sido "destapado" e seria

170   Bresser-Pereira: rupturas do pensamento

o novo presidente do México. E ele já devia estar pensando em fazer um acordo com os Estados Unidos, como acabou fazendo.

Naquela visita eu o conheci. Depois de termos falado pelo telefone com o Sourrouille, o Petricioli me diz: "Agora vamos conhecer o Salinas", que era o ministro do Planejamento. E lá fomos nós andando por aquele palácio no México, palácio antigo, grande, com os murais de Diego Rivera, murais comunistas, revolucionários, todos nos encarando, nos cobrando. Chegamos até a salinha na qual o Salinas nos recebeu. Um homem gelado. Falei durante uns quarenta minutos, sobre inflação, sobre a teoria da inflação inercial, e por que o México devia fazer um plano de estabilização — a inflação no México naquele momento atingira 80% no ano. Havia evidentemente um elemento inercial a ser enfrentado. O Salinas não disse uma palavra. Eu olhava para ele, que parecia uma cobra, frio, frio, frio. Não foi indelicado, despedimo-nos cortesmente, mas foi algo profundamente desagradável. E deixava prever o pior para o México. Ao entrar para o NAFTA o México deixou de ser um país independente — logo o México, tão legitimamente orgulhoso de sua história e de suas tradições.

De volta do México, a proposta de solução da crise da dívida externa já estava quase pronta e eu me preparava para apresentá-la em Washington em setembro. Antes disso, porém, decidi aceitar o convite de um senador americano, Bill Bradley, que havia sido campeão de basquete. Era um homem alto e simpático, e estava com uma proposta de solução para a dívida externa. Ele organizou uma conferência em Viena e me convidou. Foi quando conheci brevemente o George Soros, que também estava preocupado com a dívida, e tivemos uma boa conversa.[130] Na véspera da viagem, porém, eu recebi um telefonema do secretário do Tesouro dos Estados Unidos, James Baker.[131] Ele diz saber que eu estava preparando uma proposta para a crise da dívida externa e gostaria que eu fosse conversar com ele.

Mas o senhor já havia viajado aos Estados Unidos antes como ministro da Fazenda.

Sim. Na primeira visita que fiz aos EUA nessa condição, que creio ter sido em junho, eu havia levado meu Plano de Controle Macroeconômico. O Marcílio Marques Moreira era o embaixador e ele me disse que havia dois economistas que queriam falar comigo — um deles era o Rudi Dornbusch, que eu já conhecia porque costumava visitar o Brasil, e o outro era o Jeffrey Sachs.[132] Eu conversei com os dois. O Jeff era muito jovem, vigoroso, e defendia um grande desconto na dívida dos países. Eu disse a eles que precisava pegar um trem para Nova York; ele deu uma boa corrida, pegou sua ma-

Uma solução global para a dívida externa

la no hotel e chegou a tempo para viajar comigo para Nova York. Ficamos amigos. Jeffrey era keynesiano, progressista, e defendia que os credores dessem um bom desconto na dívida dos países em moratória. Ele me ajudou a pensar na dívida. O Marcílio, que encontrei várias vezes nesse tempo, só me dizia que eu precisava tomar cuidado, que era muito perigoso o que eu estava fazendo. O mesmo me disse o Pedro Malan, que era muito amigo meu e, então, diretor do Banco Mundial em Washington representando o Brasil. Lembro-me de um dia ele me dizer: "Bresser, não faça isso; é um perigo, você vai perder seu cargo". Minha resposta foi: "Se perder, perdi. Eu tenho que fazer o que eu tenho que fazer. Com a devida prudência".

Voltando ao Baker. Ele pediu que eu o visitasse, disse que iria a Viena e de lá voaria para Washington. Marcamos nossa reunião para o dia 8 de setembro — duas semanas antes da reunião anual do FMI e do Banco Mundial em Washington. Minha visita a Baker começou mal, porque no dia em que eu estava viajando para Viena surgiu um problema... Antes de viajar eu havia explicado ao Sarney a proposta com a maior clareza possível. Era uma coisa nova, naquele tempo ninguém sabia o que era securitização, e ele não compreendeu direito qual era a ideia. Mas na véspera de minha viagem deixou a notícia vazar para a imprensa — para a Eliane Cantanhêde. Que, naturalmente, deixou preocupados os bancos credores. Tentei explicar através do Armando Ourique, da *Folha*, que me pegou quando eu estava saindo de uma conferência para ir ao aeroporto. No mesmo dia o *Wall Street Journal* começou uma campanha contra a proposta, embora seus jornalistas também não tivessem entendido o que eu iria propor. Eu chamei o *WSJ* e expliquei o mais claramente possível qual era a proposta, mas foi inútil. O jornal não estava interessado em saber e nos dias seguintes continuou a publicar matérias críticas sobre uma coisa que não entendia.

Então era esse o clima quando o senhor se reuniu com o secretário do Tesouro americano...

Isso mesmo. O sistema do Baker era o seguinte: ele reservava toda a manhã para a reunião com o ministro do outro país. Tinha sido assim em junho e voltou a ser em setembro. Das 9h até às 10h a conversa era só de ministro para ministro. Depois fazíamos uma segunda reunião, numa mesa grande, com os dois ministros e quatro assessores de cada ministro. Na reunião privada, eu expliquei ao Baker o plano, disse que a dívida externa deveria ser securitizada e lançada no mercado financeiro onde sofreria um desconto. O desconto apareceria quando os contratos dos bancos fossem substituídos por novos títulos lançados no mercado, e os países endividados negociariam sua dívida com base nesse desconto. Além disso, eu disse que era necessário que os países credores e o FMI aceitassem uma "relativa desvinculação" (*a relative de-linkage*) entre a negociação com os bancos comerciais e a negociação com o FMI. Quando os países tentavam negociar com os bancos, eles diziam que isso dependeria de conversa prévia com o FMI; quanto tentávamos conversar com o FMI, este dizia que primeiro era preciso falar com os bancos credores; quando, então, propúnhamos que FMI e bancos sentassem juntos conosco, diziam que isso estava proibido.

O Baker disse que os 20% obrigatórios eram um *non starter*, mas que estava de acordo com a securitização voluntária. Maravilha! Disse que também concordava com a *relative de-linkage*. Ótimo! Disse a ele que estava muito feliz e fomos para a reunião geral, das 10h. Estavam lá o David Mulford, subsecretário do Tesouro, e o Charles Dallara, representante dos EUA no FMI, que depois seria por muitos anos presidente da principal associação de bancos internacionais, o Institute of International Finance. Os dois se puseram totalmente contra as duas ideias. Eu as defendi firme e forte e disse mais de uma vez que o ministro deles ali presente concordara com as duas ideias. Afinal, quando estávamos chegando próximo do meio-dia, o Baker disse "OK", deixando claro que estávamos de acordo, e perguntou quem falaria para a imprensa. Eu disse que falaria. Eu teria mesmo que encontrar os jornalistas quando descesse a escadaria do prédio do Tesouro. Desci aquela escadaria de mármore branca, enorme. Lá embaixo estavam os jornalistas brasileiros e estrangeiros. Falei em inglês e depois em português o mais claramente possível. "Fiz um pequeno recuo, os 20% obrigatórios, mas estou muito feliz porque minhas propostas de securitização da dívida e da relativa desvinculação do FMI com os bancos nas negociações foram aceitas pelo Baker." Expliquei tudo ponto por ponto e fui para a embaixada almoçar. Na embaixada, recebo a informação de que a Reuters havia dado uma informação equivocada e que o Baker estava muito aborrecido. Eu imediatamente telefonei para o Baker, que me disse: "Não, não se preocupe, eu já dei uma nota esclarecendo tudo". Eu disse "Ah, ótimo", saí da embaixada e, antes de pegar o trem para Washington, passei pelo FED,[133] porque eu tinha uma visita ao seu presidente, Paul Volcker.[134] O Greenspan, para quem Volcker estava naquele momento transferindo a presidência, estava na sala também.[135] Foi uma conversa meio esquisita, de meia hora. Eles certamente já sabiam o que eu não sabia. Peguei meu trem para NY e de lá embarquei de volta ao Brasil. Quando chego ao Galeão (na época não existia ainda o aeroporto de Guarulhos), lá estavam as manchetes dos jornais brasileiros. Nada do que fora combinado. A nota era curta, infame e imperial: "O secretário do Tesouro James Baker recebeu o ministro das Finanças do Brasil, Bresser-Pereira, e disse que sua proposta de solução para a dívida externa é um *non-starter*". Nada mais.

E aí?

O sangue subiu, mas o que eu poderia fazer? Fora uma manifestação de imperialismo, de arrogância absoluta. Mas o Roberto Giannetti me ajudou organizando uma reunião de empresários em meu apoio, e o Sarney compreendeu perfeitamente o que acontecera.

O senhor desistiu?

Jamais. Quinze dias depois estou de volta aos EUA para a reunião anual do FMI e do Banco Mundial. Vou primeiro a Nova York, para o meu almoço no Le Cirque com Gustavo Petricioli do México, que escolhera o restaurante, e Juan Sourrouille, da Argentina, para em seguida termos a primeira (e única) reunião do G3. Quando desço na calçada, estava lá um repórter brasileiro, o Moisés Rabinovici, um ótimo jornalista, então correspondente do *Estado de S. Paulo* em Washington. Ele me diz: "Ministro, nas duas últimas semanas mudou tudo aqui". Perguntei: "Por quê?". E ele resumiu: "É que só se fala na sua proposta, os bancos estão muito interessados". Ótimo, maravilha! Só podiam estar. Nosso time havia preparado uma proposta profissional que permitiria aos bancos, encalhados com seus contratos de dívida não pagos, voltar a operar, e os países endividados contarem com um desconto definido pelo mercado.

Na segunda-feira chego a Washington e um subdiretor do FMI, que era holandês, me chama para conversar e diz: "Só se fala na sua proposta, essa coisa é muito interessante", confirmando a informação do repórter. Nas reuniões anuais do FMI e do Banco Mundial há duas reuniões em que falam os ministros: no Comitê Interino, que é fechado, e na Assembleia Geral. O subdiretor do FMI então me disse que eu falaria imediatamente antes do Baker em uma das reuniões e imediatamente após na outra. O FMI queria dessa maneira interessar mais a imprensa. Aquela reunião foi uma grande festa para mim. Os brasileiros e nossos amigos argentinos estavam entusiasmados. Os bancos haviam percebido que aquilo era bom para eles, que resolvia o problema dos devedores e também o problema deles. Os bancos estavam com contratos de crédito inadimplentes e sem possibilidade de voltar a trabalhar. Deixar como estava era péssimo para eles, eles queriam voltar a fazer suas operações de crédito habituais.

Mas o plano não saiu do papel.

Não naquele momento, mas dezoito meses depois, sim. Com o início do governo do presidente Bush pai, Nicholas Brady substituiu James Baker no Tesouro, o David Mulford foi mantido, e, em março de 1989, eles lançaram o Brady Plan. Era o meu plano sem tirar nem pôr.[136] O primeiro país que negociou sua dívida nos termos do Plano Brady foi o México, ainda em 1989 — um acordo vergonhoso no qual Angel Gurría, negociador, e o presidente Carlos Salinas de Gortari aceitaram um desconto de apenas 15% para "ganhar confiança" junto aos países ricos. O Brasil foi um dos últimos, em 1994.

Como foram suas relações com o dr. Ulysses? E por que ele foi um grande responsável pela sua indicação para ministro da Fazenda?

Ulysses Guimarães foi amigo de meu pai quando ambos foram deputados estaduais em São Paulo; depois se tornou o líder incontes te da oposição democrática ao regime militar. Sempre tive grande admiração por ele. Em 1974 foi candidato de protesto à Presidência da República. Era um desenvolvimentista e um político extremamente hábil. Quando se tratou de substituir o Dilson Funaro, ele apresentou quatro nomes a Sarney, um dos quais fui eu. Enquanto fui ministro da Fazenda, ele sempre me deu apoio.

Depois que eu saí do Ministério da Fazenda me afastei da política, mas quase um ano depois nós fundamos o PSDB, um partido que era para ser ético e social-democrático. Então eu fiz uma visita ao dr. Ulysses para dizer que eu estava saindo e expliquei as minhas razões. Eu me considerava pessoalmente solidário com Montoro e com Fernando Henrique, e não aceitava a liderança de Orestes Quércia em São Paulo.

E com o Covas?

Minha relação com o Mário Covas não era uma ligação pessoal, mas ele era um político admirável. Era um político nacionalista econômico e social-democrático. Entre os políticos que conheci, foi o que mais admirei.

No período em que o senhor foi ministro da Fazenda, o FHC teve grande interlocução com o senhor ou não?

Pouca, mas pelo menos me apoiou. Quando eu assumi, fiquei um mês sem nenhum apoio do meu grupo político. O Serra continuou contrário o tempo todo; o Fernando Henrique, depois de um mês, me deu um certo apoio. Ele, além de notável intelectual, sempre foi um homem muito correto e elegante no trato com as pessoas.

Uma solução global para a dívida externa

Demissão do Ministério da Fazenda

Como foram suas relações com a imprensa enquanto estava no Ministério da Fazenda?

Minhas relações com a imprensa foram boas. Não tenho do que me queixar. Todos os políticos com quem trabalhei se sentiam injustiçados pela imprensa. Eu não. Eu conheço bem o papel dos grandes jornais. Comecei minha vida como jornalista. Mas uma coisa interessante foi a relação com o superpoderoso dono da Rede Globo, o Roberto Marinho. A esquerda que ler isso que eu vou dizer não vai gostar. Eu não conhecia o Roberto Marinho, e então me tornei ministro. Ele me convidou para almoçar no Rio de Janeiro e eu almocei com ele duas vezes. Uma vez, na sede da Globo; na outra, na sua casa cheia de belas obras de arte. Eu fiquei muito impressionado com o homem porque eu vi que ele conhecia profundamente os problemas brasileiros, sabia tudo, e discutia os problemas de uma maneira como se ele fosse de alguma forma responsável pelo Brasil. Mas, ao mesmo tempo, ele era incapaz de distinguir o interesse dele do interesse do Brasil. Os dois interesses estavam transparentes e eram exatamente iguais. Me lembro dele falando da própria vida, falando de como o jornal era muito mais importante que a televisão. Eu fui sempre amigo do Octavio Frias, um outro grande jornalista e empresário. Do Marinho nunca fui amigo, mas compreendi por que ele tinha alcançado tanto poder. Ele foi um homem excepcional.

Aconteceu uma coisa curiosa quando eu decidi sair do Ministério. Eu saí porque não tinha apoio do presidente para fazer o ajuste fiscal necessário para que um segundo plano de estabilização acabasse afinal com a alta inflação, e não tinha apoio para a reforma tributária na qual trabalhei fortemente nos três últimos meses do meu Ministério. A reforma que iríamos propor tributava os dividendos — algo que hoje o Brasil vergonhosamente não faz. Quando ele soube que eu estava me demitindo, Roberto Marinho entrou em contato comigo através do seu preposto, o Jorge Serpa, que fizera os contatos para os dois almoços. Ele queria de toda forma que eu desistisse da demissão e ficasse no governo. Acho que ele previa o desastre que esperava o meu substituto.

Por quê? Ele pedia favores?

Ele nunca me pediu nada, absolutamente nada. Quando estava comigo ele estava resolvendo os problemas do Brasil, um pouquinho os dele, mas não estava pedindo coisa alguma para mim. Ele não tinha nenhum pleito comigo, felizmente. Eu pedi demissão no fim de dezembro de 1987. Não foi apenas Sarney que queria que eu continuasse no governo; foram também o seu secretário da Casa Civil, Ronaldo Costa Couto, seu chefe da Casa Militar, general Ivan de Souza Mendes. Fora do governo, foi o Roberto Marinho que tentou me segurar. Acho que ele percebeu que eu era um bom ministro da Fazenda e, para ele, isso era importante.

E ele fez gestões junto ao Sarney para tentar segurar o senhor?
Eu não sei... não tenho a menor ideia. Eu sei apenas que o Roberto Marinho e o Jorge Serpa ligaram para mim, o segundo várias vezes.

O Maílson da Nóbrega, que o sucedeu, contou em entrevista que o Sarney pediu que ele fosse sabatinado pelo Roberto Marinho antes de ser confirmado como ministro da Fazenda.
Não sabia disso... O Sarney me perguntou quem poderia me substituir. Eu indiquei o Nakano e o Maílson. Mas eu sabia que Sarney escolheria o Maílson e não o Nakano.

Ouve alguma reação dos empresários?
No dia seguinte à minha demissão fui para a Base Aérea, onde um avião me levaria para casa, em São Paulo. Eu me lembro que quando cheguei ao aeroporto, uma televisão ligada anunciava a minha demissão e assisti a um comentário do Mario Amato, presidente da FIESP: "A demissão do Bresser é uma tragédia para o Brasil". Eu tinha relações sociais com ele, mas não era seu amigo. O Mario Amato também percebeu que o que eu estava fazendo precisava ser feito no Ministério da Fazenda. Mas não dava para continuar sem a perspectiva de resolver o problema da inflação. Sarney, com sua decisão de ficar cinco anos ao invés dos quatro que haviam sido combinados, se tornara dependente do Centrão (o centro fisiológico da Câmara dos Deputados) e, portanto, sem poder para realizar o ajuste fiscal.

No dia 1º de maio de 1987, seis dias depois que o senhor virou ministro da Fazenda, o Conselho Monetário Nacional (CMN) chegou a ter 27 membros. Desde 1994, tem três: o ministro da Fazenda, o do Planejamento e o presidente do Banco Central. O maior colegiado do CMN foi quando o senhor era ministro da Fazenda e presidente do CMN. Como era lidar com esse CMN com tanta gente e num cenário tão caótico?
Não houve problema algum; não me senti limitado em nada; não me lembro de algo que tenha proposto ser recusado. A única coisa de que me lembro do CMN é da presença do Octavio Gouvêa de Bulhões. Ele estava

Uma solução global para a dívida externa

bem velhinho e nós o recebíamos com todo o respeito. O fato de que ele tenha sido um economista ortodoxo não significava nada. Ele foi um homem público de alta qualidade ao qual o Brasil deve muito — especialmente o ajuste macroeconômico de 1964-1966.

Como foi o Ministério do seu sucessor, o Maílson da Nóbrega?

Foi triste. Maílson foi um notável servidor público; depois de ter sido ministro se tornou um influente consultor econômico. Mas ele é um economista ortodoxo que não sabia o que era inflação inercial. Nem tinha capacidade de enfrentar os interesses americanos. Assim que assumiu o Ministério acabou com a moratória para, logo em seguida, voltar a ela por falta de reservas para pagar. No seu último mês no Ministério, fevereiro de 1990, a inflação alcançou 82%. Já não era mais uma simples inflação inercial; era uma hiperinflação. Muitos chamam a alta inflação que existiu entre 1980 e 1994 de hiperinflação. É um equívoco. Não existe na história do capitalismo uma hiperinflação que tenha durado catorze ou quinze anos. A nossa alta inflação durou quinze anos. Já uma alta inflação inercial pode durar muitos anos, porque a indexação torna a economia manejável. Eu sempre me lembro da visita que fiz ao Japão quando era presidente do Banespa (1983-1984), para visitar os bancos credores. A inflação no Brasil estava em 20% ao mês, mas não havia caos; havia uma certa ordem. Eu tentava explicar para os japoneses, mas eles não entendiam, ficavam muito espantados [risos]. Eles não conseguiam entender como uma economia podia funcionar assim. Eu dizia que não era uma coisa boa, que se tornava difícil prever e tomar decisões com uma inflação tão alta, mas não era impossível já que era bem organizada [risos]. A "organização" era a indexação, que, além de ser uma indexação informal, costumeira, tinha um elemento formal grande. A hiperinflação representa o descontrole absoluto, a falta de organização, com taxas de 50% ao mês. Isso tivemos no começo de 1990 quando o governo Sarney estava terminando.

14

Começa a longa semiestagnação

A crise fiscal do Estado

A experiência como ministro da Fazenda foi curta, mas intensa.

Eu aprendi muita coisa naqueles meses como ministro da Fazenda. Cheguei ao governo com três problemas: o da inflação inercial e o da crise fiscal do Estado, que eu conhecia e sabia o que era necessário fazer, e o da dívida externa, para o qual encontrei solução enquanto ministro.

Minha análise da crise fiscal do Estado foi pela primeira vez bem exposta um mês antes de eu assumir o Ministério da Fazenda. No começo de abril de 1987 fui a uma grande conferência sobre a América Latina na Universidade de Cambridge. Lá apresentei um trabalho, "Mudanças no padrão de financiamento do investimento no Brasil", no qual eu já mostrava como era grave a crise que o Brasil enfrentava desde 1980, quando se configurou a crise da dívida externa, uma crise financeira que levou à depreciação da moeda nacional e, em consequência, ao surgimento da inflação inercial, enquanto o Estado, obrigado a socorrer as empresas em crise, deixou de apresentar a poupança pública que fora essencial na década anterior para financiar os grandes investimentos públicos. Era curioso porque a minha convicção estava baseada não na abordagem ortodoxa ou liberal, mas principalmente na obra de um marxista americano, James O'Connor, que havia publicado em 1973 *The Fiscal Crisis of the State* — um livro claramente influenciado pela obra-prima de John Kenneth Galbraith, *O novo Estado industrial* (1967).

Durante os anos 1970 eu estudei a obra de Marx, e, no fim da década, entrei em contato com a teoria marxista do Estado — de Ralph Miliband, Nicos Poulantzas. Nos anos 1980, quando comecei a ver a crise brasileira, a alta inflação, a dívida externa, foi fácil perceber que estávamos também diante de uma crise fiscal, que eu chamei "crise fiscal do Estado" para deixar claro que não era um simples desequilíbrio fiscal, mas um problema mais profundo que tirara do Estado a capacidade de poupar e investir. Uma capacidade que fora fundamental para o Brasil se industrializar e se desenvolver até 1980. Esse *paper* fez, depois, parte de uma coleção de ensaios de que eu gosto muito, *A crise do Estado*.[137]

Nessa conferência aconteceram duas coisas muito agradáveis. Conheci o Eduardo Giannetti da Fonseca, que naquele momento estava apresentando sua tese de doutorado em Cambridge, e fiquei amigo do José Guilherme Merquior.[138] Em 1987 Merquior era o adido cultural na embaixada do Brasil no Reino Unido. Ele veio participar da conferência, conversamos, e ele se ofereceu para servir de meu guia na visita ao ótimo Museu de Arte de Cambridge. Naquela época eu sabia muito pouco de história da pintura; ele sabia tudo e foi um ótimo guia. Ficamos amigos naquele dia. Ele era um polemista, montara uma polêmica tola com a filósofa Marilena Chaui, acusando-a injustamente de plágio. Um amante não plagia o outro. Mas assim ele passou a ser detestado pela esquerda, embora fosse um notável intelectual e uma pessoa progressista. Era um social-liberal, talvez pudesse ter sido um liberal cívico se não houvesse morrido tão cedo.

Qual foi sua principal conclusão sobre a economia brasileira depois de sua experiência no Ministério da Fazenda?

Minha principal conclusão foi que a economia brasileira enfrentava uma crise profunda. Que não era apenas uma crise da dívida externa com alta inflação inercial. A crise fiscal do Estado — a perda da capacidade do Estado de realizar poupança pública para financiar seus investimentos — não dava sinais de que poderia ser resolvida. A carga tributária estava começando a aumentar, mas era para financiar os gastos sociais em educação e saúde — um dos elementos centrais do Pacto Democrático-Popular que presidiu a transição democrática. O governo teria apenas que contar com os investimentos privados, que dependiam das perspectivas de lucro das empresas. Mas essas perspectivas não eram boas não apenas porque ainda não havíamos resolvido os problemas da dívida externa e da alta inflação, mas também porque a crise fiscal limitava essas oportunidades. A ortodoxia liberal afirma que os investimentos públicos expulsam (*crowd out*) os investimentos privados, mas isso raramente é verdade, é apenas uma forma de legitimar as privatizações das empresas públicas monopolistas que os capitalistas rentistas e financistas cobiçam porque asseguram lucros certos, sem risco. Ao contrário, os investimentos públicos na infraestrutura e na indústria de insumos básicos criam demanda e, portanto, oportunidades de investimento para as empresas privadas. Na minha última semana no Ministério me lembro de ter feito uma conferência não escrita na qual fiz a análise dessa crise profunda, que se confirmou nos anos seguintes e da qual eu fiz um resumo em "A macroeconomia perversa da dívida, do déficit e da inflação no Brasil" (1990).[139] Já vivíamos então a semiestagnação brasileira que dura até hoje.

Depois de sair do Ministério da Fazenda, o senhor foi ao Japão em 1989, no auge do crescimento econômico daquele país.[140]

Exatamente. Fui convidado para participar de uma grande conferência em Tóquio, que tinha como tema "Uma comparação entre a América Latina e o Leste da Ásia". O subtítulo da conferência era "Entre países ricos em recursos naturais e países pobres em recursos naturais". Já estava ficando claro que enquanto os países latino-americanos pararam em 1980, os países do Leste da Ásia haviam continuado a crescer. Nem eu nem ninguém naquela conferência (éramos oito economistas latino-americanos e oito economistas do Leste da Ásia) tinha a menor ideia do que era a doença holandesa. Foi uma reunião muito bem organizada pelos japoneses, com a presença de um grande e selecionado público. Depois os organizadores da conferência publicaram um livro em inglês.[141] Eu apresentei um artigo, "A macroeconomia perversa da dívida, do déficit e da inflação no Brasil", no qual trabalhara muito naquele ano pós-Ministério.[142] O artigo era uma grande síntese da crise da economia brasileira dos anos 1980 — crise da dívida externa, da alta inflação, crise fiscal do Estado, pressão dos Estados Unidos para que adotássemos as reformas neoliberais do Consenso de Washington.

Naquela época já estava claro para mim a gravidade da crise brasileira — minha experiência no Ministério da Fazenda havia me mostrado o problema —, mas não sabia que ela duraria até hoje. Naquele momento estávamos sob forte pressão ideológica dos Estados Unidos, que afirmava que a estratégia desenvolvimentista — o modelo de substituição de importações — havia se esgotado, e que era preciso abrir a economia. Eu havia, até certo ponto, embarcado nessa onda neoliberal. Eu não tinha ainda uma crítica ao Consenso de Washington — algo que começaria a fazer logo em seguida. Mais amplamente, minhas críticas tanto da proposta neoliberal quando da proposta desenvolvimentista de esquerda para o Brasil não eram ainda satisfatórias. Eu só conseguiria realizar isso a partir dos anos 2000, quando comecei a grande aventura intelectual que tem sido o Novo Desenvolvimentismo. Seu primeiro resultado foi o livro *Macroeconomia da estagnação*, lançado em 2007.[143]

A crítica que o neoliberalismo fazia então era do "protecionismo" brasileiro. O modelo de substituição de importações seria intrinsecamente protecionista. Sua única justificação seria a do argumento da indústria infante, e por isso iniciei o processo de liberalização comercial. Foi só no quadro do

Começa a longa semiestagnação

181

Novo Desenvolvimentismo que compreendi que há um segundo argumento a favor de elevadas tarifas alfandegárias e subsídios para a exportação de bens manufaturados: a doença holandesa. E, se o país pretender crescer com déficit em conta-corrente e endividamento externo, um terceiro argumento. Nos dois casos o que o Brasil fez no seu período de grande crescimento (1930-1980) foi compensar com tarifas e subsídios a desvantagem competitiva representada pelo câmbio apreciado. A partir do momento em que a abertura comercial acabou com ambos, a desindustrialização e a estagnação se desencadearam.

Estava, porém, já claro o problema da crise fiscal do Estado. O Brasil crescera aceleradamente no quadro do nacional-desenvolvimentismo não apenas porque as empresas industriais tinham boas oportunidades de investimento, mas também porque o Estado tinha capacidade de poupar, diretamente ou através de suas empresas estatais, e, assim, financiar o investimento público. A partir dos anos 1980, porém, o Estado deixou de ser politicamente capaz de se defender contra a captura realizada (a) pelos rentistas e financistas sob a forma de juros, (b) pelos altos servidores públicos e políticos sob a forma de altos salários, aposentadoria privilegiada e corrupção, (c) pelos empresários sob a forma de subsídios e corrupção nas obras públicas, (d) pelos empresários, políticos e tecnocratas que lograram privatizar as empresas estatais monopolistas que eram uma fonte importante de poupança pública. A partir destas quatro capturas, o Estado brasileiro deixou de realizar a necessária poupança pública para que continuasse a investir e o país continuasse a crescer.

É justamente quando a estagnação econômica se instala no Brasil.

Sim, a partir de 1980 o aumento da produtividade na América Latina, inclusive no Brasil, se tornou muito baixo. Toda a América Latina, inclusive o Brasil, deixa de fazer o *catching up* e começa a ficar para trás dos EUA. E ficar brutalmente para trás de países que haviam começado a se desenvolver depois do Brasil, como a Coreia do Sul, Taiwan e a China. Por quê? Porque eles foram mais independentes do que nós, porque resistiram ao Consenso de Washington, porque não tentaram crescer com endividamento externo, e porque não tiveram o problema da doença holandesa. O grande erro em que os militares incorreram na segunda metade dos anos 1970 foi de tentar crescer com poupança externa. A profundidade da crise dos anos 1980 e a desmontagem do mecanismo que neutralizava a doença holandesa que fizemos ao realizarmos a abertura comercial explicam a quase-estagnação que dura até hoje. O ano de 1990 foi o ano em que o Brasil se rendeu ao neoliberalismo, ao "capitalismo financeiro-rentista". O Brasil e toda a América Latina. A partir da queda do investimento público e privado, que começou nos anos 1980 e até hoje não foi recuperado, começou a grande e longa semiestagnação brasileira.

ELEIÇÕES PRESIDENCIAIS DE 1989

No fim de 1989, para fechar a década, ocorre a primeira eleição direta para presidente da República em 29 anos. A disputa se dá entre Collor, Lula, Brizola e Covas.

Essas eleições traduziram o fracasso do desenvolvimentismo populista da nova democracia brasileira, que não soube superar o problema da dívida externa, da crise fiscal do Estado e da alta inflação inercial. Mais importante do que isso, elas refletiram o ressentimento do povo brasileiro com os políticos que realizaram o Plano Cruzado e o levaram ao fracasso. Eu tinha participado da fundação do PSDB em 1988 e nosso candidato natural era Mário Covas. Mas ele e todos os políticos que haviam lutado pela democracia durante tantos anos — e a alcançaram em 1985 — foram derrotados. Fernando Collor de Mello, um jovem arrivista, foi eleito com 30,5% dos votos. Lula, Leonel Brizola e Mário Covas tiveram respectivamente 17,2%, 16,4% e 11,5%; o dr. Ulysses, só 4,5%. Todos políticos notáveis, muito superiores a Collor. Não foi uma vitória dos liberais, que no final apoiaram Collor, mas uma derrota daqueles que lideraram a transição democrática, assumiram o governo em 1985 e fizeram o Plano Cruzado em 1986. O fracasso desse plano causou uma profunda decepção no povo brasileiro. Collor beneficiou-se dessa circunstância especial.

Em 1989 tivemos as primeiras eleições presidenciais diretas. Leonel Brizola ficou em terceiro lugar. Darcy Ribeiro, que era o vice do Brizola, disse que o Lula foi a estrela da esquerda que surgiu antes do momento dele, e fez a estrela antiga do Brizola se apagar.

Darcy tinha toda a razão. Quem devia ter ficado em segundo lugar naquela eleição era Brizola — um grande líder popular com uma grande ficha de serviços pelo Brasil. Lula, naquele momento, não estava preparado para ser presidente da República.

Lula chegou em segundo lugar e o PSDB debatia então apoiar Lula, apoiar Collor ou ficar neutro.

É verdade. No PSDB, eu fui o primeiro a apoiar Lula. Dei a ele meu apoio em um debate na *Folha*, quando o PSDB não havia ainda decidido quem apoiar. Anunciei meu apoio sem consultar ninguém. Para um partido que se supunha de centro-esquerda não havia alternativa. Apoiar Collor era impensável. Pouco depois, o PSDB decidiu mesmo apoiar Lula e então aconteceu uma coisa interessante. Decidido o apoio, o Lula se dispôs a vir agradecer ao partido. Foi marcada uma reunião no escritório do Montoro, que era na rua Colômbia (em São Paulo). O encontro foi marcado para as 8 horas da manhã. Estavam lá Montoro, Mário Covas, Fernando Henrique, Serra e eu. Chegou o Lula, apressado. Ele tinha pedido esse horário porque estava a todo vapor na campanha. Lula chegou sozinho. Sentou-se, a conversa foi muito rápida. Não sei se foi antes ou depois de agradecer o apoio que ele disse, muito francamente: "Ainda não estou acreditando que eu pudesse estar aqui hoje como candidato no segundo turno". Quando ele perdeu o debate para Collor, eu me lembrei do fato. Ele sabia que não estava preparado para ser presidente naquela hora. Quem estava preparado na esquerda eram o Mário Covas e o Leonel Brizola. Lula devia ter deixado o espaço para o Brizola, que tivera uma votação só um pouquinho menor que a sua.

O Tasso Jereissati não estava na reunião com o Lula?[144]

Eu acho que não estava, mas não estou seguro. Tasso foi meu aluno na FGV — aluno de graduação. Nos anos 1970 veio me visitar no Pão de Açúcar. Queria se associar conosco na abertura de um supermercado em Fortaleza. Ficamos muito amigos. Ele não era ainda político, mas logo se tornaria, seria eleito governador do Ceará; foi um grande governador e participou da fundação do PSDB. Um grande político. Sempre foi de centro-direita, mais liberal do que devia ser, mas um empresário e político competente profundamente comprometido com os interesses nacionais.

O senhor ainda não conhecia o Ciro Gomes?[145]

Creio que o conheci quando fui ministro da Fazenda, mas ele era bem moço naquela época. E eu já era uma personalidade política. Eu era um economista conhecido, ele lia minhas coisas e mostrava que lera. Eu nunca fui próximo do Ciro; fiquei mais próximo em 2018 quando dei a ele meu apoio nas eleições presidenciais. É um homem preparado para governar o Brasil. Tem tudo para ser um grande presidente pela centro-esquerda, enquanto o Tasso Jereissati tem quase tudo para ser um bom presidente pela centro-direita. Ele precisa apenas conhecer o Novo Desenvolvimentismo e ser menos liberal. Mas dificilmente um e outro serão presidentes.

Plano Collor

Em 1990, com a eleição de Fernando Collor de Mello para a Presidência da República, tivemos o Plano Collor, com o confisco das poupanças e uma nova troca de moeda. Como foi esse plano de estabilização? Por que fracassou?

O Plano Collor foi anunciado em 16 de março de 1990, no primeiro dia do novo governo eleito em outubro de 1989. Envolveu um grande ajuste fiscal e monetário, com a captura da poupança das pessoas. Não obstante, fracassou; a inflação em outubro havia chegado a 14% ao mês. O Ibrahim Eris, presidente do Banco Central, estava então voltando da Turquia, parou na África, provavelmente em Dakar, e um jornalista falou com ele brevemente. No dia seguinte saiu na primeira página da *Gazeta Mercantil* uma notinha em que o jornalista perguntava o que estava acontecendo na economia brasileira, por que a inflação já estava em 14% ao mês. O Ibrahim respondeu perplexo: "Não é a economia que está errada, é o mundo" [risos]. Era a perplexidade de um economista ortodoxo, muito inteligente, mas que não sabia o que era a teoria da inflação inercial e não conseguia compreender o que estava acontecendo no Brasil. O Plano Collor foi muito corajoso, mas errado...

O Plano Collor fracassou porque seus autores não sabiam o que era a inflação inercial e não consideraram o enorme desequilíbrio dos preços relativos que o congelamento de preços causou por não ter tido um mecanismo de neutralizar a inércia inflacionária. Em consequência deu enormes prejuízos para algumas empresas e enormes lucros para outras. Eu já falei sobre o enorme prejuízo que causou ao Pão de Açúcar por ser uma empresa que vende à vista e compra a prazo. Com o congelamento de preços a empresa ficou com um contas a pagar artificialmente alto porque nas suas compras ela já incluía a inflação prevista para o mês seguinte. Não sei quem deu a orientação econômica do Plano Collor, se a ministra Zélia Cardoso, o Ibrahim Eris, ou o Antonio Kandir, secretário de Política Econômica.[146] O fato é que nenhum deles sabia o que era inflação inercial e como neutralizá-la. Como a sociedade brasileira não suportava mais a alta inflação, que em janeiro e fevereiro se transformara em hiperinflação (cerca de 80% ao mês), o novo governo, diferentemente do governo Sarney, tinha todo o poder para resolver o problema. O populismo irracional que eu enfrentara com o Plano Bresser desaparecera. O Plano Collor teve um grande ajuste fiscal, um ajuste monetário envolvendo o confisco da poupança das pessoas. Foi um plano de uma ortodoxia absoluta e, no entanto, fracassou. Por um motivo muito simples.

Começa a longa semiestagnação

Porque seus formuladores não incluíram no congelamento dos preços a tablita de conversão que neutralizaria a inércia. Em consequência metade das empresas perdeu muito no dia do choque (a outra metade ganhou), e a inflação, inevitavelmente, voltou. O Pão de Açúcar, que eu voltara a dirigir ao lado do Abílio, estava na categoria das empresas que haviam perdido.

Portanto a inflação não cedeu, não obstante uma dura recessão, com o PIB mergulhando 4,3% em 1990.

Pois é, um completo desastre liberal-ortodoxo. Em abril de 1990, um mês depois de o plano ter sido lançado, quando todos estavam ainda apostando no sucesso do Plano Collor, chamei o Nakano para escrevermos um *paper*. Eu planejava ir à conferência dos economistas pós-keynesianos em Knoxville, Tennessee, no final de junho de 1990. "Vamos escrever um *paper* sobre o Plano Collor, dizendo que fracassou." Ele concordou. Se o Pão de Açúcar perdeu, outras empresas perderam. Existe uma lei fundamental na ciência econômica que é a lei do equilíbrio dos preços relativos ou a tendência à equiparação das taxas de lucro. A lógica do mercado é que a taxa de lucro tende a ser igual para todas as empresas em todos os setores. Se há um setor que está passando por grande expansão e apresenta taxas de lucro elevadas, os capitais se moverão em sua direção, a oferta de bens naquele setor aumentará, e os lucros voltarão a baixar em direção à média. Dado isso, o que iria acontecer nos próximos meses — e de fato aconteceu — é que as empresas que foram prejudicadas iriam ser obrigadas a aumentar seus preços mais que a inflação para recuperar sua taxa de lucro e, ao fazer isso, a inflação voltaria. Nós escrevemos o artigo "Hiperinflação e estabilização no Brasil: o primeiro Plano Collor", e o apresentamos no fim de junho na conferência bianual dos pós-keynesianos.[147] Eles não entendiam de inflação inercial, mas eram amigos e ficaram solidários conosco. Decidimos, então, ir a Washington, que era relativamente perto de Knoxville. Nós tínhamos lá pelo menos dois amigos que haviam trabalhado conosco no Ministério, e nossos amigos do FMI e do Banco Mundial que haviam trabalhado conosco enquanto estávamos na Fazenda. No Banco Mundial eu tinha relações muito boas porque havia iniciado a abertura comercial. No FMI, menos, mas eu tinha também estabelecido boas relações com eles. Nas duas visitas dissemos que o Plano Collor havia infelizmente fracassado. A inflação em junho já era de 6% ao mês. A resposta que tivemos nas duas conversas foi a mesma. Eles disseram: "De forma alguma, esse plano é um sucesso, esse plano fez tudo que deve ser feito para acabar com a inflação, fez ajuste fiscal e monetário sem erro, com coragem e determinação, e, portanto, vai dar certo". Eu argumentei: "É verdade que os ajustes fiscal e monetário foram corajosos, mas esqueceram da tablita e, portanto, esqueceram do equilíbrio dos preços relativos". Concordaram que não há lei mais importante na economia do que a da tendência à igualdade das taxas de lucro; que o sistema econômico só funciona se conduzir os preços nessa direção. Mas disseram que nós não entendíamos que podia haver exceções. Ou seja, que a lei da oferta e da procura podia ser cancelada... Bem, voltamos para o Brasil nem um pouco aliviados. Eles em Washington não faziam ideia do que era inflação inercial, e, portanto, não tinham ideia do que era a tablita. Não sabiam nada. É algo semelhante ao que acontece hoje: Washington e os economistas liberais brasileiros não sabem nada do Novo Desenvolvimentismo, não sabem da doença holandesa, dos juros altos para atrair capitais, do erro de tentar crescer com poupança externa. É sempre difícil aceitar novas ideias.

Estamos ainda em 1990, em junho. O senhor teve contato com Brasília naquela época, com Zélia, Ibrahim, Modiano...?

Nenhum contato com eles enquanto estavam no governo. Eu havia esquecido do Eduardo Modiano. Ele foi um dos cinco economistas da PUC-Rio que contribuíram para a teoria da inflação inercial. Não sei como ele aceitou o plano sem a neutralização da inércia. Eu acompanhei os acontecimentos com enorme interesse e preocupação. Escrevi uma série de artigos na *Folha* que, afinal, achei suficientemente importantes para transformar no pequeno livro *Os tempos heroicos de Collor e Zélia* (1991).[148] Quando Fernando Collor e sua ministra da Fazenda, Zélia Cardoso de Mello, chegaram ao poder no dia 15 de março, a inflação de fevereiro havia sido de 82% e caminhava para os 100%. Os dois revelaram muita coragem e pouca competência. Eu dou um grande valor à virtude da coragem, não desculpo o medo nos políticos, nas figuras públicas; já a falta de competência, eu critico mas compreendo.

Por que o senhor publicou esse livro? Qual foi a motivação? O plano fracassou e a Zélia saiu mal do governo.

Tudo aquilo que aconteceu naquele ano e meio dos Planos Collor 1 e 2 foi muito interessante, cheio de ensinamentos. E revelou coragem do presidente e da Zélia. Não sei se o livro vendeu bem. Eu gosto também do seu subtítulo, *Aventuras da modernidade e desventuras da ortodoxia*. De repente chegara ao poder um governo que, diante de uma inflação muito alta, teve a coragem de enfrentar o problema de maneira radical, envolvendo inclusive a captura das poupanças da população, como realmente era preciso fa-

Começa a longa semiestagnação

zer. Por isso, chamei de tempos heroicos. Nos meses finais do governo anterior, a alta inflação se transformara em hiperinflação. Sabemos como é terrível para um país ter governos imprudentes ou irresponsáveis; eles precisam ter prudência, mas há certos momentos em que você precisa de coragem e estávamos num momento desses. Muito mais tarde encontrei a Zélia em um aeroporto. Ela me agradeceu pelo livro, mas o plano foi realmente um ato heroico; não deu certo porque a equipe econômica não sabia o que era a inflação inercial e como neutralizá-la.

Como foi a recepção desse livro junto aos seus pares?

Ninguém me falou nada. Collor e Zélia saíram desmoralizados do governo e meu livro não os poupou. Mas reconheceu o esforço realizado. Eu fui contando a história através dos artigos que publiquei na *Folha*. Havia um erro fundamental, o da falta de tablita. Isso é uma coisa muito interessante porque quando você tem uma boa teoria, como é a teoria da inflação inercial, e essa teoria diz que se o plano de estabilização não neutralizar a inércia o plano não dará certo. E não deu. Não era um livro acadêmico, e eu não queria que o Collor perdesse a batalha contra a inflação; eu torci muito para dar certo. O Brasil precisava acabar com aquilo. Eu gosto desse livro porque ele conta uma história que é um fracasso, mas um fracasso que foi bonito. Eles tiveram coragem... num momento dramático do país.

Dezembro de 1991, acordo com o FMI

Fracassado o Plano Collor 2, com a Zélia ainda no comando, Marcílio Marques Moreira assume o Ministério da Fazenda em março de 1991. Começa então a ser gestado um novo plano, que o senhor chamou de "não plano", o André Lara Resende, de "Plano Nada", e o Chico Lopes, de "Plano Zero".

O plano não era do Marcílio, era do FMI; ele apenas subscreveu a carta de intenções. O André e o Chico Lopes entendiam de inflação inercial e sabiam que o plano não significava nada. O acordo com o FMI foi em dezembro de 1991. Envolveu um brutal aumento da taxa de juros que, somado ao ajuste fiscal que vinha do Plano Collor, promoveria a redução da inflação em 1992, inflação que, de acordo com a carta de intenções, deveria cair 2 pontos percentuais ao mês, de forma que no final do ano estaria praticamente zerada. Uma tolice neoclássica ou ortodoxa sem pé nem cabeça. É claro que a inflação não caiu obedientemente como o governo esperava. O efeito prático do "plano" foi o de ter mudado o nível da taxa de juros em torno do qual o Banco Central do Brasil realiza sua política monetária. O Estado passou a pagar ao setor privado juros escandalosamente altos, por quase vinte anos, que agravaram a crise fiscal do Estado, tendo representado uma enorme captura do patrimônio público por rentistas e financistas — não só nacionais, mas também estrangeiros. O ministro e seus assessores, assim como os técnicos do FMI, não compreendiam que uma inflação inercial não podia ser controlada assim. Saíram da reunião e deixaram que a inflação continuasse aumentando até o impeachment de Collor e a ascensão de um experiente político desenvolvimentista mineiro, Itamar Franco, à Presidência da República. Um político da melhor qualidade, um político republicano, que foi ridicularizado pelos neoliberais e pelo setor financeiro durante os dois anos que governou o Brasil, mas ao qual devemos, afinal, o controle da inflação em 1994 com o Plano Real.

OS DOIS MÉTODOS

O senhor já se referiu várias vezes ao método histórico e ao método hipotético. E critica a teoria econômica neoclássica porque adota principalmente o método hipotético-dedutivo. Pode explicar melhor isso?

Considero que existem dois métodos para estudar as ciências: o método empírico ou histórico-dedutivo, que é próprio das ciências substantivas, e o método hipotético-dedutivo, próprio das ciências metodológicas. As ciências metodológicas são as ciências que não têm um objeto, um sistema, para analisar, mas apenas um objetivo: ajudar a pensar. As principais ciências metodológicas são a matemática, a estatística, a econometria e a ciência da tomada de decisões. Já as ciências substantivas têm um objeto a ser estudado. São as ciências naturais, como a física e a biologia, ou sociais, como a economia e a sociologia. O método próprio dessas ciências é o método empírico ou histórico-dedutivo. É, em outras palavras, o "método científico", é a busca de regularidades e tendências que nos permitam estabelecer relações de causa e efeito e fazer previsões. As ciências substantivas e as ciências metodológicas distinguem-se também de acordo com seu critério de verdade. Para as ciências naturais e sociais o critério de verdade é a adequação à realidade, enquanto para as ciências metodológicas é a coerência lógica.

A grande tentação das ciências substantivas como a economia é adotar o método hipotético-dedutivo em lugar do histórico-dedutivo; é partir de alguns axiomas e deduzir o resto logicamente. Se o axioma for verdadeiro e a

Começa a longa semiestagnação

dedução obedecer aos princípios da lógica, a conclusão será verdadeira. E o que é melhor: o cientista poderá terminar a demonstração de um modelo da mesma forma que termina a demonstração de um teorema matemático — com a frase "como queríamos provar"... Para as ciências naturais, especialmente para a física e a astronomia, o método hipotético-dedutivo, ainda que sempre subordinado ao empírico-dedutivo, pode ser útil porque a regularidade de comportamento dos nêutrons e átomos é grande. Não é o caso das ciências sociais, que devem ser modestas quanto à sua reivindicação de verdade porque os seres humanos são razoavelmente livres, porque a regularidade dos seus comportamentos é bem menor do que a dos átomos ou das células. A teoria econômica neoclássica, porém, não resistiu a essa tentação e adotou o método hipotético-dedutivo. O resultado foi um belo castelo teórico sem base na realidade. Foi a construção de uma teoria econômica "pura" que tem no seu centro o modelo de equilíbrio geral e a tese das expectativas racionais. Um castelo no ar que serve apenas como legitimação ideológica do liberalismo econômico.

Como o senhor chegou a essas ideias?
Foi através de uma disciplina de metodologia científica para economistas que dei para os alunos de pós-graduação da FGV durante vinte anos. Aliás, o José Marcio Rego [um dos entrevistadores deste livro] foi um dos meus primeiros alunos nessa matéria optativa. Nos primeiros anos o curso concentrou-se na teoria do conhecimento, estudando filósofos epistemológicos como Thomas Kuhn, Karl Popper e Imre Lakatos, filósofos pragmáticos como Charles Peirce e Richard Rorty, e filósofos da economia como Mark Blaug, Wade Hands, Philip Mirowski e Deirdre McCloskey, além, naturalmente, da sociologia do conhecimento de Marx, Engels, Karl Mannheim e Pierre Bourdieu. Quando comecei a dar esse curso eu via Popper como autor da tese genial que, como Hume argumentou, não é possível provar como verdadeiras proposições empíricas, mas, se elas forem proposições testáveis ou falseáveis poderão ser consideradas verdadeiras enquanto não forem falseadas. Mais tarde, porém, deixei de admirar o filósofo austríaco, primeiro porque a ideia do falsificacionismo já estava presente no positivismo lógico do Círculo de Viena, e, antes deles, na obra de Charles Peirce; segundo, que seu conceito de "falsificacionismo sofisticado" representou o abandono do realismo e a queda no idealismo. De acordo com o falsificacionismo sofisticado não se deve abandonar uma escola de pensamento porque uma ou outra das suas afirmações foram falseadas. Com isso se limita a importância dos testes empíricos e torna-se possível legitimar, por exemplo, a teoria eco-

nômica neoclássica devido a sua coerência lógica, não obstante ela ser insistentemente falseada pelos fatos.

Depois de ensinar por quinze anos essa disciplina, eu cheguei, finalmente, à definição dos dois métodos (o histórico-dedutivo e o hipotético-dedutivo) e à crítica metodológica da teoria econômica neoclássica: esta é uma teoria essencialmente equivocada porque usa um método que não é apropriado para uma ciência substantiva, e porque produz, necessariamente, resultados equivocados.[149]

Há alguns anos, quando recebi o prêmio James H. Street Scholar da Association for Evolutionary Economics, dos Estados Unidos, escrevi um pequeno *paper* cujo nome é autoexplicativo: "Porque a economia deve ser uma ciência modesta e razoável". Deve ser assim porque deve adotar o método histórico-dedutivo. E, mais recentemente, publiquei no *Journal of Economic Methodology* o *paper* "Modelos históricos e silogismos econômicos", no qual amenizo um pouco a tese do artigo sobre os dois métodos.[150] Nesse *paper* eu distingo os modelos históricos dos silogismos econômicos. O que o pensamento neoclássico faz é pensar com base apenas em silogismos, os quais, por definição, são dogmáticos. Dogmáticos porque sua conclusão já está implícita na premissa maior do silogismo. Pensem, por exemplo, na lei das vantagens comparativas do comércio internacional. É um belo silogismo que diz: pressuposta a existência de pleno emprego e considerando-se apenas o curto prazo, se tivermos dois países, que produzem apenas dois produtos, X e Y, sendo a maior eficiência do país A em relação ao país B tanto na produção do produto X quanto do produto Y, mas sendo maior a eficiência de A na produção do produto X do que no Y, o país B terá uma "vantagem comparativa" na produção de Y, e, em consequência, o comércio entre os dois países será vantajoso para os dois países. Esse é um belo silogismo, mas só é verdadeiro se há pleno emprego e se apenas o curto prazo é relevante. Assim, esse silogismo tem pouca aplicação prática porque nem uma nem outra condição estão geralmente presentes: o pleno emprego é raro, e, o que é mais grave, quando falamos da escolha de bens e serviços para produzir estamos pensando em termos do desenvolvimento econômico que é, por definição, uma questão de longo prazo. Isso, porém, não impede que os economistas neoclássicos apliquem essa lei em todas as situações: haja ou não pleno emprego, e sem distinguir o curto do longo prazo. Ao fazerem isso não estão sendo economistas, mas ideólogos. Esses *papers* são importantes para mim porque me permitiram fazer uma crítica sólida e original da teoria econômica neoclássica. Há outras críticas como a da "controvérsia do capital" na qual a Cambridge inglesa criticou a Cambridge americana (a Universidade de Harvard fica na cidade de Cambridge, Massachusetts) por falta de coerência lógica. E há as muitas críticas à falta de realismo da teoria econômica neoclássica, mas esse tipo de crítica é relativo porque, afinal, o que é mais de acordo com a realidade?

Minha própria crítica mais as muitas críticas feitas por economistas heterodoxos de alto nível me tornaram profundamente convencido de que a teoria econômica dominante, neoclássica, que é ensinada nas grandes universidades, é uma teoria rigorosamente falsa. Isso é surpreendente, é esquisito mesmo. No campo da sociologia ou da filosofia eu jamais diria que as universidades ensinam visões falsas. Há debates, correntes de pensamento, com bons argumentos dos diversos lados. O caso da economia é diferente. Embora nos cursos de economia se ensine muita econometria, os economistas que ensinam a teoria econômica neoclássica ignoram os resultados econométricos empíricos que a falseiam. Ignoram porque seu critério de verdade não é a verificação empírica, mas a coerência lógica. Não sou contra os silogismos econômicos. Eles podem ser muito úteis. Mas sob uma condição, que eles sejam vistos como condicionais, jamais da forma dogmática que é própria da teoria econômica ortodoxa. Outra coisa que os economistas neoclássicos ignoraram foi o grande avanço representado pela teoria comportamental de Daniel Kahneman e Amos Tversky, baseada em testes de laboratório.[151] A pesquisa dos comportamentalistas demonstrou definitivamente que o *homo economicus*, absolutamente racional e egoísta, que é o axioma maior da teoria econômica neoclássica, não existe. Ignoraram e tentaram cooptar essa escola incluindo seus modelos no chamado *mainstream* — o conjunto de ensinamentos basicamente neoclássicos, mas não exclusivamente, que formam a ortodoxia econômica.

Quando me pedem para listar os cinco maiores economistas de todos os tempos cito Adam Smith, Ricardo, Marx, Marshall e Keynes. Todos pensaram historicamente, mas nos *Principles of Economics* (1890), Marshall pensou a economia de maneira hipotético-dedutiva. Ao fazer isso ele acabou facilitando a transformação da teoria econômica em mero sistema de legitimação do liberalismo econômico. Sua contribuição, porém, é válida porque ele abriu espaço para a construção de uma nova ciência, a Ciência da Tomada de Decisões, que mais tarde foi completada pela Teoria dos Jogos. Essa é uma ciência metodológica, como são a matemática e a estatística.

Vamos falar do "método do fato histórico novo"?

Vamos. Eu aprendi o "método do fato histórico novo" com Marx e Engels, com o materialismo histórico, mas não é necessário adotar o materialismo histórico para se pensar historicamente. Os grandes economistas como Adam Smith, Malthus, Keynes e Schumpeter pensaram historicamente. O que é essencial é situar o problema que está sendo estudado na história; é considerar as condicionantes sociais, econômicas, políticas, os interesses de classes e de grupo, as ideologias. É também levar a sério os resultados dos estudos econométricos. É estar sempre testando os modelos que adota e os modificando na medida em que as condições da realidade mudam.

No quadro mais geral do método histórico tem sido muito útil para mim o que eu chamo de "método do fato histórico novo". É uma coisa muito simples. Diante de uma realidade econômica ou política qualquer, você se pergunta se ela é nova. Se for nova é preciso perguntar qual era a realidade anterior e quais foram os fatos históricos novos que mudaram aquela realidade e resultaram na nova realidade. Esse é o método do fato histórico novo. É um método do qual me dei conta muito cedo na minha vida intelectual. Estou sempre pensando em escrever um bom ensaio sobre esse tema, mas ainda não escrevi. Quando você identifica um fenômeno histórico novo, você começa a organizar seu pensamento, você pergunta qual é ou quais são os fatos históricos novos que explicam o novo.

A primeira vez que usei essa teoria foi nos EUA, na carta que enviei ao meu amigo Luiz Antonio Eça. Quando vi Jânio sendo eleito com o apoio de toda a burguesia brasileira, inclusive a industrial, meus amigos e conhecidos liberais riram: "Então, como fica agora o modelo do ISEB, a revolução nacional brasileira, a grande coalizão de classes desenvolvimentista, esse tipo de coisa que você fica defendendo?". Minha resposta, então, foi que toda aquela análise era verdadeira ou havia sido verdadeira: o papel fundamental que Getúlio Vargas teve no desenvolvimento brasileiro, a importância da Revolução de 1930, a industrialização, a aliança de empresários industriais com os trabalhadores urbanos, o chamado pacto político nacional-desenvolvimentista, tudo isso havia sido verdade. Mas na segunda metade dos anos 1950 começaram a ocorrer fatos históricos novos que mudaram o quadro, que, principalmente, tornaram aquela aliança problemática. Um dia desses fui reler a carta e descobri que não incluí a Revolução Cubana de 1959 na relação dos meus fatos históricos novos, mas, evidentemente, ela deveria ter sido incluída, porque foi a causa da radicalização política da esquerda e da direita que inviabilizou o pacto nacional-desenvolvimentista. Os outros fatos históricos novos, que também inviabilizaram a coalizão de classes, foram a perda de poder dos exportadores de café com a grande queda no preço do café que aconteceu na segunda metade dos anos 1950, a consolidação do desenvolvimento industrial com a instalação da indústria automobilística no governo Juscelino Kubitschek, a aprovação da lei de tarifas em 1958 que havia garantido a política de proteção à indústria nacional, e o aumento da atividade sindical e do número de greves. Todos esses fatos novos foram importantes; eles explicavam por que o modelo do ISEB de coalizão de classes havia sido superado, e explicavam a crise do nacionalismo e a eleição de Jânio Quadros.

Tem outros exemplos do método?

Vejam, por exemplo, o caso da Grande Crise Brasileira. O Brasil cresceu de maneira extraordinária entre 1930 e 1980. Desde então, parou, ou cresceu muito pouco. O Gabriel Palma tem um gráfico impressionante nessa direção comparando o que aconteceu com o Brasil e com a Índia. Duas rotas opostas. Por quê? Eu ouço com frequência a resposta "Foi a educação", ou então, se o interlocutor for um economista liberal, "Foram as instituições". Ridículo. Não faz o menor sentido. O problema da educação o Brasil já tinha nos anos 1940, 1950, 1960, 1970. As elites brasileiras foram irresponsáveis em relação a esse problema. Só resolveram se preocupar com a educação recentemente, depois que em 1985 foi afinal garantido o sufrágio universal no Brasil. Mas essa irresponsabilidade não impediu que o Brasil crescesse nesses anos mais do que todos os outros países, exceto o Japão. A explicação de "falta de reformas" e "instituições que não garantem a propriedade e os contratos" é falsa. É claro que leis garantindo o bom funcionamento dos mercados são essenciais para o desenvolvimento econômico, mas os investimentos não caíram no Brasil a partir de 1980 porque os investimentos privados não estavam garantidos, mas porque diminuíram as oportunidades de investimento lucrativo. Por quê? Porque as liberalizações comercial (1990) e financeira (1992) desmontaram o mecanismo que neutralizava a doença holandesa e permitiram o aumento da taxa de juros para níveis exorbitantes. Esses foram fatos históricos novos. Como também o foi o fato de que a Crise da Dívida Externa dos anos 1980 quebrou o Estado brasileiro, o fez mergulhar numa crise fiscal estrutural que até hoje não foi superada. Em consequência a poupança pública virou despoupança e o investimento público caiu enormemente.

Falei na Crise da Dívida Externa, que foi trágica para o Brasil. Dois fatos históricos novos a determinaram. Um foi interno, a política de endividamento externo, de crescer com poupança externa do governo Geisel (1974-1978). Foi uma política desastrosa para o Brasil. O outro fato histórico novo foi a decisão do presidente do FED americano, Paul Volcker, de aumentar de maneira brutal a taxa de juros, de 11% em 1979 para 20% quando atingiu seu pico em 1981. O Brasil estava endividado em dólares, altamente, e entrou em profunda crise.

E a globalização? Foi um fato novo? Nós a percebemos tardiamente e reagimos mal a ela?

Sem dúvida, foi um fato novo. Especialmente porque além de ter sido um fato histórico associado à diminuição do custo e do tempo dos transportes e das comunicações que permitiu uma integração produtiva global, foi um projeto dos Estados Unidos. O projeto da globalização ou projeto neoliberal de abrir todos os mercados. Nós resistimos dez anos, mas afinal, em 1990, cedemos, nos subordinamos. Nós abandonamos o nosso regime de política econômica desenvolvimentista, que estava apoiado no pacto democrático-popular das Diretas Já, e nos entregamos ao liberalismo econômico. Desde 1990 nosso regime de política econômica é liberal, e seus efeitos, uma tristeza. Dilma Rousseff fez uma tentativa de sair fora, mas fracassou.

Uma coisa interessante — uma vertente clara no trabalho do senhor — é sua capacidade de periodização, de conseguir organizar as ideias e situá-las no tempo.

É verdade, eu tento ver o processo histórico como um todo, e, para isso, as periodizações são inevitáveis. Há um tipo de intelectual que rejeita esse método porque tornaria as análises amplas demais. Não concordo. Essa ideia de periodizar e classificar as coisas é inerente a quem acha que os modos de produção, as instituições e as ideologias constituem a história. É claro que existem análises históricas sobre temas e períodos específicos que são muito importantes. Você, João, fez uma bela análise histórica do impeachment.[152] Mas quando você quer pegar a história e transformar em teoria você precisa de classificações, de periodizações, e isso não é nenhuma novidade porque Marx já fez isso. Ele periodizou, então aprendi com ele a periodizar. É uma apresentação tão simples e tão brilhante a de Marx... infelizmente errada [risos], errada porque o socialismo não veio...

Sua crítica metodológica à teoria econômica neoclássica significa que não existem bons economistas neoclássicos?

De forma alguma. É claro que existem economistas ortodoxos de alto nível. Cito Paul Krugman, Jeffrey Sachs, Adair Turner, Dani Rodrik, Joseph Stiglitz, como existem economistas heterodoxos de alto nível, como Michel Aglietta, Robert Boyer, Paul Davidson, Jan Kregel, Robert Wade, Roberto Frenkel, Robert Guttmann, Gérard Duménil, Thomas Piketty, Eckhard Hein.

Começa a longa semiestagnação

Mas para um economista neoclássico poder ser considerado de alto nível há uma condição: que ele deixe de lado a teoria econômica neoclássica que aprendeu na universidade. A receita completa é simples. Para ser um economista neoclássico e ao mesmo tempo ser um notável economista é preciso que, primeiro, seja dotado de grande inteligência, capacidade de raciocínio abstrato; segundo, tenha aprendido o que denomino "teoria econômica geral" — o conjunto de conceitos e modelos muito simples que todo economista deve conhecer, inclusive os princípios básicos do pensamento keynesiano, como a armadilha da liquidez e a política macroeconômica contracíclica; terceiro, tenha uma razoável experiência em analisar a economia de seu próprio país e a economia mundial; quarto, tenha alcançado uma relativa maturidade intelectual; e, quinto, tenha "esquecido" o equilíbrio geral, as expectativas racionais. Dou um exemplo, o livro de Paul Krugman, *Um basta à depressão econômica* (2012).[153] É um livro de intervenção muito simples, analisando a Crise Financeira Global de 2008 e a Crise do Euro que começou em 2010. Não é uma coleção de artigos, mas um livro autônomo. Dou um doce para quem encontrar no livro algum conceito neoclássico. Ele usou sua inteligência, sua experiência, seu conhecimento da teoria econômica geral, sua própria maturidade e escreveu um ótimo livro.

Certo, mas eles não partem para o confronto.

E por que partiriam para o confronto aberto? Stiglitz e Krugman ganharam o Prêmio Nobel de Economia escrevendo teses neoclássicas. Ensinam em departamentos de economia neoclássicos. Não estudaram a crítica da teoria econômica neoclássica. Por isso não partem para o confronto; simplesmente esquecem.

15

Liberais e desenvolvimentistas

ECONONOMISTAS ORTODOXOS E HETERODOXOS

Vamos ler, aqui, uma frase do Mário Henrique Simonsen que encontramos numa coluna dele de 1991, com várias indiretas e ironias, típicas dele. Marca bem como os ortodoxos viram todos os experimentos econômicos da década de 1980: "A ciência moderna desenvolveu-se com base no princípio de indução formulado por Francis Bacon: se uma experiência leva aos mesmos resultados num grande número de repetições, é altamente provável que ela continue dando o mesmo resultado na próxima repetição. Nossos economistas heterodoxos, em estreita colaboração com seus colegas argentinos, parecem ter inventado o princípio da contraindução: uma experiência que dá errado várias vezes deve ser repetida até que dê certo". Qual a sua reação a essa frase?

Mário Henrique estava cansado e disse uma tolice. Um regime de política econômica pode ser desenvolvimentista ou liberal. Da mesma forma, um economista pode ser liberal e portanto ortodoxo, porque a ortodoxia é liberal desde os anos 1980, ou pode ser desenvolvimentista; pode defender a exclusão do Estado na coordenação da economia, ou defender uma intervenção moderada. E há economistas tanto competentes quanto incompetentes. Há muitos incompetentes, tanto liberais quanto desenvolvimentistas. A diferença está em que o desenvolvimentista competente aprenderá sempre com a realidade porque seu critério de verdade é a adequação da teoria à realidade, enquanto o economista liberal, em princípio, ignora que a realidade falseou sua teoria, não apenas porque a capacidade de previsão dos modelos neoclássicos é mínima, mas também porque seu verdadeiro critério de verdade não é a adequação à realidade mas a coerência lógica. Mário foi um notável economista liberal em um governo desenvolvimentista — o governo Geisel. Ignorar a falta de correspondência entre a teoria e a realidade é um mal específico dos economistas ortodoxos porque eles pensam de forma hipotético-dedutiva — um método que dispensa a validação pela realidade. Mário não ignorava a realidade; foi um economista liberal-desenvolvimentista. Sua prática no Ministério da Fazenda nada tem a ver com o neoliberalismo dos nossos pobres economistas liberais de hoje. Sua principal contribuição à teoria econômica foi o seu conceito de "realimentação inflacionária" que está na base da teoria da inflação inercial.[154]

Lembrei-me, agora, de uma das últimas vezes que vi o Mário Henrique. A inflação estava a mais de 20% ao ano, e o Reis Velloso, preocupado, organizou no segundo semestre de 1992 um encontro para que um conjunto de economistas pudesse oferecer ideias ao segundo ministro da Fazenda do governo Collor, Marcílio Marques Moreira, que estava evidentemente sem saber mais o que fazer. Em dezembro de 1991 ele havia assinado um acordo incompetente com o FMI que naturalmente não resolveu o problema da inflação, já que não neutralizava a inércia inflacionária; pelo contrário, a inflação continuou a crescer. Para a reunião ele veio acompanhado por dois jovens diretores do BC, ambos da PUC-Rio: o Armínio Fraga e o Pedro Bodin. Os economistas presentes nessa reunião no Rio de Janeiro foram o Mário Henrique, o André Lara Resende, o Persio Arida, o Maílson da Nobrega, o Affonso Celso Pastore, e eu. O Velloso, que não era um macroeconomista, estava esperando que os economistas presentes falassem alguma coisa para o ministro. O Mário Henrique era o economista mais ilustre presente; ele sabia o que era a inflação inercial e como enfrentá-la, mas não disse nada. Estava desmotivado, não acreditava em mais nada. Era uma frustração profunda de alguém que via o país ter entrado numa grande crise e não saber sair dela. Apenas o André e eu falamos firmemente o que era necessário fazer — como neutralizar a inflação inercial.

Mas estava na reunião um crítico dos planos heterodoxos, Affonso Celso Pastore.

É verdade. Com relação ao Pastore, vale a pena narrar alguns episódios. Eu conheço o Pastore desde os tempos dos seminários do Delfim na FEA, nos anos 1960, quando ambos fazíamos nosso doutorado. Ele fazia parte do grupo, mas não era orientando do Delfim. Eu sempre respeitei e continuo respeitando o Pastore como economista. Na sua tese de doutorado, apresentada no final dos anos 1960, ele liquidou com a teoria estruturalista da inflação.[155] Ele fez uma pesquisa e mostrou que mesmo no Nordeste a elasticidade-preço dos agricultores, sua reação às variações de preços, era forte. Já não funcionavam, portanto, os "pontos de estrangulamento na oferta" que estavam na base da teoria estruturalista; não era verdade que os agricultores de uma região pobre e atrasada não reagiam aos aumentos de preços com aumento da produção, abrindo espaço para o aumento dos preços e a inflação. Essa era a tese de toda a esquerda, era a tese com que eu simpatizava. O Pastore encerrou o assunto, no meu entender. Aquela teoria, afinal, talvez fosse boa para países muito atrasados, e o Brasil já havia ultrapassado esse estágio.

O segundo episódio foi na década seguinte. Pastore era o presidente do Banco Central e eu presidente do Banespa. Eu havia escrito com o Nakano os nossos dois artigos fundamentais sobre a teoria da inflação inercial.[156] Em 1983, como presidente do Banespa, fui visitar o presidente do Banco Central, o Pastore, no seu gabinete aqui em São Paulo, na avenida Paulista. Conversamos amavelmente e, no final da entrevista, dei a ele os dois *papers*. Mais de um ano depois, no final de 1984, fui outra vez visitar o Pastore, que estava chegando perto do fim da sua gestão. Uma visita protocolar, mas simpática. Eu havia visto o Pastore fazer um enorme esforço para acabar com a inflação em 1983 e 1984. Dado ser um monetarista ferrenho, ele usou todas as políticas monetaristas de praxe, mas a inflação não cedeu. Quando eu estava saindo, ele se vira para mim e diz da forma enfática que é própria dele: "Bresser, eu fiz tudo para baixar a inflação, mas ela não baixou". E eu fiquei ali com vontade de dizer: "Se você tivesse lido meus dois *papers* você teria entendido por quê", mas não disse nada. Seria indelicado com um colega e economista e um homem público que fizera tudo o que podia para controlar a inflação.

No final dos anos 1980 e início dos 1990 o Banco Mundial organizou vários almoços no Maksoud Plaza e convidava economistas brasileiros para que debatessem. Pastore e eu participávamos. Foram bons debates, porque o Pastore não aceitava de jeito nenhum o conceito e a teoria da inflação inercial. Continuava a acreditar que a causa da inflação eram os déficits públicos e o aumento da quantidade de moeda para financiá-los — uma teoria que está hoje completamente desmoralizada junto aos próprios economistas ortodoxos. Mais tarde, diante da evidência da inércia inflacionária e o sucesso do Plano Real, o Pastore encontrou um jeito de compatibilizar a inflação inercial com sua perspectiva monetarista. Eu nunca me interessei em saber como ele conseguiu fazer isso. Deve ter usado o conceito de expectativas que são essenciais para o funcionamento do mercado, e, portanto, importantes para a teoria econômica, inclusive a teoria da inflação inercial. A diferença entre os economistas ortodoxos e os heterodoxos competentes é que os primeiros julgam relativamente fácil mudar expectativas desde que o governo adote as políticas fiscais e monetárias corretas, enquanto os heterodoxos sabem que as expectativas estão relacionadas com a realidade concreta da luta pelo equilíbrio dos preços relativos. Por isso, quando o monetarismo estava no auge, em 1979 na Argentina e em 1981 no Chile, equipes econômicas ortodoxas, em um quadro de minidesvalorizações cambiais (*crawling peg*), tentaram controlar a inflação através de ajuste fiscal e da indicação de queda da inflação através de minidesvalorizações inferiores à taxa de inflação, e o resultado foi desastroso.[157]

E houve um fenômeno mais recente. Em 2007, quando publiquei *Macroeconomia da estagnação*, já estava claro para mim que a economia brasileira estava presa em uma armadilha macroeconômica de juros altos e câmbio apreciado. Os economistas heterodoxos, inclusive meu amigo no Ministério da Fazenda, Guido Mantega, também heterodoxo, não me ouviam. Não tive dúvida, então, de procurar o Pastore para dizer a ele que estava muito preocupado com a economia brasileira e com a altíssima taxa de juros que estava sendo praticada. Ele ficou surpreso que eu o procurasse, mas a conversa foi amável.

Finalmente meu breve debate com ele. Em fevereiro de 2010, o Pastore escreveu um artigo no *Estadão* defendendo a política de crescimento com poupança externa. Era a política que o governo Lula estava adotando. A crítica à política de crescimento com endividamento ("poupança") externa é central no Novo Desenvolvimentismo. Como respeito o Pastore como economista, resolvi fazer uma crítica a ele e o *Estadão* a publicou. Sei que ele é um homem emotivo, mas sua reação violenta, muito agressiva, me surpreendeu. Eu havia feito o artigo entendendo que estava discordando dele mas, ao mesmo tempo, o homenageando. Eu não faço críticas a economistas de segunda categoria. Mas ele não entendeu isso. Diante da resposta, Fernão Bracher leu com cuidado meu artigo e achou que havia uma frase que Pastore poderia ter achado ofensiva. Reli recentemente o artigo e não encontrei nada. Eu escrevi uma nova resposta, mas o *Estadão* não publicou. Os quatro artigos do debate estão reunidos no meu site em um único arquivo.[158]

A CRÍTICA AO NEOLIBERALISMO

O senhor foi convidado a dar uma aula magna na ANPEC no fim de 1990. Como foi essa experiência?

Esta aula foi uma oportunidade para que fizesse uma análise da transformação ideológica pela qual estava passando o mundo com a virada neoliberal. Eu estava procurando entender a crise que o Brasil estava vivendo, a qual, em grande parte, refletia o que estava acontecendo no mundo. Não estava ainda claro para mim a virada para o neoliberalismo. Mas eu havia escrito recentemente um *paper*, "O caráter cíclico da intervenção estatal", que mostrava que as reformas neoliberais eram o resultado de um processo cíclico.[159] Na aula magna, "A crise da América Latina: Consenso de Washington ou crise fiscal?", eu avancei essa ideia de intervenção cíclica do Estado e fiz uma primeira crítica ao Consenso de Washington — um conceito que até então era desconhecido no Brasil. Meu argumento então foi que para o Consenso de Washington as causas da crise latino-americana eram (a) o excessivo crescimento do Estado, traduzido em protecionismo (o modelo de substituição de importações), (b) empresas estatais ineficientes e em número excessivo; e (c) e o populismo econômico, este definido pela incapacidade dos países em desenvolvimento de controlar o déficit público e de manter sob controle as demandas salariais tanto do setor privado quanto do setor público.[160] Desde meu tempo como ministro da Fazenda, em 1987, eu vinha discutindo o problema da "crise fiscal do Estado", que foi consequência de o Estado não ter feito o ajuste macroeconômico que o primeiro choque do petróleo (1973) exigia para, assim, manter sua capacidade de apresentar uma poupança pública que lhe permitisse financiar os investimentos necessários na infraestrutura e na indústria de insumos básicos. As ideias sobre essa crise foram depois resumidas no meu livro *A crise do Estado* (1992). Esse livro reflete tudo que eu pensei a respeito da economia brasileira enquanto estive no Ministério e logo depois: de 1987 até 1992. Estava então claro para mim que a economia brasileira enfrentava uma crise profunda que não era apenas uma crise fiscal; era uma crise do Estado, uma crise que decorrera do excesso de endividamento público e principalmente de endividamento externo durante o governo Geisel, que, no quadro da crise financeira, se tornou dívida externa.

A eleição de Fernando Collor e o abandono do regime de política econômica desenvolvimentista em favor de um regime liberal expressos na abertura comercial e financeira de 1990 e 1992 significaram o abandono do nacional-desenvolvimentismo, que fora tão bem-sucedido até 1980, e a submissão do Brasil ao Consenso de Washington. Esses problemas estão já presentes na aula magna de 1990, "A crise da América Latina: Consenso de Washington ou crise fiscal?". No título havia uma interrogação, mas estava claro para mim que havia uma crise fiscal, que refletia a nossa preferência pelo consumo imediato, a qual era agravada pela pressão externa em favor das reformas liberais. Estávamos diante uma crise econômica e política que refletia o fato de que não tínhamos mais um projeto nacional, somado à imposição pelo Império de um novo regime de política econômica — o regime liberal ou neoliberal.

Liberais e desenvolvimentistas

Minha atenção para o Consenso de Washington foi despertada por um pequeno artigo que o Pedro Malan publicou no *Brazilian Journal of Political Economy* sobre a reunião da qual participara em 1989, na qual John Williamson definiu o Consenso de Washington. Eu creio que foi a primeira crítica a esse consenso feita no Brasil. Mas não foi uma crítica suficientemente forte, porque não estava então claro para mim qual era a alternativa ao neoliberalismo. Uma crítica mais forte foi feita cinco anos depois, em uma nova conferência em Washington, em 1994, por José Luís Fiori, que participou junto comigo dessa conferência. O Fiori, mais de esquerda e sem se preocupar com uma política alternativa, fez uma crítica implacável ao Consenso de Washington. Errou, porém, em seu artigo desse ano ao ter misturado o problema do Consenso e seu caráter neoliberal e antinacional com o Plano Real, que nada teve de neoliberal — ele foi uma solução heterodoxa para o problema da alta inflação inercial.[161]

No final de 1989, o Adam Przeworski, que havia obtido um financiamento da Fundação MacArthur, me convidou para participar de um grande projeto de pesquisa que ele iria liderar.[162] O tema eram as reformas econômicas nas novas democracias que haviam surgido nos anos 1980. Em quatro reuniões realizadas cada uma em uma cidade diferente do mundo, um grupo de cerca de vinte intelectuais, principalmente cientistas políticos, discutiram as reformas econômicas que estavam sendo introduzidas depois das transições democráticas que haviam acontecido na América Latina e na Turquia nos anos 1980. A pesquisa refletia o interesse dos Estados Unidos por reformas neoliberais na periferia do capitalismo, mas nenhum dos participantes a pensou nesses termos. Na verdade, era uma continuidade da pesquisa sobre transições democráticas que Guillermo O'Donnell, Philippe Schmitter e Laurence Whitehead haviam coordenado um pouco antes, e da qual Adam havia participado.

Da minha parte o resultado principal da pesquisa foi eu ter descoberto em Adam e em sua mulher, Joanne, dois grandes amigos. O resultado acadêmico foi nós dois mais José María Maravall termos publicado em 1993 o livro *Reformas econômicas em novas democracias*.[163] Maravall é um notável cientista político espanhol que foi ministro da Educação da Espanha nos primeiros seis anos do governo de Felipe González. Minha contribuição para o livro baseou-se na crítica ao Consenso de Washington que eu realizara na aula magna da ANPEC. Fizemos, portanto, antes uma crítica do que um endosso das reformas econômicas que estavam sendo então realizadas. Esse livro, publicado originalmente pela Cambridge University Press, foi muito bem recebido. A versão em português saiu três anos mais tarde.

E a sua crítica à virada do Banco Mundial, que passou a apoiar o Consenso de Washington?

Ao mesmo tempo, fui convidado pela Brookings Institution para fazer parte de um grupo de economistas que ajudaria a escrever a segunda história do Banco Mundial.[164] A primeira história havia sido publicada depois que o Banco completara 25 anos; agora estava completando cinquenta anos e a Brookings ficou encarregada de escrevê-la. Além da história propriamente dita, um economista de cada continente foi convidado para participar do projeto com um volume separado sobre a história do banco.[165] Eu fui convidado para responder pela América Latina. Entre os três economistas que lideraram o projeto, Richard Webb, que havia sido presidente do Banco Central do Peru, foi quem manteve contato direto comigo. Era um peruano radicado nos Estados Unidos, muito simpático e algo tolo. Eu supunha que quisessem que eu escrevesse um ensaio sobre os empréstimos do Banco na América Latina, mas eu estava mais interessado em compreender e discutir a mudança de orientação do Banco a partir de 1980. Eu perguntei duas vezes ao Richard Webb o que ele e seus colegas estavam esperando que eu escrevesse e sua resposta foi invariável: "Você pode escrever sobre o que quiser". Eu escrevi então o artigo "Development Economics and the World Bank's Identity Crisis" — um trabalho pioneiro sobre a virada neoliberal ocorrida no Banco Mundial em 1980-81 com a eleição de Ronald Reagan. O Banco, que originalmente fora desenvolvimentista — fora o principal centro intelectual do desenvolvimentismo em conjunto com a CEPAL —, havia deixado de ter esse papel, passara a ser o encarregado de assessorar os países em desenvolvimento e pressioná-los para que fizessem as reformas. Estava, portanto, numa crise de identidade. Não aceitaram o artigo e eu o publiquei sem dificuldade em uma excelente revista acadêmica, o *Review of International Political Economy*.[166]

No meio dessa história, Richard Webb propôs que eu escrevesse sobre a minha experiência na negociação da dívida. Achei boa a ideia e escrevi o *paper* "The Turning Point in the Debt Crisis", ao qual já me referi quando falei sobre a negociação da dívida externa e o Plano Brady. Afinal, também não foi publicado pela Brookings Institution [risos]. Vejam que eu não estava disposto a me submeter docemente ao Império [risos]. Publiquei esse artigo em 1999 no *Brazilian Journal of Political Economy*.

Mas no governo FHC o senhor se aproximou do liberalismo.

É verdade. Avaliando hoje, a segunda metade dos anos 1990 foi o tempo em que mais me aproximei do liberalismo. Foi então que eu me interessei

Liberais e desenvolvimentistas

pelo social-liberalismo de Norberto Bobbio, cuja obra estudei com relativa profundidade, e, em 1994, viajei para Turim para entrevistá-lo sobre esse socialismo liberal.[167] O socialismo liberal de Carlo Rosselli.[168] Foi quando escrevi um artigo sobre a terceira via que foi publicado em livro organizado por Anthony Giddens.[169]

Mas hoje o senhor é um grande crítico do neoliberalismo.

É também verdade. A experiência dos governos Collor e Fernando Henrique no Brasil, assim como a experiência dos governos neoliberais dos demais países latino-americanos nos anos 1990, foi definitiva. Isso começou a ficar claro para mim no início da década, na minha aula magna na ANPEC em dezembro desse ano, mas o fracasso das reformas neoliberais foi muito maior do que eu esperava. Reformas institucionais são sempre necessárias. Entre elas há reformas que fazem o mercado e o capitalismo funcionarem melhor. Já as reformas neoliberais são enviesadas, equivocadas. A coordenação econômica do capitalismo é necessariamente o resultado de leis e políticas do Estado e do bom funcionamento do mercado. As reformas neoliberais são produto do fundamentalismo de mercado, como era fundamentalista o seu oposto: o estatismo da União Soviética. Geralmente as sociedades vão procurando regular o mercado, torná-lo mais eficiente, nos setores em que existe naturalmente competição, enquanto definem políticas públicas para regular as atividades não competitivas e os cinco preços macroeconômicos. As reformas neoliberais vão contra a natureza das coisas e tentam excluir a coordenação do Estado dos setores intrinsecamente não competitivos. Por isso não param de fazer reformas. Precisam sempre fazer mais e mais reformas, porque as sociedades, que são mais realistas que os ideólogos neoliberais, voltam a requerer a intervenção moderada do Estado assim que os políticos neoliberais fracassam e perdem o poder. O neoliberalismo está condenado a fazer reformas permanentemente. Porque dada a complexidade do capitalismo, o Estado é chamado para intervir o tempo todo. E vai intervindo. Isso faz parte da dinâmica do sistema. Tem o mercado e o Estado e ambos têm que trabalhar juntos, um completando o outro. Isso é o desenvolvimentismo; é a alternativa ao liberalismo econômico. Há alguns anos eu descobri que não havia uma alternativa ao liberalismo econômico e passei a usar a palavra desenvolvimentismo. Não existe essa palavra. Algumas dizem "social-democracia". Mas social-democracia é um regime político. Outros falam em "economia mista", mas mista de quê? Eu decidi usar a palavra desenvolvimentismo. É uma palavra relativamente recente, mas diz bem qual é o regime de política econômica próprio do capitalismo: um regime no qual haja uma intervenção moderada do Estado na economia e uma perspectiva clara de nação.

SER UM POLÍTICO OU UM INTELECTUAL?

O senhor considerou virar político, pelo PSDB, nesse momento?
Conforme já contei, em dezembro de 1987, quando saí do Ministério da Fazenda, decidi voltar às minhas atividades na FGV e também na direção do Pão de Açúcar, mas agora sem funções executivas. A política voltou a ficar em segundo plano. Assumi uma bela sala ao lado do Abílio, do Alcides e do Arnaldo, no prédio novo da empresa, na avenida Berrini, ajudei a resolver a crise familiar e a crise financeira da empresa. E resolvi procurar um psicanalista junguiano. Eu já tinha tido antes, entre 1974 e 1977, um analista freudiano, Carlos Heliodoro Pinto Affonso, que me ajudou bastante a pensar e a ganhar mais independência.[170]

Onze anos depois, ao sair do Ministério da Fazenda, eu tinha um problema principal a resolver. Eu estava terminando meu trabalho no Pão de Açúcar e precisava pensar no que faria em seguida. Gilda Portugal Gouvêa, que foi minha assessora no Banespa, na Secretaria de Governo e no Ministério da Fazenda — uma notável assessora política —, indicou o Nairo Vargas, um excelente analista junguiano. Uma vez por semana, durante três ou quatro anos, eu conversava com ele. Era uma boa conversa, com um homem inteligente e agradável. Eu tinha uma questão fundamental a resolver: se eu seria um intelectual, um político, ou um administrador e ganhar mais dinheiro. Como decidi logo que sairia do Pão de Açúcar assim que resolvesse o conflito familiar, ficou claro que não queria ganhar mais dinheiro. Já tinha o suficiente. A minha questão, especialmente em 1993, era se deveria escolher ser político ou intelectual. Eu tinha uma coisa clara para mim: só iria optar por ser um intelectual em tempo integral se eu me convencesse que poderia ser um intelectual de primeira linha; ser intelectual de segunda classe não vale a pena.

O problema se tornara urgente porque o Mário Covas me convidara a sair candidato... O convite era muito relativo, mas eu o levei a sério. Muitas pessoas diziam que eu devia me candidatar. O meu pai achava que eu devia ser candidato; ele havia sido político, não teve êxito na política, mas ele tinha uma ideia muito forte da responsabilidade do homem público pelo seu país. Ele era um republicano que colocava o interesse público acima do interesse particular. Eu aprendi com ele o republicanismo prático; o político, teórico, eu só aprenderia mais tarde. Já minha mulher era contra; Vera Cecília não achava que eu deveria ser político. Para tomar a minha decisão eu conversei com Deus e todo mundo naquele ano de 1993. Eu sabia que precisava decidir logo, porque se fosse pela afirmativa, eu deveria iniciar a minha campanha para deputado federal no começo de 1994. Eu pensava, pensava, pensava. Num determinado dia, no dia 15 de janeiro de 1994, eu encontrei a Lídia Goldenstein, minha velha amiga do grupo do CEBRAP. Ela estava na casa de meu amigo empresário, Beto Bielawski. Perguntei-lhe o que achava, e ela disse: "Eu acho que a sua contribuição ao Brasil como intelectual será maior que a sua contribuição como político". Eu fiquei feliz com aquela resposta e quase me decidi naquele momento. No dia seguinte, encontrei o meu então genro, Hélcio Tokeshi, e perguntei a mesma coisa.[171] A resposta dele foi quase que letra por letra igual à da Lídia. Encerrei então a discussão comigo. Não seria mesmo político. Embora já tivesse uma obra publicada razoável, até então eu só havia me dedicado aos estudos de forma integral nos três anos que se seguiram à minha entrada na FGV. A partir daquele momento apostaria na minha capacidade intelectual e dedicaria tempo integral aos estudos.

O senhor foi ministro de Estado nos anos 1980 e 1990, tendo comandado a economia brasileira. Foi presidente de banco público e secretário da Casa Civil. É professor emérito da FGV, livre-docente na USP e tem livros publicados em diversas línguas, tendo, inclusive, dirigido o Pão de Açúcar, que lhe deu autonomia financeira para poder se dedicar à vida intelectual, dar aulas, escrever. Qual é a sua relação com o poder, agora que o senhor se aproxima dos 85 anos de idade?

Desde muito jovem acreditei que temos um dever para com a nossa sociedade — que o objetivo político maior é o bem comum. Mas havia também meus interesses pessoais. Um dia, quando eu não tinha ainda vinte anos, me perguntei: "Quais são os três objetivos fundamentais que as pessoas buscam de um ponto de vista egoísta? Elas buscam poder, dinheiro e prestígio. E se eu tiver que escolher entre uma dessas três, qual delas?". Minha resposta foi imediata, "o prestígio" — talvez porque era o interesse que conflitava menos com o objetivo do bem comum ou do interesse público. Eu era um jovem ambicioso, e sempre me lembro de uma aula no Colégio São Luís, primeiro ano do curso médio, uma aula de filosofia do padre Rossetti. O professor fez um risco vertical na pedra, depois fez risquinhos horizontais na parte superior da linha vertical e disse: "Esses riscos horizontais significam os níveis de aspiração de uma pessoa; o que vocês precisam saber é onde vocês se situam, aqui embaixo ou lá em cima, se vocês têm pequenas ou grandes aspirações". Ele estava falando de uma forma elegante e jesuítica que devíamos ser ambiciosos e escolher os níveis superiores. Ele dizia: "Como vocês pertencem à elite paulista" (o Colégio São Luís tinha, então, essa função), "vocês têm a obrigação de estar aqui em cima". Eu não tinha dúvida alguma, eu queria estar lá em cima. Eu queria ser um escritor, um sociólogo, um economista, o que fosse. Mas queria ser uma pessoa que tivesse uma contribuição para a sociedade no plano das ideias e fosse respeitado por isso.

Liberais e desenvolvimentistas

16

Um *think tank* no governo

O CONVITE DE FERNANDO HENRIQUE CARDOSO

Quando o senhor foi convidado por Fernando Henrique Cardoso para colaborar em sua campanha à Presidência?

Tomada a decisão de não me tornar um político profisional, viajei para os Estados Unidos. Um pouco depois da minha volta, creio que em abril, recebi um telefonema do Fernando Henrique. Ele me convidava para ser o tesoureiro de sua candidatura à Presidência da República. Eu não podia recusar. Ele era meu amigo, compartilhávamos as mesmas ideias em relação à democracia e ao Estado de bem-estar social, estávamos no mesmo partido político. Eu o visitava habitualmente quando ele tinha uma casa em Ibiúna perto da minha. Algumas vezes ele e sua mulher, a forte e tranquila Ruth Cardoso, com a qual eu me dava muito bem, vinham jantar conosco. Na visita de outubro de 1993, estando ele no Ministério da Fazenda, eu disse a ele que se levasse adiante o Plano Real, cuja orientação básica eu conhecia perfeitamente, o plano daria certo e ele seria eleito presidente. Em março do ano seguinte o plano, que então já tinha um nome, Plano Real, ainda não fora lançado, mas eu apostava nele. Aceitei o convite do Fernando, mas não mudei minha decisão. Continuei fiel à minha ideia de não ser um político profissional. Em 1999, quando deixei o governo, podia ter começado a pensar outra vez em me candidatar, mas isso já estava fora de cogitação. A decisão fora definitiva.

Fernando Henrique era então o ministro da Fazenda, prestes a renunciar para ser candidato. Ele tinha 3% da intenção de votos, e o Plano Real estava naquele momento sendo lançado. Como o senhor via a situação?

Fernando Henrique havia sido convidado por Fernando Collor para ser seu ministro das Relações Exteriores. Felizmente não aceitou; segundo vários relatos, o Mário Covas teve um papel importante nessa recusa. Quando Itamar Franco assumiu a Presidência, ele convidou Fernando para ser seu ministro das Relações Exteriores. E, depois que o terceiro ministro que ele convidou para ser ministro da Fazenda fracassou, ele convidou o Fernando. Itamar Franco foi um notável político, era um homem dotado de grande espírito público. Eu não o conheci pessoalmente, apenas o cumprimentei uma vez, mas o tenho na mais alta conta. Não era um homem culto, nem um homem "moderno"; seus conhecimentos eram modestos, mas era politicamente hábil e dotado de forte espírito republicano. Estas são as duas qualidades mais importantes de um político. Estas qualidades se revelaram, por exemplo, em escolher e descartar ministros da Fazenda. Ele tinha um problema fundamental para resolver, e com esse objetivo ele foi escolhendo ministros até dar certo [risos]. Afinal, teve sorte, porque chamou o Fernando Henrique, que comandou o Plano Real.

Depois de ter aceitado o convite, Fernando Henrique consultou várias pessoas, eu inclusive. Eu disse que a inflação era inercial e que teria que haver um novo choque, um plano de estabilização heterodoxo. O problema era que os planos envolvendo congelamento haviam fracassado. Ao mesmo tempo que fazia consultas, Fernando Henrique montou sua equipe. O grupo de economistas da PUC-Rio, que havia se aproximado fortemente do PSDB, foi sua base. Entre eles Fernando estava interessado principalmente em ter a colaboração de Edmar Bacha — o economista mais ilustre do grupo. Fui informado que o Bacha havia recusado, porque ele estava trabalhando no BBA — o banco que o Fernão Bracher, ao sair do governo Sarney comigo, em dezembro de 1987, havia fundado. Estava afinal ganhando seu dinheiro pelo bom trabalho que estava fazendo e não queria saber de voltar para a política. Eu era um bom amigo do Edmar. Telefonei para ele e passei pelo menos vinte minutos procurando convencê-lo a aceitar o convite. Eu creio que naquele momento o André Lara Resende já aceitara colaborar, mas o reforço do Bacha era essencial. Felizmente o Bacha aceitou e o caminho para a estabilização dos preços foi afinal retomado.

CAMPANHA PRESIDENCIAL E O CONVITE PARA O MINISTÉRIO

Como foi esse trabalho de tesoureiro na campanha de 1994?
Creio que fiz um bom trabalho. Naquela época eu ainda conhecia muitos empresários; não tive dificuldade em falar com eles. O Luiz Fernando Furquim e o José Valney Brito, que haviam trabalhado comigo no Pão de Açúcar, me ajudaram. Logo no começo do trabalho o Serjão, o Sérgio Motta, que era uma espécie de faz-tudo do Fernando Henrique, tentou interferir, mas ele não era necessário. Ele era um engenheiro competente, um desenvol-

vimentista apaixonado pela política. Eu me dava bem com ele. Naquela época as empresas podiam fazer doações, e não tive dificuldade em argumentar a favor do Fernando Henrique porque eles temiam o Lula e o PT. Em nenhum momento "negociei" a doação, ou seja, a aceitei em troca de alguma coisa. Isso era inconcebível para o Fernando Henrique e inconcebível para mim. Houve um empresário da indústria de construções que tentou fazer negociação comigo, mas eu delicadamente mostrei a ele que isso não era possível. Se bem me lembro, as duas contribuições maiores foram as da Votorantim e do Grupo Itaú. Acho que o Bradesco também fez uma doação grande, mas não tenho certeza. Todas as doações foram públicas, devidamente informadas ao Tribunal Superior Eleitoral.

Durante a campanha, o senhor participou das negociações políticas?

Pouco, não era essa minha função. Mas uma coisa me incomodou na campanha, me causou surpresa. Foi quando o Fernando Henrique resolveu fazer acordo com o Antônio Carlos Magalhães, governador da Bahia, que foi o mais importante político de direita do Brasil por muito tempo, desde o tempo do regime militar. Eu disse a ele: "Fernando, você não precisa desse acordo, você vai ser eleito de qualquer forma". Mas ele estava decidido a fazer isso, ao mesmo tempo em que ele ia se tornando um grande amigo do filho do Antônio Carlos — o Luís Eduardo Magalhães.[172] É que realmente para o Fernando Henrique, desde aquela época, o adversário era o PT. O Antônio Carlos Magalhães era a direita, representava o regime autoritário. Isso já não era mais problema para Fernando Henrique. Os adversários estavam à esquerda, ele estava caminhando para a direita.

Na campanha de 1994, a esquerda tinha o PT, com Lula, que perdera o segundo turno de 1989 por muito pouco, e o Brizola, pelo PDT, que era o governador do Rio de Janeiro. O vice de Lula, Aloizio Mercadante, dizia que o Plano Real era um engodo, que daria errado.

Essa coisa do PT dizer que o plano não daria certo demonstrava que eles não sabiam o que era inflação inercial. Quando eu disse a vocês que apenas oito economistas entendiam do assunto, eu estava falando seriamente. O Plano Real realmente surpreendeu as pessoas e essa surpresa favoreceu muito o Fernando Henrique.

Quando foi ficando claro que Fernando Henrique ganharia a eleição, começou-se a falar no seu ministério?

Sim, mas o problema só entrou realmente na agenda uma vez definida a vitória. Eu sabia que teria um posto no governo, mas não pedi nada. Talvez eu devesse ter dito "estou interessado em tal coisa". Eu sabia que o Fernando Henrique não queria me levar para a área econômica diretamente e compreendia isso. Eu entendia que o ministro da Fazenda deveria ser ou Pedro Malan ou o Bacha. Naquele momento eu preferia o Malan, que me parecia mais político, e disse isso ao Fernando, mas ele preferia o Bacha. Afinal, quando ficou claro o desinteresse do Edmar, Fernando escolheu o Malan. O Persio, mais jovem, foi para o Banco Central.

Nos seus Diários, *FHC escreve em dois momentos que "o Luiz Carlos será ministro do meu governo, mas estou com dificuldade para encaixar; a ideia da reforma do Estado é a cara dele. Agora eu sei que ele gostaria de ser o ministro do Itamaraty". No dia que FHC fez o registro no* Diário, *a* Folha *e o* Estadão *publicaram matérias idênticas, fontes em* off *dizendo que o presidente estava apalavrado com o ex-ministro da Fazenda Luiz Carlos Bresser para ele assumir o Itamaraty.*

Eu me lembro bem dessa notícia. Foi manchete da *Folha de S. Paulo.* Na verdade, eu só conversei com o Fernando Henrique sobre possíveis ministérios no final do processo de escolha, quando ele já havia escolhido boa parte dos ministros. Eu não me lembro se cheguei a falar sobre este ou aquele Ministério, mas o fato é que o Ministério das Relações Exteriores e a Secretaria da Presidência da Administração Federal ainda estavam vagos e eu tinha interesse pelos dois. Três ou quatro dias depois abro a *Folha* e sua manchete anunciava que eu seria o ministro das Relações Exteriores. Telefonei imediatamente para o Fernando para ter uma confirmação e ele me disse algo como "Não é isso não, é confusão". Fiquei esperando mais alguns dias e saiu a notícia da minha ida para a Administração Federal e a do embaixador Luiz Felipe Lampreia para as Relações Exteriores.

O NOVO GOVERNO

Como foi o começo do governo FHC?
Começou muito bem. Antes do início, o presidente realizou um grande seminário para o qual convidou seus muitos amigos intelectuais de outros países: Alain Touraine, Manuel Castells, Ricardo Lagos, Adam Przeworski. Algumas das apresentações foram interessantes, mas eram puramente acadêmicas, sem nenhuma relação com os problemas brasileiros ou mesmo com o que estava acontecendo no mundo. Vivíamos, então, o pós-colapso da

União Soviética, a crise profunda em que mergulhara a Rússia dependente e corrupta de Boris Yeltsin, a absoluta hegemonia norte-americana (econômica, militar, ideológica), a submissão da social-democracia europeia ao Império norte-americano e à nova verdade neoliberal.

Lembro-me também de uma grande festa em São Paulo, em um clube de jazz, organizada pelo homem de marketing da campanha, Nizan Guanaes. Eu já não tinha mais contato fácil com Fernando Henrique, mas tentei falar com ele e a Ruth sobre o lançamento de um programa social amplo focado nos mais pobres. Mas não havia espaço para conversas sérias. Parecia que Fernando Henrique já sabia tudo o que era preciso fazer para inaugurar uma nova era na história brasileira.

Essa minha impressão se confirmou nas primeiras reuniões do ministério realizadas na Granja do Torto. Fernando Henrique havia levado para a Casa Civil o Clóvis Carvalho, que fora seu secretário-executivo no Ministério da Fazenda. Um engenheiro que pouco entendia de economia e política. Homem de boa qualidade, a quem não teria dúvida em confiar a guarda dos meus filhos, mas sem condições para ser o segundo homem do governo Fernando Henrique. Era ele que coordenava as reuniões da Granja do Torto, que não levavam a nada. Eu queria colaborar com minhas ideias, mas o coordenador deixava entender que elas não eram bem-vindas. Por outro lado, eu me sentia inibido, porque entendia então que dar conselhos ao presidente envolvia uma grande responsabilidade. As decisões que ele tomaria com base nos conselhos podiam estar erradas, e, nesse caso, a responsabilidade era também do conselheiro. Por isso eu sentia que devia estar muito seguro antes de oferecer qualquer conselho.

O senhor estava então acabando de escrever um livro, Crise econômica e reforma do Estado no Brasil. *O senhor nos disse uma vez que não gosta muito desse livro.*

É verdade, eu não devia tê-lo escrito, ou melhor, reescrito. Eu já me referi ao livro *A crise do Estado*, uma coleção de ensaios que escrevi um pouco antes e logo depois de minha passagem pelo Ministério da Fazenda. Eu gosto muito desse livro e resolvi traduzi-lo. A minha amiga e editora, Lynne Rienner, gostou do livro, mas não queria publicar uma coleção de ensaios; pediu que eu juntasse os artigos para que eles formassem um todo. O resultado foi o livro *Crise econômica e reforma do Estado no Brasil* (1996), que me deu muito trabalho, o qual, hoje, acredito não ter valido a pena. O resultado foi um livro inferior ao que publicara quatro anos antes. O Ricardo Musse, professor da USP que hoje é muito amigo meu, fez então uma rese-

Um *think tank* no governo

nha severa do livro no *Jornal de Resenhas*.[173] Ele afirma que nesse artigo eu fiz "um 'ajustamento intelectual', ao qual, aliás, se submeteu, ao longo dos anos 1980 e 1990, quase toda a elite governamental, política e econômica da América Latina". Ele tem certa razão. No início de 1994 eu me incorporei à campanha presidencial de Fernando Henrique Cardoso. Eu estava entusiasmadíssimo com a perspectiva da eleição do amigo e intelectual de centro-esquerda, e provavelmente deixei me influenciar pelo caráter liberal de que se revestiu a campanha presidencial.

Como o senhor avalia ter sido convidado para a Secretaria da Administração Federal?

Eu acho que tive uma sorte muito grande em ir para um Ministério pequeno, como era a Secretaria da Administração Federal, porque nela eu pude usar toda a minha competência e criatividade intelectual, e assim tive oportunidade de desenvolver uma nova teoria da gestão pública. Se eu tivesse ido para o Ministério das Relações Exteriores, creio que teria dificuldades sérias. A minha relação com os países ricos e em particular com os Estados Unidos nunca foram tranquilas. Eu sempre fui um nacionalista econômico, um desenvolvimentista, e, portanto, sempre vi os Estados Unidos como o poder imperial a nos condenar a ser um país exportador de *commodities* que jamais teria capacidade de concorrer com a metrópole. Para ser ministro dessa área eu teria que fazer muitos compromissos, enquanto o presidente não via as coisas da mesma maneira. Como eu só descobriria cinco anos depois de ter saído do seu governo, Fernando Henrique foi o principal intelectual da "teoria da dependência associada" — a tese que dada a dependência das nossas elites, não haveria alternativa para o Brasil e para toda a América Latina senão se associar ao Império, atrair os investimentos das suas empresas multinacionais, e, assim, aproveitar as frestas de oportunidade que se abririam para nós. A política internacional que o Fernando Henrique adotou foi de total consonância de interesses. Para ele, "estamos todos juntos no mesmo barco", nossa estratégia de desenvolvimento será "crescer com poupança externa".

Em 1994 não estava muito claro que seria assim...

De forma alguma. É verdade que fiquei surpreso com a aliança com o Antônio Carlos Magalhães durante a campanha. Mas fiquei mais surpreso com o governo Fernando Henrique, porque foi um governo em que a ideia de nação estava ausente. No qual se ignorou que a globalização não é apenas a competição mundial entre as empresas, é também a competição econômica entre os Estados-nação. No qual o Brasil se associou com os Estados Unidos e Fernando Henrique Cardoso com o presidente norte-americano Bill Clinton. O Itamaraty era onde a ideia de nação deveria estar mais presente. Por isso digo que tive sorte, ele me escolheu para ser ministro numa área em que pude exercer algo completamente novo, que não estava na agenda, e foi ótimo.

O senhor está dizendo que foi a falta de nacionalismo que impediu que o desenvolvimento econômico fosse retomado depois do sucesso representado pelo Plano Real.

Essa foi uma das causas políticas pelas quais os governos do PSDB e do PT, de Fernando Henrique e de Lula, não fizeram o Brasil retomar o desenvolvimento econômico. Isso é impossível quando você pergunta para os seus concorrentes (os países ricos) quais políticas econômicas você deve tomar. Quando o Abílio e eu dirigíamos o Pão de Açúcar, nós não íamos perguntar para os diretores do Carrefour o que devíamos fazer. Outra causa política igualmente importante foi o populismo. O populismo tanto fiscal (o Estado gasta mais do que arrecada irresponsavelmente e incorre em déficits públicos) como cambial (o Estado-nação gasta mais do que arrecada e incorre em déficits em conta-corrente) desorganiza a economia de qualquer país. O populismo da esquerda é fiscal e cambial; o da direita também, mas a direita não defende os déficits abertamente dizendo que está sendo keynesiana [risos]. Mas as duas causas estritamente econômicas para a quase-estagnação que se instala depois do Plano Real foram, primeiro, que a poupança pública, que se tornara negativa na grande crise dos anos 1980, não foi recuperada, e, segundo, porque os investimentos privados foram desestimulados por uma taxa de câmbio apreciada no longo prazo, a qual, por sua vez, decorreu de um nível de taxa de juros muito alta decorrente da "decisão" dos governos de tentar crescer com "poupança externa" (déficits em conta-corrente em bom português). E há um outro problema que merece ser lembrado. O Brasil alcançara o ponto Lewis (o ponto em que acaba a "oferta ilimitada de trabalho"). A partir desse ponto os lucros das empresas não poderiam mais se beneficiar do fato de que os salários cresciam menos que a produtividade. Agora era preciso que as empresas fossem competitivas tanto do ponto de vista técnico, usando a melhor tecnologia e a melhor administração, como do ponto de vista cambial, contando com uma taxa de câmbio competitiva. Desde os anos 1980 elas não contam nem com uma nem com a outra coisa.

Um *think tank* no governo

Os primeiros passos no MARE

Quais foram os primeiros passos no Ministério da Administração Federal e Reforma do Estado?

A primeira coisa que aconteceu foi curiosa. Eu fui convidado para ser o ministro da Secretaria de Administração Federal da Presidência da República, mas assumi o comando do Ministério de Administração e Reforma do Estado — o MARE. Eu nunca perguntei ao Fernando Henrique o porquê da mudança de nome, mas ele também mudou o nome da Secretaria do Planejamento, que o José Serra iria ocupar, para Ministério do Planejamento e Orçamento. Uma forma de aumentar o nosso *status* no governo? Ou então uma forma de nos manter afastados do núcleo do governo? Com relação ao meu caso há um fato que fortalece a segunda alternativa. Fui excluído da "equipe econômica" — algo estranho dada a minha experiência e os meus conhecimentos.

Em 1995 o senhor volta a viver em Brasília, volta a ser ministro de Estado. Era um Estado em crise fiscal, com poupança pública negativa, sem recursos para realizar investimentos e manter em bom funcionamento as políticas públicas existentes. O senhor dizia que o Estado "estava imobilizado".

Essa expressão faz parte do discurso que eu estava construindo naquele momento. Creio que usei pela primeira vez a expressão "crise fiscal do Estado" quando era ministro da Fazenda ou talvez um pouco antes. A poupança pública se tornara negativa nos anos 1980 e não mostrava sinais de recuperação na década seguinte. O investimento público tinha quase desaparecido. Para mim, isso era crise fiscal do Estado, ou mais simplesmente crise do Estado — era a incapacidade de realizar poupança pública para financiar o investimento público. Eu usava essa expressão na qual havia certa redundância (se a crise é fiscal, é necessariamente do Estado), porque eu queria dar à crise um caráter mais amplo e histórico. Não estava repetindo o liberalismo econômico que falava em "crise do Estado" para legitimar a diminuição do tamanho do Estado e a redução dos seus gastos nos grandes serviços sociais de educação, saúde, assistência e previdência social. Eu usava crise do Estado para justificar não apenas a recuperação da poupança pública, mas também para tornar mais eficiente o aparelho do Estado e, assim, legitimar esses grandes serviços que são essenciais para se diminuir a desigualdade no capitalismo.

Ao me ver como ministro da Administração Pública e Reforma do Estado — um pequeno Ministério com um grande nome — percebi a oportunidade de repensar o Estado brasileiro, de usar tudo o que havia aprendido enquanto orientador de alunos de mestrado e doutorado em Administração Pública na FGV-SP e enquanto administrador público. Ao sair do Ministério da Fazenda, em 1988 e 1989 coordenei uma comissão que reformou completamente a pós-graduação em Administração Pública da FGV. Quando fui secretário no governo Montoro, apresentei um projeto de lei criando a carreira de gestor público, mas estávamos no final do governo e o projeto não passou na Assembleia Legislativa de São Paulo. Eu tinha, portanto, certa bagagem e algum poder não para reformar o Estado brasileiro, mas o seu aparelho, organização, ou administração pública. O Estado é o sistema constitucional-legal e a organização que o garante. O sistema constitucional-legal brasileiro havia sido reformado pela Constituição de 1988; o que eu podia fazer era tentar reformar a administração pública, o que já era muita coisa. Por outro lado, dois anos antes eu havia lido um livro muito interessante, *Reinventando o governo*.[174] Esse livro tem pouca teoria, mas seus autores, David Osborne e Ted Gaebler, analisavam muitas experiências de reforma nos Estados Unidos em nível municipal e estadual. O livro batia com o que eu pensava, e eu disse a mim mesmo: vou fazer uma reforma do aparelho do Estado usando essa lógica — uma lógica gerencial.

Era uma aproximação da gestão pública à gestão privada.

Até certo ponto. Um dos meus objetivos era diminuir a diferença entre a administração pública e a privada. Naturalmente tendo muito claro que o objetivo da administração de empresas é o lucro, enquanto o da gestão pública é o bem comum, é aumentar a eficiência dos serviços prestados pelo Estado e assim legitimar sua prestação pelo Estado; é mostrar que é falsa a frase "não ponho dinheiro bom em cima de dinheiro ruim" com a qual os liberais procuram legitimar a diminuição do papel do Estado e limitar sua capacidade de reduzir as desigualdades inerentes ao capitalismo. Com esse objetivo em mente, uma coisa importante seria a flexibilização da estabilidade dos servidores. A estabilidade plena os torna incobráveis, e não há gestão eficiente que não tenha poder para cobrar resultados.

Como foi a formação da sua equipe?

Eu tinha que formar minha equipe. A primeira pessoa para quem telefonei foi a Ângela Santana,[175] que foi minha aluna e sempre grande amiga minha. Convidei também a Cláudia Costin,[176] também minha aluna, com uma vocação muito forte para a vida pública. Cláudia disse que queria ser a secretária-executiva; a Ângela não fazia questão de nada, e eu achei que es-

Um *think tank* no governo

tava bem; Ângela seria minha secretária da Reforma do Estado. E foram ótimas as duas. Eu formei uma equipe muito boa. Trouxe de São Paulo a Regina Pacheco, minha colega na FGV, para presidente da ENAP;[177] Evelyn Levy, ex-aluna e grande amiga, para diretora da ENAP;[178] Nelson Marconi, ex-aluno, hoje um notável economista novo-desenvolvimentista, para organizar as estatísticas e produzir o Boletim Estatístico do MARE.[179] O restante da equipe conheci em Brasília, a partir de indicações. Havia um bom número de gestores públicos originários da carreira de gestor, para a qual havia sido feito apenas um concurso, em 1989, em que foram admitidos cem gestores. Eu os surpreendi fazendo uma reunião com eles para saber quem estava interessado em trabalhar comigo. Entre os profissionais com os quais contei, lembro agora de Paulo Modesto, Jaura Rodrigues, Carlos Pimenta, Luiz Carlos Capella, Pedro Cezar de Lima Farias, Francisco Gaetani, José Walter Vazquez, Marianne Nassuno, Caio Marini, Humberto Falcão Martins, Letícia Schwarz, Vera Petrucci, Ciro Cristo Fernandes, Carlos Manoel Cristo e Sheila Ribeiro.

Entre os servidores que me auxiliaram, um caso interessante foi o do hoje senador Antonio Anastasia, professor de Direito Administrativo da Universidade Federal de Minas Gerais.[180] Nos anos em que fui ministro, ele era secretário-executivo do Ministério do Trabalho. Quando soube da reforma que eu estava desenvolvendo se dispôs a me ajudar, e foi ele quem escreveu a primeira minuta da lei das organizações sociais. Depois, como secretário do Planejamento e como governador do estado de Minas Gerais, assessorado por Renata Vilhena e contando com a consultoria de alguns dos membros de minha equipe no MARE, ele desenvolveu um programa importante de implantação da Reforma Gerencial do Estado.

Como era o respaldo do presidente?

Na minha primeira audiência com o Fernando Henrique ele disse que a reforma não estava na agenda do seu governo ou do país, mas deixou que eu fosse em frente e mostrasse que a reforma poderia ser aprovada. Foram então organizados seminários para que os ministros encarregados das reformas falassem com as bancadas dos partidos que apoiavam o governo. Havia um dia para cada bancada. Fui percebendo que havia grande interesse na minha reforma, especialmente nos governos dos estados e de algumas capitais. Lembro também de uma posição ligeiramente sardônica, mas interessada, do Roberto Requião, que foi um excelente governador do Paraná e hoje é um bom amigo meu.[181] Dois meses depois, quando ficou claro que eu contaria com o apoio dos governadores dos estados, o Fernando concordou em tornar a reforma um projeto do governo. E me deu apoio a partir de então, embora deixando muita coisa por conta dos seus dois ministros sediados no Palácio do Planalto, o Clóvis Carvalho e o Eduardo Jorge, que mais atrapalharam do que ajudaram.

No início do governo o Fernando Henrique criou a Comissão da Reforma do Estado, da qual participavam vários ministros. Com a presença do presidente, ela se reuniu apenas duas ou três vezes. Na segunda eu fiz uma exposição breve da reforma. Estava presente o Martus Tavares, um notável servidor público que, quando eu fui ministro da Fazenda, estava no Ministério do Planejamento, mas veio me ajudar porque percebeu que ali se estava trabalhando seriamente. Desta vez ele não pôde trabalhar comigo porque tinha cargo importante na área econômica e, no segundo governo do Fernando Henrique, foi ministro do Planejamento. Quando terminei minha exposição da reforma na Câmara ele me disse: "Pela primeira vez eu vejo uma proposta de reforma da administração pública que faz sentido".

Em 1995, a reação inicial à ideia de uma reforma da administração pública foi muito grande, não?

É verdade. Depois do meu discurso de posse, os jornalistas me rodearam e eu confirmei o que tinha dito no meu discurso. Que pretendia mexer na estabilidade, definir um teto para a remuneração dos servidores e que eu me pautaria pelas ideias do livro *Reinventando o governo*. Expliquei as coisas pela metade e a mídia também a noticiou pela metade. E caiu uma tempestade em cima de mim. Na primeira audiência com o Fernando Henrique eu lhe dei meu breve discurso e ele disse: "Mas não foi isso que a imprensa disse". Claro, eu estava inovando e as pessoas têm dificuldade em pensar e entender o que é realmente novo.

Alguns dias depois da posse, a Lucia Hippolito escreveu um artigo no *Globo* descendo uma lenha brava em cima de mim.[182] Isso nos dois primeiros parágrafos; no terceiro parágrafo começou a temperar sua crítica, e, em seguida, começou a dizer o que deveria ser feito. Que era exatamente aquilo que eu estava falando e pretendia fazer. Eu vi que a jornalista não estava bem informada. Eu conto essa história porque refletia bem o clima inicial. Seis meses depois ela me telefona e me convida para ir à sede do *Globo* em Brasília porque o jornal e ela apoiavam a reforma e pretendia dedicar a ela uma entrevista minha que ocupasse duas páginas do jornal.

MARE, UM *THINK TANK*

O senhor então foi tocando para a frente a reforma?

Fui. Um dos autores de *Reinventando o governo*, David Osborne, passou por Brasília. Eu soube e o convidei para almoçar. Na conversa eu disse que estava querendo ir aos EUA para conhecer melhor o projeto "Reinventing Government", que Bill Clinton e seu vice-presidente Al Gore haviam transformado em programa de governo, coordenado pelo segundo. Osborne disse-me então que a reforma estava mais avançada no Reino Unido e na Nova Zelândia e seria melhor que eu fosse visitar um desses dois países. Fui então para a Inglaterra. Fiquei quatro dias em Londres, numa agenda organizada pelo British Council. Falei com vários responsáveis pela administração pública, inclusive a ministra da Saúde. Fui também à grande livraria Foyles e descobri livros sobre a reforma inglesa. A reforma havia começado na Inglaterra em 1987, com um programa chamado "Next Steps". Ajudado por Ângela Santana, comecei também a negociar lá um apoio do governo britânico para a nossa reforma, o que conseguimos. Conheci a pessoa que seria a nossa assessora, Kate Jenkins, uma mulher muito inteligente e competente. Ela havia sido a primeira diretora do programa Next Steps, havia se aposentado e agora era a consultora que o governo britânico contrataria para nos assessorar. Lá na Inglaterra vi a expressão "management reform", que me pareceu ótima para nomear o que eu queria fazer no Brasil.

No trajeto de volta ao Brasil, passei por Santiago de Compostela, onde havia uma conferência sobre administração pública bem tradicional. Minha apresentação estava marcada para o final da conferência e na manhã daquele dia eu, ajudado pela Ângela, montei a matriz que seria a base teórica da minha reforma.

Voltou, então, ao Brasil com um plano organizado?

Quando cheguei ao Brasil já tinha uma ideia clara do que faria. Comecei a escrever o "livro branco" da reforma, que ficou chamado de Plano Diretor da Reforma do Aparelho do Estado, mas achei melhor encarregar dois assessores da sua redação, o Caio Marini e a Sheila Ribeiro. No fundo, eu fiz a mesma coisa que fiz no Ministério da Fazenda. Eu precisava ter o plano; na Fazenda, foi o Plano de Controle Macroeconômico; no MARE, foi o Plano Diretor.

17

Reformar o Estado com uma teoria

A Teoria da Reforma Gerencial

Como o senhor definiria o Ministério da Administração Federal e Reforma do Estado e aquela jornada de 1995 a 1998?

O MARE foi um *think tank* que só existiu enquanto eu o dirigi. Nasceu comigo e, por sugestão minha, foi incorporado ao Ministério do Planejamento, Orçamento e Gestão Pública no segundo mandato do Fernando Henrique. Era um Ministério muito pequeno, com um orçamento mínimo e um órgão apenas — a ENAP. Era responsável por definir a política de pessoal, fazer a folha de pagamento e, metodologicamente, pela administração pública federal. Fizemos muito mais do que isso. Fizemos a segunda grande reforma da administração pública brasileira: a primeira foi a Reforma Burocrática de 1937, comandada por Simões Lopes, e a segunda, a Reforma Gerencial do Estado de 1995. Enquanto o Brasil demorou cerca de oitenta anos para fazer a primeira reforma, considerando-se as reformas acontecidas no século XIX nos países ricos, demorou muito pouco para fazer sua Reforma Gerencial, cujo marco inicial no Reino Unido foi o programa Next Steps, de 1987. Ao começar sua reforma da gestão pública tão cedo, em 1995, o Brasil antecipou-se a vários países desenvolvidos.

Por que um think tank?

Foi um *think tank* porque, além de promover a reforma da administração pública, foi um centro de reflexão e de análise do Estado brasileiro, enquanto organização ou aparelho, e sobre como reformá-lo. Enquanto ministro, publiquei um livro, *Reforma do Estado para a cidadania*, e organizei mais dois.[183] E publiquei um trabalho de teoria política, "Cidadania e *res publica*: a emergência dos direitos republicanos", que considero um dos meus principais trabalhos teóricos.[184] Nele eu proponho, historicamente, a partir da classificação de T. H. Marshall, tomando o Reino Unido como referência, que no século XVIII foram definidos e começou-se a assegurar os direitos civis; a partir da virada do século XIX para o XX, os direitos políticos ou o

Reformar o Estado com uma teoria

sufrágio universal foram assegurados; e, a partir do início do século XX, foi a vez dos direitos sociais. Dada essa classificação, argumento nesse trabalho que, a partir do último quartel do século XX, passaram a ser defendidos os direitos republicanos — o direito que cada cidadão tem que o patrimônio público seja utilizado para fins públicos. Ao falar desse quarto tipo histórico de direito, não estou pensando em corrupção, porque essa já é devidamente regulada por lei, mas nas muitas formas de apropriação privada da coisa pública que não estão previstas e penalizadas pela lei: o pagamento de juros abusivos a rentistas, o pagamento de salários e aposentadorias a servidores públicos que não tenham justificação no serviço prestado; e as violências contra o ambiente.

Depois que saí do Ministério, publiquei, em 2004, pela Oxford University Press, o livro *Construindo o Estado republicano: democracia e reforma da gestão pública*, no qual resumi a teoria da reforma.[185]

O senhor disse que no MARE construiu uma nova teoria da reforma da administração pública.

É verdade. Uma teoria que resumi sob a forma de uma matriz relacionando os tipos de propriedade, os dois tipos de ações do Estado (exclusivas e não exclusivas), a distinção entre o núcleo estratégico do Estado, as agências executivas e as organizações sociais. Ela apareceu originalmente no Plano Diretor (1995), no primeiro *paper* completo que escrevi sobre a reforma, "Da administração pública burocrática à gerencial" (1996).[186] Sua apresentação mais sistemática está no livro *Construindo o Estado republicano*. É claro que não comecei do nada. Parti das fundações de direito privado que foram criadas pela Reforma Desenvolvimentista de 1967, das reformas que estavam ocorrendo no Reino Unido, nos Estados Unidos, na Nova Zelândia e na Austrália, e da teoria que estava então sendo esboçada, a New Public Management (NPM).

Eu me inspirei nessa experiência, mas no plano teórico a NPM é relativamente pobre — limita-se aos problemas de gestão. A Teoria da Reforma Gerencial examinou o problema da administração pública dentro de um quadro histórico maior, e, além de discutir os problemas de gestão pública, desenvolveu uma análise estrutural da administração pública entendida como aparelho do Estado. No plano histórico, do ponto de vista administrativo, o Estado, no tempo do mercantilismo e dos Estados absolutos, foi patrimonialista; no século XIX, no período liberal e liberal-democrático, o Estado foi burocrático ou weberiano; e no após Segunda Guerra Mundial, no quadro do Estado de bem-estar social, o Estado foi gerencial. No plano estrutural, a Teoria da Reforma Gerencial discute as formas de propriedade: pública estatal, pública não estatal, corporativa, e privada; e divide as ações do Estado em exclusivas de Estado, quando envolvem o poder de Estado, e não exclusivas — aquelas que o Estado decide fazer, principalmente na área social e científica, mas não envolvem poder de Estado. Defende que as atividades não exclusivas sejam realizadas por organizações públicas não estatais com as quais o Estado assina um contrato de gestão. Enfatiza, por outro lado, o papel do núcleo estratégico do Estado, que deve ser ocupado por um número relativamente pequeno de servidores públicos bem recrutados, bem treinados, bem pagos, e dotados de forte espírito público. Sob o ângulo da gestão, um número crescente de organizações do Estado vem elaborando *planos estratégicos* no quadro de uma *administração por resultados*, e a todo o momento vemos a implantação de sistemas de gestão baseados na motivação positiva dos servidores públicos que alcancem metas ou apresentem melhores desempenhos. Nesse plano da gestão, que tem sido excessivamente enfatizado pelas escolas, a ideia central é a da administração por resultados cujo pioneiro foi Peter Drucker. Cada organização do Estado deve definir o seu plano estratégico e seus indicadores de desempenho que são, em seguida, objeto de um contrato de gestão com a agência do núcleo estratégico do Estado responsável pelo setor. E tem havido uma interpretação economicista da motivação dos servidores. Para mim o problema do *ethos* público, do espírito republicano de servidores e políticos é mais importante do que recompensas pecuniárias.

A SEGUNDA GRANDE REFORMA DA ADMINISTRAÇÃO PÚBLICA

O senhor costuma dizer que a Reforma Gerencial de 1995 foi a segunda reforma administrativa do Estado brasileiro.

É verdade, a primeira reforma estrutural foi a burocrática, de 1937; a segunda reforma do aparelho do Estado ou da administração pública brasileira foi a Reforma Gerencial de 1995. No Brasil, como em toda parte, a reforma respondeu ao grande aumento do tamanho do Estado, o qual, por sua vez, resultou de sua transformação de um Estado liberal para um Estado social. Ao tornar a administração pública ou a organização do Estado mais eficiente, a reforma legitimou os grandes serviços sociais de educação, saúde, previdência e assistência social que a partir de dois marcos — a Revolução de 1930 e a transição democrática de 1985 — resultaram na transformação do regime político de oligárquico-liberal em um regime democrático e social.

Reformar o Estado com uma teoria

A inadequação entre a Reforma Burocrática de 1937 e as necessidades do Estado desenvolvimentista dos anos 1960 resultou em uma reforma intermediária, a reforma do Decreto-Lei 200, de 1967, comandada por Roberto Campos, que denomino Reforma Desenvolvimentista.

O que o senhor fez em favor do núcleo estratégico do Estado?

Para prover o núcleo estratégico do Estado de bons servidores de todas as idades, passei a realizar concursos anuais para as principais carreiras, as vagas cada ano devendo corresponder a um trinta avos do total de servidores que a carreira deve ter. Depois da reforma da pós-graduação em Administração Pública que realizei em 1988 e 1989 na FGV em São Paulo, uma coisa que me incomodava era que o número de escolas de administração pública no Brasil era mínimo. E a FGV do Rio de Janeiro, que tinha criado a primeira escola do gênero, a EBAPE, a tinha desmontado, criando um curso de administração que serve tanto para a gestão de empresas quanto para a gestão pública. A principal causa era a falta de demanda por administradores públicos, na medida em que não se faziam concursos regulares e os salários eram relativamente baixos.

Quando cheguei ao MARE, em 1995, coloquei, então, como objetivo fundamental, fortalecer o núcleo estratégico do Estado com administradores públicos de boa qualidade. Dessa forma, passei a realizar concursos anuais e seletivos para as principais carreiras, ao invés de aprovativos e realizados sem nenhuma regularidade, como acontecia. Isso permitiria aos jovens, ao fazerem seu plano de vida, poder pensar algo como: "Vou estudar Administração Pública, depois faço concurso". Com isso, a demanda dos jovens por escolas de administração pública e governo aumentaram de maneira fantástica. Em 1995 havia seis ou sete escolas, e hoje há mais de duzentos cursos de graduação nessa área. E, nessas escolas, a teoria ensinada passou a ser a teoria que eu e meus companheiros no MARE desenvolvemos — a Teoria da Reforma Gerencial.

Qual foi o efeito da Reforma Gerencial?

Nestes 25 anos depois do início da Reforma Gerencial do Estado de 1995 houve avanços importantes, principalmente nos níveis estadual e municipal. As organizações do Estado passaram a fazer planos estratégicos e muitas organizações sociais foram criadas principalmente nas áreas da saúde e da pesquisa científica. Além da carreira de gestores federais foram criadas carreiras semelhantes na maioria dos estados da federação e nos principais municípios. O número de escolas de gestão pública e governo explodiu. O número de teses e artigos acadêmicos escritos sobre a reforma é imenso. No currículo das escolas a Teoria da Reforma Gerencial e sua história são dois temas centrais.

Uma coisa interessante na vida do MARE foram as três reuniões de planejamento do Ministério que fizemos em Pirenópolis em fins de semana. Íamos todos para lá. É uma cidade histórica a cerca de hora e meia de Brasília. Foi uma iniciativa muito boa, ajudava a formar a equipe... A reforma gerencial era para eles uma coisa entusiasmante porque fazia sentido. Ela mudou a cabeça da nossa equipe, mudou a cabeça dos servidores públicos, mudou a visão do Brasil sobre a administração pública. Mas sua implementação nunca foi completa.

O importante é que a reforma está viva, está na Constituição, na agenda do Brasil.

É verdade. A transformação gerencial das agências do Estado começou; foram criadas muitas organizações sociais, algumas agências executivas; ficou claro que todas as organizações do Estado deviam definir formalmente sua estratégia, seus objetivos e seus indicadores de desempenho. Começamos a implantar a reforma na administração pública federal, que é onde eu tinha poder. Ao mesmo tempo os estados foram seguindo, porque as pessoas percebiam que fazia sentido. Tudo aquilo era feito na base do convencimento, o que me deixava algumas vezes frustrado. Eu sempre gostei de argumentar e persuadir, mas achava que devia ter um pouco mais de poder do que tinha. O presidente delegava seu poder sobre a administração pública para a Casa Civil, não para seu ministro da Administração.

Como surgiu a ideia do Poupatempo?

Um dos meus projetos que contaram com o financiamento do BID (Banco Interamericano de Desenvolvimento) foi o do "Poupatempo". O projeto consistiu em facilitar a instalação nos estados de serviços Poupatempo com base no modelo originalmente desenvolvido pelo governo da Bahia, um pouco antes de eu assumir o MARE. Uns três meses depois de chegar ao posto eu fui à Bahia, e o secretário da Administração me levou para conhecer o "centro técnico" que expedia todos os documentos que o cidadão precisava rapidamente, tudo em um mesmo lugar, e com hora marcada. Era o serviço que depois foi chamado em São Paulo de Poupatempo. Um serviço público muito bem organizado, algo de primeiro mundo. Nunca soube exatamente quem foi o autor da ideia, mas sei que o serviço foi criado no governo Paulo Souto. Quando eu vi a coisa, fiquei entusiasmado e disse para mim mesmo: "Esse serviço é muito importante, vamos levá-lo para o Brasil inteiro". Fui imediatamente informar o Fórum de Secretários de Administração, dei entrevistas, virei garoto-propaganda de uma ideia que não era minha, e, afinal, montei um programa com financiamento do BID. O Mário Covas soube e chamou o Daniel Annenberg para implantá-lo em São Paulo. O Daniel tem a idade dos meus filhos, sempre se interessou pela administração pública e trabalhou na SAF, a Secretaria da Presidência antecessora do MARE. Convidei para que ficasse em Brasília, mas ele não pôde aceitar. Afinal, participou da Reforma Gerencial através do Poupatempo de São Paulo.

A Emenda Constitucional da Reforma Administrativa

Como foi a elaboração e a aprovação da emenda constitucional da reforma do Estado?

A Reforma Gerencial do Estado de 1995 teve um documento, uma emenda constitucional, e uma lei fundamental. O documento foi o *Plano Diretor da Reforma do Aparelho do Estado* (1995), uma espécie de livro branco da reforma no qual foram definidas todas as suas principais ideias. A reforma constitucional foi a emenda de 19 de abril de 1998; e a lei, a já referida lei das organizações sociais.

Vale a pena dizer alguma coisa sobre essa reforma. A política do governo com relação às reformas constitucionais era a de desconstitucionalizar. Assim, meu primeiro exercício foi nessa direção, mas depois de cinquenta minutos de trabalho com três assessores eu, de repente, me dei conta de que aquele exercício não fazia sentido. Dele só foi útil eu ter incluído entre os princípios da administração pública do artigo 37 da Constituição a "eficiência". Era só um primeiro passo. Resolvi começar de novo, bem mais devagar. Eu precisei de cinco meses para ter uma emenda bem estruturada e sólida. Um pouco depois apareceu uma tábua de salvação — o jovem jurista baiano Paulo Modesto. Era professor de Direito e membro do Ministério Público da Bahia e havia sido aluno de mestrado do Celso Antônio Bandeira de Mello, que é um dos maiores, se não o maior, jurista administrativista brasileiro. Eu telefonei para ele pedindo ajuda e ele me indicou o Paulo Modesto. Foi ótimo, me ajudou muitíssimo. Fomos elaborando essa emenda, essa PEC, muito lentamente, com muitas consultas e conversas. Me lembro da consulta que tive com o Temer, que foi importante, porque ele era um líder na Câmara dos Deputados.

Em 1997 Temer assumiria a presidência da Câmara, no meio do seu mandato como ministro de reforma do Estado.

Isso. Mas eu estou em 1995. Eu precisava do apoio dele. Eu me lembro que ele me deu uma boa ajuda em um ponto específico — uma ideia que tornou a reforma mais palatável do ponto de vista político. Havia também um deputado nordestino, o Inocêncio de Oliveira, um homem simples que naquela época era muito influente na Câmara dos Deputados. Era um homem meio atrapalhado, mas muito interessante. O certo é que eu falei com Deus e o mundo naqueles meses em que defini a emenda constitucional. Tive a ideia de chamar os secretários de administração dos estados, eles se solidarizaram com a minha reforma e se tornaram meus assessores. Nós tivemos várias reuniões que realmente ajudaram muito. O resultado foi um documento sólido, que apresentei às bancadas dos partidos no Congresso para, afinal, dar entrada à emenda. Fui então surpreendido pela decisão de Fernando Henrique Cardoso de deixar a negociação da emenda com o relator, deputado Wellington Moreira Franco, por conta do secretário-geral da Presidência, Eduardo Jorge Caldas Pereira, que não tinha a menor simpatia pela reforma. Mesmo assim a reforma era um documento tão sólido que sobreviveu às emendas.

Mas você teve contato com o Moreira Franco, tem registro...

Claro que tive contato com o Moreira; eu devia ter. Eu o conhecia há muito; é um homem muito esperto e sem compromisso com o interesse público. Eu tive um grande amigo, o Márcio Moreira Alves, que foi seu secretário de Relações Internacionais quando ele foi governador do Rio de Janeiro. O Márcio aceitou, trabalhou com ele durante algum tempo, mas, a partir de certo momento, ele me disse que estava ficando incomodado, que as coisas estavam ficando difíceis no governo. De repente, ele chegou do Rio e me disse: "Pedi demissão, porque a corrupção é absoluta dentro do Palácio das Laranjeiras".

E o problema do teto de remuneração?

O Moreira Franco queria colocar a marca dele na reforma, mas não conseguiu. O texto da reforma resistiu porque estava bem pensado e bem estruturado. Um ponto da reforma que era importante e me deu trabalho foi o do teto de remuneração dos servidores. Eu queria um teto claro e para o qual não houvesse nenhuma exceção, nenhum penduricalho. A remuneração dos servidores públicos no Brasil é uma vergonha, é cheia de "extras". Não é como na Alemanha, onde, como me disse um alto servidor público:

Reformar o Estado com uma teoria

227

"Nosso salário está na nossa lapela; dada nossa posição na carreira, está dado o salário; não é preciso um teto salarial". Tive uma ideia: tornar o salário máximo no funcionalismo igual à remuneração dos ministros do Supremo Tribunal Federal. Fui então falar com o presidente do STF naquele momento, o Sepúlveda Pertence, acompanhado pelo Paulo Modesto.[187] Um texto no sentido de que nada poderia ser pago para o servidor público que não estivesse no salário do Supremo. O Pertence ajudou a redigir o texto, que ficou 100%. Mas não adiantou nada. Os juízes trataram de dar uma interpretação de acordo com seus interesses e o teto perdeu parte do seu poder.

Isso o Moreira Franco não alterou?

Não... não me lembro de nada que ele tenha feito que tenha descaracterizado o texto original. O Congresso, afinal, aprovou a PEC, creio que foi em abril de 1998, três anos depois. No dia seguinte à aprovação, mandei para a Casa Civil uma proposta de redefinição das carreiras de Estado e uma proposta de demissão por insuficiência de desempenho. A Casa Civil engavetou por dois meses o projeto das carreiras de Estado, que, em princípio, devia ser resolvido em primeiro lugar, porque para demitir por insuficiência de desempenho um membro de carreira de Estado seriam necessárias três avaliações negativas, enquanto bastavam duas no caso das carreiras não exclusivas de Estado. Afinal, quando a Casa Civil deu entrada do projeto na Câmara dos Deputados, adotou uma definição de carreiras de Estado limitada às carreiras jurídicas. Na última hora, alguém da carreira diplomática descobriu e incluíram os diplomatas. Tiraram todos os gestores, o pessoal do Tesouro, do orçamento, todos. Uma incompetência exemplar. No Congresso houve protestos e a lei não foi aprovada. Como também não foi aprovado o projeto realmente importante que era o da demissão por insuficiência de desempenho. Para aprovar a emenda foram precisos dois turnos de aprovação na Câmara e no Senado; para aprovar as duas leis, bastava maioria simples, mas até hoje o problema está sem solução.

A OPOSIÇÃO À REFORMA

As reportagens da época dão conta de uma enorme pressão contrária ao senhor, vinda principalmente dos sindicatos de servidores públicos e dos partidos de esquerda, em especial do PT. Como foi isso?

A oposição sindical era dos sindicatos que representavam os servidores sem diploma superior. Eles ficavam fazendo manifestações na frente do ministério às quais comparecia pouca gente. Eu não estava interessado neles, porque seus salários eram naquela época muito superiores aos dos trabalhadores do setor privado. Eram os servidores das principais carreiras que estavam com seus salários defasados (desde os grandes aumentos do governo Lula, não mais considerando os salários iniciais). Os dirigentes dos sindicatos de nível mais alto tinham dúvidas, mas eu debatia com eles, fiz muitas palestras na época. Eu tinha um discurso bom para as carreiras altas. Eu dizia: "A reforma gerencial não é contra vocês, é contra os incompetentes e os que não trabalham. Vocês sabem que existem servidores assim. Vocês desempenham um papel fundamental no Estado; são essenciais para a Nação brasileira, e eu reconheço isso plenamente. Por isso tenho também defendido melhores salários para vocês, por isso defendo concursos anuais para as carreiras de Estado". Eles entenderam. Eu precisava do apoio deles, e acho que o conquistei. Os de nível mais baixo, os que faziam banda de música embaixo do Ministério, eles tinham certa razão por que a minha reforma era, no plano da administração pública, uma reforma "elitista". Nunca usei essa expressão, mas eles estavam excluídos da reforma. Por uma razão muito simples. A reforma supunha que o Estado não abrisse mais concursos para servidores sem diploma superior, mais precisamente, que contratasse servidores via concurso apenas para as carreiras de Estado. As funções importantes não exclusivas de Estado, como os grandes serviços sociais e científicos, deviam ser realizadas por organizações sociais, enquanto as tarefas menores (limpeza, alimentação, trabalhos rotineiros de escritório) deveriam ser terceirizadas — aliás, como já estava ocorrendo.

No Congresso o debate foi sempre quente no tocante à sua reforma. Como se comportou o PT?

Com relação ao PT, duas coisas: uma foi a contribuição de minha velha amiga, Maria da Conceição Tavares, que era então deputada federal pelo PT. Quando eu já estava elaborando o Plano Diretor, fiz uma exposição da reforma na Comissão do Trabalho. E disse, então, que no plano da gestão estavam previstos dois mecanismos em lugar dos regulamentos detalhados e da supervisão excessiva: o controle por resultados e a competição administrativa por excelência entre organizações do Estado similares. A Maria da Conceição, presente, cobrou: "E o controle social?". Eu respondi imediatamente: "Esqueci! Vou incluir hoje mesmo no plano" [risos]. Esqueci porque eu sempre fui favorável à responsabilização social (à *accountability*) dos servidores públicos. A outra coisa foi a oposição do PT à reforma. Uma oposição irracional que, inicialmente, tinha certa lógica: os altos servidores públicos, que sempre tiveram seus interesses defendidos pelo PT, estavam contra a reforma. Aliás, logo antes do governo começar, ainda em dezembro de 1994, eu convidei o presidente da CUT, que na época era o Vicentinho (Vicente Paulo da Silva), para conversar sobre as linhas gerais do que pensávamos fazer. E ele não aceitou, não queriam conversa. Quando, porém, os dirigentes desses sindicatos compreenderam melhor a reforma, deixaram de se opor a ela, mas o PT continuou no ataque, porque também representa os interesses do baixo funcionalismo público. Quando ficou pronta a emenda constitucional, pedi que as bancadas me ouvissem novamente e todas concordaram, exceto a do PT.

O PT que já havia sido contra a Constituição de 1988 e contra o Plano Real. Como foram as conversas com as demais bancadas partidárias?

A coisa mais interessante foi a observação de um jovem deputado do PFL de Santa Catarina. Ele havia lido com atenção a emenda e disse: "Curioso, a proposta é de desconstitucionalizar, mas eu estou com a impressão que você aumentou o número de parágrafos e incisos". Era exatamente o que eu havia feito. A ideia de reformar a Constituição de 1988 desconstitucionalizando parecia lógica, mas não funcionava. Significava tirar direitos das pessoas sem necessidade. Eu queria flexibilizar, mas não acabar definitivamente com a estabilidade dos servidores. Tive que ser específico em algumas coisas para atender apenas ao objetivo da reforma.

Como lidar então com o PT, radicalmente contrário?

Tive uma ideia engraçada. O presidente da comissão do trabalho era um deputado de um partido sem importância, era um empresário de Brasília muito rico, da área de construção, conhecido por não ser lá muito honesto...

Um dia ele me convidou para um churrasco no fim da semana. Eu disse: "Tudo bem, eu aceito o convite, mas só se você convidar a bancada do PT". Ele convidou um bom número de deputados do PT. Vieram uns seis ou sete, entre eles o Marcelo Déda.[188] Gostei muito dele, aliás. Eu pude falar um pouco sobre a reforma, foi a única coisa que consegui fazer com relação ao PT. Eles ouviram, mas continuaram contra.

E as outras reformas do governo? O Planalto deu força para elas?

A "reforma econômica" — tirar da Constituição a exigência que as grandes empresas de serviço público fossem nacionais — foram decididas logo no começo do governo. O José Serra, ministro do Planejamento, se encarregou delas. Permitimos, por exemplo, a desnacionalização da telefonia e da produção e distribuição de energia. Era o reconhecimento da nossa dependência, da nossa submissão colonial ao Império americano.

Quanto às demais reformas... A reforma política e a reforma tributária foram esquecidas. A reforma da Previdência estava praticamente pronta quando começou o governo Fernando Henrique. Creio que foi enviada para o Congresso ainda em março, mas era uma reforma muito incompetente. Isso ficou claro quando no Congresso ela foi imediatamente dividida em quatro reformas. Uma delas, um absurdo: o direito aos cuidados de saúde deixava de ser um direito universal dos brasileiros. Uma ideia que não havia sido discutida com ninguém de repente apareceu como um "caco" na emenda da Previdência. Membros do governo, inclusive eu, fomos chamados para depor na Comissão, e nos manifestamos contra. Pouco depois, o governo retirou essa emenda. Mas a reforma da Previdência propriamente dita era também muito incompetente. O resultado foi ter sido trucidada ao passar pela Câmara dos Deputados. Afinal, ela foi salva em parte no Senado, porque um notável senador do Ceará, Beni Veras, assumiu o papel de relator e fez o possível e o impossível para que a reforma fizesse algum sentido.[189]

Afinal, a única grande reforma que foi realizada nos oito anos do governo Fernando Henrique foi a Reforma Gerencial. Por diversas razões, entre as quais a fraqueza de seu ministro-chefe da Casa Civil, o Clóvis Carvalho. Engenheiro, pertencente ao grupo da Ação Católica associado ao José Serra, foi um bom secretário-executivo no Ministério da Fazenda, mas quando ele foi promovido a ministro da Casa Civil, aconteceu com ele aquele processo clássico de ter sido promovido para seu "nível de incompetência". Foi mais tarde o que aconteceu com Dilma Rousseff. Clóvis era a favor da Reforma Gerencial, mas não ajudou em nada. Pelo contrário, me deu muito trabalho e aborrecimento. No fundo, o que ele acreditava é que para fazer uma reforma você devia simplesmente mudar o estilo de gestão. E, para isso, o melhor caminho era contratar gurus americanos de administração de empresas, que eles nos ensinariam a administrar bem a administração pública brasileira. Ele tanto acreditava nisso que chamou um guru americano relativamente bem conhecido para fazer palestras para o governo. Fui eu que o recebi. Um homem inteligente e agradável que passou três dias conosco. O Clóvis participou da primeira palestra. Ele não percebia que para mexer na administração pública é preciso, de um lado, mudar a cultura dos servidores para uma cultura gerencial, e, de outro, reformar as leis, a Constituição, mexer na estrutura do Estado. É preciso analisar, no quadro da democracia, os interesses em jogo dos servidores e principalmente dos cidadãos. Não é uma coisa simples como administrar uma empresa.

Reformar o Estado com uma teoria

E o Eduardo Jorge, secretário da Presidência, ali no Palácio do Planalto, também, com FHC?

Era outro ministro importante que ficava no Planalto. O Eduardo Jorge, servidor público de carreira, do Senado, com uma formação bem tradicional de servidor público, era muito inteligente. Na reunião da Comissão da Reforma do Estado em que foi discutida a reforma ele foi o único participante que se declarou contra. Claro que depois ele aceitou, porque o chefe dele mandou aceitar, mas no fundo sempre foi contra. Me deu um trabalho muito grande, especialmente depois que o projeto de emenda constitucional foi mandado para o Congresso, porque o Fernando Henrique o indicou para negociar com o relator da Câmara dos Deputados, o Moreira Franco.[190]

A DIMENSÃO INTERNACIONAL DA REFORMA

Como foram os parceiros internacionais acompanhando tudo aquilo?

A missão inglesa era formada por gente muito competente, todos com experiência da administração pública inglesa. Os dois consultores principais foram a Kate Jenkins e o William Plowden. Inicialmente, em julho de 1995, eles fizeram uma série de conferências a que eu e toda a minha equipe assistimos. Depois, durante dois anos, eles nos ajudaram a definir melhor e a implantar a reforma. Eles foram muito úteis. Aconteceu que, ao mesmo tempo, a Ângela Santana negociou um acordo com os franceses e eles também deram apoio. Mandaram um rapaz muito competente, um tecnocrata jovem. Mas o Brasil estava na frente da França na reforma gerencial. Os franceses começaram a fazer a sua reforma mais tarde. E eu contei com a assessoria de meu amigo canadense Philippe Faucher, que ficou durante um semestre conosco em Brasília.

Como foram suas relações com o Banco Mundial? Havia a história que a reforma era neoliberal porque contou com o apoio do Banco.

Esse foi um argumento sem pé nem cabeça que setores do funcionalismo público que se sentiram ameaçados e setores da esquerda mal informados defenderam. O governo Fernando Henrique realmente se envolveu em reformas neoliberais, mas, como me disse o presidente quando lhe contei que queria fazer a reforma, ele concordou e acabou me dando apoio, mas a primeira coisa que falou foi que "a reforma não estava na agenda". Eu realmente me envolvi em flexibilizar a estabilidade e em limitar os salários abusivos dos servidores, mas a grande maioria deles compreendeu que não devia se preocupar porque era formada por servidores competentes. A reforma só estava contra os servidores que desmoralizavam a classe dos servidores.

Uma das coisas que se dizia então é que a reforma tinha sido uma iniciativa do Banco Mundial — a agência que o governo Reagan encarregou de conduzir as reformas neoliberais nos países em desenvolvimento. Ora, esse é um enorme equívoco. O Banco Mundial não foi a favor, mas contra a Reforma Gerencial, durante os meus quatro anos no MARE. Em 1995, uns três ou quatro meses depois que assumi o Ministério, recebi uma missão do Banco Mundial. Vieram seis técnicos, um grupo grande. Sentaram-se na minha frente, eu disse como era a reforma, eles ouviram e foram embora sem dizer nada. Eu nunca mais soube deles, a não ser em 1998, com a reforma já aprovada no Congresso, quando o Banco Mundial me convidou para participar de uma grande reunião interna que eles têm — não sei se anual ou a cada dois anos. Nesse ano a reunião realizou-se na Universidade de Maryland, ao lado de Washington, aproveitando as férias dos alunos. Fui convidado para discutir a questão das organizações sociais. Qual era a posição do Banco Mundial eu já sabia. Acompanhava as publicações deles. O Banco era contra a Reforma Gerencial. O argumento era muito simples, era o argumento do "sequenciamento". Eles diziam que não fazia sentido o Brasil fazer uma reforma gerencial antes de completar a reforma burocrática. Eu tinha uma resposta para esse argumento absurdo. No debate, como eu previa, os técnicos do Banco defenderam o sequenciamento. Minha resposta foi que estaria disposto a concordar com eles se o Banco Mundial passasse também a recomendar aos países em desenvolvimento que primeiro completassem a mecanização de suas economias antes de passar a adotar a tecnologia digital... [risos].

E o BID?

No BID a história foi diferente, porque seu presidente era Enrique Iglesias — um servidor público internacional muito capaz e muito agradável. Era meu velho conhecido, quase amigo; era uruguaio e havia sido diretor-geral da CEPAL. Em junho de 1995, ele veio fazer uma visita a Brasília, veio falar com o presidente, com o pessoal da Fazenda, do Planejamento, e convidou um grupo de pessoas — inclusive eu — para um coquetel. Lá, ele chegou perto de mim e me perguntou o que eu estava fazendo, eu comecei a falar, ele se interessou, me chamou para uma sala ao lado e, ainda em pé, nós continuamos conversando, agora com a presença de mais dois ou três técnicos do Banco. Quando eu terminei de falar, ele disse: "Isso é muito interessante, vou te apoiar. Uma coisa que podemos fazer é promover um grande seminário latino-americano". Eu achei ótimo. O seminário foi realizado em Brasília, no Itamaraty, com a participação de representantes de quase todos os países latino-americanos. Os trabalhos apresentados resultaram num livro até hoje muito usado, *Reforma do Estado e administração pública gerencial*, organizado por mim e por Peter Spink, meu colega na FGV.[191]

A partir daí estabeleceu-se uma relação muito positiva entre o BID e o MARE. Eu fiz duas conferências no BID, uma delas para os técnicos do Banco, a outra com a presença de um grande e seleto grupo de convidados. Foi um sucesso. O BID tinha criado uma diretoria de Reforma do Estado e seu titular, depois da conferência, veio me cumprimentar entusiasmado e disse uma coisa engraçada: "Que bom, agora temos no BID um modelo de reforma do Estado, e o Banco Mundial não tem" [risos]. Pedimos um financiamento para o Banco para levarmos adiante vários projetos da reforma. Quem cuidou disso foi o Carlos Pimenta, um ótimo colaborador, que depois ficou em Washington.

Enquanto ministro o senhor não foi também presidente do CLAD?
Sim, fui presidente do Conselho Latino-Americano de Administração para o Desenvolvimento (CLAD), e essa foi a experiência internacional mais interessante que eu tive no MARE. Logo depois que eu assumi, recebi um telefonema do Carlos Blanco, que era o diretor do Conselho. Ele me disse que naquele ano era a vez do ministro brasileiro ser presidente do CLAD. E explicou o que é o CLAD — uma associação de países, com sede em Caracas, que reunia todos os países latino-americanos e a Espanha, e cuidava dos problemas da administração pública e reforma do Estado. Informou, também, que havia uma reunião prevista para o próximo mês, maio, em Buenos Aires. Aceitei a presidência, com mandato de dois anos, e combinei de começar a exercer o novo cargo a partir da reunião de Buenos Aires. Quando estou entrando no hotel, um mensageiro me entrega uma carta. Nela o ministro da Administração Pública da Venezuela informava que não apoiava a mudança do estatuto do CLAD que o senhor Carlos Blanco estava propondo para poder ser candidato à reeleição [risos]. Cheguei na reunião, conheci o Carlos Blanco, um venezuelano muito simpático, muito falante, e vazio. Durante a reunião ele falou longamente, repetidamente, sobre "a reforma do Estado", mas afinal não disse nada. Informou, porém, sobre a situação financeira do CLAD, que era pré-falimentar. A Venezuela, que o sediava, era o principal país financiador, mas naquele ano de 1995 estava em plena crise e não fazia os pagamentos devidos. Claro que não apoiei sua reeleição. Vi que a crise do CLAD não era apenas financeira; era conceitual. Sua missão

estatutária era reformar o Estado na América Latina, mas não tinha capacidade de sequer reformar o aparelho dos Estados latino-americanos. Era uma organização mínima com apenas uma intelectual de peso, Nuria Cunill Grau, que orientava a organização e editava uma boa revista quase acadêmica, *Reforma y Democracia*.

A primeira coisa que resolvi fazer foi mudar o estatuto do CLAD, substituindo o ridículo objetivo de reformar o Estado latino-americano por uma coisa prática: ser um fórum de debates sobre a reforma da administração pública latino-americana. Segundo, disse que deixaria de ser papel do CLAD dar consultoria para pequenos países usando o trabalho de consultores contratados. A coisa mais importante, porém, foi acabar com os pequenos seminários que a instituição realizava. Eles tinham um custo elevado, porque envolviam passagens aéreas e *per diem* para os participantes, e não tinham nenhuma repercussão. Ao invés, propus e realizei o 1º Congresso Internacional do CLAD sobre a Reforma do Estado e a Administração Pública, no Rio de Janeiro, em 1996. Foi um enorme sucesso, deu nova vida e sentido para a instituição. Em 2019 foi realizado em Buenos Aires o 19º Congresso.

Em termos substantivos, tentei transformar o CLAD em um instrumento de debate e discussão sobre a reforma gerencial da administração pública latino-americana. Nos três anos em que fui presidente, o CLAD realmente mudou a sua mensagem, e as ideias da reforma gerencial passaram a ser adotadas por praticamente todos os países da região. Minha gestão terminou com chave de ouro: a Declaração de Madri, *Uma nova gestão pública para a América Latina*, documento preparado pelo Conselho Científico do CLAD e aprovada pelos ministros de administração pública que formam seu Conselho Diretor, reunido no Congresso de 1998, em Madri. Ao terminar meu mandato, em 1997, foi criado (para que eu pudesse continuar colaborando com a instituição) o Conselho Científico do CLAD, que contou com a participação de Adam Przeworski, Nuria Cunill Grau, Oscar Oszlak, Joan Prats i Catalá e Leonardo Garnier.

Nuria é uma socióloga muito interessada nas organizações do terceiro setor. A Reforma Gerencial interessava-se pelas organizações públicas não estatais, tanto as de serviço que, se importantes para o Estado, deviam ser transformadas em organizações sociais, quanto as de advocacia social que são essenciais para o controle ou responsabilização social. Em consequência, organizamos um livro sobre o assunto: *Organizações públicas não estatais e a reforma do Estado*.[192]

No Brasil, Ruth Cardoso, por sua vez, interessou-se muito pela regulamentação e credenciamento do terceiro setor, e quando soube que eu estava

Reformar o Estado com uma teoria

criando as organizações sociais, conversamos, e ela instituiu as OSCIPs — Organizações da Sociedade Civil. Quando a entidade obedece a um conjunto de requisitos, além de ser sem fins lucrativos, ela é reconhecida como OSCIP e passa a poder contar com doações do setor privado deduzidas da declaração de rendas do doador.

Por que o MARE foi incorporado ao Ministério do Planejamento? O senhor, em algum momento entre 1995 e 1998, considerou pedir demissão?

Não, pegar o chapéu e ir embora eu não cheguei a pensar, mas fui eu quem sugeriu a incorporação do MARE ao Planejamento. No final de 1997 ou começo de 1998, quando vi que a reforma constitucional estava praticamente aprovada, comecei a pensar no governo seguinte. Eu me lembrei de duas coisas: o único país latino-americano, além do Brasil, que havia se envolvido na reforma gerencial era o Chile, que havia feito a reforma no quadro do Ministério do Planejamento, que tinha poder para implementá-la porque controlava o orçamento. Lembrei também que quando fui fazer a visita ao responsável da administração pública em Washington, ele me disse algo assim: "Sabe qual é meu poder? Estar na sala ao lado onde está o secretário do Orçamento". Naquele momento escrevi uma nota para o Fernando Henrique sobre esse assunto, propondo a incorporação do MARE ao Planejamento. Hoje acho que cometi um erro. Os ministros do Planejamento não se interessaram pela administração pública e a reforma gerencial. O ministro do MARE não tinha poder, mas podia ter prestígio. O secretário da Administração Pública hoje não tem nem poder nem prestígio.

Ministério da Ciência e Tecnologia

Entramos no segundo mandato, o MARE é incorporado ao Ministério do Planejamento, e o senhor é agora o ministro da Ciência e Tecnologia. Com boa gente do MARE, não?

Eu trouxe do MARE a Ângela Santana, a Letícia Schwarz, que passou a ser minha chefe de gabinete, e o Nelson Marconi, meu ex-aluno que sempre trabalhou comigo. E trouxe para a Secretaria das Ciências Naturais o Fernando Reinach, um brilhante biólogo da USP, filho de minha amiga Lygia, e para a Secretaria de Ciências Sociais o Denis Rosenfield, um filósofo igualmente brilhante da Universidade Federal do Rio Grande do Sul. Denis, mais tarde, me surpreendeu porque, indignado com as acusações de corrupção ao PT no seu estado, não se limitou a fazer a crítica a esse partido e passou a adotar uma perspectiva liberal-conservadora. Eu me senti feliz com a nomeação porque sempre tive admiração pela comunidade de ciência e tecnologia do Brasil, um grupo de pessoas dotado de alto espírito público que sempre foi representado pelo MCT e pela FINEP, a agência financiadora de inovações do Ministério. O grande problema que essa comunidade sempre encontrou foi a de o setor privado não corresponder com gastos em ciência e tecnologia que complementassem os gastos do governo federal. Isso só não foi verdade nos anos 1970, porque nesse período o Brasil crescia de maneira acelerada, os investimentos na indústria eram muito grandes, e com os investimentos vinham também os gastos em tecnologia. A partir de 1980, porém, a economia brasileira entrou em regime de semiestagnação e o setor privado reduziu seus gastos na área. Os gastos em ciência e tecnologia são ao mesmo tempo causa e consequência do desenvolvimento econômico.

Do ponto de vista pessoal, o senhor assumiu estimulado como estava quando assumiu o MARE?

Eu sempre quis inovar e vi que havia uma coisa nova que era importante fazer no Ministério de Ciência e Tecnologia: transformar os fundos das empresas estatais em "fundos setoriais" de apoio à pesquisa. E tive um secretário-executivo muito bom, o Carlos Américo Pacheco. Um homem da área, que ficou como vice-ministro depois que saí. Recentemente, ele foi reitor do ITA. Como nos outros ministérios, eu fui tomando conhecimento dos problemas da área e comecei a escrever um projeto, o meu plano diretor para o MCT. Não cheguei a concluí-lo.

Eu vi que o Ministério estava dividido, era o Ministério versus o CNPq. Isso não fazia sentido. Decidi, então, que assumiria provisoriamente a presidência do CNPq e nomeei dois secretários, um para as ciências naturais e outro para as ciências sociais, para fazer o processo de integração das duas instituições.

Descobri que havia o problema do currículo: a multiplicação de currículos que o pesquisador era obrigado a preencher com dados de sua produção científica. Eu conhecia bem o problema na FGV. Cada instituição tinha um currículo. Dentro do próprio MCT havia dois currículos, um do próprio Ministério, o outro do CNPq. A CAPES, do Ministério da Educação, tinha outro, a FAPESP, outro. A FGV tinha o seu currículo. Decidi que teríamos no MCT apenas um currículo e que procuraríamos convencer as demais instituições do governo federal para o aceitarem. Verifiquei que o currículo do CNPq era o que estava mais desenvolvido. Creio que seu nome era Copérnico. Decidi basear o novo currículo nele, mas mudar o nome para que fi-

Reformar o Estado com uma teoria 237

casse bem claro que se tratava de um novo currículo com a missão de ser o currículo único. Propus que o nome fosse Lattes, em homenagem ao grande físico brasileiro César Lattes. Negociamos com a CAPES, que concordou em se associar ao processo. Depois as outras instituições de ensino e pesquisa foram também adotando o Lattes.

Aconteceu uma coisa interessante quando vagou o cargo de diretor do grande instituto de pesquisas biológicas da Amazônia, em Manaus. É uma instituição de pesquisa importante que conta com muitos PhDs. Em determinado dia, recebi um grupo de cientistas da Amazônia. Eles vinham discutir a nomeação do novo diretor. O governador do Estado, Amazonino Mendes, estava querendo nomear um presidente. Eles não concordavam e tinham seu próprio candidato. Eu lhes disse que não aceitaria nem a recomendação do governador nem a deles. Que começaria a usar no Brasil uma forma de escolher dirigentes de ensino e pesquisa muito usada nos Estados Unidos. A constituição de um comitê de busca formado por ilustres profissionais da área. Esse comitê faria uma busca por candidatos e afinal ofereceria ao ministro dois ou três nomes para que este escolhesse.

Como eles reagiram a essa determinação?

Eles primeiro ficaram surpreendidos, mas em seguida concordaram. Demorou quase um ano o processo devido à interferência política; eu já tinha saído quando acabou; foi o primeiro caso e deu certo. Não sei se outros órgãos passaram a adotar o mesmo modelo depois. Mais tarde, aconselhei o presidente da FGV, o Carlos Ivan Simonsen Leal, a adotar o mesmo sistema de escolha dos diretores, ele gostou da ideia e também a adotou para a escolha dos diretores das escolas da FGV.

Quando assumiu a Ciência e Tecnologia, o senhor devia ter a ideia que ficaria quatro anos. O que mudou?

Pois é, o presidente começou seu segundo mandato no meio de uma crise financeira que se transformou em crise política, seis meses depois decidiu fazer uma ampla reforma do ministério e, para minha surpresa, eu fui incluído na reforma. Foi a única vez na minha vida que fui demitido [risos].

Como foi?

Foi uma situação curiosa. Eu posso estar enganado, mas, se eu quisesse, não teria sido demitido. A situação política do governo naqueles primeiros meses estava ruim. Me lembro bem de um jantar com um grupo no Alvorada. Num determinado momento, fiquei junto com o presidente por alguns minutos. Ele me disse então: "Preciso fazer uma reforma ministerial". Concordei. Não passava pela minha cabeça que eu faria parte da reforma. Naquele momento da breve conversa, certamente não fazia. É verdade que eu havia enfrentado alguns problemas no Ministério. Eu havia tido um problema maior, que foi uma declaração que fiz em uma visita ao Nordeste — não me lembro qual — que deixou os nordestinos ofendidos. Nada de grave. Às vezes sou informal demais, esse é meu estilo, o que incomodou algumas pessoas. Passaram-se os meses e quando chega julho o presidente informa que até a sexta-feira, dia 20, às 12 horas, ele anunciaria a reforma ministerial. Nessa semana os jornais começaram a informar os nomes dos ministros que provavelmente seriam demitidos. Na quarta-feira apareceu o meu nome. Na sexta-feira de manhã recebi a notícia de que o Montoro falecera subitamente de um infarto. Reuni os meus auxiliares e fiz uma pequena cerimônia de homenagem a ele. Já era quase meio-dia quando, afinal, recebi um telefonema do Fernando Henrique para ir ao Alvorada. O presidente me disse então que ia precisar do meu cargo porque ele queria reduzir despesas. Havia o meu Ministério e uma Secretaria da Presidência ocupada pelo embaixador Sardenberg, que cuidava de problemas relacionados à informática e a satélites. Pretendia unir os dois órgãos. Eu disse que tudo bem, que achava o Sardenberg um homem público competente, mas a economia seria muito pequena. Aí o Fernando me diz: "Luiz Carlos, talvez a gente possa deixar isso para depois". Eu estava surpreso e fui então formal: "Não, senhor presidente. Se é para tomar uma decisão sobre isso, eu prefiro que o senhor tome essa decisão hoje". Ele pensou um pouco e disse: "Na verdade, eu estou com um problema porque a bancada do PSDB não está satisfeita na Câmara Federal e eles estão querendo que o deputado Alberto Goldman seja ministro". Minha resposta: "Eu acho que esse é um bom motivo, é um motivo político, e o Goldman está mais que capacitado para o cargo". O Fernando estava evidentemente em dúvida. E voltou a dizer: "Não seria melhor nós deixarmos isso para depois?". E minha resposta foi a mesma: "Se é para tomar uma decisão, é melhor que seja hoje". Despedi-me dele e fui para o aeroporto, porque já tinha marcado viagem para São Paulo. Quando cheguei ao aeroporto de Congonhas minha demissão já fora anunciada. Alguém me disse que uma coisa muito semelhante havia acontecido com o Francisco Weffort, que ocupou o Ministério da Cultura, mas ele concordou em deixar para depois e ficou até o fim do governo.[193] Eu, naturalmente, fiquei aborrecido, mas afinal foi ótimo ter saído do governo. Eu não estava de acordo com a sua orientação econômica e dois anos depois eu já estava mergulhado na construção do Novo Desenvolvimentismo.

Reformar o Estado com uma teoria

Quando o senhor saiu, foi um dos últimos ministros que tinha ficado o tempo todo no governo. Como foi, para o senhor, ficar quatro anos e seis meses em Brasília?

Eu gostei muito. Fiz amigos, conheci melhor Brasília. Mas eu vinha todo fim de semana para São Paulo, sem exceção, para encontrar minha mulher e meus filhos. Em Brasília eu tive uma boa turma de pessoas que trabalhavam comigo. Socialmente não foi como no Ministério da Fazenda, onde eu trabalhava como um alucinado. No MARE e depois no MCT a coisa foi mais tranquila. Lá pelas oito horas da noite eu ia embora para casa. E eu morava na Academia de Tênis. Quando eu passava pela frente do Palácio do Planalto, às vezes estava a bandeirinha que indica a presença do presidente. E eu dizia para mim mesmo: "Coitado do Fernando... nesse palácio com o Clóvis e o Eduardo Jorge" [risos]. A escolha desses dois homens pelo Fernando Henrique mostrava uma fraqueza dele. Você avalia a força de um dirigente olhando para os seus subordinados. Quando você se rodeia por subordinados de segunda categoria, que não têm realmente capacidade de discordar, você dá um sinal de fraqueza. O Montoro, por exemplo, convidou pessoas de alto nível para seu secretariado. Fez um grande governo. Para mim foi uma honra ter trabalhado com o Fernando, porque ele é um homem de alta qualidade. Mas ele teria sido um melhor presidente se tivesse contado no Planalto com ministros mais independentes.

O Malan, ao final, terminou sendo o ministro que permaneceu na Esplanada durante todo o período FHC. Assumiu a Fazenda em janeiro de 1995 e só deixou o governo em dezembro de 2002.

Tem uma história que acho que posso contar. O Pedro Malan é um encanto de pessoa, respeitável, capaz, e eu havia apoiado a sua candidatura para a Fazenda. Mas quando vi a forma como ele vinha levando o Ministério da Fazenda, de forma passiva, deixando a taxa de juros altíssima e a taxa de câmbio fortemente apreciada, eu mudei de ideia. Quando chegou o final do primeiro ano de governo, em 1995, eu perguntei para o Fernando por que ele mantinha o Malan. Sua resposta: "Porque o Pedro fala bem, fala bem inglês e é respeitado em Washington". No final de 1996 fiz a mesma pergunta e o Fernando Henrique respondeu a mesma coisa. Em 1997, ano do debate sobre a reeleição, eu não fiz a pergunta. Em 1998, em meio à crise financeira, perguntei novamente. E a resposta foi mais completa: "Porque o Pedro fala bem, fala bem inglês, é respeitado em Washington e faz tudo que eu quero". Esse era o ponto. Para Fernando Henrique, o ministro da Fazenda era ele mesmo; o Pedro, um ótimo e amável auxiliar.

18

Oxford e Paris

A CRISE FINANCEIRA DE 1998-1999

No primeiro mandato de FHC o senhor foi um crítico interno da política econômica?

É verdade. Durante o governo Fernando Henrique, a cada mês, eu tinha uma audiência com o presidente e, invariavelmente, eu dizia que a situação econômica era muito ruim, que o câmbio estava muito apreciado, e que era preciso corrigir isso. Em 1996 escrevi uma carta para o presidente alertando-o, mas antes de entregá-la resolvi conversar com o Bacha que, nessa época, já não estava mais no governo.[194] Eu marquei um jantar com o Bacha e disse que a política econômica do governo não se sustentava, que era preciso pôr o câmbio no lugar. O Bacha me disse que não havia problema, que estava tudo em ordem, que o governo estava fazendo pequenas desvalorizações e isso seria suficiente. Não devia, portanto, me preocupar. Mas continuei preocupado e mandei a carta. Era minha obrigação.

E FHC reagiu à carta?

Na primeira ocasião que o encontrei, ele me disse que minha carta estava ótima. Uma reação típica dele. Mas não discutiu. No ano de 1998 voltei a falar com ele mensalmente. A coisa estava ficando feia, muito feia. No começo de dezembro de 1998 pensei: "Qual é a pessoa que o FHC ouve neste país? Quem será que ele respeita e talvez ouça?". Eu só conhecia duas pessoas que ele ouvisse. Um era o Bill Clinton e o outro era meu amigo Olavo Setúbal, que era um brilho, um banqueiro muito conservador, mas extraordinariamente competente. Telefonei para o Rubens Barbosa, que era nosso amigo comum, e marcamos um almoço. Acho que foi no dia 15 de dezembro de 1998. Almoçamos no Banco Itaú com o Olavo e o Roberto Setúbal. Pedi ao Olavo que conversasse com o Fernando Henrique porque a economia brasileira estava indo para uma crise muito grave e era preciso enfrentar o problema: encontrar uma forma de depreciar o câmbio. O Olavo não quis saber: "De jeito nenhum, de jeito nenhum". Deixou claro que não ia falar,

Oxford e Paris

241

que não estava de acordo. As pessoas têm sempre medo de uma desvalorização cambial. Por isso as desvalorizações só acontecem no meio de uma crise financeira, como seu principal sintoma.

No dia 28 de dezembro fui para Brasília e encontrei com o Fernando Henrique no Palácio da Alvorada. Voltei a falar que a situação era insustentável, que era preciso desvalorizar o real. Ele me perguntou quanto e eu disse, sem hesitar: "30%". Quinze dias depois a crise arrebentou e o real se desvalorizou. Depois desse episódio, tanto o Fernando Henrique quanto o Olavo Setúbal, várias vezes, me disseram separadamente que eu tinha razão em relação ao câmbio.

No primeiro ano do primeiro mandato, diante das críticas à sobreapreciação cambial, o Gustavo Franco escreveu um trabalho que tranquilizou o presidente. Como foi isso?

Esse artigo, "A inserção externa e o desenvolvimento", está publicado como documento na *Revista de Economia Política*. É uma bobagem baseada em boa teoria que enganou o Fernando Henrique. No seu trabalho, Gustavo Franco desenvolve a seguinte tese: não havia realmente apreciação do câmbio no Brasil porque a apreciação que aparecia nas estatísticas era nominal. Para saber se havia sobreapreciação era preciso comparar o crescimento da produtividade no Brasil com esse crescimento nos principais países concorrentes. Esse é um princípio básico da economia. Gustavo Franco, então, argumentava que a produtividade estava crescendo mais rapidamente no Brasil do que no resto do mundo. Mas esse era um conto da carochinha. Não tinha base na realidade. O pequeno problema que o Gustavo esqueceu é retratado na famosa pergunta do Mané Garrincha ao Vicente Feola, o técnico da Seleção Brasileira de Futebol em 1958. Depois de o Feola explicar o que os jogadores deviam fazer nesta ou naquela situação no jogo contra a Rússia, Garrincha perguntou: "Tudo bem, mas o senhor combinou com os russos?". Ou seja: ninguém havia combinado com os russos que a produtividade do Brasil cresceria mais do que a dos demais países. A grande crise cambial que explodiu no final de 1998 mostrou quão tolo era o argumento de Gustavo Franco. Dada a altíssima taxa de juros e o câmbio valorizado, a crise era inevitável.

O primeiro mandato do governo FHC está terminando, o senhor está concluindo o trabalho no MARE, é tesoureiro da campanha. Foi diferente ser tesoureiro da campanha de 1998 comparando com a de 1994?

Não, nada especialmente diferente. Desta vez o Lula e o Leonel Brizola estavam juntos, mas isso não tornou as empresas especialmente interessadas na reeleição. Acho que a tinham como certa.

Oxford e a Terceira Via

O que o senhor decidiu fazer ao sair do governo FHC?

Desta vez eu não tive nenhuma dúvida sobre o que faria. Eu finalmente me dedicaria à vida acadêmica em tempo integral: ia fazer pesquisas, dar aulas, redigir *papers* e livros, escrever para os jornais, fazer conferências, organizar um site na internet para facilitar o acesso à minha obra, enfim, ser um economista e um intelectual público. Eu decidi apostar na minha capacidade de pensar o Brasil e o capitalismo. Ser mais um economista político no sentido clássico da expressão, como Adam Smith e Marx, ou Keynes e Furtado foram. Estudar a teoria econômica como uma ciência social, estudar não os sistemas econômicos em geral, como pretendem os neoclássicos, mas estudar o sistema capitalista, suas diversas fases, seus diversos aspectos, compreender uma realidade econômica que não é coordenada apenas pelo mercado, mas também, e fortemente, pelo Estado. Tempo integral acadêmico de verdade. Não aceitaria consultorias, nem cargos administrativos na FGV. Continuaria a editar a *Revista de Economia Política*, que logo após começaria a se denominar também *Brazilian Journal of Political Economy* e a publicar um número crescente de *papers* em inglês. E trataria de estudar mais, não apenas teoria econômica, mas também teoria política — principalmente teoria da democracia.

Contando o tempo como tesoureiro, depois de mais de cinco anos dedicado à política e à administração pública, estava na hora de retomar meus estudos mais gerais sobre a economia brasileira, a democracia e o capitalismo. Estava na hora de fazer uma integração do que eu aprendera com Marx, Max Weber e Galbraith sobre o capitalismo; com Gramsci e Poulantzas sobre o Estado; com Keynes e Paul Davidson sobre a macroeconomia; com Robert Dahl, Claude Lefort e Adam Przeworski sobre a democracia; e com Arthur Lewis, Raúl Prebisch e Celso Furtado sobre o desenvolvimento econômico. Estava, portanto, na hora de aprofundar e sintetizar meus estudos nessas áreas.

E estava também na hora de construir um site para tornar mais acessível a minha obra não apenas acadêmica, mas também jornalística. Contratei então como webmaster um técnico baiano muito competente, Cleber de Castro Souza, que até hoje é o responsável pelo meu site. No nosso primeiro encontro ele veio a São Paulo com um jovem colega que seria o responsável pela organização do site, enquanto ele ficaria com a parte técnica e estética. Dispensei imediatamente o colega e a organização do site www.bresserpereira.org.br ficou por minha conta. E contei, então, com a ajuda de Cecília Heise, que faz todas as postagens no site, e de Luís Prestes, que também a apoia na secretaria executiva e administração do *Brazilian Journal of Political Economy*. Foi uma construção lenta, através dos anos, mas já há bastante tempo praticamente toda a minha obra, todos os meus artigos de jornal, muitas das minhas entrevistas, informações e documentos relativos aos ministérios que dirigi — tudo isso está lá muito bem organizado em um banco de dados. Estamos sempre aperfeiçoando o site, que é visto por muita gente. Não é um blog; é um instrumento de pesquisa para quem se interessa pela minha obra e pelos temas que nela tratei. Minhas opiniões sobre a conjuntura política e econômica eu as insiro na minha página pública no Facebook e nas postagens no Twitter.

O senhor viaja para o exterior em setembro de 1999. Por que foi para a Universidade de Oxford?

A Universidade de Oxford foi uma escolha natural. Eu já havia passado um tempo nos Estados Unidos e na França; estava na hora da Inglaterra. Na Universidade de Oxford havia um centro recém-inaugurado de estudos brasileiros e seu diretor, Leslie Bethell, um notável historiador da América Latina, se revelou interessado em me acolher. Passei dois períodos lá: quatro meses associado ao Nuffield College, entre setembro de 1999 e janeiro de 2000, e dois meses associado ao St. Anthony's College (onde estava situado o Centro de Estudos Brasileiros), em janeiro e fevereiro de 2001.

A experiência no Nuffield College foi especialmente agradável. Primeiro, pela novidade, pela estranha lógica das universidades inglesas constituídas de *colleges* com professores, e de escolas com cursos e alunos. Segundo, pelos professores com quem tive contato, principalmente Laurence Whitehead, cientista político, Andrew Hurrell, economista de política internacional, e David Miller, filósofo político. Tony Atkinson, grande pesquisador da desigualdade, era então o diretor do College, mas infelizmente tive pouco contato com ele.

Eu aproveitei Oxford para repensar o Brasil. Depois da solução da crise da dívida externa com o Plano Brady, do Plano Real que acabou com a alta inflação, e da eleição de Fernando Henrique Cardoso, eu me tornara muito otimista em relação ao desenvolvimento do Brasil. Mas a realidade não confirmou minhas esperanças. A taxa de crescimento havia sido muito baixa e o governo terminara os primeiros quatro anos com uma grave crise financeira. Teria sido esse resultado meramente conjuntural, ou existiam problemas estruturais que inviabilizavam a retomada do desenvolvimento? Eu não tinha nenhuma dúvida que o problema fora principalmente macroeconômico. Que a taxa de juros extremamente alta e a taxa de câmbio muito apreciada estavam na base do mau desempenho econômico. É claro que os problemas de sempre, do lado da oferta, estavam presentes: o baixo nível de educação, os investimentos insuficientes na infraestrutura, mas esses não eram fatos históricos novos que explicassem o mau desempenho econômico da época. Não se podia, porém, falar em "falta de reformas institucionais", primeiro, porque elas não estavam presentes no tempo da Revolução Capitalista Brasileira (1930-1980), muito pelo contrário; o regime de política econômica foi então desenvolvimentista e, no entanto, o desenvolvimento econômico foi enorme. Segundo, porque as reformas passaram a ser realizadas a partir de 1990, quando houve a abertura comercial e financeira, e, a partir de então, o regime de política econômica passou a ser liberal. E, por isso mesmo, a economia brasileira mostrou-se incapaz de continuar a crescer e ficou para trás. Aliás, em um trabalho recente com Eliane Araújo e Samuel Costa Peres, nós mostramos esta relação negativa entre a abertura comercial e financeira e o desenvolvimento econômico.[195] Com a abertura comercial foi desmontado o mecanismo que neutralizava a doença holandesa; com a abertura financeira realizada logo em seguida tornou-se mais fácil manter uma taxa de juros muito elevada, o que apreciou no longo prazo a nossa moeda. Em consequência das duas aberturas as empresas industriais localizadas no Brasil, fossem elas nacionais ou multinacionais, passaram a ter uma grande desvantagem competitiva, pararam de investir, e vivemos a desindustrialização e quase-estagnação. Por isso eu defendo que o Brasil, e mais amplamente a América Latina, não caiu na "armadilha da renda média", mas na "armadilha da liberalização". As privatizações e a flutuação do câmbio no governo Fernando Henrique apenas agravaram esse quadro.

Eu não tinha naquele momento todos os elementos teóricos de que hoje disponho para compreender a quase-estagnação ou semiestagnação da economia brasileira desde 1980. Mas tinha elementos satisfatórios para denominar o *paper* que então escrevi em Oxford, "Incompetência e *confidence building* por trás de vinte anos de quase-estagnação da América Latina" (2001).[196] Na verdade, o que eu queria era escrever sobre o Brasil, mas eu estava saindo do governo; não tinha vontade de ficar falando de políticas de governo de que eu tinha participado, ainda que tivesse o tempo todo criticado essa política internamente. Naqueles quatro anos e meio no governo eu

Oxford e Paris

não havia escrito sobre a economia brasileira. A única coisa que publiquei foi um pequeno artigo intitulado "As três formas de desvalorização cambial" (1997).[197] Era um artigo teórico; não dizia uma palavra sobre o Brasil, mas o Delfim Netto não perdoou. Na sua coluna na *Folha* ele escreveu: "Olha o Bresser criticando o Fernando Henrique" [risos]. Naquele artigo eu já mostrava indiretamente minha insatisfação com o governo. No artigo escrito em Oxford, minha decepção estava clara. Ao invés de realizar uma política econômica pautada pelo interesse nacional, o governo havia se subordinado inteiramente à ortodoxia liberal do Consenso de Washington. Eu usei a expressão *confidence building* em inglês mesmo na tradução do *paper* para o português, porque desde a negociação realizada pelo México de sua dívida externa com base no Plano Brady eu a havia identificado com o colonialismo ou dependência da América Latina. Ainda em 1989 o México fez um acordo aceitando uma redução ridícula da dívida. Nessa ocasião conversei com Nora Lustig sobre o assunto, ela concordou quanto à insuficiência do desconto, mas justificou a política mexicana com a frase "em compensação houve *confidence building*". Sim, construção de confiança às custas do interesse nacional.

Nesse artigo eu não tinha ainda as ferramentas teóricas do Novo Desenvolvimentismo, mas já via claramente que a incompetência no manejo da política macroeconômica estava na base da quase-estagnação. Eu dizia então: "A acumulação de capital e o progresso técnico bastavam para explicar o crescimento econômico quando a estabilidade macroeconômica podia ser assumida no longo prazo. Isso não é mais possível. A instabilidade macroeconômica pode se tornar crônica e durar longos anos". Eu já mostrava, também, que a ortodoxia liberal apenas falava de déficits públicos, mas quando um país quebrava, era sempre porque havia incorrido em déficits em conta-corrente e se endividado em moeda estrangeira.

Eu coloquei no título do artigo a palavra "incompetência" porque estava claro para mim que, ao adotar servilmente as recomendações e pressões vindas do Ocidente, nossos economistas revelavam-se incompetentes. Um pouco mais tarde escrevi um pequeno artigo teórico sobre o assunto, "Autointeresse e incompetência" (2001), que discuti com Adam Przeworski e seu grupo de debates em Nova York.[198]

O senhor também aceitou ser "sherpa" do Fernando Henrique nas reuniões de chefes de governo sobre a Terceira Via.

Depois de minha saída do governo, Fernando Henrique Cardoso, por sugestão da minha querida Gilda Portugal Gouvêa, convidou-me para ser seu "sherpa" nas reuniões de que ele participaria da Terceira Via. "Sherpa" quer dizer assessor internacional para determinado assunto. Sem prejuízo do Ministério das Relações Exteriores (pelo contrário, com sua ajuda), eu assessorei o presidente nas reuniões internacionais com chefes de governo progressistas ou social-democráticos que aconteceram então — as reuniões da Terceira Via, da qual participaram Bill Clinton pelos Estados Unidos, Tony Blair pelo Reino Unido, Helmut Schroeder pela Alemanha, Giuliano Amato pela Itália, Fernando de la Rúa pela Argentina, e Helen Clark pela Nova Zelândia.

Eu participei com Fernando Henrique de três reuniões. A primeira, no Palazzo Vecchio, em Florença, ainda em 1999. Eu me encontrei com o presidente dois dias antes na embaixada em Roma. Na breve conversa que tivemos o Fernando Henrique lamentou sua baixa popularidade, que ele não conseguia compreender, não obstante seu esforço em se comunicar com os eleitores. A segunda e a terceira reunião foram em Berlim e Estocolmo, e cerca de dois meses antes participei das respectivas reuniões com os outros "sherpas". Nas reuniões principais, a fraqueza do presidente argentino era tão patente quanto a força e determinação de Helmut Schroeder. Nas reuniões preparatórias, nas quais decidíamos os temas que seriam discutidos, fiquei muito bem impressionado com David Miliband, que representava o Reino Unido, pela importância que dava ao problema da gestão pública. Entre os cinco ou seis temas escolhidos (todos segundo o critério da popularidade dos políticos progressistas), o tema da administração pública estava sempre presente. Acho que foram as únicas reuniões da Terceira Via, depois não houve mais.

Dado esse meu trabalho com relação à Terceira Via, escrevi ainda em Oxford um *paper* sobre o tema, "A nova esquerda: uma visão a partir do Sul" (2001), que foi publicado em um livro organizado pelo sociólogo inglês Anthony Giddens. A ideia mais interessante desse *paper* foi a explicação que dei para o que depois seria chamado de "virada neoliberal". O que acontecera fora um movimento do centro político para a direita: no pós-guerra, esquerda e direita, todos eram social-democráticos; desde os anos 1980, todos passaram a ser liberais sociais. O conceito de Terceira Via acabou desmoralizado porque aos poucos os analistas progressistas foram compreendendo que seus líderes, principalmente Tony Blair e Bill Clinton, haviam afinal aceitado grande parte da lógica liberal que se tornou dominante no mundo a partir dos anos 1980.

Oxford e Paris

O PROJETO FRANÇA

Depois das suas duas visitas a Oxford, o senhor decidiu por Paris.
Depois da minha segunda estada em Oxford eu realmente cogitei comprar um pequeno apartamento em Londres, mas pensei bem e afinal me decidi por Paris. Eu conhecia bem a cidade, tinha um convite do Ignacy Sachs, notável economista desenvolvimentista polonês-brasileiro radicado na França, para dar aulas na École des Hautes Études en Sciences Sociales. Vera Cecília e eu fizemos dois grandes amigos, dois antropólogos econômicos, Marie-France e seu marido, Afrânio Garcia, este vice-diretor do Centre du Brésil Contemporain que Sachs havia fundado na École.

Pode-se dizer que o senhor montou um "projeto França"?
Acho que sim. Quando comecei a trabalhar em Paris, em 2004, meu projeto era elaborar o Novo Desenvolvimentismo. E eu fiz isso. Mas eu queria também me integrar mais no pensamento econômico global para não pensar apenas os países de renda média, mas para pensar mais amplamente o capitalismo neoliberal que se tornara dominante no Ocidente.

Eu comecei a dar regularmente um curso na École des Hautes Études en Sciences Sociales em janeiro de 2004. Durante dez anos dei esse curso, ao mesmo tempo que construía o Novo Desenvolvimentismo. O livro *Globalização e competição* (2009) nasceu em parte dessas aulas. Na França, restabeleci minhas antigas relações com Maurice Aymar, Pierre Salama, François Chesnais e os economistas da Escola da Regulação, principalmente com Michel Aglietta, Pascal Petit, Robert Guttmann, Jacques Mazier e Robert Boyer. Foi por sugestão deste e do Salama que a editora La Découverte me convidou para escrever esse livro. A convite do Boyer fiz diversas conferências em Paris sobre o Novo Desenvolvimentismo, e, quando terminei o livro, o Boyer fez um excelente prefácio falando no surgimento de uma nova escola de economia em São Paulo. Estabeleci também ótimas relações com os economistas pós-keynesianos franceses, principalmente com Edwin Le Heron, Eric Berr e Jean-François Ponsot.

O senhor vai sempre a Paris.
Eu procuro ir a Paris pelo menos duas vezes ao ano, e ficar quatro semanas de cada vez. Muitas vezes usando Paris de base para participar de conferências nas muitas cidades da Europa. Meu apartamento é na praça da Sorbonne, não é muito perto da École, que voltou agora para o Boulevard Raspail. Mas fica muito perto das livrarias, dos pequenos restaurantes e da

infinidade de pequenos e grandes cinemas que eu frequento. Eu continuo um cinéfilo, e Paris é o paraíso dos cinéfilos. Em Paris encontro muitos brasileiros, geralmente de passagem, mas há os que estão sempre lá, como o Afrânio e a Marie-France Garcia. Frequentemente Rosa Aguiar Furtado e Luiz Felipe de Alencastro também estão lá. Também encontro Laura de Mello e Souza, historiadora que assumiu a cadeira de história do Brasil da Sorbonne depois que Luiz Felipe de Alencastro se aposentou. É um especial prazer encontrar lá Adam e Joanne Przeworski, que também têm um apartamento em Paris. As estadas em Paris são muito boas para mim e para minha mulher, Vera, que saímos um pouco do burburinho de São Paulo, da família e do trabalho. Atualmente Paty, nossa filha mais velha que agora cuida profissionalmente, com a Cecília Heise, da minha obra, também nos faz companhia.

Há mais de um século Paris não é mais a capital do mundo. Hoje é ainda Nova York, amanhã será Pequim, mas é, até certo ponto, uma terceira via entre o neoliberalismo imperialista de Nova York e Londres e o desenvolvimentismo autoritário de Pequim. A crítica ao neoliberalismo está em toda parte, mas é particularmente forte em Paris. Não ao imperialismo, porque nessa matéria a França continua aliada do Reino Unido e dos Estados Unidos, como vimos nas recentes guerras civis na Síria e na Líbia, que jamais teriam acontecido se esses três países não tivessem apoiado os "rebeldes" definidos por um liberalismo tribal — isso mesmo, liberalismo tribal.

Qual o papel das viagens em sua evolução intelectual? Morou nos Estados Unidos em 1960 e 1961; conhece a China no início do governo Deng Xiaoping em 1979; viaja à Polônia e à União Soviética pouco depois; volta à China em 2011...

Quando, em 1960, fui para os EUA estudar, já contei que fui armado de ISEB para me defender da influência americana, mas os meus dezoito meses lá me tornaram um professor e pesquisador mais competente. Minha visão das camadas sociais foi influenciada pela perspectiva funcionalista, mas afinal acrescentei dialeticamente a perspectiva marxista das classes sociais. Em certos casos é melhor pensar em termos de classes, em outros em termos de camadas. Principalmente quando discutimos a classe média, que é antes uma camada do que uma classe social. Também nos Estados Unidos aprendi Max Weber e Schumpeter. Minha estada na França, em 1966, por quatro meses para fazer conferências sobre a tecnoburocracia, e, em 1967, por quase um ano, para dar aulas, foi importante para mim. Nos anos 1970, eu estava no Pão de Açúcar e viajei muito pela empresa, além de alguma coisa de turismo. A viagem de 1979 foi ao Japão, depois à China e depois à União

Oxford e Paris

Soviética a partir de Bangcoc. Foi uma viagem de turismo, mas sobre os dois últimos países eu fiz anotações de viagem que viraram capítulos do livro *A sociedade estatal e a tecnoburocracia*. Queria checar se as minhas teorias sobre a tecnoburocracia batiam com a realidade daqueles países. Batiam. Minhas viagens também me ajudaram a escrever alguns artigos ou livros diretamente em inglês. Embora meu primeiro *paper* tenha sido escrito em inglês, só comecei a escrever diretamente em inglês a partir de 1981. Já falei sobre essa mudança anteriormente. Depois que fui ministro da Fazenda passei a ser chamado para várias conferências, como a de Tóquio em 1989, e passei a escrever para elas artigos em inglês. Passei a participar de várias conferências com cientistas políticos ligados à economia política. Circulei nessa área. Meu livro com o Adam Przeworski e o José María Maravall, *Economic Reforms in New Democracies*, resultou dessas reuniões. A experiência em Oxford, entre 1999 e 2000, foi também muito boa, ainda que tenha tido um contato limitado com os economistas e cientistas políticos ingleses. Então teve a França, em 2003, quando comprei um apartamento em Paris e me tornei professor na EHESS, com seminários anuais com duração de um mês, que foram até 2012.

Quando voltou a São Paulo, em 1999, chegou a pensar em criar um instituto, como havia feito quando saiu do Ministério da Fazenda?

Pensei, mas não cheguei a chamar o Nakano, que estava voltando da Secretaria da Fazenda. Desisti rápido da ideia. Eu cheguei a chamar meu velho amigo Fábio Aidar, que talvez pudesse me ajudar na administração do centro. Mas de repente me deu um estalo: "Luiz Carlos, você é um perfeito cretino" [risos]. Eu costumo conversar comigo mesmo, e às vezes converso irritado. "Você lutou a sua vida inteira para conseguir independência financeira, para poder dizer aquilo que quiser; você tem essa independência, e agora você vai ficar dependente... louco!". Encerrei o assunto.

Isso continua valendo hoje?

Sem dúvida. Eu consegui uma independência muito especial. Realmente não dependo de ninguém a não ser de minha mulher, Vera Cecília, e meus filhos e netos. Não dependo nem de empresas nem de partidos políticos. Algumas pessoas acham que me tornei petista, mas isso é uma tolice. No primeiro turno da última eleição presidencial votei no Ciro Gomes, não no Fernando Haddad. O problema é que ser hoje independente politicamente não é fácil, dada a radicalização política ocorrida no Brasil a partir de 2013. Tenho amigos na esquerda e na direita. Meus velhos amigos são antes conservadores que progressistas, antes liberais que desenvolvimentistas, mas felizmente nenhum deles votou em Bolsonaro na última eleição.

UM GRANDE AMIGO TARDIO

O senhor teve um grande amigo, Márcio Moreira Alves, que morreu ainda nesta década.

É verdade, Márcio foi meu maior amigo tardio. Um amigo carioca com fortes raízes em Minas Gerais.[199] Amigo tardio porque não o conheci quando eu era muito jovem, como foi o caso do Fernão, do Maneco e do Jorge da Cunha Lima. Nós só nos conhecemos em 1983, quando eu estava no governo Montoro, no Banespa, e ficamos imediatamente amigos. Márcio, que os amigos chamavam Marcito, foi um grande jornalista, teve uma imensa coragem quando escreveu artigos contra o regime militar no *Correio da Manhã*, logo após o golpe militar, foi eleito deputado federal em 1966 e foi um discurso seu que deu o pretexto para os militares, no final de 1968, darem um segundo golpe, com o Ato Institucional nº 5. Exilou-se com toda a família, voltou em 1979 com a Lei da Anistia, candidatou-se novamente, mas os eleitores o haviam esquecido e não se elegeu. Foi logo após essa derrota que nos tornamos amigos. Durante algum tempo ele foi meu assessor na presidência do Banespa. E por alguns meses morou em minha casa, no Jardim Guedala, onde havia um quarto para hóspedes bem separado da casa — o quarto que Candido e Eduardo Bracher usaram quando moraram conosco enquanto o pai trabalhava em Brasília como diretor do Banco Central.

Ficamos amigos íntimos de Márcio, de sua primeira mulher, francesa, Marie, de seus filhos, Leonor, Pedro e Isabel, e de sua segunda mulher, Madalena Diegues Moreira Alves, irmã do grande cineasta Cacá Diegues e funcionária importante da FINEP durante muitos anos. Madalena o acompanhou até o fim da vida. Quando completei setenta anos, um grupo de amigos, inclusive você, José Marcio, organizou um livro com artigos sobre a minha obra.[200] Márcio Moreira Alves foi um dos intelectuais a escrever. Ao invés de analisar algum trabalho meu, como fizeram os outros, falou de forma muito amável sobre mim. Peço que transcrevam um trecho: "Luiz Carlos sofre do mesmo defeito político de Darcy Ribeiro: pensa depressa demais e não sabe esperar a maturação das condições políticas para que suas ideias possam ser postas em prática. Darcy, que ria facilmente de si mesmo, contava que, contratado como assessor especial do general Alvarado, presidente do Peru, foi por ele apresentado ao seu ministério: 'Aqui temos o mais cria-

Oxford e Paris

tivo dos brasileiros, o professor Darcy Ribeiro. Ele tem dez ideias por dia. Oito são impraticáveis. Uma, se adotada, derruba o governo. A derradeira é absolutamente genial. Devemos ter lucidez suficiente para fazer a triagem e pinçar essa ideia genial'. Não garanto que Luiz Carlos tenha dez ideias por dia, mas dez por semana deve ter. Coloca-as todas no computador, trabalha a que mais apropriada lhe parece para a conjuntura e publica-a num dos dois grandes jornais de São Paulo. E ainda lhe sobra tempo para escrever ensaios, dar cursos e participar de reuniões internacionais em busca de uma terceira via política entre o capitalismo selvagem e o socialismo real. Essa intensa atividade intelectual fez de Luiz Carlos Bresser-Pereira o cientista político mais traduzido de sua geração, geração que também inclui o ex-presidente Fernando Henrique Cardoso. A ideia da securitização da dívida externa dos países do Terceiro Mundo foi um exemplo".

Realmente esse artigo é um dos melhores no livro. Faz um grande resumo de suas realizações como homem público. E termina com uma frase bonita: "Essas qualidades é que o fazem se interessar pela aquisição e transmissão de conhecimentos e pelo trabalho intelectual, que é a atividade que mais preza e que o coloca entre os grandes pensadores da ciência política e da economia no mundo".

Obrigado pela frase, mas me defendo com relação às ideias. Realmente tenho muitas ideias, mas além de um intelectual sempre fui um político e administrador com o pé no chão. Não faço propostas impraticáveis. Eu não fui apenas um grande assessor do Abílio no Pão de Açúcar; fui também um administrador que o ajudou a construir uma grande empresa. Na Secretaria do Governo de São Paulo, também não fui mero assessor de Montoro; eu o ajudei a administrar todo o governo. Por isso fiquei surpreso quando Fernando Henrique, que me havia chamado para ser seu tesoureiro na campanha, não quis se valer da competência que julgo ter quando assumiu o governo. Preferiu se rodear de assessores de segunda categoria e seu governo ressentiu-se desse fato. Voltando a Marcito. Ele era impossível. Vinha com frequência a São Paulo, à minha casa, e Vera Cecília sempre se lembra dele entrando e gritando: "Verinha, cheguei, Verinha, cheguei!". Ele chegava com sua alegria, com sua inteligência, com sua sensibilidade. Morreu muito cedo.

19

A saída da política

A SAÍDA DO PSDB

O senhor foi fundador do PSDB em 1988. Foi ministro da Administração Federal durante o governo do PSDB. Votou no candidato presidencial do PSDB em 2010. Mas em 2011 deixa o partido e anuncia o fato. Como foi isso?

Eu não sou realmente um político. Tenho o maior apreço por essa profissão, que é fundamental para a nação, exerci cargos políticos quando convidado, mas nunca me candidatei a nada. O cargo público é muito atraente porque significa poder, mas eu sempre o vi mais como uma obrigação para com meu país do que como uma fonte de poder. Quando assumi o Ministério da Fazenda me perguntaram a razão de estar assumindo o Ministério naquele momento de profunda crise e eu respondi que havia sido formado como economista e, chamado, era uma obrigação dar a minha contribuição. Essa ideia de obrigação é muito clara para mim. Claro que eu queria o prestígio e o poder que vêm com a política, mas a noção de prestação de serviço, de responsabilidade para com a nação, é mais importante.

Quando saí do governo FHC eu entendi que minha carreira política estava encerrada. Eu continuava no partido, me convidaram para cargos como a presidência da OSESP, fiz conferências a pedido do partido. Mas eu fui ao mesmo tempo percebendo que meu conflito com o PSDB era muito grande, insanável. O partido que deveria ser social-democrático tornara-se um partido de centro-direita sem nenhum interesse pela questão nacional. Isso havia começado a acontecer na candidatura de Fernando Henrique à Presidência e depois só se agravara.

Em determinado momento, decidi que sairia do partido e não me inscreveria em outro. Foi uma decisão muito pensada. O único problema, então, passou a ser: "Quando é que eu me desligo?". Nós então nos aproximávamos das eleições de 2010, em que José Serra era candidato contra Dilma Rousseff. Decidi votar no Serra e depois, independentemente do resultado da eleição, anunciar meu desligamento. Eu pensei: "Se o Serra ganhar é

A saída da política   253

ótimo porque ninguém vai me chamar de oportunista; se ele perder, eu não vou participar do novo governo e também não poderão me chamar de oportunista" [risos].

Anunciei meu desligamento em 2011, em uma entrevista à Maria Inês Nassif no jornal *Valor Econômico*.[201] Eu a escolhi porque Maria Inês é uma notável jornalista que naquela época assinava uma ótima coluna política no jornal.

Foram 22 anos como quadro do partido.

Quando assinei a ata de fundação do PSDB, em 1988, Franco Montoro, que era historicamente um democrata-cristão, não queria que o partido se chamasse Partido da Social Democracia Brasileira. Na véspera da convenção fundadora nós ganhamos o debate, mas enquanto assinava a ata de constituição do partido eu disse para mim mesmo: "Ganhamos, mas daqui a pouco é bem possível que o PT faça o que fizeram os partidos socialistas europeus, se torne reformista ou social-democrático, e o PSDB seja empurrado para a direita". Mas não foi necessário o empurrão do PT, como deixou claro o Fernando Henrique durante a primeira campanha presidencial [risos]. Dada a minha idade, não precisava mais entrar em partido nenhum. Podia ficar independente e tentar usar da minha independência no interesse da nação.

OS EMPRESÁRIOS NOVAMENTE

A década marca também uma aproximação e depois um afastamento com a FIESP, não?

Eu sempre tive uma atitude política favorável à FIESP. Por uma razão simples, porque, sendo um desenvolvimentista, não vejo como um país realmente possa se desenvolver e realizar o *catching up* se não houver uma coalizão de classes formada por empresários industriais, trabalhadores e a burocracia pública. Sei, porém, quão despreparados politicamente e contraditórios são os empresários industriais. No início dos anos 1970, eu me sentia muito afastado deles, eu achava difícil que meu discurso fizesse sentido para eles. Eu estava muito interessado na teoria do capitalismo tecnoburocrático e do estatismo, nas fases do desenvolvimento capitalista conforme o tipo de progresso técnico e a distribuição entre lucros e salários, eu estava interessado em Marx, e fazia a crítica do regime militar ao qual os empresários industriais estavam associados desde 1964. Mas nos anos 1970 eu era diretor do Pão de Açúcar, a empresa não parava de crescer e eu fui crescendo com ela. Fui crescendo como empresário, como intelectual e, depois, como político — com uma relação próxima aos empresários. Por outro lado, a partir do Pacote de Abril de 1977 vi os empresários industriais começarem a se afastar dos militares. Isso, naturalmente, também me aproximou deles. Uma das minhas "missões" (eu tenho sempre missões que dou a mim mesmo) era fazê-los apoiar a transição democrática. Algo que, afinal, acabou acontecendo. Quando, em 1980, adotando uma bandeira de renovação da FIESP, Luís Eulálio de Bueno Vidigal Filho foi eleito presidente da instituição, ele criou o Conselho Econômico da FIESP. O Conselho só tinha sete membros, um dos quais era eu. Os empresários eram o Antônio Ermírio de Morais, o Claudio Bardella, o Paulo Villares, Paulo Francini, e apenas dois economistas, o Adroaldo Moura da Silva e eu. Todos esses empresários tiveram papel importante na transição democrática. Em 1983 eu me tornei presidente do Banespa e passei a participar das reuniões da Febraban. Lembro-me de advertir os demais membros e, em particular, o Roberto Bornhausen, que era presidente do Unibanco e da Febraban, que sua rejeição da regulamentação do Estado era um equívoco. Que fora essa desregulamentação que levara o México à crise financeira e à estatização dos bancos. Mas os banqueiros brasileiros não estavam muito interessados em me ouvir. Da mesma forma que, 25 anos mais tarde, os banqueiros internacionais ignoraram os perigos da desregulamentação, obtiveram apoio dos economistas liberais para alcançar esse objetivo, e levaram o mundo à Crise Financeira Global de 2008.

Depois fui secretário de Governo de São Paulo, a transição democrática se realizou em 1985, mas o novo governo não foi capaz de dar uma resposta à alta inflação e à Crise da Dívida Externa. O Plano Cruzado fracassou, e, de repente, começa uma história de que eu poderia ser ministro da Fazenda com apoio dos empresários, não apenas dos industriais, mas um apoio mais amplo, que meu amigo Fernão Bracher capitaneava. Passei sete meses e meio no Ministério da Fazenda, e quando saí uma coisa me marcou. Ao embarcar de volta para São Paulo, na pequena sala do aeroporto de Brasília usada pelas autoridades havia uma televisão, e, como já contei, ouvi o Mario Amato, que era presidente da FIESP, dizendo que era uma tragédia para o Brasil a minha saída do Ministério da Fazenda.

Naquela época a FIESP e os empresários industriais estavam no auge, não é?

Estavam. Na verdade, já estavam entrando em crise, porque depois da Crise da Dívida Externa dos anos 1980 os empresários nunca mais tiveram o poder que tinham anteriormente. A desindustrialização começou nos anos 1980, passou por uma primeira grande onda em 1990, quando as aberturas comercial e financeira levaram as empresas industriais brasileiras a mergulhar na armadilha liberal dos altos juros e do câmbio apreciado, e passarem a enfrentar uma grande desvantagem competitiva em relação às empresas industriais de outros países.

Depois, o governo Fernando Henrique ignorou a FIESP e os empresários industriais, pelos quais nunca teve realmente interesse. Lula tentou restabelecer a aliança com eles e, durante alguns anos, ela pareceu funcionar. Seu grande momento foi 2011, quando a FIESP e as cinco centrais sindicais produziram um documento e realizaram uma grande reunião com a presença de quase 4 mil trabalhadores em um centro de reuniões na Mooca onde antes havia uma fábrica. Eu, que geralmente não participo de manifestações públicas (não sou um bom ativista), fui convidado e falei no evento. Foi significativo o fato de este ter sido realizado em uma grande e antiga fábrica, o Moinho São Jorge. No ano seguinte, dado o intervencionismo arrogante de Dilma e o fato de que no seu governo uma segunda onda de desindustrialização ocorreu, dados os juros altíssimos e a taxa de câmbio absurdamente apreciada, a FIESP rompeu o acordo e os empresários industriais voltaram a se subordinar ao neoliberalismo dominante. Uma pena!

Politicamente, o senhor sempre se opôs aos banqueiros, e, no entanto, Fernão Bracher foi um banqueiro, e, se não nos enganamos, o senhor também foi amigo de Olavo Setúbal.

Não tanto quanto do Fernão. Um outro tipo de amizade. Mas realmente fui amigo de Olavo Setúbal desde que, em 1982, antes de eu entrar para a política, ele leu o que eu estava escrevendo sobre a teoria da inflação e me convidou para almoçar no Banco Itaú. Depois disso, aproximadamente a cada seis meses, almoçávamos juntos primeiro na rua Boa Vista e depois na maravilhosa sede que ele construiu para o banco no Jabaquara. O nosso primeiro encontro foi engraçado, porque ele me convidou para conhecer minhas ideias e não parava de falar. Até que eu, amavelmente, protestei, e ele me deixou falar. Ele era um homem muito conservador e incrivelmente inteligente. Era um prazer conversar com ele. Suas análises eram sempre pessimistas e uma vez eu perguntei: "Olavo, como você é tão pessimista e no entanto construiu esse império empresarial?". Ao que ele me respondeu: "Sou pessimista em relação aos outros, não em relação a mim mesmo". Ele era um grande entendido de artes plásticas e construiu uma belíssima coleção de esculturas e pinturas na sede do Jabaquara. Um dia lhe falei que tinha uma grande amiga, a Lygia Reinach, que era também uma notável escultora. Ele se interessou, convidou-a para almoçar, e encomendou uma bela escultura que está no jardim do Jabaquara.

Nakano cria uma escola neoclássica

O senhor então deixa Brasília em julho de 1999, vai para Oxford por quatro meses e volta para o Brasil, para a FGV, em 2000. Nakano, um ano depois, também estava de volta. Como foi seu reencontro com ele?

Foi ótimo. Retomamos nosso trabalho em conjunto e, conforme já contei, escrevemos dois *papers* básicos da teoria novo-desenvolvimentista. Em 2002 o presidente da FGV, Carlos Ivan Simonsen Leal, decidiu criar uma escola de economia também em São Paulo e chamou Nakano para ser seu diretor. [202] Foi uma ótima decisão. No passado a escola de pós-graduação em Economia do Rio de Janeiro havia várias vezes mostrado seu incômodo pelo fato de termos um mestrado e um doutorado em Economia na Escola de Administração de Empresas de São Paulo. De repente o Carlos Ivan, ao invés de alimentar essa rivalidade tola, tomou a decisão de criar a EESP — a Escola de Economia de São Paulo — e escolheu para ser seu diretor um professor altamente qualificado como o Nakano. Foi uma ótima decisão. Quando ele escolheu o Nakano para ser o diretor da nova escola, achei que ele estava tomando uma decisão acertada. E disse ao Nakano: "Que bom, nós sempre quisemos desenvolver a área de Economia aqui em São Paulo; agora vamos poder fazer muita coisa juntos".

Ele parece não ter pensado a mesma coisa, não?

De fato, não pensou. Eu demorei um pouco a compreender, mas afinal compreendi. Ele tinha um projeto que queria que fosse só dele. Começou pelo curso de graduação em Economia, ao qual aplicou toda a sua inteligência, e montou um ótimo curso. Eu tentei ajudar, fiz sugestões. Ele, no estilo japonês, não respondia. Eu não sabia se ele concordava ou não. Um dia dei a ideia de a Escola fazer um fórum de economia anual. Ele gostou da ideia e disse que eu ficaria responsável por ele. Concordei. Afinal foi a única coisa que ele delegou a mim. No mais, ele não me ouviu, nunca me pediu uma ideia ou um conselho. Em determinado momento, ele contratou os quatro primeiros professores. Não fui consultado. O Nakano nunca me procurou para perguntar o que eu achava de coisa nenhuma. A minha interpretação é que agora ele tinha um novo chefe e a ele devia sua lealdade. Eu me lembro

A saída da política

257

dele dizer, muitos anos antes, que lealdade era uma coisa fundamental. Agora a lealdade era para com o Carlos Ivan, e não mais para comigo. Logo depois que ele foi escolhido, eu disse a ele: "Agora que você é o meu chefe, eu gostaria de coordenar a pós-graduação". Ele nunca me respondeu. O Nakano nunca se considerou meu chefe. Delegou-me o Fórum e deve ter pensado: "O Fórum de Economia é do Bresser, ali ele faz o que quiser; o resto é meu" [risos].

Em 2004 aconteceu o primeiro ano do Fórum de Economia e saiu também um livro em homenagem aos seus setenta anos, Em busca do novo, *do qual ele era um dos organizadores.*

Isso mesmo, mas quem trabalhou mais no livro foi você, José Marcio, e a Lilian Furquim, minha ex-aluna e assessora do Nakano desde a Secretaria da Fazenda — uma ótima amiga. O livro ficou muito bom, com artigos excelentes do Luiz Antonio Oliveira Lima, do Adam Przeworski, do Márcio Moreira Alves. E para o qual escrevi um artigo final que é uma boa biografia intelectual minha até aquele momento: "Sociólogo ou economista do desenvolvimento".

Com o passar do tempo houve um distanciamento...

Pois é, enquanto eu construía o Novo Desenvolvimentismo, uma teoria econômica heterodoxa, o Nakano construiu uma escola ortodoxa, uma pós-graduação neoclássica. Uma pena. Ele poderia ter-me ajudado muito com o Novo Desenvolvimentismo, mas preferiu outra coisa. Eu realmente não me incomodei que ele não quisesse partilhar comigo algum poder. Desde que saí do governo estou interessado nas ideias, não no poder. Não é o caso do Nakano. O Antonio Carlos Aidar, que foi nosso aluno, há muito chama o Nakano de *shogun*. Eu não entendia bem por que ele dizia isso, mas hoje entendo. O Nakano sabe usar o poder de uma maneira impressionante e o usa com prazer. Além de ótimo economista é um excelente administrador. Eu já ouvi o Carlos Ivan dizer que ele é o melhor dos seus diretores.

O que me aborreceu foi o fato de que o Nakano acabou transformando a EESP em uma escola ortodoxa de economia. Nunca fomos ortodoxos, eu sempre fui um crítico firme da teoria econômica neoclássica; ele, menos crítico, mas sempre um keynesiano e um sraffiano que conhece profundamente macroeconomia. Mas se esqueceu de sua própria visão da economia e transformou sua escola que, na pós-graduação, ensina o oposto do que ele ensinava. Isso aconteceu porque o Carlos Ivan definiu como política da FGV que suas escolas alcançassem nota máxima na CAPES, especialmente no curso de pós-graduação. Para atingir facilmente esse objetivo o Nakano logo percebeu que o mais fácil era contratar jovens recém-formados nas universidades estrangeiras — professores e pesquisadores que tinham mais capacidade de escrever artigos para as revistas estrangeiras do que os economistas formados no Brasil. O sistema adotado pela CAPES de avaliação dos economistas é uma demonstração da dependência ou colonialismo de sua burocracia e do Comitê de Economia, formado por professores da área, que define a pontuação dos artigos conforme a revista em que foi publicado. Com anuência da CAPES, o Comitê de Economia dá nota máxima para os artigos publicados em revistas estrangeiras, e nota muito menor para os artigos publicados em revistas brasileiras. Dessa maneira o Estado e os economistas brasileiros representados pelo comitê estabelecem que o padrão das pesquisas a serem realizadas nas universidades brasileiras é aquele definido nos EUA e no Reino Unido. É um caso de alienação profunda que o Nakano aproveitou para rapidamente transformar a EESP na escola mais pontuada do Brasil.

Seguindo essa política, o Nakano foi contratando professores. Em pouco tempo formou-se uma equipe de econometristas e de microeconomistas sociais de muito boa qualidade, liderados pelo André Portela — um microeconomista social de primeira. A microeconomia social é uma área de pesquisa muito interessante que, na verdade, não é "ortodoxa", ou seja, não está baseada no modelo de equilíbrio geral e no conceito de expectativas racionais. Assim, em determinado momento propus ao Nakano e ao Márcio Holland, que era o coordenador da pós-graduação, um compromisso: que a escola tivesse um setor de microeconomia social e um de macroeconomia do desenvolvimento, este de caráter keynesiano. A contratação do José Luís Oreiro poderia levar a EESP nessa direção; mas, ao invés, foram contratados também para a macroeconomia e para a teoria do desenvolvimento econômico economistas neoclássicos.

Dei-me por vencido. Deixei de dar aula no mestrado e no doutorado e por algum tempo continuei a dar aula no curso de graduação. Mas não foram apenas os professores que passaram a ser ortodoxos; os alunos também. Não estavam interessados nas coisas que me interessam: a macroeconomia e a economia política do desenvolvimentismo.

Todas essas coisas não me levaram a brigar com o Nakano. Ele fez escolhas; tinha direito de fazê-las. Concentrou todo o poder nas suas mãos, algo que está de acordo com sua natureza. Quando vou visitá-lo, conversamos sobre teoria econômica e economia brasileira e geralmente estamos de acordo. Discordamos apenas em relação ao Estado; ele se tornou um crítico

A saída da política

259

radical do Estado brasileiro. Ele formou a convicção de que o grande problema do Brasil é o domínio dos governadores do Nordeste e, mais amplamente, dos servidores públicos e políticos. Eu também entendo que o alto funcionalismo público e os políticos capturam o patrimônio público, mas não tanto quanto os rentistas e financistas e os imensos juros que receberam por muitos anos. Os primeiros exercem sua captura através de altos salários, aposentadorias elevadas e subsídios desnecessários; os segundos, através de juros altos e câmbio apreciado. Recentemente alguns amigos, liderados por você, José Marcio, fizeram uma homenagem a mim pelos meus sessenta anos de ensino na FGV. Nakano foi um dos oradores e falou muito bem. Ele já me disse várias vezes que eu sou um pensador. Continuamos amigos. Eu deixei de ter orientandos de pós-graduação em Economia, o que é uma pena, mas não vou encerrar uma amizade de tantos anos porque o ensino de Economia na pós-graduação da EESP é essencialmente alienado. Na graduação e nos cursos de pós-graduação há muita coisa boa. São atualmente professores na graduação o historiador Luiz Felipe de Alencastro e o cientista político Fernando Limongi — dois intelectuais notáveis. O Nakano continua um homem inteligente e continuamos a ter boas conversas.

APRENDER COM OS COMPANHEIROS

Uma coisa que todos perguntam é como o senhor arranja tempo para escrever tantos artigos de jornal, ensaios acadêmicos, livros?

De fato, vivem me perguntando isso. Mas não há nenhum mistério. Eu trabalho muito e sou disciplinado na organização do meu tempo. E tenho um "tempo de ajuste" de uma tarefa para outra muito rápido. A Toyota fez nos anos 1990 uma revolução na indústria automobilística ao deduzir o tempo tomado pela fábrica para mudar de uma tarefa e da respectiva organização do espaço para outra tarefa ou linha de montagem. Quando eu soube disso vi que era também assim. Mas não sou uma máquina, não!

E como vêm as novas ideias para o senhor?

Não sei. O que eu sei é que estou sempre tentando pensar teoricamente. E, para isso, estou sempre estudando, estudando o mais que posso, e conversando com as pessoas. Como os outros intelectuais com os quais trabalho, nos grupos de estudo e de trabalho que formo. Os companheiros de trabalho são muito importantes, muitos meus ex-alunos, orientandos de doutorado. Já falei do Nakano. Nos últimos anos meus companheiros mais próximos são o Nelson Marconi, o José Luís Oreiro, a Eliane Araújo, a Carmem Feijó e o André Nassif. Na FGV eu tenho com o Nelson Marconi o Centro de Estudos do Novo Desenvolvimentismo. É por meio desse centro que organizamos anualmente o Fórum de Economia da FGV e o International Workshop on New Developmentalism, e também várias edições do Latin American Advanced Programme on Rethinking Macro and Development Economics (Laporde), eventos sobre os quais já falei. É nesse centro que realizamos as pesquisas relativas ao Novo Desenvolvimentismo — principalmente a pesquisa sobre o equilíbrio industrial e a pesquisa sobre o caráter cíclico da taxa de câmbio nos países latino-americanos. Participam dele ótimos candidatos a doutorado, e temos entre nós bons debates.

O senhor também tem um Grupo de Discussão.

Sim, o Grupo de Discussão Novo Desenvolvimentismo e Democracia Social. É uma reunião a cada um ou dois meses no meu escritório, ao lado da minha casa, onde funciona o Centro de Economia Política e a Cecília Heise, minha incrível assistente, edita o *Brazilian Journal of Political Economy*. O grupo se reúne há muitos anos, tendo como coordenadora a Cristina Helena Pinto de Mello, minha ex-aluna, e dele participam cerca de vinte pessoas, entre as quais vocês dois, Marcus Ianoni e Elias Jabbour, do Rio de Janeiro, André Roncaglia, Cícero Araújo, Daniela Theuer Linke, Evelyn Levy, Gilson Schwartz, Nelson Marconi, Patrícia Cunha, Ramon Garcia Fernández, Ricardo Musse, Rosa Maria Marques e Carmen Varela, que foi minha assistente durante vários anos. Muitos dos participantes do Grupo de Discussão são meus ex-alunos e o pessoal do nosso Centro de Estudos do Novo Desenvolvimentismo na EAESP-FGV. Discutimos sempre dois *papers* e depois fazemos uma discussão da conjuntura econômica e política. Em alguns casos convidamos professores para apresentar seus *papers*, como a Eliane Araújo, o Eleutério Prado, a Daniela Prates, José Luís Oreiro, o Luiz Fernando de Paula. Essas reuniões são um ótimo momento de reflexão.

Quando, em 1999, o senhor saiu do governo Fernando Henrique e foi para Oxford, decidiu que se dedicaria exclusivamente à atividade acadêmica. Mas não é sócio de seu filho?

Isso é importante. Meu filho Rodrigo, depois de ter trabalhado no Banco Matrix com o André Lara Resende, criou em 2002 uma gestora de investimentos, a Bresser Asset Management. Em 2010, quando a empresa já se consolidara, me convidou para ser seu sócio — um sócio de 5% cujo único trabalho seria participar das reuniões semanais, no período da tarde, do Co-

A saída da política

mitê de Investimentos da empresa. Achei que essa tarefa não conflitava com minha decisão de me dedicar exclusivamente à vida acadêmica. Pelo contrário, que a reforçaria. E, de fato, nesses já dez anos tenho aprendido muito sobre o mercado financeiro, aprendido com o principal economista da empresa, o Geraldo Mellone Jr., e principalmente com meu filho Rodrigo. E creio que tenho contribuído para a empresa que, no ranking das empresas de investimentos em ações, é sempre uma das mais bem classificadas.

20
Uma interpretação desenvolvimentista

UMA ESTRANHA TEORIA DA DEPENDÊNCIA

Foi a partir de uma entrevista que concedeu em Paris que o senhor, afinal, fez a crítica da teoria da dependência associada de Fernando Henrique Cardoso?

Em outubro de 2003, em Paris, dei uma entrevista ao Afrânio Garcia e ao Hélgio Trindade, importante cientista político gaúcho. Eles estavam fazendo uma pesquisa sobre a circulação internacional das elites intelectuais e fizeram uma dessas entrevistas em que você conta a vida inteira. Em determinado momento eles me perguntam alguma coisa, não me lembro exatamente o quê, e respondi de bate-pronto: "Mas eu não sou da Escola de Sociologia de São Paulo; eu sou da escola do ISEB". Os dois ficaram surpresos. O Afrânio me convidou a fazer um *séminaire* (uma conferência) para que eu explicasse melhor o que estava dizendo. Nos meses seguintes fui então rever a questão da teoria da dependência. E escrevi dois artigos: um na revista *Dados*, "O conceito de desenvolvimento do ISEB", e outro, mais importante, "Do ISEB e da CEPAL à teoria da dependência", que foi publicado em um livro sobre os cinquenta anos de fundação do ISEB.[203]

Eu afinal iria entender o Fernando Henrique. Eu havia publicado um *paper* sobre a história intelectual do Brasil em 1982, que teve bastante repercussão. Nele eu dizia que havia quatro interpretações do Brasil a partir do golpe militar de 1964: a interpretação autoritário-modernizante, de Roberto Campos e do general Golbery; a interpretação da superexploração imperialista, de Ruy Mauro Marini e Theotônio dos Santos; a interpretação funcional-capitalista de Francisco de Oliveira e de muitos intelectuais brasileiros — interpretação que eu deveria ter chamado de interpretação da dependência associada —; e a interpretação da nova dependência, onde me coloquei, coloquei Celso Furtado, corretamente, e Fernando Henrique, equivocadamente. Eu a chamei de interpretação funcional-capitalista porque os intelectuais de centro-esquerda da época, indignados com a participação dos empresários no golpe militar, não apenas queriam culpar os intelectuais do ISEB e do Partido Comunista pelo que acontecera (esta seria a base da teoria da dependência), mas também precisavam negar a dualidade da sociedade brasileira e definir todo o setor da economia e da sociedade brasileira que não havia sido formalmente incorporado ao capitalismo não como um setor "tradicional", mas como um setor "funcional" à acumulação capitalista. Na verdade, uma coisa não impedia a outra. A dualidade existia, mas ela fora em boa parte tornada funcional ao capitalismo.

Para entender tudo isso eu primeiro me lembrei de como fora o governo Fernando Henrique — um belo governo no plano social, dos direitos humanos, e no plano ético, mas sem compromisso com a ideia de nação e neoliberal no plano econômico. Fui reler *Dependência e desenvolvimento na América Latina*, seu mais importante livro, que ele escreveu com o sociólogo marxista chileno Enzo Faletto.[204] E, por outro lado, fui reler o ensaio fundador da teoria da dependência, "O desenvolvimento do subdesenvolvimento" (1966), do marxista alemão Andre Gunder Frank.[205] E afinal essa história da teoria da dependência, uma das confusões mais impressionantes das ciências sociais, ficou clara para mim. Primeiro, há duas teorias da dependência: a "original", da superexploração capitalista, de Gunder Frank, Ruy Mauro Marini e Theotônio dos Santos (e curiosamente também de Florestan Fernandes); e a "associada", de Cardoso e Faletto. Segundo, as duas são críticas da teoria centro-periferia ou do nacionalismo anti-imperialista adotada pela CEPAL e pelo ISEB (e, a partir do seu congresso de 1958, também pelo Partido Comunista Brasileiro), que defendiam a possibilidade de uma burguesia nacional enfrentar o imperialismo e realizar uma revolução burguesa; as burguesias periféricas seriam intrinsecamente dependentes. Terceiro, enquanto a teoria original derivou desta "impossibilidade", a proposta da revolução socialista — uma conclusão lógica, mas irrealista —, a teoria associada concluiu que a solução para os países em desenvolvimento seria se associarem ao Império. Dessa maneira, a teoria da dependência tornou-se uma teoria pró-imperialismo... Não deixa de ser estranho. Que base tinham Fernando Henrique e Faletto para defender essa ideia? Tinham o fato de que desde os anos 1950 as empresas multinacionais estavam investindo na indústria dos países latino-americanos. Isso demonstraria que o imperialismo não seria contra a industrialização da periferia. Uma conclusão apressada e equivocada. Os investimentos das multinacionais ocorriam na indústria porque essa era a única forma de venderem para o mercado dos países em desenvolvimento que haviam fechado suas economias para a importação de manufaturados. Essas empresas atuavam de acordo com a lógica do mercado e do lucro que não lhes deixava alternativa senão investirem nos países periféricos cujos mercados cobiçavam. Mas o Império tinha alternativa. Ele continuava liberal, defensor da lei das vantagens comparativas do comércio internacional, e, portanto, contra a industrialização e o desenvolvimento da América Latina porque isso o interessava. Naquela época, o nacionalismo brasileiro foi mais forte. Desde 1990, porém, o Império voltou a se impor e a desindustrialização e a quase-estagnação da economia brasileira foram plenamente alcançadas.

O nome da teoria, "da dependência", sugeria que fosse uma teoria contra o imperialismo, e a imensa maioria dos intelectuais latino-americanos, inclusive eu mesmo, tornamos Fernando Henrique o mais importante intelectual brasileiro durante todos os anos 1970 e 1980. Porque ele é um intelectual brilhante, porque defendia a democracia, porque seria de centro-esquerda e criticava o aumento da desigualdade ocorrido no regime militar, e finalmente porque seria anti-imperialista. E por isso teve uma recepção incrivelmente favorável entre os latino-americanistas nos Estados Unidos e na Europa. Não há maneira mais segura de consagrar um autor latino-americano do que tê-lo reconhecido no Império. O próprio Fernando Henrique riu dessa recepção em um artigo.[206]

O senhor fez, portanto, uma revisão de seu próprio trabalho?

Sim, até certo ponto. O artigo de 2005 no qual analiso e faço a crítica da teoria da dependência, especialmente da teoria da dependência associada, me levou a ir adiante tanto na explicitação de minha interpretação desenvolvimentista do Brasil (a da revolução nacional e industrial ou revolução capitalista a partir de 1930), quanto na construção do Novo Desenvolvimentismo, um sistema teórico e um conjunto de políticas públicas voltadas para a retomada do desenvolvimento econômico do Brasil, paralisado desde os anos 1980. Minha interpretação gira em torno do nacionalismo econômico e da luta anti-imperialista em oposição à dependência do Brasil e da dificuldade que o projeto de nação e de desenvolvimento do Brasil encontra no caráter ambíguo ou contraditório da burguesia industrial. Eu nunca deixei de defender o nacionalismo e criticar o imperialismo informal ou por hegemonia praticado pelos Estados Unidos em relação à América Latina. Um imperialismo que dispensa o uso da força militar porque pode contar com a dependência das elites locais. Mas o Brasil logrou experimentar um grande desenvolvimento econômico e realizar sua revolução nacional e capitalista entre 1930 e 1980 porque seu governo, suas elites burocráticas e suas elites industriais foram dominantemente nacionalistas nesse período. De fato, nunca tivemos uma burguesia nacional como os países ricos ou os países do Leste da Ásia tiveram, nossa burguesia industrial é ambígua e contraditória. Mas

Uma interpretação desenvolvimentista

ela não é definitivamente e absolutamente dependente ou entreguista como a teoria da dependência supõe. Nem faz sentido supor que o Brasil poderá se beneficiar de uma aliança com os Estados Unidos como a teoria da dependência associada defendeu. Fernando Henrique acreditou nessa história porque viu que a partir dos anos 1950 as empresas multinacionais passaram a investir na indústria no Brasil. Logo, concluiu, a teoria nacionalista anti-imperialista estava equivocada em afirmar que o imperialismo se opunha à industrialização do país. Sua conclusão, porém, foi essencialmente equivocada. Empresas como a General Motors investiram no Brasil porque se não o fizessem perderiam o mercado brasileiro que o governo protegeu das importações. Mas isso não significa que as elites econômicas, políticas e intelectuais dos países ricos não continuassem a tentar impedir que os países da sua periferia se industrializassem porque não queriam enfrentar a sua concorrência na exportação de bens manufaturados. O liberalismo econômico continuou imperialista, contrário à industrialização da periferia, e quando o desenvolvimentismo latino-americano entrou em crise, nos anos 1980, não hesitou em jogar todas as suas fichas na desindustrialização brasileira em nome das reformas neoliberais.

A teoria novo-desenvolvimentista que continuei a construir depois de 2005 defende uma forma de organização do capitalismo alternativa ao liberalismo econômico. É uma teoria crítica da ortodoxia liberal que mostra que o capitalismo só foi realmente dinâmico e apresentou altas taxas de crescimento quando contava com uma intervenção moderada do Estado na economia. O liberalismo econômico é uma ideologia radical, tão radical quanto a sua alternativa absoluta, o estatismo. Os países ricos só se desenvolveram de forma acelerada quando eram desenvolvimentistas: ao realizarem sua revolução industrial e capitalista e no após Segunda Guerra Mundial. Os períodos liberais não foram de estagnação econômica, mas de baixo crescimento. Como os liberais acham que o regime de política econômica é liberal, mesmo quando o regime é desenvolvimentista como foi no pós-guerra, eles veem o liberalismo econômico não apenas como o regime ideal, mas como a única alternativa. Isso não faz sentido, mas desde quando as ideias hegemônicas fazem sentido?

Interpretações do Brasil

O senhor é um dos intérpretes do Brasil. Suas ideias sobre esse tema estão nos seus dois livros básicos sobre o Brasil, Desenvolvimento e crise no

Brasil *(1968)* e A construção política do Brasil *(2014)*. *Qual a diferença entre os dois livros?*

Desenvolvimento e crise no Brasil foi meu primeiro livro e o meu maior êxito editorial. A primeira edição, de 1968, analisa o Brasil a partir da Revolução de 1930, discute a revolução capitalista em três capítulos, econômico, social e político, a crise que se desencadeia em 1960, a radicalização política e o golpe militar de 1964, e o ajuste ortodoxo que se segue. O livro foi publicado três meses antes do Ato Institucional nº 5, que aprofundou o regime autoritário. Depois, à medida que o tempo passava, eu acrescentava capítulos. Ao todo foram cinco edições e um grande número de reimpressões. A primeira foi publicada pela Zahar, da segunda à quarta, pela Brasiliense, e a última, pela Editora 34. Na terceira edição, de 1972, eu já faço a análise do "novo modelo de desenvolvimento". A quarta edição, de 1974, corresponde à sua publicação no Estados Unidos pela Westview Press. A última edição, de 2003, englobou a transição democrática, a grande Crise da Dívida Externa dos anos 1980, a alta inflação inercial, a mudança do regime de política econômica que fora desenvolvimentista até 1990, e, a partir desse ano, o fracasso do regime de política econômica então liberal em superar a crise e fazer o Brasil retomar o desenvolvimento que tivera entre 1930 e 1980 — fosse esse regime administrado por governos de direita (Collor e Fernando Henrique) ou de esquerda (Lula e Dilma Rousseff). Os primeiros foram governos liberais por convicção, os segundos, por falta de capacidade ou de condições de fazer o país retornar a um regime desenvolvimentista, em um mundo no qual o Ocidente foi solidamente neoliberal entre 1980 e 2008 e procurava impor para o resto do mundo sua "verdade".

No final dos anos 2000, achei necessário escrever um novo livro ao invés de fazer novas adições ao *Desenvolvimento e crise no Brasil*. Cheguei a esta conclusão porque então dispunha de uma teoria nova, o Novo Desenvolvimentismo, que eu, agora, podia aplicar de maneira sistemática à análise do desenvolvimento econômico e político da sociedade brasileira, não mais a partir de 1930, mas a partir da Independência de 1822. E decidi denominá-lo *A construção política do Brasil* — "construção" para salientar que uma nação e um Estado são uma construção da sociedade brasileira; "política" não porque a análise fosse mais política do que econômica, creio que consegui equilibrar os dois aspectos, mas porque toda construção de uma nação e de suas duas maiores instituições — o Estado e o mercado — é uma construção política, é um processo de afirmação de valores e definição de leis e políticas públicas, e é um conjunto de realizações econômicas que são intrinsecamente políticas, que envolvem conflitos e acordos. Sua primei-

Uma interpretação desenvolvimentista

267

ra edição foi publicada em 2014 e desde então já teve mais duas edições. Foi um mau momento, porque nesse ano estava começando o que hoje chamo de a Grande Crise Brasileira — uma violenta crise econômica que, nos primeiros três anos (2014-2016) reduziu o PIB brasileiro em 8%; e uma crise política caracterizada, inicialmente, por uma impressionante hegemonia neoliberal. Em consequência, as elites econômicas neoliberais apoiaram um golpe-impeachment que empossou um presidente oportunista, Michel Temer, que lhe prometia as "reformas" que tudo resolveriam, e, como se não bastasse, se associaram à extrema direita para eleger um presidente protofascista, Jair Bolsonaro.

Esses meus dois livros são uma interpretação da revolução capitalista brasileira. São uma aposta otimista no nacionalismo econômico ou no desenvolvimentismo; partem da ideia de que o Brasil pode alcançar um desenvolvimento democrático, social e ambiental; afirmam que os Estados-nação estão voltados para o desenvolvimento econômico, mas ele só é realmente alcançável quando a nação se estrutura sob a forma de uma coalizão de classes, se fortalece e se mostra capaz de enfrentar as próprias contradições e o imperialismo do Norte (que busca manter os países em desenvolvimento primário-exportadores ou fazê-los voltar a essa condição, como aconteceu no Brasil); defendem a tese de que a burguesia industrial no Brasil não é necessariamente entreguista ou dependente, como afirmou a teoria da dependência, mas é ambígua ou contraditória, é "nacional-dependente" — um oximoro que sugere que essa burguesia pode ser e foi desenvolvimentista nos momentos de alto crescimento do país, mas não hesitou em se tornar liberal quando sentiu que o capitalismo está sendo desafiado pela esquerda, como aconteceu em 1964, ou quando sua taxa de lucro caiu brutalmente, como aconteceu na primeira metade dos anos 2010, durante o governo Dilma. Nesses meus dois livros há uma interpretação da revolução capitalista brasileira — uma revolução que foi vitoriosa entre 1930 e 1980, mas, desde então, é uma revolução fracassada.

É essa a sua interpretação do Brasil?

Não sei se posso me considerar um "intérprete do Brasil". Essa categoria foi reservada para um conjunto de sociólogos e historiadores que, entre os anos 1930 e os anos 1950, quando a Revolução Capitalista Brasileira estava começando, fizeram uma análise das origens coloniais do Brasil. Oliveira Vianna foi o intérprete da incoerência entre as instituições formais e a realidade brasileira; Gilberto Freyre, da miscigenação; Sérgio Buarque de Holanda, do homem cordial; Caio Prado Jr., da colonização por exploração mercantil; Raymundo Faoro, do patrimonialismo. Não há aí nenhum economista porque não centraram sua análise no período colonial. Considerando-os, Ignácio Rangel foi o intérprete da dualidade básica; Celso Furtado, o intérprete do subdesenvolvimento brasileiro. E eu? Não sei. O intérprete do caráter contraditório e ambíguo da revolução capitalista? Talvez. Nossos empresários industriais ora são nacionalistas, ora são entreguistas, subordinados ao liberalismo econômico? O intérprete da quase-estagnação brasileira desde 1980? Mas esta é uma coisa ainda mais recente. Está mais do que na hora de medirmos os intelectuais brasileiros com o metro de serem ou não intérpretes do Brasil. Mais importante é saber se eles foram capazes de desenvolver teorias que nos fizeram entender melhor o Brasil e o capitalismo.

Daria para adicionar Darcy Ribeiro nessa lista, com o Brasil indígena.
Bem lembrado. Tenho uma imensa admiração pelo Darcy Ribeiro. Acho que foi uma figura maravilhosa. Mas nunca o li direito. Não consegui ver em sua obra uma análise teórica que me dissesse qual é a interpretação do Darcy. Por outro lado, era uma figura genial. Nunca fui amigo dele, uma pena. E gosto muito de contar a história da Lei de Diretrizes e Bases da Educação. O governo Fernando Henrique começou com o discurso de reformar o Brasil em todas as áreas. Para a Educação, os técnicos do Ministério prepararam um novo projeto de diretrizes e bases da educação. Grandes técnicos. Mas eis que havia um senador chamado Darcy Ribeiro. Ele leu a lei e fez um substitutivo, simples, resumido. Em pouco tempo os senadores e o governo perceberam que o substitutivo dele era melhor e o projeto original foi abandonado. Ele era um gênio. Talvez um pouco indisciplinado, mas uma pessoa e um intelectual maravilhoso.

Mas voltando à sua interpretação...
Talvez a minha interpretação não seja apenas da revolução capitalista brasileira, mas da segunda e da terceira fases da revolução capitalista mundial. A primeira fase foi a da revolução capitalista empresarial, que Marx definiu de maneira definitiva; a segunda foi a da revolução capitalista gerencial, a partir do início do século XX, que discuti principalmente nos anos 1970; e a terceira é a revolução capitalista financeiro-rentista, que começa com a virada neoliberal dos anos 1980 e está em crise desde 2008. Neste momento estou escrevendo um livro sobre essa terceira fase. Se fizermos uma revisão da minha obra, a questão da revolução capitalista está em toda parte. Na teoria da consolidação da democracia a partir da revolução capitalista; na definição do desenvolvimento econômico como um processo de revo-

lução capitalista; na tese do fim das guerras entre as grandes potências a partir da mesma revolução capitalista.

Em defesa dos empresários e dos engenheiros

O senhor se define como de centro-esquerda, mas sempre mostrou um grande interesse pelos empresários.

É verdade. Desde que descobri o ISEB e o projeto de industrialização do Brasil, me interesso pelos empresários, pelos empresários industriais. Mais do que isso, eu torço por eles. Porque eles têm um papel importante no processo de desenvolvimento econômico como investidores e como inovadores. Eles e os engenheiros são os responsáveis mais diretos pelo aumento da produtividade e pela sofisticação produtiva. São eles que criam empregos exigindo mão de obra e técnicos cada vez mais educados, cada vez mais sofisticados. Seu trabalho implica aumento do valor adicionado *per capita* e aumento dos salários. Por outro lado, uma coalizão de classes desenvolvimentista, que é sempre dominante nas fases de desenvolvimento econômico acelerado, é essencial para que o regime de política econômica seja desenvolvimentista. No Brasil, por exemplo, o desenvolvimento econômico só implicou alcançamento, ou *catching up*, entre 1930 e 1980, quando a coalizão de classes era desenvolvimentista e os empresários industriais eram mais fortes politicamente.

Mas os empresários não estão sempre unidos, os empresários industriais, comerciais e agrícolas?

Não estão. Os empresários agrícolas são tradicionalmente liberais no Brasil, ainda que o Estado sempre lhes tenha dado um grande apoio. Que eles fossem liberais-oligárquicos antes de 1930 é compreensível. Eles rejeitavam a política de tarifas elevadas para viabilizar a indústria porque elas encareciam seu próprio consumo. Argumentavam que ao estimular a indústria o Estado os estaria "esquecendo", não lhes estaria dando o apoio necessário. Mas o fato é que o Estado nunca lhes faltou nas horas difíceis. Era um liberalismo muito estranho. Hoje, tenho esperança de que o agronegócio acabe por perceber que o desenvolvimento da indústria apenas lhe dá mais segurança. Os empresários comerciais e de serviços, inclusive os serviços financeiros, também tendem a ser liberais. Mas o mais importante é que hoje no Brasil, como em todo o mundo, o peso dos capitalistas rentistas aumentou enormemente. E eles, associados à tecnoburocracia financista, são sempre liberais. Assim, a única alternativa para os trabalhadores e para a parte da classe média tecnoburocrática, que é desenvolvimentista, é se associarem aos empresários industriais.

Mas o senhor diz que eles não são confiáveis, que são contraditórios.

É verdade, digo que eles são contraditórios ou ambíguos. Nos momentos de desenvolvimento acelerado eles tendem a ser desenvolvimentistas. Quando, porém, há uma crise política que os leva a temer o socialismo, como aconteceu em 1964, ou então quando o governo de esquerda começa a intervir desnecessariamente na economia, como aconteceu entre 2012 e 2013, eles bandeiam para a direita liberal e dependente. Mas neste último caso é preciso considerar também que entre 2009 e 2014 a taxa de câmbio estava absurdamente sobrevalorizada, e, em consequência, os lucros das empresas industriais foram reduzidos para quase zero. Tanto Lula quanto Dilma queriam muito fazer um acordo com os empresários. Mas, como eu costumo brincar, o PT inventou um novo tipo de capitalismo, um capitalismo sem lucro... Nos anos 1950 a luta ideológica dos desenvolvimentistas progressistas era contra a oligarquia agrário-mercantil; hoje é contra a coalizão financeiro-rentista.

Isso, o papel que atribui às coalizões de classes, significa que o senhor é contra a luta de classes?

De forma alguma. A luta de classes faz parte da lógica do capitalismo. Marx esperava que fosse o caminho para a revolução socialista, mas acabou sendo apenas uma forma através da qual os trabalhadores conseguem aumentos de salário real. Mas é importante que a taxa de lucro se mantenha satisfatória para as empresas. Minha ideia é que as lutas de classe e as coalizões de classe se sucedem e se entremeiam na história do capitalismo. Por outro lado, eu acho que a esquerda mais radical comete um erro em tratar os capitalistas como se fossem todos iguais, não os diferenciando. No tempo de Marx isso fazia sentido, porque o adversário ou o inimigo dos socialistas eram os empresários em geral. Empresários que seriam expropriados pela revolução socialista. Hoje isso não faz mais sentido, e é preciso distinguir os empresários propriamente ditos, que dirigem suas empresas e buscam o lucro, dos rentistas que vivem de juros, dividendos e aluguéis. É preciso distinguir quem trabalha duramente e arrisca seu capital daqueles que não trabalham e praticamente nada arriscam. Eu confesso que tenho simpatia pelos empresários e tenho no meu escritório, ao lado da minha casa, um busto do patrono dos empresários e dos desenvolvimentistas brasileiros — Roberto

Simonsen. A história desse busto é engraçada. O José Marcio Rego soube que estavam leiloando um busto do grande empresário e intelectual Roberto Simonsen e me convocou para ajudá-lo a comprar. Compramos e o demos para o Nakano, para ele colocar na recém-criada Escola de Economia de São Paulo. O busto ficou embrulhado em um canto da sala por dez anos. Até que, autorizado por mim, José Marcio foi buscá-lo e agora está lá na sala do meu escritório. Revela meu apreço por esse empresário e intelectual de alto nível — o patrono do desenvolvimentismo brasileiro.

O Brasil precisa muito de empresários. Preferivelmente empresários-engenheiros. A quase-estagnação do Brasil nos últimos quarenta anos está diretamente associada com a crise da engenharia nacional. No final dos anos 1970 nós tínhamos grandes escritórios de engenharia e os engenheiros estavam no centro do desenvolvimento brasileiro. A partir de 1980 o Brasil parou de crescer e a engenharia entrou em crise. Enquanto isso a China e a Índia (que estão tendo taxas de crescimento elevadas há muitos anos) formam uma quantidade enorme de engenheiros todos os anos, e os engenheiros ocupam os principais cargos nas empresas e no governo. Aqui no Brasil não damos aos engenheiros o valor que eles merecem.

21

O Novo Desenvolvimentismo

DE VOLTA AO DESENVOLVIMENTISMO E A KEYNES

Sua decisão de dedicar-se em tempo integral aos estudos parece que deu certo. Nesses vinte anos você escreveu três livros sobre a economia brasileira, dois livros sobre o Novo Desenvolvimentismo, publicou muitos papers em revistas nacionais e estrangeiras, é um dos intelectuais mais citados do Brasil. Como foi sua relação com seus colegas economistas?

Eu sou um economista desenvolvimentista pós-keynesiano; sou economista político crítico do liberalismo econômico e da centro-direita. Depois de cinco anos de dedicação à Reforma Gerencial do Estado, voltei a me aproximar dos desenvolvimentistas clássicos e dos pós-keynesianos que, dada minha definição ampla, são também desenvolvimentistas. A aproximação mais fácil foi com os pós-keynesianos. Em uma reunião em Kansas City, encontrei uma nova geração de pós-keynesianos, o Fernando Cardim de Carvalho, o José Luís Oreiro, o Luiz Fernando de Paula, o Fernando Ferrari Filho, dos quais logo me tornei amigo. Fundamos juntos a Associação Keynesiana Brasileira. Fui um dos economistas homenageados por ela. Quando eles me viram falar e escrever sobre o Novo Desenvolvimentismo, se interessaram e se tornaram parceiros. Os desenvolvimentistas clássicos foram mais difíceis, porque se julgam mais à esquerda do que eu. E, com a vitória do PT nas eleições de 2002, os desenvolvimentistas, mais do que os pós-keynesianos, foram participar do governo. Entre os desenvolvimentistas havia dois que eu desejava me aproximar porque são de primeira grandeza, Luiz Gonzaga de Melo Belluzzo, da Unicamp, e Pedro Cezar Dutra Fonseca, da Universidade Federal do Rio Grande do Sul, e havia também o Ricardo Carneiro, um competente macroeconomista na Unicamp.

Em 2001 o senhor publicou um livro sobre Celso Furtado, a quem sempre chamou de "mestre". Ele faleceu no fim de 2004. Como foi para o senhor a perda do mestre?

De volta ao Brasil depois das duas temporadas em Oxford, o meu primeiro projeto, que executei ao lado de José Marcio Rego, foi organizar um livro em homenagem a Celso Furtado, *A grande esperança em Celso Furtado* (2001).[207] Eu já havia me tornado amigo de Celso e de sua mulher, Rosa Aguiar Furtado, depois que saí do Ministério da Fazenda. Em 2001 eu sabia que ele não estava bem de saúde, e por isso organizei esse livro e nele publiquei o artigo "Método e paixão em Celso Furtado". Eu me encontrava com ele com frequência no Rio de Janeiro ou então em Paris. Depois da publicação, Celso me disse pelo menos duas vezes que esse livro fora a melhor homenagem que ele recebera e que meu artigo foi o melhor que havia sido escrito sobre sua obra. Creio que ele exagerou, mas é sempre importante contar com o apoio do mestre e do amigo.

Celso foi homenageado muitas vezes em vida. Uma que foi marcante foi a homenagem na Faculdade de Economia da USP, em 2001, organizada por Ricardo Abramovay, Glauco Arbix e Mauro Zilbovicius, na qual Rubens Ricupero fez uma bela intervenção. Depois que Furtado faleceu, foi criado no Rio de Janeiro o Centro Internacional Celso Furtado, sob a curadoria de Rosa Aguiar Furtado, e seus principais livros estão sendo reeditados pela Companhia das Letras. Mas, em consequência da teoria da dependência, ele, da mesma forma que os integrantes do ISEB, foi por muitos anos esquecido ou subestimado pelos intelectuais brasileiros. Ele havia cometido o "erro" de apostar na aliança dos progressistas com a burguesia industrial. Nos anos 1970 ele veio a São Paulo semanalmente por todo um semestre para dar um curso sobre o desenvolvimento econômico na PUC-SP. Eu me inscrevi e assisti a todo o curso. Mas não me lembro de nenhum outro intelectual conhecido ter participado do curso. Ele publicou então o livro *Prefácio à nova economia política* (1976), editado por seu grande amigo Fernando Gasparian, da editora Paz e Terra, e foi marcado o lançamento na livraria Argumento da Praça Vilaboim, em São Paulo. Quantas pessoas apareceram no lançamento? Uma pessoa: eu. Ninguém mais. Celso Furtado havia entrado em ostracismo no Brasil, nos anos 1970, engolido pela teoria da dependência. Como aconteceu também com Hélio Jaguaribe, Celso ignorou seus detratores. Celso voltou à cena no governo Sarney, quando o dr. Ulysses o indicou para o Ministério da Cultura, e depois com o PT, porque Rosa contou com o apoio de Lula para criar o Centro Celso Furtado.[208] Ele voltou, então, a ter visibilidade, mas deixou de lado por algum tempo a economia brasileira. Só voltou a discuti-la em um livro marcante, *A construção interrompida* (1992).[209] Celso foi, durante algum tempo, abandonado pelos "amigos"; eu nunca o abandonei. Discordei dele algumas vezes, mas sei muito bem como ele foi um grande intelectual e um homem da melhor qualidade.

Hoje o senhor é um economista reconhecido no mundo. Por que não o era no tempo do Desenvolvimentismo Clássico?

É uma boa questão, que não sei como responder. Uma causa pode ter sido porque nasci quinze anos depois de Celso Furtado, que, com Raúl Prebisch, foram os dois grandes latino-americanos desenvolvimentistas clássicos. Mas creio que a principal razão foi eu ter demorado a me dedicar à economia (inicialmente estava mais interessado na sociologia), e não ter me dedicado em tempo integral à teoria econômica senão a partir de 1999. Competiam pelo meu tempo o Pão de Açúcar ou a atividade pública como secretário e ministro. A única contribuição que fiz para o Desenvolvimentismo Clássico foi a do meu artigo de 1970 sobre o "novo modelo de desenvolvimento" dos militares baseado na concentração da renda que incluía a classe média, dessa maneira garantindo demanda para a indústria automobilística instalada um pouco antes no país.[210] E aí cometi um erro: animado por essa ideia, resolvi escrever o livro *Estado e subdesenvolvimento industrializado*.[211] Passei quatro anos escrevendo um livro no qual eu tentava definir teoricamente o "subdesenvolvimento industrializado" ao invés de falar sobre a economia brasileira. Construí, assim, uma teoria com baixo nível de abstração. Teria sido melhor eu ter me aprofundado na realidade brasileira.

Aqui no Brasil o senhor deu também aulas sobre democracia no curso de doutorado do Departamento de Ciência Política da USP.

Dei esse curso em 2001 e 2002, com o Cícero Araújo, que hoje é um ótimo amigo meu. Dada minha formação marxista, sempre vi as ciências sociais como integradas. Eu havia estudado bastante a teoria da democracia e a teoria do republicanismo, e achei que valia a pena estabelecer uma relação mais próxima com os cientistas políticos brasileiros. Eu já tinha boas relações com o Wanderley Guilherme dos Santos, o Fábio Wanderley Reis, mas achei importante estabelecer relações com uma geração mais jovem. Por outro lado, eu decidi, então, finalmente escrever meu trabalho fundamental sobre a democracia, "Transição, consolidação democrática e revolução capitalista" (2011), que completaria a minha visão da democracia iniciada nos anos 1970 com o livro *O colapso de uma aliança de classes* (1978). Eu já discuti as ideias desse *paper*, cujo título original era "Por que a democracia só se tornou dominante no mundo depois da Revolução Capitalista", no capítulo deste livro sobre a transição democrática no Brasil. Nesse curso eu tive como aluno o Paulo Vannuchi, que depois seria um notável ministro dos Direitos Humanos no governo Lula e hoje é meu colega na Comissão Arns de Defesa dos Direitos Humanos.

Ao dar esse curso, ao participar das reuniões da ANPOCS[212] e da Sociedade de Ciência Política, eu estava tentando me aproximar mais dos cientistas políticos e sociólogos brasileiros de primeira categoria. Alguns, como a Maria Rita Loureiro, o Claudio Gonçalves Couto, o Fernando Abrucio, a Ana Cristina Braga Martes e o Kurt Mettenheim já eram meus colegas na FGV. O Luiz Felipe de Alencastro eu reencontrei quando ele ainda estava como professor titular de história na Sorbonne. Tive em comum com Sergio Miceli, Elide Rugai Bastos, Gildo Marçal Brandão e Bernardo Ricupero o interesse pelas interpretações do Brasil. Com Ricardo Musse, Leda Paulani e Rosa Maria Marques, o interesse pelo marxismo. Com Gabriel Cohn, Lúcio Kowarick, Leonardo Avritzer, Álvaro de Vita e Ronaldo Porto Macedo, o interesse pela teoria política e a ideia de justiça. Com Brasílio Sallum, Lourdes Sola, Maria Hermínia Tavares, Sebastião Velasco Cruz e Fernando Limongi, o interesse pela lógica ou falta de lógica da política brasileira... Mas meus amigos sociólogos e cientistas políticos nunca me consideraram um dos seus. Sou sempre um economista. Ainda que tenha dado aulas no Departamento de Ciência Política da USP e frequentado seus seminários, quando o departamento comemorou seus cinquenta anos não fui convidado ou mencionado. Em uma universidade americanizada de especialistas como é a universidade atual, a interdisciplinaridade é tão louvada quanto proscrita. Uma vez fui afinal convidado pela ANPOCS para falar sobre a minha experiência com a interdisciplinaridade. Escrevi um texto, mas não encontrei revista acadêmica nele interessado.

Passei a ter também relações constantes com intelectuais de outros países. Principalmente economistas. Na América Latina, com Aldo Ferrer, Roberto Frenkel, Gabriel Palma, José Antonio Ocampo, Matías Vernengo e Ilan Bizberg; no Reino Unido, com Robert Wade e Ha-Joon Chang; na França, com Robert Boyer, Pierre Salama, Edwin Le Heron e Eric Berr; e nos Estados Unidos, com James Galbraith, Jan Kregel, Thomas Palley e Robert Guttmann.

NASCE O NOVO DESENVOLVIMENTISMO

Quando o senhor começou a construir o Novo Desenvolvimentismo?
A convicção de que a taxa de câmbio é decisiva no processo de desenvolvimento econômico eu já tinha há muito. Os casos do Japão e da Alemanha, no pós-guerra, eram para mim paradigmáticos: que uma taxa de câmbio competitiva, ou, como eu dizia algo imprecisamente, uma taxa "relati-

vamente depreciada", fora essencial para o desenvolvimento desses países. Mas eu não tinha nem teoria nem estudos empíricos que confirmassem essa convicção. A construção das ideias e a obtenção de dados empíricos do programa de pesquisa que acabou sendo chamado Novo Desenvolvimentismo começou em 2001. Vou tentar localizar em que ano cada ideia surgiu e onde ela foi originalmente publicada.

Em 2001 comecei a fazer a crítica da política de crescimento com poupança externa, que todos os países latino-americanos equivocadamente adotaram, e a colocar a taxa de câmbio no centro da teoria do desenvolvimento econômico. As ideias surgiram depois que saí do governo Fernando Henrique e da minha inconformidade com o fato de a taxa de câmbio ter permanecido apreciada durante os oito anos desse governo. De volta ao Brasil, depois de uma estada de quatro meses na Universidade de Oxford, ainda no primeiro semestre de 2001, participei do Fórum Nacional que João Paulo dos Reis Velloso organizou durante muitos anos no Rio de Janeiro. Nesse fórum, o Eustáquio Reis, um economista competente do IPEA, algo mal-humorado, disse alguma coisa sobre a taxa de câmbio — não me lembro exatamente o que foi — e, de repente, deu um estalo na minha cabeça. Eu pensei: "Agora entendi o governo Fernando Henrique; a valorização do real estava diretamente relacionada com sua política de tentar crescer com déficits em conta-corrente. De fato, nas primeiras reuniões ministeriais, o Fernando Henrique colocou como sua política básica de desenvolvimento "crescer com poupança externa". Ou seja, tentar aumentar a taxa de investimento e de crescimento com déficits em conta-corrente que seriam financiados por investimentos diretos das empresas multinacionais ou por financiamentos externos. Nos anos anteriores a seu governo a conta-corrente estava aproximadamente zerada porque ninguém estava disposto a emprestar para um país cuja inflação era superior a 20% ao mês. Agora o país voltara a ter crédito no exterior e Fernando Henrique e sua equipe econômica supuseram que a poupança externa se somaria à poupança interna, o investimento e poupança total aumentariam, e o crescimento voltaria a acontecer. Parecia lógico, linearmente lógico. Esse é um consenso entre os economistas e os políticos de todo o mundo, exceto os do Leste da Ásia. Um consenso que eu estava agora dizendo ser equivocado. Lembro que na minha segunda estada em Oxford, nos dois primeiros meses de 2001, conheci Luiz Fernando de Paula, hoje um grande amigo meu, e cheguei a sugerir a ele que trabalhássemos juntos na crítica à política de crescimento com endividamento externo, mas as ideias estavam ainda embrionárias e o trabalho conjunto não se concretizou. Eu escrevi, então, um breve artigo sobre o tema, e depois chamei o

O Novo Desenvolvimentismo

Nakano e escrevemos "Crescimento econômico com poupança externa?".[213] Esse modelo foi quatro anos mais tarde completado com "Por que a poupança externa não promove o crescimento?".[214] Em seguida, chamei o Nakano para trabalharmos juntos em torno dessa ideia. Estava já claro para mim que era preciso entender os déficits em conta-corrente dos países latino-americanos não como uma "necessidade" decorrente da "falta de dólares", mas como resultado de uma decisão de tentar crescer com endividamento externo; quando um governo tomava uma decisão nessa direção ele estava decidindo apreciar a moeda nacional e tornar as suas empresas industriais não competitivas. Enquanto durasse o déficit, as entradas líquidas de capitais necessárias para financiá-lo aumentariam a oferta de moeda estrangeira e a moeda nacional se apreciaria. O governo estava, também, supondo que as importações adicionais que causariam o déficit seriam de bens de capital, quando a mudança nos preços relativos dizia que eram bens de consumo. Ao adotar essa política autoderrotante, o governo brasileiro estava tornando não competitivas internacionalmente as empresas industriais competentes localizadas no país. Estava tomando a decisão de desestimular as empresas industriais a investir, enquanto estimulava trabalhadores e rentistas a aumentarem seu consumo. Na verdade, a chamada "poupança externa" (o déficit em conta-corrente) não se soma à poupança interna, mas a substitui, porque, ao apreciar a moeda nacional, ela tem esse efeito perverso de desestimular o investimento e estimular o consumo. Ao surgir com essa ideia, o Novo Desenvolvimentismo fez uma inovação teórica radical, que não está presente nem no pensamento ortodoxo nem no heterodoxo. O financiamento continuava fundamental para o desenvolvimento, mas o financiamento em moeda nacional, não estrangeira. Surgia, assim, o primeiro modelo do sistema teórico que seria chamado Novo Desenvolvimentismo.

Este artigo mostra que a poupança externa não se soma à interna, mas a substitui; define a taxa de substituição da poupança interna pela externa, e mostra que ela depende principalmente da propensão a investir das pessoas. Nos períodos de alto crescimento, as taxas de lucro previstas tendem a ser elevadas, a propensão marginal a consumir cai, a propensão a investir aumenta, e a alta taxa de substituição da poupança interna pela externa cai. Apenas nesses períodos excepcionais, nos "milagres", a política de crescer com poupança externa dá certo. Na maioria das vezes, porém, são os países que não apresentam déficits em conta-corrente, a não ser excepcionalmente, os que mais se desenvolvem, como a China demonstra.

Em 2002, um segundo passo: a crítica da alta taxa de juros e a "hipótese Bresser-Nakano". A história do artigo "Uma estratégia de crescimento com estabilidade" (2002) é interessante.[215] Eu não me conformava que o meu partido, o PSDB, adotasse uma política econômica ortodoxa e incompetente que mantinha a economia brasileira semiestagnada. Em 2001, almocei como o deputado José Aníbal, que era então o presidente do PSDB, resumi minhas críticas e ele ficou interessado. Eu então me propus a escrever um documento para debate interno do partido. Chamei o Nakano e escrevemos juntos o artigo ou relatório no qual defendemos a tese de que não havia razão para que a taxa de juros no Brasil fosse muito mais alta do que a taxa dada pela taxa internacional de juros mais o risco-país. Uma versão ainda não publicada circulou na internet e deu origem a um debate nacional. Era a primeira vez que se fazia uma crítica firme da taxa de juros muito alta que prevalecia no Brasil desde o governo Collor. O Edmar Bacha e o Chico Lopes me escreveram cartas dizendo que aquela taxa de juros era "necessária para combater a inflação". Mas como explicar que nos outros países o "nível" da taxa de juros em torno do qual o respectivo Banco Central fazia sua política monetária era aproximadamente igual à taxa de juros internacional mais o prêmio de risco do país, enquanto no Brasil esse nível era muito mais alto? É claro que o artigo não mudou a política econômica apoiada pelo PSDB que, naquele momento, já não era um partido social-democrático, mas um partido liberal-conservador. Na literatura econômica brasileira, a relação entre o risco-país e a taxa de juros era relativamente nova e ficou conhecida como a "hipótese Bresser-Nakano".[216]

Em 2003 surgiu o nome Novo Desenvolvimentismo. Eu devo ter começado a chamar a nova teoria de Novo Desenvolvimentismo no fim de 2002 ou começo de 2003. Eu estava escrevendo a quinta edição de *Desenvolvimento e crise no Brasil* (2003) e dei ao título do último capítulo "Novo Desenvolvimentismo". A sugestão nasceu do Nakano. Nós tínhamos acabado de escrever juntos os dois *papers* aos quais acabei de me referir, estava ficando claro para mim que estava em construção um novo sistema teórico, e eu disse ao Nakano que precisávamos um nome para ele. Ele sugeriu Novo Desenvolvimentismo. Eu aceitei na hora a ideia e usei o novo nome naquele último capítulo. Acho que foi uma boa decisão, embora a expressão tenha dois sentidos: ou significa uma realidade histórica, um regime de política econômica, uma forma de se coordenar o capitalismo que combina mercado e intervenção moderada do Estado na economia, ou então significa a teoria econômica que justifica essa intervenção moderada. O Novo Desenvolvimentismo é hoje essa teoria, que vem sendo construída desde o início dos anos 2000, como o Desenvolvimentismo Clássico ou *Development Economics* foi a teoria anterior que contou com uma primeira geração formada por econo-

O Novo Desenvolvimentismo

279

mistas como Rosenstein-Rodan, Raúl Prebisch, Arthur Lewis e Celso Furtado, e uma segunda geração voltada para a política industrial que foi inaugurada por um cientista político, Chalmers Johnson, e formada por economistas como Alice Amsden, Robert Wade, Erik Reinert, Ha-Joon Chang[217] e Antônio Barros de Castro. O Novo Desenvolvimentismo tem suas origens teóricas na Economia Política, na Teoria Pós-Keynesiana, e no Desenvolvimentismo Clássico.

Em 2006 o senhor publicou um artigo que afinal chamou a atenção dos economistas e cientistas políticos brasileiros.

É verdade, o artigo "Novo Desenvolvimentismo e ortodoxia convencional" foi nosso primeiro sucesso. Em 2005 recebi um convite da revista da Fundação SEADE. O editor queria publicar um número sobre o desenvolvimentismo. Ele convidou também o Luiz Fernando de Paula e o José Eli da Veiga que, então, estava se tornando um notável economista especializado no problema ambiental e no aquecimento global. Eu já estava trabalhando no Novo Desenvolvimentismo e aceitei com prazer o convite. O *paper* continha duas coisas importantes: uma narrativa e uma comparação.

Na narrativa eu mostrava como a industrialização na periferia do capitalismo havia ocorrido de forma acelerada depois da Segunda Guerra Mundial no quadro do nacional-desenvolvimentismo, quando, entre os anos 1930 e 1980, o Brasil realizou sua revolução industrial e capitalista. Ao fazê-lo, contava com certo apoio dos países ricos que também eram desenvolvimentistas. E o Banco Mundial, sempre controlado pelos Estados Unidos, era um centro de desenvolvimentismo. Em 1980, porém, houve a virada neoliberal de Thatcher e Reagan nos países ricos, que, a partir do final dos anos 1980, se estendeu para os países em desenvolvimento, inclusive o Brasil, que, fragilizado, em 1990 fez a liberalização comercial e, dois anos depois, a liberalização financeira. Em consequência, os países da periferia do capitalismo, exceto os países do Leste Asiático, viram suas taxas de crescimento diminuírem e tenderem à estagnação.

Quanto à comparação, comparei três regimes de política econômica: a Ortodoxia Convencional (que hoje eu chamo Ortodoxia Liberal),[218] o Velho Desenvolvimentismo (que hoje eu chamo Desenvolvimentismo Clássico), e o Novo Desenvolvimentismo. Abandonei a expressão "velho" porque nela havia uma conotação depreciativa que se aplicava não ao Desenvolvimentismo Clássico, mas às práticas populistas que são praticadas com frequência em seu nome. Nesse artigo já tínhamos as principais políticas recomendadas pelo Novo Desenvolvimentismo: a responsabilidade fiscal, a rejeição aos déficits em conta-corrente; uma política cambial que garantisse a competitividade econômica das empresas que tecnicamente são competitivas; a garantia de uma taxa de lucro satisfatória para empresas competentes; a neutralização da doença holandesa; a taxa de câmbio como determinante do investimento e do desenvolvimento. Para mim estava, então, claro que a tese liberal que "fora do liberalismo econômico não há alternativa" estava longe de ser verdadeira. Na realidade, liberalismo econômico significa baixo crescimento, instabilidade financeira e desigualdade.

O passo seguinte foi escrever o livro Macroeconomia da estagnação?

Esse livro, iniciado em 2004 e publicado em 2007, nasceu de uma antiga convicção minha — que a teoria econômica, e principalmente a macroeconomia, é uma ciência historicamente situada.[219] Que ela tem tempo e lugar. A Economia Política Clássica foi assim, a Teoria Keynesiana também. As teorias de Smith e Marx refletiram a revolução industrial e capitalista que estava em marcha; a teoria de Keynes faz a generalização da crise do capitalismo depois do *crash* da Bolsa de Nova York em 1929. Logo, como eu queria desenvolver uma macroeconomia apropriada para países de renda média como o Brasil, essa macroeconomia devia refletir essa realidade.

Em 2002 o presidente da FGV decidiu criar uma Escola de Economia em São Paulo e convidou o Yoshiaki Nakano para ser seu diretor. Eu achei que se abria ali uma oportunidade para o desenvolvimento de uma macroeconomia brasileira. Em 2003 convidei o Nakano para darmos juntos a disciplina optativa "Macroeconomia para o Brasil: anos 2000". Foi uma experiência muito interessante. E em 2005 comecei a escrever *Macroeconomia da estagnação*, que ficou pronto no fim do ano seguinte e foi publicado no começo de 2007. Ao escrever esse livro, parti do pressuposto que poderia desenvolver uma teoria nova enquanto a aplicava ao Brasil. As ideias não estavam totalmente desenvolvidas, mas já estava claro para mim que o desenvolvimento econômico dependia da taxa de câmbio, que a política de crescimento com déficits em conta-corrente era equivocada porque apreciava a moeda nacional e tornava as empresas industriais não competitivas, e que uma explicação básica para o alto nível da taxa de juros era a política de atrair capitais externos. O modelo da doença holandesa não estava completo, mas já estava lá. Eu não tinha ainda o modelo da tendência à apreciação cíclica e crônica da taxa de câmbio, à qual eu só chegaria em 2008.

O livro Macroeconomia da estagnação *foi publicado já no governo Lula. Pela primeira vez o PT chegara ao poder, mas estava adotando a mesma política macroeconômica de FHC. Isso aumentou sua angústia com o que estava acontecendo na economia?*

Eu muitas vezes fico indignado com os erros de política econômica, mas não angustiado. Não vale a pena. Ao escrever *Macroeconomia da estagnação* fiz o seguinte raciocínio. O Brasil, que havia experimentado um grande desenvolvimento entre 1930 e 1980, entrou na grande crise da dívida externa e da alta inflação. Superou os dois problemas na primeira metade dos anos 1990, mas não voltou a crescer de forma acelerada como eu esperava. Foi uma grande decepção. Por que o Brasil não voltou a crescer? No livro eu digo que dois fatores foram fundamentais: o Brasil não havia recuperado sua capacidade de realizar poupança pública para investir e o investimento privado foi limitado pela armadilha dos juros altos e da taxa de câmbio apreciada. Essa é uma tese que valeu nos anos 2000 e continua valendo hoje.

Voltando à construção passo a passo do Novo Desenvolvimentismo...

O próximo passo foi, em 2006, a comprovação empírica de que a taxa de câmbio é determinante do crescimento. Minha hipótese básica foi sempre de que uma taxa de câmbio competitiva é uma condição do investimento e, portanto, do crescimento econômico.

Já existiam alguns trabalhos empíricos mostrando isso, mas eram muito poucos. Quando aceitei Paulo Gala como meu orientando no doutorado em Economia da EESP-FGV, sua ideia era continuar estudando metodologia econômica, que fora seu tema no mestrado, mas eu lhe disse que já estava na hora de ser um economista e lhe propus que fizesse uma tese para demonstrar a relação positiva entre uma taxa de câmbio competitiva e o crescimento.[220] Ele aceitou a proposta, estudou seriamente. Eu o orientei da melhor maneira possível. Sugeri que considerasse a produtividade no Leste Asiático para que pudesse afirmar um ponto essencial para a pesquisa — que a taxa de câmbio era mais competitiva nos países daquela região. Ele fez isso, contou com a colaboração do Cláudio Lucinda para a econometria, e afinal produziu uma ótima tese. Entusiasmado, passei a dizer a todos que ele escrevera a melhor tese de doutorado, convidei-o para escrever outros artigos. Só soube bem depois que ele submetera o artigo ao *Cambridge Journal of Economics* e este fora publicado em 2008. Não o escrevi nem assinei, mas o considero um pouco meu.[221]

Em 2008 há um grande passo: meu modelo da doença holandesa. Foi outro artigo que teve muita repercussão.[222] Antes, havia o artigo de 1982 de W. Max Corden e J. Peter Neary, "Setor em expansão e desindustrialização em uma pequena economia aberta".[223] Este foi um trabalho neoclássico que enfatizou a divisão da economia em três setores. Meu artigo de 2008 enfatizou a existência de dois equilíbrios: o equilíbrio corrente e o industrial. A partir disso poderíamos derivar imediatamente a política de neutralização da doença: um imposto variável sobre as exportações de *commodities* que, ao aumentar o custo da *commodity*, iguala o equilíbrio industrial e o equilíbrio corrente. Listo também outro artigo, o de 2018, porque neste artigo mostro que também é possível, e talvez mais viável politicamente, neutralizar a doença holandesa com tarifas de importação e subsídios à exportação de produtos manufaturados; as tarifas neutralizando a doença em relação ao mercado interno; os subsídios, em relação ao mercado externo.[224] Muitos países adotaram, intuitivamente, sem saber o que era a doença holandesa, impostos de importação para neutralizá-la. A maior parte das políticas que os economistas chamam de "protecionismo" não estavam fazendo outra coisa senão assegurar às empresas locais condições iguais de competição com as empresas localizadas no exterior.

Em 2008 formulo minha visão geral das crises financeiras em colaboração com Lauro Gonzalez, que foi meu aluno de doutorado. Escrevemos o artigo "Crises financeiras nos anos 1990 e poupança externa", no qual rejeitamos a afirmação convencional de que as crises cambiais são essencialmente o resultado de indisciplina ou populismo fiscal.[225] Em vez disso, afirmamos que são basicamente consequência da adoção pelos países em desenvolvimento da política de crescimento com endividamento externo — a política de tentar crescer com "poupança externa". Dada a tese dos déficits duplos, os déficits em conta-corrente são geralmente consequência dos déficits fiscais, mas muitas vezes, quando a moeda nacional está sobrevalorizada, a conta fiscal está sob controle enquanto a conta-corrente mostra déficit, que pode ser elevado. Com essa tese nós estamos nos colocando contra toda a ortodoxia liberal e também contra Paul Krugman, cujos modelos de primeira, segunda e terceira gerações têm todos em sua base o déficit fiscal.

A tese da tendência à sobreapreciação cíclica e crônica da taxa de câmbio foi o passo seguinte. Essa tendência, diretamente associada com a das crises financeiras, é central no Novo Desenvolvimentismo, quando ele é aplicado aos países latino-americanos. O ciclo cambial começa e termina com uma crise financeira. Na crise a taxa de câmbio se deprecia gradualmente, atravessa o equilíbrio industrial, atravessa o equilíbrio corrente, e entra na área dos déficits em conta-corrente, onde permanece por alguns anos (caracterizando uma bolha financeira), até que a dívida externa do país começa a preocupar os credores e eles, subitamente, suspendem a rolagem da dívida, ocorrendo nova crise financeira que encerra o ciclo. Este ciclo está citado pela primeira vez em um *paper* publicado na revista *Economica*, da Universidade Federal Fluminense (UFF), e no meu livro *Globalização e competição* — o primeiro livro a apresentar de maneira relativamente completa o Novo Desenvolvimentismo.[226]

Foi nessa época que o senhor começou a falar sobre o surgimento de uma nova escola de pensamento econômico?

Creio que foi em 2011 que comecei a falar sobre a eventualidade do surgimento de uma escola novo-desenvolvimentista, ao mesmo tempo que eu, afinal, cheguei a uma metáfora importante para compreender o papel da taxa de câmbio nos investimentos: a metáfora do interruptor de luz. A ideia original da nova escola foi sugerida por Robert Boyer, quando ele, em seu prefácio da versão francesa e portuguesa do livro *Globalização e competição*, sugeriu que uma nova escola estivesse surgindo em São Paulo. Na verdade, não em São Paulo, nem apenas no Brasil, mas na América Latina. Em meu artigo, além de me perguntar se já se podia falar em uma escola de pensamento, pela primeira vez usei a metáfora do interruptor de luz, explicando por que a taxa de câmbio determina o investimento e o crescimento ao ligar ou desligar as empresas competentes de seu mercado.[227] Eu aprofundaria a ideia dessa metáfora no trabalho "O acesso à demanda" (2015). Afinal, quando a taxa de câmbio pode permanecer apreciada no longo prazo, seja devido a uma doença holandesa não neutralizada ou por uma política de crescimento com poupança externa, de que vale haver demanda?[228]

No ano seguinte consegui finalmente formular a teoria explicando por que a taxa de câmbio determina o crescimento. Desde que comecei o programa de pesquisa do Novo Desenvolvimentismo, assumi que a taxa de câmbio é determinante para o crescimento. Posteriormente vários estudos mostraram isso, mas não havia uma teoria explicando sua causa. Não havia porque, ao discutir o tema, os economistas supunham sempre que os desalinhamentos da taxa de câmbio eram um problema de curto prazo. Se assim fosse, a taxa de câmbio só ficaria sobreapreciada no curto prazo e os investidores não levariam em conta uma taxa de câmbio apreciada para tomar sua decisão. Foi então que escrevi "A taxa de câmbio no centro da teoria do desenvolvimento" (2012).[229] Uma vez que o Novo Desenvolvimentismo mostrou que a taxa de câmbio nos países de renda média tende a se manter sobrevalorizada por vários anos, e dada a metáfora do interruptor de luz, não é difícil concluir que, nessas circunstâncias, quando as empresas consideram um investimento, seus cálculos tenham como base uma moeda sobrevalorizada e sua decisão mais provável será a de não investir. É uma teoria simples, mas fundamental — simples como afinal são as teorias econômicas realmente boas, com capacidade de previsão. E eu, pela primeira vez, expus essa simples e fundamental verdade.

Foi nessa época que o senhor começou a falar em uma microeconomia novo-desenvolvimentista?

Também em 2011 cheguei ao conceito básico da microeconomia do Novo Desenvolvimentismo — sobre o papel do Estado no desenvolvimento das empresas e na promoção da industrialização. A contribuição básica do Desenvolvimentismo Clássico ocorreu no campo da micro, e não da macroeconomia. Foi a identificação do desenvolvimento econômico com a industrialização ou mudança estrutural — o que eu chamo hoje de "sofisticação produtiva". Para se industrializar os países adotavam tarifas aduaneiras elevadas, uma das formas do que hoje se chama "política industrial". A microeconomia do Desenvolvimentismo Clássico é essencialmente a proposta de se realizar política industrial. Em 2011 o Novo Desenvolvimentismo já tinha uma macroeconomia do desenvolvimento, mas nada que servisse de base para uma microeconomia. Nesse ano eu viajei para a China. Eu fui para lá dizendo para mim mesmo que eu já sabia por que o desenvolvimento econômico desse país havia sido espetacular. Eu considerava que o fato de a China ter suas contas macroeconômicas equilibradas, especialmente uma taxa de câmbio competitiva, e contar com mão de obra barata explicava o seu desenvolvimento. Quando cheguei à China, porém, fiquei muito impressionado em comparação à visita que fizera em 1979. Fui então verificar quantas vezes a China aumentara seu PIB entre 1980 e 2010. Havia aumentado dezessete vezes, enquanto os países ocidentais haviam aumentado cerca de duas vezes, e confesso que fiquei deprimido. Mas aquilo ficou na minha cabeça, e, no final da viagem, quando eu estava chegando a Xangai encontrei a explicação microeconômica para o sucesso da China. Os chineses fizeram uma coisa semelhante ao que fez John K. Galbraith em seu grande livro sobre a economia americana, *O novo Estado industrial* (1967). Os chineses dividiram sua economia em dois setores, o competitivo e o não competitivo, e estabeleceram uma regra muito simples: para o setor competitivo permitiram que o mercado resolvesse, porque o mercado é muito melhor que o Estado na coordenação de setores econômicos competitivos; já para o setor não competitivo, onde o mercado é ineficaz por definição, mantiveram o planejamento econômico pelo Estado. O Estado não precisa ter a propriedade das empresas, mas deve poder planejar suas ações, seus investimentos. O setor não competitivo é formado pelas empresas de infraestrutura, pelas empresas

O Novo Desenvolvimentismo

produtoras de insumos básicos, e pelos grandes bancos, que são "too big to fail" — se uma empresa não pode ir à falência, ela não é competitiva.

E os cinco preços macroeconômicos?

Creio que escrevi pela primeira vez sobre os cinco preços macroeconômicos em 2013, no artigo "The Value of the Exchange Rate and the Dutch Disease". Não sei quando tive essa ideia. Talvez depois da minha viagem à China, dois anos antes. Não me lembro de tê-la ouvido antes de alguém. Por muito tempo eu pensava nesses cinco preços e me dizia que uma maneira muito interessante de estudar e ensinar macroeconomia seria a partir deles. Por outro lado, eu já sabia que apenas a política industrial era incapaz de explicar o sucesso dos países do Leste Asiático. Eles sempre praticaram uma política macroeconômica ativa para manter os cinco preços macroeconômicos certos. E planejaram o setor não competitivo das suas economias.

Foi nesse mesmo artigo de 2013 que cheguei ao conceito de valor da moeda estrangeira. Nesse mesmo trabalho e na versão em português de *Macroeconomia desenvolvimentista* (2016), que é substancialmente melhor do que a versão em inglês, defini o valor da moeda estrangeira.[230] Devo em parte essa descoberta a Jan Priewe, que conheci em Berlim em 2012. Ele é um economista pós-keynesiano competente, especializado em macroeconomia do desenvolvimento, e mostrou muito interesse pelo Novo Desenvolvimentismo. No entanto, quando eu lhe disse que a maneira de neutralizar a doença holandesa era um imposto variável sobre a exportação de *commodities*, ele não concordou. Seu principal argumento foi que a taxa de câmbio era determinada pela demanda e pela oferta de moeda estrangeira, e um imposto de exportação não teria efeito na demanda ou na oferta. Percebi então que meus conceitos de equilíbrio corrente e industrial não se baseavam na demanda e na oferta, mas no valor que cobre os custos mais a taxa razoável de lucro das empresas, e cheguei ao conceito de valor da moeda estrangeira. O preço, a taxa de câmbio, flutua em torno desse valor, à medida que os preços de bens e serviços flutuam em torno de seu respectivo valor em termos de mão de obra ou, mais simplesmente, em termos de custo de produção. As variações no valor dependem das variações no índice comparativo do custo unitário do trabalho.

Em 2015 houve, pela primeira vez, a aplicação do Novo Desenvolvimentismo aos países ricos. Foi em um artigo escrito em conjunto com Pedro Rossi, um jovem e ótimo economista da Unicamp.[231] Embora os países da Zona do Euro não tenham cada um a sua própria moeda, existe uma "taxa de câmbio interna" entre eles que depende das variações do valor da taxa de câmbio, ou seja, das variações no custo unitário do trabalho dos países, uns em relação aos outros. A solução da crise, o "ajuste interno", pode ser considerada um caso de austeridade ortodoxa, mas o fato é que, dada a política pouco cooperativa da Alemanha de realizar elevados superávits em conta-corrente, os países do Sul da Europa se desajustaram, e, como não podiam depreciar sua moeda para recuperar a competitividade, tiveram que recorrer ao ajuste interno no qual todo o custo recai sobre os assalariados. Na verdade, a criação do euro foi um grande erro; tirou dos países a possibilidade de ter uma política cambial e os obrigou a fazer ajustamentos internos que são muito custosos.

Em 2016, na edição brasileira de *Macroeconomia desenvolvimentista*, cheguei a uma teoria geral da determinação da taxa de câmbio. Não escrevi ainda um *paper* específico sobre o tema, mas as ideias já estão razoavelmente claras nesse livro.[232] Além da taxa de câmbio real depender das variações nas relações de troca (que afetam as importações e as exportações) e da taxa de juros que atrai ou não capitais (estas duas variáveis estão claras nos livros-texto), ela depende de duas variáveis introduzidas pelo Novo Desenvolvimentismo: as variações no valor da taxa de câmbio causadas pelas variações no índice comparativo do custo unitário do trabalho (ou seja, pelas variações nos salários e na produtividade do país em relação a seus concorrentes) e a política do país relativa ao saldo em conta-corrente: se ele visar crescer com déficit em conta-corrente a taxa de câmbio se apreciará, se visar um superávit em conta-corrente, ela se depreciará. Nos países de renda média, o nível em torno do qual o Banco Central realiza sua política monetária tende a ser alto devido a suas duas políticas habituais que envolvem déficit em conta-corrente e a atração de capitais estrangeiros para financiá-los: a política de crescimento com endividamento externo e o uso da taxa de câmbio como âncora contra a inflação. Ao implicarem um aumento da taxa de juros, os quais atraem capitais externos, essas duas políticas habituais acabam apreciando a taxa de câmbio no longo prazo, enquanto forem mantidas.

Muitos colegas economistas têm dificuldade em aceitar que haja uma correspondência entre o saldo em conta-corrente e a taxa de câmbio. O que determina a taxa de câmbio é a oferta e procura de dinheiro, dizem eles. Com o que estou de acordo. Mas a oferta de dinheiro estrangeiro é aumentada pela entrada de capitais, e, portanto, é a política do governo de ter déficit em conta-corrente que causa a apreciação cambial de longo prazo. É claro que a relação entre a taxa de câmbio e o saldo em conta-corrente opera nos dois sentidos. Qualquer fato que provoque uma alteração na oferta de moeda estrangeira, como um *boom* de *commodities*, uma mudança na taxa de juros nos EUA ou uma seca aqui no Brasil, afeta a taxa de câmbio e o saldo em conta-corrente. Estamos cansados de saber disso. O que é novo é inverter isso. Num prazo maior, o que é fundamentalmente determinante da taxa de câmbio é a decisão de você ter um déficit em conta-corrente, como tiveram Fernando Henrique e Lula, de se acomodar satisfeito e feliz com esse déficit, como dizem economistas como o Pastore. A novidade é: na hora que você tomou essa decisão, qual foi a decisão sobre o fluxo de capitais? A decisão de que os fluxos no Brasil, que estavam equilibrados, devem ficar permanentemente positivos para financiar esse déficit. Essa foi minha resposta e ficou bem resolvido.

Em torno de 2016 defini de maneira mais clara a relação do Novo Desenvolvimentismo com a política industrial. Eu andava incomodado com o assunto porque, depois da renovação que o Desenvolvimentismo Clássico, em crise desde os anos 1970, experimentou com a publicação, em 1982, 1989 e 1990, dos livros de Chalmers Johnson, Alice Amsden e Robert Wade sobre os países do Leste Asiático, os desenvolvimentistas só falavam em política industrial. Para isso também foram muito importantes as contribuições de Erik Reinert e Ha-Joon Chang.[233] Podemos dizer que se formara uma "segunda geração" de desenvolvimentistas clássicos, entre os quais eu citaria também meu querido amigo já falecido, Antônio Barros de Castro.[234] Eu sempre fui a favor de política industrial, mas se estava dando um papel excessivo a ela. A fé excessiva na política industrial dificultava que meus amigos economistas compreendessem a importância da macroeconomia do desenvolvimento novo-desenvolvimentista. O trabalho que então escrevi com André Nassif e Carmem Feijó, "A reconstrução da indústria brasileira: a conexão entre o regime macroeconômico e a política industrial", ajudou a esclarecer esse problema.[235]

Em 2018, a ideia da armadilha da liberalização. Primeiro, em um breve *keynote speech* no Shangai Forum.[236] E depois, em um *paper* com Eliane Araújo e Samuel Peres.[237] Neste *paper* explicamos por que a América Latina parou na década de 1980, enquanto o Leste Asiático continuou a crescer. Usando ferramentas teóricas do Novo Desenvolvimentismo, criticamos o conceito de "armadilha da renda média" e mostramos que faz mais sentido falar de "armadilha da liberalização", porque os países da América Latina que abandonaram o regime de política econômica desenvolvimentista foram os que (mais rápida e radicalmente) menos se desenvolveram.

Em 2020, finalmente, o *melhor resumo* do Novo Desenvolvimentismo que escrevi até hoje é o "New Developmentalism: Development Macroeconomics for Middle-Income Countries" (2019).[238] Os pareceristas do *Cam-*

bridge Journal of Economics me deram bastante trabalho, mas afinal me ajudaram muito a tornar esse resumo claro e sistemático.

O senhor considera, então, que com a publicação do seu livro com José Luís Oreiro e Nelson Marconi, Macroeconomia desenvolvimentista, *em 2016, a teoria novo-desenvolvimentista pode ser considerada consolidada?*
Creio que sim. A publicação desse livro deu muito trabalho para o José Luís, para o Nelson e para mim mesmo. Foram reuniões e reuniões preparativas em Ibiúna. Foi um longo processo de escrita. Escrevemos em inglês e o livro saiu pela Routledge em 2014. Depois, a tradução para o português ficou por minha conta. Como o Novo Desenvolvimentismo é um *work in progress*, a edição em português foi bem mais que uma tradução; a teoria do valor da moeda estrangeira foi mais bem exposta e houve mesmo uma reorganização do livro para ficar claro que tínhamos uma teoria da determinação da taxa de câmbio.

Creio que nesse livro ficou claro que o regime de política macroeconômica é a variável fundamental do desenvolvimento econômico para nós. O papel do Estado no desenvolvimento capitalista é garantir as condições gerais da acumulação. As condições clássicas estão do lado da oferta: a educação, as instituições que garantem o funcionamento do mercado, os investimentos na infraestrutura; Keynes e Kalecki acrescentaram a demanda agregada; nós seguimos por esta via, mas definimos o que entendemos por regime de política macroeconômica: é o equilíbrio dinâmico das duas grandes contas macroeconômicas e a manutenção dos cinco preços macroeconômicos certos.

Economia política do Novo Desenvolvimentismo

O senhor diz que há uma teoria econômica e uma economia política do Novo Desenvolvimentismo.
Sim, é preciso distinguir a teoria econômica (*Economics*) da economia política do Novo Desenvolvimentismo. A teoria econômica novo-desenvolvimentista é formada por uma macroeconomia do desenvolvimento já relativamente desenvolvida e um esboço de microeconomia novo-desenvolvimentista. Já a economia política é o esforço por compreender abstratamente como cada povo logra realizar sua revolução capitalista, ou seja, como forma seu Estado-nação e realiza sua revolução industrial, e como esse Estado-nação é economicamente coordenado. Os sistemas econômicos são coorde-

nados pelas duas instituições fundamentais do capitalismo — o Estado e o mercado. Só há duas formas de capitalismo do ponto de vista de sua coordenação: o capitalismo desenvolvimentista e o liberal. Ele será liberal se a coordenação for feita exclusivamente pelo mercado, cabendo ao Estado apenas garantir a propriedade e os contratos e a manutenção de suas contas fiscais equilibradas; será desenvolvimentista se o Estado intervir moderadamente na economia e adotar um nacionalismo econômico moderado nas suas relações com os demais países. A intervenção moderada na economia que configura um Estado desenvolvimentista significa planejar o setor não competitivo da economia (principalmente os serviços industriais de utilidade pública), adotar uma política industrial estratégica, e praticar uma política macroeconômica ativa buscando manter certos os cinco preços macroeconômicos, principalmente a taxa de câmbio. Haveria uma terceira forma na qual o Estado coordena inteiramente a economia, mas nesse caso já não se pode mais falar em capitalismo — temos o estatismo. O capitalismo sempre começa desenvolvimentista; todas as revoluções industriais e capitalistas aconteceram invariavelmente no quadro do desenvolvimentismo. O desenvolvimento econômico geralmente envolve coalizões de classe ou pactos políticos desenvolvimentistas que envolvem compromissos entre as classes sociais e, portanto, são uma alternativa à luta de classes. A economia política do Novo Desenvolvimentismo estuda também as fases do desenvolvimento capitalista; porque esse desenvolvimento foi caracterizado, sucessivamente, pela revolução industrial, o capitalismo dos empresários, o capitalismo dos gerentes, e o capitalismo financeiro-rentista.

Os economistas da Economia Política Clássica, como Adam Smith e Karl Marx, não distinguiam a economia política da teoria econômica. Para eles era uma coisa só. Eu acho que hoje vale a pena distinguir uma da outra. Como o Novo Desenvolvimentismo usa basicamente o método histórico-dedutivo, ele tem como objeto as sociedades capitalistas realmente existentes. Para compreendê-las nós podemos começar pela economia política — pela forma estritamente histórica de coordenação do sistema econômico — e, em seguida, tendo ela como objeto, estudar sua teoria econômica — como elas se desenvolvem, se são estáveis ou cíclicas, e como se reparte a renda.

Para nós a macroeconomia é desde o início uma macroeconomia do desenvolvimento. Não faz sentido começar estudando uma macroeconomia estática e depois pensá-la em termos dinâmicos. O objetivo da teoria econômica não é a estabilidade, mas a estabilidade com desenvolvimento — com desenvolvimento econômico ou melhoria dos padrões de vida da população, com desenvolvimento político ou democratização, com desenvolvimento social ou diminuição das desigualdades, e com desenvolvimento ambiental ou defesa do patrimônio natural e a luta contra o aquecimento global.

O senhor teria condições de reconstruir passo a passo o surgimento das ideias que hoje formam a economia política do Novo Desenvolvimentismo?
Isso é mais fácil em relação à teoria econômica do que em relação à economia política. Eu estudo economia política desde os anos 1970, quando meu tema era a tecnoburocracia ou o capitalismo dos gerentes. Nos anos 1990 passei a estudar mais fortemente a formação do Estado-nação — uma sociedade político-territorial formada por uma nação, um Estado e um território. Diferentemente dos impérios antigos, o Estado-nação busca ser uma sociedade integrada e coesa e tem como objetivo o desenvolvimento econômico. Duas ideologias relativamente contraditórias são próprias do capitalismo: o liberalismo econômico e o nacionalismo, que, quando apenas econômico (não étnico) é sinônimo de desenvolvimentismo. Existem apenas duas formas básicas de organização econômica do capitalismo: o desenvolvimentismo e o liberalismo econômico. O primeiro defendendo uma intervenção moderada do Estado na economia, particularmente nos seus setores não competitivos e na macroeconomia (que o mercado não tem condições de coordenar), enquanto o liberalismo econômico busca limitar ao mínimo essa intervenção, ignorando que quando não há competição o mercado é ineficaz.

Mesmo antes da globalização, o capitalismo não é apenas competição entre agentes econômicos, é também competição entre Estados-nação. A globalização pode também ser entendida como "um projeto" — o projeto do império americano ou dos países ricos de abrir todos os mercados. Esse projeto fracassou. Quem mais dele se beneficiou foi a China. O capitalismo é um capitalismo em crise desde 2008. É essencialmente um capitalismo neoliberal financeiro-rentista, ou seja, que é governado de acordo com os interesses dos capitalistas rentistas e dos financistas. Vemos isso, por exemplo, nas crises econômicas, como foi a crise do euro entre 2010 e 2015. Quando o país enfrenta perda de competitividade, as políticas econômicas adotadas evitam desvalorizações cambiais sempre que possível, preferindo o "ajuste interno" (a recessão, o desemprego e a queda dos salários), que também faz o país recuperar a competitividade, mas o custo do ajuste recai apenas sobre os assalariados, poupando os rentistas.

O senhor poderia informar quais são os seus trabalhos mais importantes na definição da economia política do Novo Desenvolvimentismo?

Há muitos artigos que eu poderia citar. Limito-me, porém, a três trabalhos. Em "As duas formas de capitalismo: desenvolvimentista e liberal" (2017), mostro que o capitalismo nasceu desenvolvimentista, no século XIX tornou-se liberal, após a Segunda Guerra Mundial tornou-se desenvolvimentista e social-democrático, é neoliberal desde 1980, mas desde 2008 está em crise econômica e desde 2016 em crise política, na medida que as reformas neoliberais não trouxeram desenvolvimento econômico, e sim desigualdade. Em "Modelos de desenvolvimento capitalista" (2016) distingo quatro formas de Estado desenvolvimentista: o central original, representado pelo Reino Unido e pela França; o central-atrasado, representado pelos Estados Unidos e pela Alemanha; o periférico-independente, representado pelos países do Leste Asiático; e o periférico nacional-dependente, representado pelo Brasil e pelo México. E finalmente, em "Capitalismo financeiro-rentista" (2018) argumento que, a partir da Segunda Revolução Industrial e do surgimento das grandes corporações privadas, em um primeiro momento os empresários foram substituídos pelos gerentes na gestão das empresas e, a partir da Segunda Guerra Mundial, os mesmos empresários foram substituídos na propriedade das empresas pelos rentistas, muitos deles herdeiros que delegam a gestão de sua riqueza para os financistas. Por isso digo que hoje o capitalismo, além de ser neoliberal, é financeiro-rentista. E estou escrevendo um livro sobre o tema.[239]

UM *WORK IN PROGRESS*

O Novo Desenvolvimentismo começou a ser desenvolvido em 2001, quando o senhor completou 67 anos de idade. Pode ser ele considerado a sua forma de interpretar a economia brasileira? E por que foi desenvolvido tão tarde?

O Novo Desenvolvimentismo não é uma forma de interpretar o Brasil. É uma teoria econômica que se originou do Desenvolvimentismo Clássico e da Teoria Pós-Keynesiana. Por que ela foi formulada quando eu já era um "idoso"? Há uma razão de caráter objetivo. Eu só consegui me dedicar integralmente às atividades acadêmicas dois anos antes, a partir de 1999. E também porque, então, eu já tinha um grau de conhecimento e de experiência suficientes para desenvolver esse grande programa de pesquisa. Em consequência considero os últimos vinte anos os mais produtivos da minha vida no plano intelectual. Se terei ainda uns dez anos assim, eu não sei. Talvez. E há uma razão objetiva: o fracasso no mundo rico e no Brasil do neoliberalismo e da teoria econômica neoclássica em promover o desenvolvimento econômico.

Aqui no Brasil, depois da grande Crise da Dívida Externa dos anos 1980 e da alta inflação inercial, eu supunha que o Brasil retomaria o desenvolvimento econômico. Não retomou, não importa se o governo de plantão adotou um regime de política econômica liberal ou então desenvolvimentista. Desde a abertura comercial e financeira e a completa flutuação do câmbio, o regime de política econômica no Brasil tem sido liberal; o PT só tentou acrescentar uma política industrial e dar um papel maior à demanda agregada. Ficou, então, claro para mim que o Brasil e, mais amplamente, os países de renda média necessitavam de um sistema teórico novo. Daí o surgimento da teoria novo-desenvolvimentista. E estou cada vez mais convencido de que os países ricos, que estão vivendo um regime de estagnação secular (baixíssimas taxas de juros e crescimento muito lento) precisam também de uma teoria econômica na linha do Novo Desenvolvimentismo. Uma teoria que defende ou equilíbrio ou superávit em conta-corrente e dá à taxa de câmbio um papel estratégico no desenvolvimento econômico — duas coisas às quais tanto os economistas ortodoxos quanto os pós-keynesianos não dão a devida atenção.

O senhor não sente falta de tratar de educação?

Por que eu não me dedico a escrever sobre educação, instituições, financiamento, infraestrutura? Por que eu me concentro em uma macroeconomia do desenvolvimento e em uma economia política do desenvolvimento capitalista? Vamos começar pela educação. Qualquer país do mundo sabe que educação é absolutamente fundamental. Ah, mas os brasileiros não sabiam. Eu acho que as elites econômicas e políticas sabiam, mas não queriam saber... Não estavam dispostas a tomar as providências necessárias para universalizar a educação fundamental. Nós sabemos que o problema da educação se tornou nacional no primeiro governo Getúlio Vargas, que fundou o Ministério da Educação em 1930, com o ministro Gustavo Capanema, que o dirigiu por onze anos, entre 1934 e 1945, e com o grande educador Anísio Teixeira...[240] No nascimento do desenvolvimentismo existiu, portanto, essa preocupação. Mas o fato concreto é que as elites brasileiras são conservadoras e racistas. Valeram-se das escolas religiosas e cuidaram apenas de garantir a educação de seus filhos e os da classe média, fundando escolas públicas de boa qualidade, mas não acessíveis ao povo. Significa que negro, índio, mestiço não merecia ser educado. Isso era verdade até 1985, quando, afinal, o Congresso aprovou o sufrágio universal e, em 1986, pela primeira vez na

O Novo Desenvolvimentismo

história todos os brasileiros e não apenas os alfabetizados elegeram o Congresso que aprovaria dois anos mais tarde a Constituição de 1988.

O Brasil devia estar investindo fortemente em educação durante todo o século XX, pelo menos a partir de 1930. Mas não o fez porque analfabeto não tinha voto. Nas eleições parlamentares de 1986 os analfabetos tiveram voto pela primeira vez. Demorou ainda uns dez anos, mas afinal essa elite percebeu que os brasileiros precisavam de educação. Menos por uma questão de desenvolvimento econômico e mais para que os políticos pudessem chegar aos pobres com suas mensagens liberal-conservadoras e conseguirem seu voto. Os brasileiros precisam de educação para que a qualidade de nosso povo cresça. Como já disse antes, minha mãe era educadora, meus avós maternos também. O meu avô, Alfredo Bresser da Silveira, era educador. Existem dois grupos escolares em São Paulo com o nome dele. Ele foi um ilustre diretor de escolas de ensino fundamental. Por que eu me interesso pela macroeconomia e não pela educação? Educação é uma coisa que um país que se preze tem que fazer o tempo todo. Educação demora muito tempo para dar resultado. Já uma política macroeconômica competente pode dar resultado muito grande em prazo curto. Hoje há muita gente cuidando da educação de maneira responsável. Ainda que a qualidade do nosso ensino continue muito baixa, houve um grande avanço no processo de escolarização. O Estado vinha investindo pesadamente na educação desde os anos 1990. Agora, desde a criminosa emenda constitucional 241, há uma tentativa de desmontar o Estado de bem-estar social que estávamos construindo. A emenda de dezembro de 2016, proposta pelo governo Temer, criou um teto absoluto para os gastos do Estado, independentemente do aumento da população e do PIB. Uma vergonha nacional. Um absurdo constitucional.

Raciocínio semelhante se aplica ao problema das instituições. Um país precisa constantemente aperfeiçoar suas instituições. Para isso ele tem uma Câmara, um Senado, mil outros corpos normativos, essa é uma atividade importante e não termina nunca. Quando os economistas neoliberais dizem "as instituições fazem a diferença", eu acho ridícula sua "descoberta". Claro que as instituições fazem a diferença, mas para eles instituições significam "reformas", e reformas não querem dizer para eles leis que garantam o bom funcionamento do mercado, mas quer dizer leis que tirem direitos, reduzam salários dos trabalhadores e dos pobres, enfim, beneficiem os ricos.

Levou muito tempo para a teoria da inflação inercial ganhar status. Não estará acontecendo a mesma coisa com o Novo Desenvolvimentismo? Não há um consenso.

Consenso nunca vai haver. Isso não existe nas ciências sociais. As ciências sociais são, ou devem ser, mais modestas; elas não chegam a verdades definitivas. Primeiro, porque o ser humano tem mais liberdade do que as células e os átomos. Segundo, porque o ego dos cientistas sociais é imenso... Há uma frase maravilhosa de Pierre Bourdieu sobre os cientistas: "Eles querem o monopólio do conhecimento legítimo" [risos]. Terceiro, porque a resistência ao que é novo é uma coisa humana, muito humana; especialmente quando o novo é uma teoria relativamente complexa cuja lógica interna é preciso compreender. E quarto, porque não há ciência mais ideológica do que a economia.

Hoje, além de uma série de trabalhos empíricos de vários autores que comprovam a teoria novo-desenvolvimentista, nós já temos no plano da macroeconomia do desenvolvimento um livro bastante bom, *Macroeconomia desenvolvimentista*, de 2016, que escrevi com Nelson Marconi e José Luís Oreiro. A edição em português é melhor do que a em inglês porque o Novo Desenvolvimentismo é um *work in progress*; quando nós escrevemos sobre o valor e a determinação da taxa de câmbio, nós não tínhamos ainda todos os conhecimentos que teríamos dois anos depois. No plano da economia política temos dois trabalhos significativos, "As duas formas de capitalismo..." e "Modelos de Estado desenvolvimentista", sobre os quais já falei. E agora temos um resumo do Novo Desenvolvimentismo, um artigo meu publicado pelo *Cambridge Journal of Economics*, ao qual eu também já me referi, que me deixou muito satisfeito. É uma localização histórica dessa escola econômica em relação às demais escolas, "Do Desenvolvimentismo Clássico e da Teoria Pós-Keynesiana ao Novo Desenvolvimentismo".[241]

E o que o senhor nos diz da aplicação da teoria novo-desenvolvimentista na política econômica brasileira?

Nos governos Lula e Dilma não houve nenhuma aplicação. Eles tentaram ser desenvolvimentistas, mas não tiveram forças para mudar o regime de política econômica que é liberal desde 1990. No governo Lula eles poderiam ter reconhecido a doença holandesa e usado o meu modelo sobre como neutralizá-la quando houve a descoberta das grandes reservas de petróleo no pré-sal, mas revelaram total desconhecimento das minhas ideias. Quando eu comecei a falar de doença holandesa, o ministro da Fazenda garantiu que no Brasil não havia tal coisa. Quando, porém, houve a descoberta do pré-sal, o governo reconheceu que agora, sim, haveria a doença holandesa, e o governo mandou seus emissários conhecerem as experiências de outros países sobre como neutralizá-la. Embora alguns dos membros do governo fossem meus amigos, como Guido Mantega e Nelson Barbosa, eles não vieram me consultar. Supus que tivessem lido meus trabalhos sobre o tema. Em seguida iniciaram um processo de mudança do marco regulatório da exploração do petróleo, do sistema de concessões para o sistema de partilha. Embora essa mudança não tenha nada a ver com a forma de neutralizar a doença holandesa, entendi que a mudança seria benéfica e que seus autores viram nela uma forma de enfrentar a doença holandesa e, por isso, continuei apoiando a política de petróleo do governo. Alguns anos depois, porém, fui estudar o novo marco regulatório, conversei com seus principais responsáveis e me dei conta de que os economistas do governo Lula e do governo Dilma não sabiam como neutralizar a doença holandesa. Sabiam apenas que a Noruega e outros países haviam criado um Fundo Soberano, e pensaram que era assim que se neutraliza essa desvantagem competitiva dos países que exportam *commodities*. Não é. Já me referi aos dois mecanismos eficazes em neutralizar a doença holandesa. O mais geral é a adoção de um imposto variável sobre as exportações de *commodities* — variável de acordo com o preço internacional delas, porque é esse preço mais o custo de extração do petróleo que definem a gravidade variável da doença holandesa. E pode-se completar esse imposto com um fundo soberano no qual sejam depositados os lucros da operação petrolífera de forma que a entrada de capitais não aprecie o câmbio que o imposto dificultou apreciar. Nesse sistema, o Estado só tem acesso aos dividendos que esse fundo distribui. O modelo alternativo é o da adoção de uma tarifa variável sobre os bens manufaturados importados e um subsídio à exportação de manufaturados — ambos também variáveis de acordo com o preço do petróleo ou a gravidade da doença holandesa. Não havia nada na mudança do marco regulatório que levasse para uma dessas duas soluções. Não havia nenhuma discussão das duas soluções. É triste.

A história do "social-desenvolvimentismo"

O senhor ficou aborrecido com a história do "social-desenvolvimentismo". Como foi isso?

De fato, não gostei quando alguns economistas da Unicamp publicaram em 2012 artigos na revista *Economia e Sociedade* afirmando a existência de um "social-desenvolvimentismo", que seria uma alternativa teórica ao Novo Desenvolvimentismo. Eles estavam enganados. Essa denominação foi utilizada em 2011 pelo Aloizio Mercadante na sua tese de doutorado para qualificar o governo Lula. Chamar o regime de política econômica desse governo de social-desenvolvimentista é muito razoável. Lula fez um governo mais social do que desenvolvimentista, mas adotou as duas coisas que tornam um regime desenvolvimentista: intervenção moderada do Estado na economia e uma perspectiva nacional. Coisa muito diferente é uma alternativa ao Novo Desenvolvimentismo. Este é um sistema teórico em construção nos últimos vinte anos, que já está razoavelmente desenvolvido em termos de conceitos e modelos. Tem uma macroeconomia do desenvolvimento, tem uma economia política, tem um esboço de microeconomia. Que teoria alternativa teriam os social-desenvolvimentistas? Absolutamente nenhuma.

Isso quer dizer que o senhor não gosta de críticas?

De forma alguma. Diante de uma teoria nova a primeira coisa que se pode fazer é ignorar. A segunda é criticar. O Pastore criticou. O Reinaldo Gonçalves criticou duramente.[242] O Carlos Medeiros fez na *Review of Keynesian Economics* uma forte crítica, que fui chamado a responder. Absolutamente legítima essa postura. Disponibilizo todas as críticas no meu site. Recentemente o Marco Flávio da Cunha Resende e o Fábio Terra fizeram uma crítica do Novo Desenvolvimentismo. Publiquei-a com muito prazer no *Brazilian Journal of Political Economy*. Agora, pretender ter uma alternativa quando não se tem é algo pelo menos estranho. É algo que só o Bourdieu explica.[243]

Mas não há uma divergência objetiva?

Sim, mas no plano da política econômica. Os social-desenvolvimentistas apresentavam três argumentos contra a desvalorização cambial defendida pelo Novo Desenvolvimentismo. Primeiro, que a desvalorização implicaria redução de salários, coisa que eu sempre reconheci. Segundo, que a desvalorização cambial não teria efeito sobre os investimentos — que estes não mudariam quando a taxa de câmbio se altera no longo prazo. Terceiro, diziam que eu estaria defendendo um modelo de crescimento voltado para as exportações ao invés de voltar-se para o mercado interno — o que é verdade. Quanto à redução do poder aquisitivo dos salários em consequência da desvalorização, eu sempre argumentei que este prejuízo seria passageiro, que logo o emprego voltaria e os salários voltariam a crescer e cresceriam muito mais do que vêm crescendo desde os anos 1980. Mais recentemente minha argumentação ficou muito mais forte. Foi quando eu me perguntei o seguinte: "Por que os economistas liberais, que representam os interesses dos rentistas e financistas, evitam sempre falar de depreciação cambial?". E descobri: não falam porque seus clientes perdem muito mais que os trabalhadores com a desvalorização. O poder aquisitivo dos juros, dividendos e aluguéis que os rentistas recebem perdem da mesma forma que os salários. Mas, em adição, a riqueza dos rentistas que está em moeda nacional perde valor, enquanto os trabalhadores não têm riqueza para perder. Mais grave, para lograr a depreciação o governo terá que, necessariamente, baixar os juros. Ora, baixar os juros para os trabalhadores é ótimo, para os rentistas e financistas é anátema. Logo, a coalizão financeiro-rentista que é hoje dominante no capitalismo mundial tem muito mais interesse em manter a taxa de câmbio apreciada do que os assalariados. Os social-desenvolvimentistas não percebiam esse fato e acabavam fazendo o jogo dos rentistas e financistas.

Quanto ao investimento não ser sensível à taxa de câmbio, poderíamos dizer que essa é uma posição teórica. Mas não transforma o social-desenvolvimentismo em uma teoria. Todas as escolas de pensamento anteriores ao Novo Desenvolvimentismo rejeitaram ou ignoraram o papel da taxa de câmbio no investimento e, portanto, no desenvolvimento econômico. A primeira teoria que colocou no seu sistema essa ideia é o Novo Desenvolvimentismo. Hoje já está comprovado empiricamente que o investimento depende da taxa de câmbio desde que essa permaneça valorizada por vários anos e não apenas momentaneamente, como a maioria dos economistas supõem. Dado esse fato, o Novo Desenvolvimentismo ofereceu a explicação teórica para o problema. Mostrou que a taxa de câmbio tende a ser apreciada no longo prazo, por vários anos entre duas crises cambiais, e, por isso, é considerada pelas empresas quando estas tomam suas decisões de investimento. E tornou mais clara essa tese com a metáfora do interruptor de luz, que liga ou desliga as empresas nacionais competentes do mercado não apenas externo, mas também interno, que lhes dá acesso à demanda ou a nega. Essa é uma situação insustentável.

Finalmente, sem dúvida eu defendo uma estratégia voltada para as exportações. Só era possível defender uma estratégia voltada para o mercado interno — que deduzisse o coeficiente de abertura da economia brasileira — quando o modelo de desenvolvimento era o de substituição de importações. Esse modelo foi bom no seu tempo, mas está superado.

Mas o senhor não escreveu um artigo dizendo que Prebisch preferia tarifas aduaneiras altas a uma taxa de câmbio competitiva?

É verdade que o Desenvolvimentismo Clássico defendia um modelo "voltado para dentro", para o mercado interno, o modelo de substituição de importações. Para promover a industrialização, Prebisch preferia recorrer a tarifas aduaneiras ao invés de um câmbio competitivo. Recentemente escrevi com Fernando Rugitsky um *paper* discutindo esse fato. Nosso objetivo foi entender por que Prebisch, que foi o maior dos economistas latino-americanos, foi cético em relação à taxa de câmbio e preferiu o modelo de substituição de importações para promover a industrialização da América Latina. Primeiro, é preciso lembrar que ele escrevia nos anos 1950, quando a América Latina engatinhava no seu projeto de industrialização. Exportar manufaturados naquela época era impensável. Mesmo os países do Leste da Ásia que não tinham possibilidade de exportar *commodities* adotaram inicialmente o modelo de substituição de importações. Tornar a taxa de câmbio competitiva na América Latina era (e continua sendo) praticamente impossível sem neutralizar a doença holandesa, que, naquela época, não era conhecida, mas intuída. Prebisch não sabia da doença holandesa, mas sabia que a taxa de câmbio que era boa para as *commodities* não era boa para a indústria. Sabia também que nenhuma desvalorização se manteria por muito tempo. Logo as *commodities*, que podem exportar com lucro a uma taxa de câmbio muito mais apreciada do que aquela necessária para as boas empresas industriais, fariam que a taxa de câmbio voltasse a se apreciar. E sabia também que tarifas aduaneiras elevadas depreciavam na prática a taxa de câmbio do país em relação às importações e, assim, viabilizariam a industrialização. Mas uma industrialização voltada apenas para o mercado interno. Para que as boas empresas industriais do país fossem capazes de exportar era necessário que também houvesse um subsídio às exportações de manufaturados, como o Brasil teve entre 1967 e 1990.

Hoje subsídios não são permitidos pela OMC. Quanto às tarifas, há ainda a possibilidade de colocá-las no nível correto, que neutralize a doença holandesa, mas a ideologia neoliberal que deu origem à OMC não permite. Para voltar a crescer e realizar o *catching up* não basta baixar os juros, é preciso também neutralizar a doença holandesa. Ou neutralizá-la plenamente, com o uso de um imposto variável sobre as exportações de *commodities*, ou, se este imposto é politicamente inviável, adotar pelo menos um *second best*: voltar a adotar tarifas altas sobre as importações de bens manufaturados; altas variáveis — variáveis de acordo com o preço internacional das *commodities* que exportamos, ou, em outras palavras, de acordo com a gravidade da doença holandesa. Bem, eu e os demais economistas novo-desenvolvimentistas estamos mostrando a necessidade de reindustrializar o Brasil. O Novo Desenvolvimentismo descobriu um segundo tipo de tarifa aduaneira que não é protecionista, mas garante às empresas no país igualdade de condições na competição: além do argumento da indústria infante, o argumento da neutralização da doença holandesa. Mas o ideal seria o imposto variável sobre as exportações de *commodities*, porque só com eles o Brasil poderá voltar a ser um produtor de manufaturados.

Realmente o Novo Desenvolvimentismo defende um modelo de crescimento voltado para as exportações. Um modelo voltado para o mercado interno só fez sentido durante o período em que o modelo de substituição de importações era um bom modelo para a economia brasileira — no início da industrialização, quando a indústria era infante ou nascente. A partir de certo ponto, porém, é preciso que as empresas no país se tornem internacionalmente competitivas. A última tentativa de crescer com o mercado interno aconteceu no final do governo Lula e início do governo Dilma. No governo Lula a taxa de câmbio apreciou-se enormemente e tornou as boas empresas brasileiras não competitivas. Entretanto, as empresas industriais continuaram a investir até 2010 puxadas pelo mercado interno que havia crescido enormemente. E os nossos interno-mercadistas se regozijavam. Diziam-me: "Está vendo, crescimento é com mercado interno!". Ledo engano, os importadores de bens manufaturados estavam se reorganizando para importar. Isso demora cerca de três anos no caso de bens manufaturados. Esses três anos venceram no início do governo Dilma, todo o mercado interno "vazou" para as importações e o crescimento foi-se embora.

No início dos anos 2000, quando o desenvolvimentismo parecia ter morrido, os novos-desenvolvimentistas o ressuscitaram com o Novo Desenvolvimentismo. Mas eu sempre soube que esta precisa ser uma tarefa coletiva, que precisa do concurso dos economistas desenvolvimentistas da Unicamp e da Universidade Federal do Rio de Janeiro. Por isso, além de aborrecido, fiquei preocupado com a história do social-desenvolvimentismo. Felizmente, porém, já foi esquecido. A centro-esquerda, os economistas progressistas, não apenas brasileiros, precisam dramaticamente de uma alternativa à ortodoxia liberal. A alternativa pós-keynesiana será sempre a base, mas Keynes escreveu há mais de oitenta anos tendo em mente uma economia fechada e estática. As teorias pós-keynesianas procuram, naturalmente, se atualizar, mas talvez o esforço pós-keynesiano mais sistemático de oferecer essa alternativa seja o Novo Desenvolvimentismo. Por isso precisamos o concurso não apenas dos economistas pós-keynesianos, mas também dos desenvolvimentistas. E precisamos fundir essas duas correntes, já que, dado o conceito amplo de desenvolvimentismo que adotamos, que torna os economistas e as escolas de pensamento ou desenvolvimentistas ou liberais, Keynes e o pós-keynesianismo são desenvolvimentistas.

22

A esquerda no governo

Governo Lula

O senhor começou a construir o Novo Desenvolvimentismo quase ao mesmo tempo em que o PT começou a governar o Brasil, em 2003. E a governá-lo usando a mesma política ortodoxa de FHC.

O governo Lula se beneficiou de duas coisas. Primeiro herdou da crise financeira do segundo governo Fernando Henrique uma taxa de câmbio muito depreciada. Pôde, assim, deixar a taxa de câmbio se apreciar nos primeiros três anos e, com isso, controlar a inflação e aumentar o poder aquisitivo dos consumidores, sem tirar competitividade da indústria que, nesse período, voltou a exportar. Segundo, beneficiou-se de um grande aumento dos preços das *commodities* exportadas pelo Brasil, que se de um lado aumentou as exportações e fez o PIB crescer a uma taxa duas vezes mais alta do que a do governo anterior, de outro lado agravou a doença holandesa levando a taxa de câmbio a se apreciar fortemente. Este fato levou o setor industrial a deixar de exportar, mas não o impediu de continuar a crescer porque o aumento do mercado interno compensou a perda da capacidade de exportar.

No começo do governo Lula fiquei um pouco incomodado com a sua ortodoxia, mas concordei basicamente com a política que estava sendo adotada. A crise financeira de 2002 provocara uma forte depreciação cambial — o que deu um espaço de política econômica para o novo governo —, mas causou um aumento da inflação que era preciso enfrentar. O governo recorreu então ao ajuste fiscal, que, combinado com a reapreciação da taxa de câmbio, logrou reduzir rapidamente a inflação. Quando a Leda Paulani[244] escreve um artigo muito forte contra a estratégia do governo petista, eu não tive dúvida em publicá-lo no *Brazilian Journal of Political Economy* porque era importante debater a questão. O grande erro que o governo Lula cometeu não foi esse ajuste inicial, mas foi ter mantido a taxa de juros muito alta e deixado o real muito valorizado. Nessa época eu ainda estava no Pão de Açúcar. Abílio havia se tornado amigo do ministro da Fazenda, Antônio Palocci, visitava-o com frequência em Brasília. Eu pedi ao Abílio que insistisse

A esquerda no governo

301

com o ministro para que o real não caísse abaixo de 3,00 reais por dólar. Palocci garantiu a ele que não deixaria, mas deixou que o real se apreciasse e que a indústria brasileira voltasse a perder competitividade.[245]

O governo Lula terminou com um grande crescimento.

É verdade. Em 2010 a economia brasileira cresceu 7,4%. Nesse quadro, estavam todos felizes, se não eufóricos. Em 2011, o senador Aloizio Mercadante, que atuara como líder do governo no Senado, defendeu sua tese de doutorado na Unicamp celebrando o sucesso do governo.[246] Ele identificou o governo Lula como um governo "social-desenvolvimentista". Acho que foi uma boa definição. O PT e a esquerda brasileira em geral sempre deram mais importância à diminuição da desigualdade do que ao desenvolvimento econômico. Eu participei da banca e procurei deixar claro que o otimismo era excessivo. Em 2007 eu publicara meu livro *Macroeconomia da estagnação*, no qual mostrava que o grande problema que a economia brasileira enfrentava era o de uma taxa de câmbio apreciada no longo prazo que tirava a competitividade das empresas. Nos anos seguintes esse quadro não foi corrigido, de forma que a nova presidente, Dilma Rousseff, herdou do governo Lula uma taxa de câmbio absurdamente apreciada, que inviabilizava seu governo. Para tornar as empresas industriais novamente competitivas seria preciso depreciar em mais de 50% a moeda nacional e ela não tinha poder para isso. Em um artigo publicado em março de 2011 na *Folha de S. Paulo*, eu dizia que a taxa de câmbio era incompatível com a manutenção do desenvolvimento econômico. Previsão que, infelizmente, se confirmou. O governo continuava a apresentar superávits fiscais (primários) satisfatórios, mas a brutal apreciação cambial causada pelo aumento dos preços das *commodities* e o consequente agravamento da doença holandesa exigiam que o governo baixasse fortemente os juros enquanto fizesse um forte ajuste fiscal que impedisse que a depreciação causasse inflação. Havia espaço para a baixa dos juros porque o risco-Brasil diminuíra muito e o governo baixou os juros em 2011, mas não fez ao mesmo tempo o ajuste fiscal. A inflação voltou a aumentar. Amedrontado, o governo voltou atrás e elevou novamente os juros em 2012. Nesse momento, terminou em termos práticos o governo Dilma Rousseff. A popularidade da presidente entrou em queda livre ao mesmo tempo que, em junho de 2013, grandes manifestações populares contra o governo aprofundavam sua perda de legitimidade.

GOVERNO DILMA

Mas o governo Dilma Rousseff não foi novo-desenvolvimentista? Com desonerações, câmbio para cima, juros para baixo etc. Um governo com parceiros da FGV e uma estratégia desenvolvimentista. Guido Mantega era ministro da Fazenda, Márcio Holland era secretário de Política Econômica, o Nakano foi interlocutor da Dilma, indo algumas vezes ao Alvorada...

O governo Dilma não foi novo-desenvolvimentista, não adotou as políticas que decorrem da teoria novo-desenvolvimentista; foi apenas desenvolvimentista — adotou um desenvolvimentismo incompetente e populista. Para um governo ser desenvolvimentista basta que pratique uma intervenção moderada do Estado na economia, da mesma forma que para ser liberal basta praticar uma política que tire o Estado da economia. Quando, em 2011, Dilma Rousseff reduziu os juros, poder-se-ia dizer que essa política foi novo-desenvolvimentista porque naquele momento, como mostrou Fernando de Holanda Barbosa, havia espaço para essa redução: o risco-Brasil havia caído muito.[247] E a redução da taxa de juros era fundamental para que o real, que estava apreciadíssimo, se desvalorizasse. Mas para que a redução da taxa de juros se consolidasse era necessário realizar um forte ajuste fiscal que reduzisse a demanda. Isso não foi feito e a inflação aumentou um pouco, o que bastou para a presidente e o Banco Central se apavorarem e aumentarem novamente a taxa de juros. A presidente deveria ter resistido e tratado de então, em 2012, fazer o ajuste que não fizera no ano anterior. Ao voltar a aumentar a taxa de juros ela se desmoralizou e perdeu o controle da economia. Dilma Rousseff é dona de uma personalidade autoritária e todos os relatos nos informam que ela não ouvia os seus auxiliares. Além do erro na política de juros ela tomou uma série de decisões equivocadas, como a baixa do preço da energia elétrica e o uso da Petrobras para segurar a inflação. Para se reeleger aumentou as despesas ao mesmo tempo que fazia desonerações fiscais absurdas. Populismo fiscal completo. Ao ser reeleita, Dilma colocou no Ministério da Fazenda um economista ortodoxo formado por Chicago, Joaquim Levy.[248] Outro desastre. Ela não foi novo-desenvolvimentista de forma alguma.

Como o senhor definiria a sua relação com o governo Dilma?

A Dilma recebeu de Lula uma missão impossível. A taxa de câmbio em janeiro de 2011 precisava de uma desvalorização de mais de 50% para evitar a nova onda de desindustrialização que então aconteceu. Dilma não tinha poder para fazer isso. Eu tinha simpatia pela presidente porque, além de

A esquerda no governo

303

desenvolvimentista, é uma política honesta e dotada de forte espírito público. Mas ela foi aos poucos se mostrando incompetente tanto no campo econômico quanto político. Nos dois últimos anos se pôs a gastar a rodo para ser reeleita. Um populismo fiscal inaceitável. Assim mesmo eu votei nela, porque o outro candidato era pior. Mas hoje acho que cometi um erro. Devia ter me calado e votado em branco, em vez de lhe dar apoio público. Se o Aécio Neves fosse eleito não teríamos evitado a crise fiscal e a recessão, mas evitaríamos o impeachment — um ato profundamente antidemocrático que está na base da crise política atual — e teríamos também evitado a eleição de um psicopata para a Presidência da República. Lutei muito contra o impeachment, e nisto eu estava certo, como, depois, fiz o que pude para evitar a eleição de Jair Bolsonaro, mas a hegemonia ideológica liberal que se instalou no Brasil em 2015 levou as elites brasileiras a perder qualquer ideia de interesse nacional e a legitimar esses dois retrocessos políticos.

No início do seu segundo governo, Dilma chamou Joaquim Levy para ser seu ministro da Fazenda, como Lula havia chamado Meirelles para ser seu presidente do Banco Central.

Isso mesmo. Aliás, em 2014, Lula queria que Dilma nomeasse Meirelles para o Ministério da Fazenda.[249] Dilma colocou Levy, que é ainda mais ortodoxo. O Meirelles tem mais jogo de cintura e mais experiência do que o Levy. Apoiei a escolha do Levy, porque vi que a situação política da Dilma era periclitante e era preciso segurá-la na Presidência. Mas eu estava e continuo indignado com a incapacidade e a incompetência da esquerda e da direita em administrar a economia brasileira. Há uma frase do Michel Rocard que ficou gravada na minha memória.[250] Disse ele que o problema dos socialistas era governar o capitalismo de forma mais competente que os capitalistas. Socialistas entendidos por Rocard como social-democratas. É isso mesmo. Se você quer governar o capitalismo e você é social-democrata, você precisa governá-lo melhor do que os capitalistas — garantindo estabilidade, crescimento e diminuição da desigualdade. Dá para fazer isso? Claro que dá. Na Europa já houve muitos governos social-democráticos que governaram com competência. Não foi o caso do governo Dilma, que acabou sendo um completo desastre. O Lula cometeu dois grandes erros: o primeiro foi chamá-la para sucedê-lo, o segundo foi não ter dito a ela que seu governo seria por quatro anos; não implicava o "direito" a ser novamente a candidata do PT. Ele deveria ter dito isso! Eu me encontrei com ele poucas vezes, em duas oportunidades recentes, uma antes e outra depois de sua prisão, e disse isso a ele. Em 2014 ele deveria ter sido o candidato. Mas nas duas vezes Lula discordou. Disse que a Dilma tinha o direito de se candidatar, o que é óbvio, mas não o direito de se candidatar à reeleição com o apoio do PT. Foi um erro do Lula. A coisa boa foi que ele não interferiu no governo da Dilma, a presidente era ela.

Essa história de o líder de esquerda chamar um economista de direita para ser seu ministro das Finanças é algo muito comum nos governos social-democráticos. Mostra que o líder político não tem confiança em economistas de esquerda para conduzir as políticas macroeconômicas. Eles têm certa razão. Os economistas de esquerda facilmente incorrem no que chamo de "keynesianismo vulgar" — a defesa de déficits públicos crônicos a partir do pressuposto de que há sempre insuficiência de demanda. O que não é verdade. Os presidentes ou primeiros-ministros acreditam, também, que enquanto o ministro da Fazenda mantém a estabilidade da economia, eles promovem o desenvolvimento econômico através de política industrial. Esse é outro erro. Para o Novo Desenvolvimentismo uma política macroeconômica competente é essencial para o desenvolvimento econômico.

Com os fracassos da direita e da esquerda o senhor, então, desistiu?

Qual nada, eu não desisto fácil das coisas. Se há uma coisa que eu sei bem é o valor da determinação. Se uma pessoa é forte, ela é determinada. Espero que esse seja meu caso. Meu movimento seguinte aconteceu em dezembro de 2017. Foi então que convidei o Ciro Gomes e o Fernando Haddad para virem conhecer o Novo Desenvolvimentismo, mas eu conto isso quando falar das eleições de 2018.

Como o senhor definiria hoje, então, o Novo Desenvolvimentismo?

Eu tenho um pequeno discurso sobre o Novo Desenvolvimentismo. Começa por uma pergunta: quais são as funções econômicas do Estado capitalista? Garantir o processo de acumulação de capital, ou melhor falando, garantir as condições gerais para a acumulação de capital. Educação é a primeira condição geral de acumulação; boas instituições que garantam o bom funcionamento do mercado é a segunda; a terceira é investir na infraestrutura; e a quarta, garantir o financiamento interno do investimento. Chegou, então, um senhor chamado Keynes e disse: "Muito bem, senhores, mas sugiro uma quinta condição geral do investimento privado: que haja demanda, porque existe uma tendência para a insuficiência de demanda". Chega, finalmente, o Novo Desenvolvimentismo e sugere a sexta condição geral da acumulação. Não basta que tenha demanda, é necessário que a conta-corrente esteja em equilíbrio ou superavitária para que a taxa de câmbio se mantenha competitiva e as empresas tenham acesso à demanda. Esse acesso não está garantido nos países em desenvolvimento, nos quais existe uma tendência a déficits em conta-corrente e à apreciação cíclica e crônica da taxa de câmbio.

O Novo Desenvolvimentismo é uma teoria em progresso?

Sem dúvida. Espero ter novas evoluções no plano teórico e novas confirmações no plano empírico. E espero aumentar a difusão da teoria e, assim, enfrentar o drama das coisas que são novas como é o caso do Novo Desenvolvimentismo. É uma coisa muito complicada para pessoas já formadas, com uma visão de mundo já formada, incorporar na sua forma de pensar um arcabouço teórico novo. Isso acontece com economistas mais antigos que simpatizam com a teoria nova, mas sentem dificuldade em aplicá-la. Uma teoria nova não se encaixa dentro de suas estruturas antigas. Mas mesmo os jovens têm essa dificuldade. Veja o caso do Pedro Rossi,[251] um jovem professor da Unicamp. Ele e eu trocamos ideias sobre o Novo Desenvolvimentismo durante vários anos, escrevemos juntos um trabalho sobre a crise do euro, mas então, em 2016, publicou um bom livro sobre a taxa de câmbio, mas um livro convencional. Não há nada nele que tenha aprendido com o Novo Desenvolvimentismo. Ele analisou o problema financeiro da taxa de câmbio muito bem, destrinchou o problema do *trading*, mas não foi capaz de incorporar em sua análise o tanto que o Novo Desenvolvimentismo contribuiu para compreender a taxa de câmbio no processo do desenvolvimento econômico.

O IMPEACHMENT E AS ELEIÇÕES DE 2018

Qual foi o papel do impeachment da presidente Dilma em 2016?

Depois das grandes manifestações políticas de junho de 2013, da reeleição de Dilma sem nenhum apoio das elites econômicas e mesmo da classe média, depois da crise fiscal e da recessão iniciadas em 2014, os três próximos passos do aprofundamento da crise brasileira foram o impeachment, a prisão de Lula e a eleição de Jair Bolsonaro para a Presidência da República nas eleições de outubro de 2018.

Na luta contra o impeachment eu me empenhei de maneira muito forte. Não porque considerasse que Dilma fizera um bom governo, mas porque esse impeachment era um golpe de Estado que não acabou com a democracia brasileira, mas a feriu de maneira muito grave. Se a Operação Lava Jato desrespeitou gravemente os direitos civis dos cidadãos brasileiros, o Congresso Nacional desrespeitou os direitos políticos dos brasileiros ao destituir a presidente sem uma razão legal para isso. A história das "pedaladas" (realizar gastos que não estavam previstos no orçamento da União) foi apenas uma desculpa. Ali vimos quão autoritária é a burguesia e a classe tecnoburocrática brasileira.

A condenação e a prisão de Lula foi outro capítulo do autoritarismo brasileiro. A tese de que o apartamento tríplex fora entregue a Lula em troca de benefícios para as duas empresas construtoras não foi jamais provada. A condenação de Lula em primeira e em segunda instância representou um rasgo na democracia brasileira como anteriormente o impeachment o havia feito. Eu também lutei o mais que pude para evitar que isso acontecesse.

Finalmente, a eleição de Jair Bolsonaro para a Presidência da República. Uma tragédia e uma vergonha para o Brasil. Bolsonaro é um homem sem nenhuma condição de governar o Brasil. Um político de segunda ou terceira classe sempre identificado com o regime militar de 1964, ele e seus três filhos associados às milícias do Rio de Janeiro (a versão brasileira da máfia), um político de extrema direita identificado com as teses estapafúrdias de um "filósofo" brasileiro residente nos Estados Unidos, Olavo de Carvalho. Como foi possível essa vitória nas eleições presidenciais? O uso abusivo das redes sociais é uma das razões, mas não é a principal. O motivo principal foi que, considerando-se os 20% de indecisos e os cerca de 20% de eleitores de extrema direita — de pessoas conservadoras e racistas — que descobrimos existir no Brasil, somaram-se os 20% a 30% de eleitores da burguesia e da classe média que geralmente votavam em candidatos de centro-direita, como foram Fernando Collor e Fernando Henrique. Eu, até seis meses antes das eleições, apostava que o candidato de centro-direita, Geraldo Alckmin, seria o eleito dada a crise que atingira o PT e o provável impedimento (que se concretizou) da candidatura de Lula. Alckmin é um político de boa qualidade, honesto e competente, que sempre exerceu os cargos para os quais foi eleito de forma responsável. Mas não foi jamais um candidato popular, e, desta vez, não conseguiu puxar para si os votos da direita e da centro-direita. O discurso populista de extrema direita fazia mais sentido para essas classes desde que, entre 2013 e 2014, foi tomada pelo ódio a Lula e ao PT e deixou de raciocinar. Para obter esse apoio das elites brasileiras o candidato Bolsonaro usou o convite que fez a Paulo Guedes. Desde 2015, quando se desencadeou a crise política, os economistas liberais vinham prometendo o paraíso assim que as reformas neoliberais fossem retomadas. As elites acreditaram nessa história e não tiveram dúvida em renunciar aos seus princípios democráticos para eleger Bolsonaro e, depois, para apoiá-lo no seu primeiro ano de governo. Bolsonaro conseguiu enganar a classe rica, que queria ser enganada, e hoje, depois de um ano de desgoverno Bolsonaro, continua a se deixar enganar. A cada reforma conservadora que o governo envia para o Congresso os economistas prometem para o dia seguinte a retomada do desenvolvimento econômico, mas é claro que ele não acontece. Foi assim com a reforma do teto de gastos do governo, com a reforma trabalhista, com a reforma da Previdência. A primeira, uma reforma absurda, a segunda, uma reforma que poderia ter sido mais branda, a última, uma reforma necessária. Mesmo quando a reforma é boa, não significa que ela possa "salvar o Brasil". Essas reformas institucionais beneficiam diretamente os ricos, tornam a desigualdade ainda mais profunda. A eleição de 2018 foi um grande retrocesso. Tivemos desde 1990 uma alternância de poder entre a centro-direita e a centro-esquerda, estávamos caminhando de forma positiva na melhoria da qualidade da nossa democracia. Eu, que perdera meu otimismo em relação à economia, conservava meu otimismo em relação à política. Porque, de fato, progredimos nesse campo. Mas tudo terminou com o surgimento do ódio político, as paneladas contra a presidente na Copa do Mundo de 2014, as violências contra os direitos civis da Operação Lava Jato, o impeachment, os governos antidemocráticos e incompetentes de Temer e Bolsonaro.

Foi em vista das eleições de 2018 que Ciro Gomes começou a se aproximar, não é mesmo?

Em setembro de 2017 eu convidei o Ciro para fazer uma conferência na FGV e depois tivemos um bom jantar. Foi quando eu lhe apresentei o Nelson Marconi, que no ano seguinte viria a ser seu principal assessor econômico na campanha presidencial. Também no fim de 2017 o presidente da CUT me chamou para uma palestra na sua sede, destinada aos dirigentes dos principais movimentos populares de esquerda. Chamou a mim e ao Jessé Souza, sociólogo cujos livros críticos das elites conservadoras e racistas do Brasil estavam tendo grande repercussão. Eu fiz uma palestra sobre o Novo Desenvolvimentismo — a mais clara e simples possível. Lá estava o Lula ao meu lado. Depois almoçamos juntos, um churrasquinho, na própria sede da CUT, e o Lula disse: "Bom, na parte econômica a gente resolve com política industrial". Ele não tinha ainda entendido que o meu negócio não era política industrial, mas o câmbio e a conta-corrente do país. Um ano depois, quando o encontrei na prisão em Curitiba, ele já havia compreendido.

Ainda em 2017, em dezembro, eu telefonei para o Ciro Gomes e para o Fernando Haddad e lhes disse o seguinte: "Vocês dois são meus amigos. Os dois serão candidatos à Presidência ou à Vice-Presidência da República.

Eu, nestes últimos dezesseis anos, construí uma nova teoria da macroeconomia do desenvolvimento e as respectivas políticas econômicas que acho que seria importante vocês conheceram. Faço, então, a seguinte proposta. Que em janeiro próximo vocês me reservem uma tarde inteira para eu poder explicar as novas ideias. Depois dona Vera lhes oferecerá um bom jantar". Os dois vieram juntos no mesmo dia, no final de janeiro; eu expliquei tudo o melhor que pude com o auxílio do Nelson Marconi, eles ficaram interessadíssimos. Ciro, especialmente com os cinco preços, Fernando, com a necessidade de um pequeno superávit em conta-corrente. No final do ano a minha chapa ideal não se confirmou. Naturalmente não discutimos nada sobre isso naquele dia. No fim do ano os dois foram candidatos à Presidência e em seus programas de governo havia vários itens associados às políticas novo-desenvolvimentistas.

O senhor apoiou a campanha de Ciro Gomes, do PDT, para presidente em 2018. Como foi isso?
Eu já disse lá atrás que o Ciro é um político que tem todas as condições para ser um grande presidente do Brasil. Assim, quando chegou a época da campanha de 2018, a minha opção era por ele. Não por motivos pessoais, porque eu até sou mais amigo do Fernando Haddad. Mas eu não estava com vontade de votar no primeiro turno em um candidato do PT naquela eleição, mesmo que fosse o Fernando Haddad, que eu também admiro como político. Ciro conhece bem as minhas ideias, enquanto, do lado do PT, ninguém sabia direito como seriam as coisas. Só três semanas antes da eleição que Fernando foi adotado pelo PT.

O senhor chegou a participar diretamente de algum ato de campanha?
Participei apenas de uma reunião de intelectuais com o Ciro que o Nelson Marconi organizou. A última coisa que fiz na campanha do Ciro foi um vídeo de apoio a ele, já na reta final. Nas vezes em que encontrei o Ciro durante aquela campanha, como nas vezes em que encontrei o Haddad, eles me diziam: "Coloquei no programa as suas ideias". E colocaram mesmo. Existem várias ideias nos dois programas que vieram do Novo Desenvolvimentismo. Quando estava chegando ao fim a campanha, faltando pouco menos de um mês, houve um jantar em um restaurante de São Paulo que foi organizado pelo Celso Amorim, uma grande figura que encontrei nos últimos anos, o melhor chanceler que encontrei na minha vida toda. O Fernando Haddad chegou um pouco atrasado ao jantar e, logo que me viu, disse: "Falei com o Lula e você, Bresser, será o nosso ministro da Fazenda".

E o que você respondeu?

"Nada disso! Nem pensar!", respondi. "Tenho 84 anos... eu não tenho mais idade para isso." Ele falou amável, eu fiquei feliz com o possível convite, que eu não aceitaria — e também com a minha resposta. Eu sei como é duro e que vigor exige o trabalho de um ministro da Fazenda quando o quadro é de crise como é o de hoje.

Ciro termina em terceiro lugar, Haddad em segundo, indo para o segundo turno contra Jair Bolsonaro. Ao final, Bolsonaro vence com 55% dos votos válidos, ante 45% de Haddad. Outras 11 milhões de pessoas votaram em branco ou nulo, diante das opções do PT e do PSL. O que você achou desse resultado?

Foi um grande erro do PT. Um grande erro do Lula. Ele deveria ter apoiado o Ciro Gomes. Era a vez do Ciro. Lula foi partidário demais... Primeiro ele adotou a tese de que ele precisava ser eleito presidente porque estava preocupado com a honra dele. Sou solidário com ele nesse ponto, de fato ele foi profundamente injustiçado. Mas ele achava que lavaria a honra sendo eleito. Não acho que essa seria a forma de lavar a honra. Então ele deveria ter apoiado o Ciro. Se dentro do PT isso fosse absolutamente impossível, então Lula deveria ter escolhido um candidato muito, muito antes. O grande erro político dele foi anterior...

Qual foi?

Ele nunca deveria ter deixado que a Dilma fosse a candidata do PT em 2014. Eu disse a ele duas vezes, mas ele respondeu que tinha obrigação... Lula cometeu esse erro, cometeu o erro de não apoiar um candidato fora do partido nas eleições de 2018, e errou ao lançar a candidatura do Fernando só no finalzinho.[252]

Em 2014 chega o seu livro, A construção política do Brasil, *que logo teve uma segunda e uma terceira edições, ambas com atualizações. Ele foi contagiado por esse período?*

Esse livro é meu mais importante e bem estruturado livro sobre o Brasil, sua sociedade, sua economia, sua política. O livro reflete bem minha visão geral do Brasil. Eu terminei de escrevê-lo no início de 2014, quando a crise estava começando, mas ninguém sabia. O Boletim Focus, do Banco Central, em janeiro de 2015 não indicava recessão; previa um crescimento médio de 0,5% para aquele ano. Felizmente o livro foi um sucesso editorial, e na segunda e na terceira edições pude atualizá-lo e fazer a minha análise da crise brasileira até 2017. Foi também quando esse livro foi publicado nos Estados Unidos.

O senhor também escreveu um livro em 2018.

É verdade, um livro de intervenção, *Em busca do desenvolvimento perdido: um projeto novo-desenvolvimentista para o Brasil*. Foi um livro de intervenção que escrevi tendo em vista as eleições presidenciais de 2018, a partir do pressuposto de que as novas ideias que o Novo Desenvolvimentismo trouxe poderiam servir de base para os planos econômicos que os candidatos progressistas apresentariam e para seu governo caso um deles fosse eleito. Escrevi-o cumprindo uma obrigação. Se eu tenho uma teoria e um conjunto de políticas, tenho a obrigação de divulgá-las. É um pequeno livro onde há um diagnóstico da crise econômica, fiscal e política que começa no Brasil a partir das grandes manifestações populares de junho de 2013.

23

De volta ao estudo do capitalismo

Retomando o estudo do capitalismo

Nos anos 2000 o senhor voltou a estudar o capitalismo e a economia mundial?

Nos anos 1970 e 1980 eu havia feito a crítica ao capitalismo tecnoburocrático. Depois me concentrei no Brasil e na Reforma Gerencial do Estado. Só voltei de forma sistemática à análise do capitalismo global quando escrevi meu artigo sobre a crise de 2008, "A Crise Financeira Global e depois: um novo capitalismo?" — um *paper* importante para mim.[253] Eu vinha analisando a quase-estagnação da economia brasileira desde a virada neoliberal brasileira de 1990. Nossa virada foi dez anos depois da virada dos países ricos, e foi mais grave: nos levou à quase-estagnação porque caímos na armadilha da liberalização comercial e financeira que, ao desmontar o mecanismo que neutralizava a doença holandesa e ao facilitar a elevação da taxa de juros, estabeleceu uma desvantagem competitiva muito grande para as empresas industriais no Brasil. Foi ficando claro que não era apenas o Brasil que se tornara semiestagnado. A partir de 1980, quando houve a virada neoliberal no mundo rico, não se podia falar em semiestagnação, apenas que a taxa de crescimento caíra. Mas a partir do *crash* de 2008, o regime econômico passa a ser de quase-estagnação ou de "estagnação secular", como eu argumentei em um trabalho recente.[254]

A crise de 2008 teve um papel nesse estímulo de pensar temas globais?

Na verdade, lá no Norte tudo mudou com a Crise Financeira Global de 2008. Foi uma crise fundamental que marcou o fim dos Anos Neoliberais do Capitalismo, que mostrou mais uma vez como o liberalismo econômico é uma forma de organizar o capitalismo ineficiente mesmo que o país seja bem governado. É muito inferior ao desenvolvimentismo. A intervenção moderada do Estado que o governo deve comandar precisa ser feita com competência. Para isso, uma teoria econômica atualizada e realista como o Novo Desenvolvimentismo teria um papel importante no novo modelo que surgiria.

Entretanto, já no *paper* que escrevi sobre essa crise, na sua parte final, eu me perguntava qual seria a nova forma de capitalismo que sucederia a forma neoliberal. Deveria ser desenvolvimentista, mas seria um desenvolvimentismo progressista ou um desenvolvimentismo conservador?

Qual o papel do Novo Desenvolvimentismo nessa sua volta a examinar o capitalismo mundial?

O Novo Desenvolvimentismo foi pensado para pensar o Brasil ou para pensar países de renda média como o Brasil — países que não fossem simplesmente pobres, que tivessem ultrapassado a fase da acumulação primitiva de capital. Eu sempre trabalhei com ideias mais gerais até escrever meu trabalho sobre a Crise Financeira Global de 2008. Eu não havia escrito nada de relevante sobre a economia mundial. Escrevi coisas relevantes sobre o capitalismo no plano da teoria social, o capitalismo tecnoburocrático ou dos gerentes entre 1972 e 2006. Escrevi sobre a repartição da renda entre lucros e salários e sobre as fases do capitalismo segundo essas duas variáveis e o tipo de progresso técnico em *Lucro, acumulação e crise*, de 1986, mas essa é uma análise microeconômica, não macroeconômica. O primeiro *paper* que escrevi sobre a economia mundial de um ponto de vista macroeconômico foi "A Crise Financeira Global e depois: um novo capitalismo?". Saiu em português, francês e inglês. Neste *paper* eu fiz uma tentativa de entender o que estava acontecendo com o capitalismo no plano econômico.

Por que não fez antes?

Não sei... provavelmente porque não me sentia seguro para escrever sobre a economia capitalista mundial. O meu instrumental econômico tinha melhorado muito com a teoria da inflação inercial, mas depois houve o intervalo representado pelo Ministério da Administração Federal e Reforma do Estado, quando desenvolvi uma teoria sobre a reforma gerencial. De volta à economia, com o Novo Desenvolvimentismo passei a ter o instrumental da conta-corrente, da taxa de câmbio e da taxa de lucro — dos cinco preços macroeconômicos. A coisa nova na nova teoria estava principalmente no saldo em conta-corrente e na taxa de câmbio, mas eu tive oportunidade de novamente colocar no centro do meu modelo a taxa de lucro.

Esse preço macroeconômico sempre foi fundamental para mim, seja discutindo os salários e os lucros no modelo de Marx, de tendência à queda da taxa de lucro, seja discutindo o papel da taxa de lucro na função investimento. Sobre este último ponto, no começo dos anos 1970, defendi a tese de que a taxa de lucro esperada era mais importante do que a taxa de juros na determinação dos investimentos. Escrevi uma ampla resenha dos conhecimentos sobre essa questão naquela época, fiz uma pesquisa e escrevi dois pequenos *papers* que eu nunca tentei publicar. Estão apenas no meu site. Inseguranças da minha parte... No pensamento keynesiano, que originalmente é um pensamento de curto prazo, a taxa de investimento depende da taxa de juros. O investimento varia ao longo da curva de eficiência marginal do capital (o curioso nome que Keynes deu à taxa de lucro esperada) na medida em que muda a taxa de juros. A taxa de lucro esperada, portanto, era dada. Eu dizia "não". A taxa de lucro é a variável mais importante na determinação do investimento; suas variações provocam deslocamentos da curva da eficiência marginal do capital. Conforme verifiquei empiricamente na época, a taxa de juros só se torna relevante (um obstáculo) para o investimento quando o Banco Central a coloca em níveis muito altos. O que é relativamente raro, exceto no Brasil. Considerar a taxa de lucro esperada como dada e tornar a taxa de investimento dependente da taxa de juros não é realista. Keynes falou nos *animal spirits* dos empresários. Não acho que então eu tenha desenvolvido uma teoria digna desse nome. Era uma pequena teoria, que poderia ter-se transformado em uma grande teoria se eu tivesse continuado a trabalhar no assunto. Mas mostrava a minha preocupação com a taxa de lucro. Como foi também um tema central para os grandes economistas políticos clássicos.

Eu fiz naquela época a análise do capitalismo global, mas do ponto de vista microeconômico — da tendência à queda da taxa de lucro. Fui analisar o capitalismo do pós-guerra, usando o meu instrumental microeconômico marxista. Terminei, assim, *Lucro, acumulação e crise* com uma visão otimista do capitalismo. Supus que o progresso técnico, que havia sido dispendioso de capital no começo do desenvolvimento capitalista, passou a ser neutro em torno de 1870, e então, no após Segunda Guerra Mundial, com a revolução digital, estava se tornando poupador de capital. Se isso fosse verdade os salários podiam crescer mais do que a produtividade e, portanto, a desigualdade podia diminuir sem que a taxa de lucro caísse e deixasse de ser satisfatória para as empresas acumularem capital. Eu estava enganado. Eu supus que o progresso técnico seria poupador de capital porque os preços dos computadores não paravam de cair. Mas os dados mostraram o contrário. Mostraram que apesar da queda dos preços dos bens de capital, a relação produto-capital ou produtividade do capital caiu já nos Anos Dourados do Capitalismo. Caiu porque a substituição de trabalho foi enorme, pesou mais do que a redução no preço dos equipamentos, de forma que o progresso técnico acabou sendo dispendioso de capital. Registrei esse fato em um traba-

De volta ao estudo do capitalismo

lho recente, "Crescimento e distribuição: revisão de um modelo clássico", ao qual já me referi anteriormente.

Para escrever o *paper* sobre a Crise Financeira Global tive que voltar a estudar as crises financeiras, a emergência dos capitalistas rentistas e financistas, a abundância de capitais. O argumento que procurei desenvolver era que o capitalismo é instável sim, mas o fato é que, com a teoria keynesiana e com os acordos de Bretton Woods, o capitalismo havia ficado dramaticamente menos instável. Mais estável porque mais bem administrado e regulado. O fato histórico novo que tornou o capitalismo novamente instável foi a desregulamentação que os economistas e governos liberais realizaram nos anos 1980. Essa desregulamentação abriu espaço para a crise. Comecei então a fazer a crítica ao neoliberalismo e ao seu fracasso. Tínhamos que pensar numa nova etapa do capitalismo, porque a fase neoliberal estava esgotada. Que outro capitalismo poderia vir depois do capitalismo neoliberal?

CAPITAL E ORGANIZAÇÃO

E seu livro sobre o capitalismo?
Foi dessa época, entre 2012 e 2013, que resolvi escrever um livro sobre o capitalismo usando aquilo que eu havia publicado até então. Trabalhei bastante e dei ao livro um belo título, *Capital e organização*, o nome das duas relações de produção próprias do capitalismo dos gerentes: a propriedade individual dos meios de produção pelos capitalistas e a propriedade coletiva da organização pelo tecnoburocratas. Escrevi um grande ensaio crítico da modernidade neoliberal. Mas o livro não ficou muito bom. Era ambicioso demais. Eu ainda não havia desenvolvido a ideia do capitalismo financeiro-rentista, que será central no livro que estou escrevendo em inglês desde 2019, *Rentiers' Capitalism*, mas queria resolver todos os problemas do capitalismo.

Embora só tivesse a versão em português, levei o livro para o editor na França que havia publicado *Mondialisation et compétition*, mas ele me disse que o trabalho ainda não estava bom, que precisava ser mais bem estruturado. Submeti, então, à Companhia das Letras, e a resposta do editor brasileiro foi a mesma do editor francês. Eu pensei bem, achei que os editores tinham razão, e abandonei o livro. Eu estava procurando entender a transição dos Anos Dourados para os Anos Neoliberais do Capitalismo, mas não tinha ainda todas as ideias e informações necessárias para fazer um bom trabalho. Eu estava tentando fazer a análise de como a social-democracia foi destruída pelo neoliberalismo, mas não tinha ainda o conceito de coalizão financeiro-rentista e o Novo Desenvolvimentismo estava ainda muito voltado para os países de renda média. No livro que agora estou escrevendo volto a essas ideias, mas de uma maneira mais clara e firme, e mais bem armado. Falhei na primeira tentativa, mas não vou falhar na segunda.

O senhor também começou a dar uma dimensão internacional ao Centro do Novo Desenvolvimentismo, que dirige com Nelson Marconi.

É verdade. Primeiro, foi a pesquisa financiada pela Ford Foundation. Nasceu de uma proposta de meu velho amigo pós-keynesiano Jan Kregel e de Leonardo Burlamaqui, um economista institucionalista do Rio de Janeiro que naquela época coordenava as pesquisas para a América Latina. Em 2009, logo após a Crise Financeira Global, os dois me convidaram para coordenar a pesquisa na América Latina, que faria parte de um projeto maior que incluía a Ásia e contava com a participação do Levy Institute. Eu concordei desde que incluíssemos formalmente o Novo Desenvolvimentismo — algo que aceitaram naturalmente já que uma de suas teses fundamentais é a da tendência à sobreapreciação cíclica e crônica da taxa de câmbio. O Novo Desenvolvimentismo tem, portanto, no seu coração, uma teoria das crises financeiras, cuja dinâmica está associada à teoria maior das crises financeiras de Hyman Minsky. Foi um grande projeto, muito bem-sucedido. Convidei cerca de vinte pesquisadores, quase todos economistas, e nos reunimos em três seminários em São Paulo. Bem-sucedido devido à qualidade dos debates, ao excelente livro que publicamos, e à aprovação das "Dez Teses sobre o Novo Desenvolvimentismo". Estas nasceram de uma proposta de Amit Bhaduri, que os demais aceitaram imediatamente. Escrevi uma primeira versão e depois a discutimos por cerca de dois meses, até que o Ocampo me mandasse um e-mail dizendo: "Bresser, chega de democracia; vamos aprovar logo essas teses". Ao aprovarmos as teses, o Novo Desenvolvimentismo ganhou também um caráter institucional.

Outra coisa que deu muito certo foi o Laporde (Latin American Advanced Programme on Rethinking Macro and Development Economics), que Ha-Joon Chang vinha realizando há alguns anos na Universidade de Cambridge. Chamamos os três principais professores, o próprio Ha-Joon, o Gabriel Palma e o José Antonio Ocampo, todos desenvolvimentistas, eu acrescentei um pós-keynesiano ilustre, meu amigo Jan Kregel, e me encarreguei de dar aulas sobre o Novo Desenvolvimentismo. O programa foi um sucesso. Temos tido muitos alunos, principalmente argentinos. Você, João, foi um dos alunos.

De volta ao estudo do capitalismo

Outra iniciativa que internacionalizou o Novo Desenvolvimentismo foi a realização anual em São Paulo, desde 2016, do International Workshop on New Developmentalism. Estes workshops têm contado com um número crescente de participantes originários de vários países. No workshop de 2019 nós tivemos participantes apresentando *papers* da Alemanha, da Polônia e de vários países latino-americanos. Nesse workshop nós aprovamos os "Principles on New Developmentalism" — um documento que resume em duas páginas as principais ideias e modelos do Novo Desenvolvimentismo.[255]

OS DOIS PROJETOS COM OS JAPONESES

Nesse processo de análise do capitalismo como um todo o senhor não participou de um projeto da cientista política Hideko Magara?

Minha análise do capitalismo mundial avançou também com minha participação em dois projetos liderados pela cientista política Hideko Magara. Hideko foi aluna do Adam Przeworski quando ele era ainda professor na Universidade de Chicago. Ela lera o artigo de 2001 do Adam Przeworski sobre os *policy regimes* — os regimes de políticas públicas — no qual ele argumenta que nos anos 1980 houve uma mudança de *policy regime*.[256] Foi, na verdade, uma mudança de fase do capitalismo, a mudança dos Anos Dourados para os Anos Neoliberais do Capitalismo. O fato mais interessante dos regimes é que todo o espectro político se move na direção do novo regime. Assim, nos Anos Dourados não apenas os partidos políticos social-democráticos mas também os partidos conservadores, os partidos democrata-cristãos na Alemanha e na Itália, os governos gaullistas na França estavam envolvidos na construção do Estado de bem-estar social. A partir de virada neoliberal de 1980, os governos social-democráticos, principalmente os governos de Felipe González na Espanha e de Tony Blair no Reino Unido, adotaram políticas econômicas muito próximas das políticas neoliberais. Eu também percebi lá em 1990 a mudança de fase do capitalismo. Ao escrever um trabalho sobre a "terceira via" de Anthony Giddens, ao qual já me referi, observei que nos anos 1980 havia ocorrido uma mudança do centro político: ele se deslocara da esquerda social-democrática para a direita neoliberal. A mudança do centro no pós-guerra levou a direita para a esquerda; após 1980 foi a vez da esquerda tender para a direita.

O projeto foi interessante. Participavam dele alguns ótimos cientistas políticos japoneses e naturalmente o Adam. Apresentei um artigo curioso, "A restrição de hegemonia nos Anos Neoliberais do Capitalismo".[257] Meu argumento foi que além das restrições que os formuladores de política econômica enfrentam, que são reais, como por exemplo a necessidade de uma taxa de lucro satisfatória para as empresas, ou o equilíbrio da conta-corrente do país, há as restrições criadas pela hegemonia ideológica neoliberal. Por exemplo, o país deve adotar uma política fiscal restritiva dado um déficit público determinado, não obstante a boa política aconselhasse naquele momento uma política fiscal contracíclica. Mas se as autoridades econômicas adotarem a política correta, ela poderá não dar certo ou não dar tão certo como deveria porque, dada a restrição de hegemonia, a política será recebida negativamente no exterior e pelos economistas liberais locais, e o país sofrerá uma "perda de confiança". Participando desse projeto e escrevendo esse *paper*, eu estava procurando voltar a discutir o sistema econômico global. Já estava fazendo isso desde o início dos anos 2000 com as minhas aulas em Paris e meu contato estreito com os economistas da Teoria da Regulação. Estava também participando de conferências internacionais dos pós-keynesianos em Kansas City, Berlim e Bilbao, e dos economistas evolucionários europeus associados à EAEPE em várias cidades da Europa.[258]

O segundo projeto da Hideko Magara foi ainda mais interessante. Havia ficado claro que os regimes de políticas deviam sua relativa unidade de pensamento não apenas a uma ideologia dominante, mas também a uma coalizão de classes. O capitalismo não se desenvolve apenas no quadro da luta de classes. Também se desenvolve realizando coalizões de classe, pactos políticos informais. O problema das coalizões de classe sempre foi central na minha história intelectual desde que aprendi com o ISEB que a industrialização brasileira havia ocorrido no quadro de uma coalizão de classes nacional-popular comandada por Getúlio Vargas. O segundo projeto teve como tema central as coalizões de classe. Desta vez contamos com a participação de meu velho amigo Philippe Schmitter, de Robert Boyer, da Escola da Regulação, de Bruno Amable, um economista mais jovem da mesma escola, e do cientista político de esquerda que estava então ganhando grande projeção Wolfgang Streeck, graças a seu livro *Comprando tempo* (2013) e aos artigos que publica na *New Left Review*.[259] Hoje para alguém ser aceito pelos marxistas não precisa acreditar na revolução socialista, mas precisa prever a breve crise final do capitalismo. Para participar desse projeto contei com a colaboração do Marcus Ianoni, um excelente cientista político da Universidade Federal Fluminense que se aproximou muito do projeto novo-desenvolvimentista. Nós escrevemos dois *papers*: um belo trabalho sobre as coalizões de classe na história do capitalismo, "Coalizões de classe desenvolvimentistas: experiências históricas e perspectivas", e outro sobre as coalizões desen-

De volta ao estudo do capitalismo

volvimentistas no Brasil.[260] No primeiro ensaio nós examinamos as coalizões desenvolvimentistas mercantilista, bismarquiana e social-democrática e discutimos a possibilidade de uma coalizão desenvolvimentista em vista do fato de que desde 2008 os Anos Neoliberais do Capitalismo estão em crise.

VIRADA NEOLIBERAL E GLOBALIZAÇÃO

O senhor fala em virada neoliberal. Qual a relação com a questão da globalização?

A virada neoliberal e o desencadear da globalização aconteceram ao mesmo tempo. Em princípio seriam duas coisas muito diferentes, porque uma foi uma mudança de hegemonia ideológica — de uma hegemonia desenvolvimentista e social-democrática para uma hegemonia liberal, enquanto a outra foi e continua sendo um processo de integração econômica e social da humanidade, causada pela brutal diminuição dos custos dos transportes e das comunicações e pelo incrível aumento da velocidade das comunicações. Mas a globalização pode ser pensada também como um projeto — um projeto dos Estados Unidos e dos demais países ricos de forçar os demais países a se abrirem ao comércio e ao capital do Império. E nesse caso globalização e neoliberalismo tornam-se irmãos gêmeos. São um capítulo do imperialismo moderno, industrial, que surgiu no século XIX, como forma de colonização na Ásia e na África, já como hegemonia ideológica na América Latina, que se libertou da Espanha e de Portugal no começo desse século. O imperialismo moderno sempre se baseou na troca desigual de bens sofisticados, que pagam bons salários, por bens com baixo valor adicionado *per capita*, que pagam baixos salários; e na exportação de capitais — do seu excedente de capitais como ensinou, há mais de um século, John Hobson.[261] É fácil entender por que o imperialismo está baseado na troca desigual. Porque o nacional-desenvolvimentismo lutou duramente contra nossa condenação pelo imperialismo hegemônico à condição de meros exportadores de *commodities*. Sem essa luta o Brasil jamais teria se industrializado. Mas desde 1990 os brasileiros voltaram a perder a condição de verdadeira nação. E desde então o projeto de globalização neoliberal justifica a desindustrialização e a quase-estagnação que definem a economia brasileira. O Desenvolvimentismo Clássico forneceu os argumentos teóricos para o Brasil se defender da troca desigual e se industrializar. Ele não tinha, porém, argumentos contra a exportação de capitais. Confundia exportação de capitais com os investimentos diretos das empresas multinacionais. Quem hoje dispõe do instrumental teórico para criticar o imperialismo via exportação de capitais é o Novo Desenvolvimentismo, que não critica os investimentos diretos, mas os déficits em conta-corrente e a consequente entrada líquida de capitais. É essa entrada líquida de capitais que o imperialismo nos convence a desejar, se não a disputar, que aprecia a taxa de câmbio no longo prazo, aumenta o poder aquisitivo dos salários e dos rendimentos dos rentistas, e desestimula o investimento das empresas tornadas não competitivas pela apreciação cambial.

O senhor trata disso no seu livro de 2009, Globalização e competição?

Sim, eu discuto a globalização nos dois primeiros capítulos do livro. Os demais capítulos são de teoria econômica, são uma primeira sistematização da macroeconomia do desenvolvimento novo-desenvolvimentista. Nesses dois primeiros capítulos mostro o que hoje me parece óbvio — o projeto de globalização foi um projeto de dominação dos Estados Unidos via abertura dos demais mercados, um projeto semelhante ao projeto inglês do século XIX, apoiado na profundamente ideológica lei das vantagens comparativas do comércio internacional. Baseada, portanto, na competição entre Estados-nação na qual os países ricos liderados pelos Estados Unidos supuseram que seriam os vencedores. Porque seriam mais fortes, mais bonitos, mais inteligentes, mais brancos... Mas os Estados Unidos não foram o grande vencedor do projeto da globalização. O grande vencedor foi a China. Venceu porque teve um projeto nacional de desenvolvimento, porque investiu o máximo na educação e na infraestrutura, porque manteve os seus cinco preços macroeconômicos sempre certos; em outras palavras, porque adotou um regime de política econômica desenvolvimentista e também por estar no início do desenvolvimento e poder valer-se de mão de obra mais barata. E mais uma coisa: porque, ao contrário dos países latino-americanos, não teve o problema da doença holandesa, não é um país exportador de *commodities*, e assim não precisou neutralizá-las com tarifas elevadas como acontece na América Latina. Dessa maneira, a abertura comercial não desmontou o mecanismo de neutralização da doença holandesa — algo que aconteceu nos países latino-americanos com a virada neoliberal —, podendo, assim, compatibilizar um regime de política econômica desenvolvimentista com ampla abertura comercial. Aliás, comparei recentemente o desenvolvimento dos países da América Latina e do Leste da Ásia a partir da tese de que, nos anos 1980, nos primeiros, não foi a famosa "armadilha da renda média", mas o que chamei de "armadilha da liberalização".[262]

De volta ao estudo do capitalismo

Mas não é importante que o Brasil se integre no sistema global?

Claro que é, e nós já estamos inseridos, só que no lado perdedor. Em *Globalização e competição* mostro que a globalização é a competição generalizada entre os Estados-nação. Ora, dada essa competição, o nacionalismo econômico se torna imperativo. Um projeto nacional de desenvolvimento é um projeto de competição. Os liberais não param de dizer que o Brasil "precisa se integrar ao grande sistema capitalista global". Sem dúvida, mas há duas formas de um país se integrar ao sistema econômico mundial. Pode se integrar como nós temos feito desde 1990, de forma subordinada, ou pode se integrar como nós fizemos entre 1930 e 1990 e a China fez desde 1980, e como fizeram Lula e seu notável ministro das Relações Exteriores, Celso Amorim, entre 2003 e 2010: integrar-se de forma independente, competitiva. Não estou de modo algum interessado em me associar aos EUA ou a quem quer que seja porque sei que estamos todos em competição. Quero me associar com a Argentina porque temos muitos interesses em comum; não quero me associar com quem pretende liderar o mundo apenas de acordo com seus próprios interesses.

Nesse espírito, em 2015 o senhor lançou o Grupo Reindustrialização.

Em dezembro de 2014, conversando na Abimaq com seu presidente na época e com o Mário Bernardini — o notável economista-engenheiro que assessora a Abimaq há muito tempo —, eu disse que a indústria brasileira deveria ter uma Casa das Garças como os bancos têm — um *think tank* de economistas. Não de economistas liberais como os da Casa das Garças, mas de economistas desenvolvimentistas. Tentando caminhar nessa direção, no ano seguinte o Mário Bernardini reuniu na Abimaq um grupo de economistas. Fizeram parte desse grupo, além de nós, do empresário Fernando Bueno e de Luciano Coutinho, de volta de sua notável presidência do BNDES, os economistas Antonio Corrêa de Lacerda, Clemente Ganz Lucio, Cristina Helena Pinto de Mello, Nelson Marconi e Thiago Moraes Moreira.

O Grupo produziu alguma coisa interessante?

Nós nos reunimos por três anos, mas não se constituiu em um *think tank*. Os industriais não têm nem o mesmo interesse nem os mesmos recursos para financiar economistas desenvolvimentistas que têm as empresas do sistema financeiro. Estas contratam muitos economistas para executar as suas funções rotineiras de administração dos próprios recursos e dos seus clientes e financiam regiamente *think tanks* liberais que as ajudam a se manter poderosos no capitalismo financeiro-rentista que se tornou dominante no mundo nos últimos quarenta anos. A coisa mais importante que o grupo produziu foram dois documentos. No primeiro documento nós listamos e explicamos brevemente seis medidas para a retomada do desenvolvimento: (1) adotar juros básicos e de mercado compatíveis com nossos principais concorrentes internacionais; (2) adotar um regime de câmbio que tenha piso real, com baixa volatilidade e que garanta competitividade às empresas brasileiras competentes ao longo do tempo, o que, no segundo trimestre de 2015, correspondia a 3,60 reais por dólar; (3) a definição do regime e da política cambial deve caber a um Conselho específico (semelhante ao Conselho Monetário Nacional) e sua execução ao Banco Central; (4) reduzir as tarifas alfandegárias, da alíquota média real de 7,5% atual para 4,5%; (5) reduzir a carga de impostos sobre investimentos e produção desonerando completamente a exportação e os investimentos produtivos; (6) reter parte da receita de exportação de *commodities*, através de um fundo, para reduzir a constante pressão pela apreciação cambial. São metas rigorosamente compatíveis com o Novo Desenvolvimentismo. A meta de câmbio de 3,60 reais por dólar proposto na medida 2 corresponde hoje a 4,00 reais. A indústria concordava em reduzir tarifas desde que a neutralização da doença holandesa (prevista na medida 6) e a baixa da taxa de juros colocassem a taxa de câmbio no nível competitivo. Depois de três anos e meio de reuniões, decidimos suspender as reuniões do Grupo Reindustrialização. O tempo que dediquei a ele foi muito bem aplicado. Aprendi muito com o Mário Bernardini e com os demais membros do grupo.

Capitalismo neoliberal financeiro-rentista

Qual é o seu projeto intelectual hoje, no primeiro semestre de 2020?
É continuar a escrever o livro sobre o capitalismo financeiro-rentista que eu já estava escrevendo em 2019, mas precisei interromper para fazer a revisão desta autobiografia. Agora, no fim de março de 2020, estou encerrando essa revisão e poderei me dedicar novamente àquele livro. Ele está sendo escrito em inglês, e, em princípio, deverá se chamar *Rentiers' Capitalism*. Ao escrever esse livro estou afinal voltando à análise do capitalismo que, nos anos 1970, realizei de maneira sociológica, com a teoria sobre a emergência da tecnoburocracia e, de um ponto de vista, com a análise do modelo de crescimento e distribuição nas diversas fases do desenvolvimento capitalista. O capitalismo que, no século XIX, havia sido um "capitalismo dos empresários", com a Segunda Revolução Industrial e o surgimento das

grandes corporações privadas, se tornou um "capitalismo dos gerentes ou tecnoburocrático". Neste capitalismo os empresários foram substituídos pelos gerentes na gestão das empresas. Desde a Segunda Guerra Mundial uma nova e fundamental mudança está ocorrendo: os rentistas, aqueles que vivem de juros, dividendos e aluguéis, substituíram os empresários na propriedade das grandes empresas.

Mas enquanto a substituição dos empresários pelos tecnoburocratas, que ocorreu desde o início do século XX, implicou um aumento moderado mas efetivo da intervenção do Estado nos setores não competitivos da economia e na administração dos cinco preços macroeconômicos, o contrário ocorreu com a substituição dos mesmos empresários pelos rentistas na propriedade das empresas. No capitalismo rentista, os financistas (geralmente economistas com doutorado) passaram a ter um papel essencial não apenas na gestão da riqueza dos rentistas, mas também na orientação ideológica do capitalismo, e nós tivemos a virada neoliberal. Mas, como o neoliberalismo implicou um grave retrocesso econômico e político, ele teve vida breve. Nasceu em 1980, quando ocorreu a "virada neoliberal", morreu no plano econômico com a Crise Financeira Global de 2008 e, no plano político, em 2016, com a eleição de Donald Trump para a Presidência dos Estados Unidos e o referendo do Brexit. Hoje a globalização está em plena crise, substituída por um nacionalismo conservador e populista que tem como representantes maiores Trump, nos Estados Unidos e, no Reino Unido, Boris Johnson. O desenvolvimentismo é uma forma superior de organizar o capitalismo quando comparado com o liberalismo econômico porque rejeita qualquer tipo de radicalismo. É tanto contra o liberalismo econômico como é contra o estatismo, porque o primeiro aposta tudo no mercado, o segundo, no Estado. Mas a moderação, além de ser econômica precisa ser também política e social, como foi o caso dos governos europeus nos Anos Dourados do Capitalismo. A direita nacionalista no poder hoje nos Estados Unidos e no Reino Unido defende apenas os ricos, mas conta com o voto dos trabalhadores brancos que se sentem mais ameaçados pela imigração do que pelos ricos. Talvez porque esse desenvolvimentismo conservador provavelmente defenderá melhor as economias desses dois países que foram muito prejudicadas pelo neoliberalismo. É curioso que foram esses países que desencadearam a virada neoliberal em 1980. Arrependeram-se, provavelmente.

O nacionalismo, de fato, parece ser o novo espírito do tempo.
Eu fiz recentemente uma conferência em Lisboa na qual critico o estranho casamento entre o neoliberalismo e o novo nacionalismo de direita. A

crise de 2008 marcou o fracasso de quarenta anos de reformas econômicas neoliberais que prometiam um tempo novo e maravilhoso para o capitalismo. Oito anos depois ela se transformou em crise também política. A eleição de Donald Trump e o Brexit indicaram o surgimento, no coração anglo-saxão do neoliberalismo, de uma reação nacionalista de direita. No mundo rico os líderes nacionalistas de direita são chamados de "populistas" e são vistos como uma ameaça à "democracia liberal", embora, como argumento neste ensaio, eles estão atacando o neoliberalismo e seu projeto, a globalização. No Brasil, o governo Bolsonaro é um governo neofascista que ataca não apenas a democracia, mas também o Estado de bem-estar social, os direitos republicanos e o meio ambiente. No entanto, ao invés de se opor ao neoliberalismo como acontece no Norte, a ele se associa.

O surgimento de um nacionalismo de direita nos países centrais não tem nada de surpreendente. O capitalismo nasceu sob a égide do nacionalismo econômico que, como regime de política econômica, é muito superior ao neoliberalismo. E nasceu conservador. Ao invés de reconhecer o fracasso do neoliberalismo e a emergência do nacionalismo de direita, os cientistas políticos neoliberais, que também são de direita, denunciam esse nacionalismo como "populista" e gritam que a democracia liberal está ameaçada. A "democracia liberal" pode estar ameaçada nesses países porque o *establishment* ocidental, ao invés de falar em sistema neoliberalismo, fala em "democracia liberal". São sinônimos. A democracia propriamente dita, cujo conceito mínimo é o de um regime político no qual o sufrágio universal é assegurado, foi uma grande conquista social das classes populares que, afinal, também atendeu aos interesses das elites econômicas e políticas, e nos países ricos está assegurada.

As pessoas e os regimes políticos podem ser desenvolvimentistas progressistas ou desenvolvimentistas conservadores. O diálogo e os compromissos entre essas duas correntes são perfeitamente possíveis porque os regimes correspondentes são mais eficientes e admitem intervenção do Estado também para corrigir a desigualdade. Já os regimes liberais, além de tenderem a ser menos eficientes dados governos igualmente competentes, são conservadores por definição porque rejeitam o papel do Estado na diminuição das desigualdades e apostam exclusivamente no mercado.

O senhor acredita que o Novo Desenvolvimentismo é aplicável apenas aos países de renda média?

Pelo contrário, acredito que é aplicável, e que deve se desenvolver mais, para ser ainda mais aplicável. O Pós-Keynesianismo e o Desenvolvimentismo Clássico não contam com a narrativa política do Novo Desenvolvimentismo nem com a macroeconomia do desenvolvimento desse mesmo Novo Desenvolvimentismo. Inicialmente, meu objetivo foi pensar os países de renda média que já haviam completado sua revolução capitalista, formado seu Estado-nação e realizado sua revolução industrial, como é o caso do Brasil. Mas nos últimos tempos, desde que ficou claro que o neoliberalismo e o projeto da globalização fracassaram, estou ficando cada vez mais convencido de que os países ricos precisam também de uma teoria desenvolvimentista para eles. A macroeconomia keynesiana desempenhou esse papel no pós-guerra, e tem ainda muito a contribuir. Daí a vitalidade do pós-keynesianismo. Mas é preciso ampliar o escopo da teoria econômica. No plano da macroeconomia, torná-la mais aberta e diretamente voltada para o crescimento — torná-la uma macroeconomia do desenvolvimento. No plano da microeconomia e da economia política, desenvolver uma nova narrativa que seja evidentemente superior à narrativa neoliberal — uma ideologia progressista que seja capaz de unir empresários, administradores e trabalhadores igualmente progressistas.

O primeiro *paper* que escrevi sobre a economia mundial, já começando a usar instrumentos do Novo Desenvolvimentismo, foi "A Crise Financeira Global e depois: um novo capitalismo?", de 2010, ao qual já me referi. O segundo foi o *paper* sobre a Crise do Euro, ao qual também já me referi, "Soberania, a taxa de câmbio, equívoco coletivo, e a Crise do Euro", que escrevi com o Pedro Rossi em 2015, no qual usamos a abordagem novo-desenvolvimentista de alto a baixo. Desde então, venho aumentando meu interesse pelos problemas econômicos do capitalismo mundial. Em 2015 escrevi um *paper*, "After the Demise of Neoliberalism, but not of Conservatism, a Third Developmentalism?", que enviei para a *Revue de la Régulation*, mas foi tolamente recusado. Felizmente ele foi publicado como texto para discussão pela EESP-FGV.[263] Nesse *paper* eu já previa o populismo de direita de Trump e Boris Johnson. Não previ, ao invés, um desenvolvimentismo progressista como aquele que defendo, porque o problema que está na base do neoliberalismo (a competição dos países com baixos salários), assim como o problema que está na base do conservadorismo contemporâneo (a imigração para os países ricos) não foram resolvidos. Como vocês podem ver, a força preditiva do Novo Desenvolvimentismo é grande.

O senhor critica muito o rentismo, não é?
Eu me dei conta ou intuí a importância dos capitalistas rentistas há muito tempo, mas só escrevi algo mais consistente em 2018, com o ensaio "Ca-

pitalismo financeiro-rentista", ao qual já me referi. Não só eu então distingui com clareza os capitalistas rentistas dos capitalistas empresários, mas defini os financistas como o conjunto de tecnoburocratas que administram a riqueza dos rentistas. E o problema ficou ainda mais claro para mim quando percebi que os financistas, com seus doutorados em programas de doutoramento neoclássicos, radicalmente liberais, eram os novos intelectuais orgânicos do capitalismo rentista. Compreende-se, assim, a importância das finanças por um outro ângulo — por um ângulo em que as classes sociais são levadas em conta. Não estou dizendo que a tese da financeirização seja errada, mas se deu excessiva importância a ela enquanto fenômeno puramente econômico, quando, na verdade, é antes de mais nada um fenômeno sócio-político. Acho que a contribuição do meu amigo Chesnais para essa nova visão é importante; ele realmente mostrou que estava surgindo um capitalismo diferente. Os donos das empresas são hoje os acionistas ou rentistas, que chamam os financistas para administrar sua riqueza. E os financistas, com seus MBAs e principalmente PhDs, vão repetir *ad nauseam* a ideologia neoliberal. Por isso, o nome completo do capitalismo contemporâneo é capitalismo tecnoburocrático neoliberal financeiro-rentista. Mas você pode tirar o "tecnoburocrático" e o "neoliberal" para a expressão ficar mais curta. Os financistas são tecnoburocratas, mas logo se tornam rentistas também porque ficam ricos depressa.

Eu sou crítico do rentismo porque entendo que a remuneração dos rentistas depois do imposto de renda deve ser muito baixa. Não há nenhuma boa razão para remunerarmos regiamente pessoas que não trabalham, que vivem de suas rendas. O *establishment* não usa a expressão "rentistas"; fala nos "*investors*", usa uma bela palavra porque o investimento ou a acumulação de capital é a causa mais direta do desenvolvimento econômico. Investimentos que os investidores reais, os empresários, realizam ao dirigirem suas empresas. Schumpeter transformou os empresários nos heróis do capitalismo — o que talvez tenha sido um exagero, mas o papel que eles têm ao inovarem e aumentarem a produtividade do sistema econômico é fundamental. Já os rentistas ou *investors* são meros beneficiários do capitalismo, como era a nobreza que arrendava suas terras. Ela era a beneficiária das sociedades pré-capitalistas avançadas. A existência dos rentistas obedece a duas lógicas; em princípio, os empresários trabalham para deixar uma herança para seus descendentes; e existe no capitalismo tecnoburocrático um imenso número de empresas que não são dirigidas por empresários, e sim por gerentes. Elas são propriedade dos rentistas, cuja existência se torna, assim, inevitável no capitalismo. Mas vejam, não tenho nada contra os rentistas. Eu mesmo conse-

De volta ao estudo do capitalismo

gui dedicar-me em tempo integral à vida acadêmica desde 1999 porque, além de meu salário na FGV, tenho rendas do capital que ganhei quando dirigia o Pão de Açúcar. Um dia desses, uma querida amiga minha, economista, me disse "que eu não devia ser contra os rentistas". Não sou contra os rentistas, disse a ela. Eu apenas mostro que os grandes rentistas associados aos financistas assumiram uma importância excessiva nas sociedades em que vivemos. E que a imensa parcela da renda de que se apropriam torna o capitalismo disfuncional. Obriga as empresas a terem uma taxa de lucro que poderia ser muito mais baixa do que é; ou, em outras palavras, obriga as empresas a terem um lucro que poderia ser transformado em maiores salários para os trabalhadores e em menores preços para os consumidores.

24

A Grande Crise Brasileira

QUASE ESTAGNADOS HÁ QUARENTA ANOS

Como o senhor vê o Brasil hoje?

Vejo o Brasil mergulhado em uma crise muito grave, em uma depressão econômica e em uma crise política e moral — uma crise que tenho chamado de Grande Crise Brasileira. Uma crise que começou política em 2013 com as grandes manifestações de junho desse ano, e econômica desde 2014 se considerarmos a queda do preço das *commodities* exportadas e o início da grande recessão nesse ano. A recessão, *stricto sensu*, já terminou, mas a recuperação econômica está sendo incrivelmente lenta. Nos três anos entre 2017 e 2019 o crescimento anual foi de apenas 1%. Em 2020 não será muito melhor. A crise fiscal causada pelo descontrole dos gastos e a recessão levaram a ortodoxia liberal a cortar brutalmente os investimentos públicos. No curto prazo, portanto, é lamentável. O que dizer do longo prazo... Estamos quase estagnados há quarenta anos. Em 1999, quando saí do governo, disse que o Brasil estava quase estagnado há vinte anos; no meu artigo para o *Oxford Handbook of the Brazilian Economy* eu disse que nossa semiestagnação já durava 36 anos.[264] Em 2019, tive o desprazer de reconhecer os quase quarenta anos de quase-estagnação.[265] Conforme creio ter dito na nossa primeira entrevista, nestes quarenta anos, enquanto a renda *per capita* dos países ricos cresceu em média 1,7% ao ano, a nossa renda cresceu 0,8% ao ano. Estamos diante de um grande fracasso nacional. Um fracasso do qual não nos damos conta ou não queremos nos dar conta. Um fracasso que decorre de uma taxa de investimento muito baixa, que é consequência de uma brutal queda do investimento público em relação aos anos 1970, e da estabilidade do investimento privado em relação ao PIB, não obstante o grande volume de privatizações, o qual deveria ter causado a elevação dessa porcentagem que gira há quarenta anos em torno de 18%. Por que o investimento privado não aumentou? Porque as empresas perderam competitividade duplamente nesses quarenta anos. Perderam competitividade cambial porque a taxa de câmbio permaneceu apreciada no longo prazo, só se depreciando nas crises financeiras cíclicas; perdeu produtividade técnica, porque não investiram devido à perda de competitividade cambial. Por que a taxa de câmbio permaneceu apreciada no longo prazo? Nossa preferência pelo consumo imediato nos levou a um déficit em conta-corrente crônico — déficit que incorremos tranquilamente, satisfeitos conosco mesmos, com a desculpa de que queremos crescer com poupança externa; e também porque usamos a taxa de câmbio para controlar a inflação. Nos indignamos quando o governo usa os preços da Petrobras para controlar essa mesma inflação, mas quando se trata de usar a taxa de câmbio, que seria algo como o preço do Brasil, não ficamos indignados: o usamos sem nenhuma dor na consciência.

A crise política resultou da insatisfação das classes médias, que desde 1990 foram ficando espremidas entre uma classe alta que não para de enriquecer e de uma classe pobre que foi beneficiada pelo Bolsa Família, pela política salarial e pela ampliação do Estado de bem-estar social. Resultou também de dois escândalos, o Mensalão e a Lava Jato, nos quais o PT não foi o único mas o principal implicado. No meio dessa classe média espremida vimos, de repente, surgir uma direita cheia de ódio. E vimos toda a classe média e a classe alta completarem radicalmente a virada neoliberal que começaram em 1990 de forma tímida. É possível dizer qual o trimestre dessa virada. Foi o primeiro trimestre de 2015, quando essas duas classes sociais, infelizes com a derrota na eleição do final do ano anterior, descobriram que o país estava imerso numa crise fiscal e na recessão. Assim, em 2015, ao invés de começarmos a abandonar o regime de política econômica neoliberal no qual nos havíamos metido a partir de 1990 (desde 2008 o mundo rico começou a abandoná-lo), pude perceber naqueles três meses que havia se produzido no Brasil uma hegemonia neoliberal radical.

Essa virada neoliberal acompanhada de ódio foi aprovada por dois políticos sem escrúpulos, espertos e autoritários. Por Michel Temer, em 2016, então vice-presidente da República e presidente do MDB, para conseguir o impeachment e assumir a Presidência, e, em seguida, por Jair Bolsonaro, para se eleger presidente. A estratégia consistiu em lograr o apoio das elites, agora radicalmente neoliberais. No caso de Temer, encomendando a economistas ortodoxos um plano para o MDB, "Uma Ponte para o Futuro", que era neoliberal da primeira à última letra. No caso de Bolsonaro, convidando para ser seu ministro da Fazenda Paulo Guedes, um economista neoliberal formado na Universidade de Chicago.[266]

CRISE MORAL E A LAVA JATO

O senhor falou em uma crise moral.

Sim, uma crise moral, que a Operação Lava Jato pareceu combater, expressa sob a forma de uma corrupção generalizada dos políticos brasileiros por iniciativa das empreiteiras de obras públicas, como a Odebrecht. Essa foi uma corrupção abrangente envolvendo praticamente todos os partidos, principalmente os mais antigos, como o PT, o PSDB, o PMDB e o PP. Esse sistema corrupto deixou os brasileiros surpresos e indignados. Mas a crise moral não se expressa apenas na corrupção, expressa-se também no desrespeito a direitos já firmemente estabelecidos em uma sociedade — os direitos civis, entendidos como o direito à liberdade, ao respeito, à propriedade, a não ser julgado senão por lei já existente e a contar com julgamento imparcial. A Operação Lava Jato, que inicialmente foi uma luta contra a corrupção, acabou envolvendo um grave desrespeito aos direitos civis enquanto se transformava em mero instrumento de projeção política do juiz Sergio Moro[267] e do procurador Deltan Dallagnol. No começo eles foram vistos por todos, inclusive por mim, como paladinos da justiça e da moralidade pública, mas aos poucos foi ficando claro que eles não tinham a menor dúvida em desrespeitar os direitos civis daqueles que eles queriam julgar culpados, não hesitavam em conduzi-los coercitivamente para depor, em os manterem presos quando não haviam sido ainda condenados e não havia razão suficiente para serem objeto de prisão preventiva, em chantageá-los para que delatassem o que queriam que fosse delatado; em vazar informações para a imprensa para intimidar os possíveis delatores; em não hesitar em manchar a honra de pessoas sobre as quais não tinham provas. E em concentrar toda a sua atenção em uma pessoa e condená-la, como o ex-presidente Lula. Para assim, esses senhores, como Michel Temer e Jair Bolsonaro, se valerem da hegemonia neoliberal transformada em ódio a Lula. Eu fiquei convencido desse viés político da Operação Lava Jato no dia da condução coercitiva de Lula para depor. Não devido a esse fato, embora ele fosse injustificável, mas ao fato paralelo de a força-tarefa da Operação Lava Jato em Curitiba ter soltado naquele dia um *press release* afirmando que Lula era o líder e o principal beneficiário de toda aquela corrupção — tese repetida duas semanas depois no famoso PowerPoint do chefe da força-tarefa, o procurador Deltan Dallagnol.[268] Não tinham nenhuma prova do que afirmaram, como ficou demonstrado nos julgamentos de que Lula foi vítima, mas lograram assim obter o apoio das elites neoliberais para seu projeto político. Isso foi confirmado com a troca que fez Sergio Moro de sua condição de juiz federal para a de ministro do governo Bolsonaro. Essa crise moral tem uma terceira expressão na eleição para a Presidência da República de Jair Bolsonaro, um político sem condições morais mínimas para ocupar esse alto cargo. Um político com sua família e seus amigos ligados às milícias do Rio de Janeiro.[269]

Assim, eu, que havia inicialmente apoiado a Operação Lava Jato, quando vi que ela estava violentando os direitos civis das pessoas envolvidas, e que havia se tornado um projeto político de um juiz federal do qual se esperava imparcialidade, passei a ser crítico da Lava Jato. Foi muito bom que no começo tenha acusado e prendido políticos, empresários e lobistas, mas há muito tempo essa operação já devia ter sido interrompida. Recentemente, com a divulgação pela Intercept, dirigida pelo jornalista Glenn Greenwald, das mensagens secretas entre os membros da força-tarefa e Moro, ficou clara a falta de imparcialidade da Justiça: *chats* privados mostraram que Moro comandava os procuradores federais, algo proibido: Deltan Dallagnol duvidava das provas contra Lula horas antes da denúncia do apartamento tríplex; o acusador não pode ser juiz. Por que o Supremo Tribunal Federal não interveio mais duramente para dar um fim a essa caça às bruxas? Porque ficou relativamente refém da alta popularidade da operação. Mas esse quadro está mudando.

Nesse contexto de crise, como o senhor, um intelectual ativo, o tempo todo no debate, vê esse período?

Eu o vivi intensamente. Em 2014 publiquei um artigo na revista *Interesse Nacional* no qual dizia que o Brasil estava enfrentando uma crise muito grave, sua grande novidade sendo o surgimento do ódio. Havia já muito ódio naquele momento. Acho que fui o primeiro a falar sobre o ódio. Mas ninguém leu. A repercussão foi zero. Então, quando chegou janeiro ou fevereiro de 2015, a Eleonora de Lucena me entrevistou sobre o meu livro, *A construção política do Brasil*. Falei desse problema do ódio, que saiu no título dessa entrevista publicada na *Folha*. E então essa ideia pegou. Esse ódio nasceu, em boa parte, da incompetência do governo da Dilma. Ela provocou Deus e todo mundo. Quando ela estava com altos níveis de popularidade, exibia uma arrogância muito grande. Os liberais econômicos haviam sido derrotados no governo Lula. Seu erro no plano da política econômica ninguém percebeu — foi a forte apreciação do real no seu governo. O resto foi OK. Sua popularidade, nas alturas. Os liberais estavam calados. No começo do governo Dilma, no primeiro ano, também não falavam nada. O problema começou quando saiu aquele primeiro "pibinho", ao mesmo tempo que Dilma intervinha aqui, intervinha ali. E geralmente intervia mal. Foi quando o líder dos economistas liberais, o Edmar Bacha, começou a criticar. Era o sinal verde para todos os demais atacarem. Quando chegaram as eleições, estava todo mundo acreditando que o Aécio ia ganhar. Mas a Dilma ganhou, por pouca margem. Sem nenhum apoio na classe média, só com apoio popular, principalmente no Nordeste. O segundo governo Dilma começava, assim, sem legitimidade. Começava em janeiro de 2015. Foi então que Dilma cometeu o erro de chamar o Joaquim Levy, ao mesmo tempo que os brasileiros ficavam sabendo que a economia brasileira havia mergulhado em uma grande recessão e em uma crise fiscal. Ela devia ter chamado o Nelson Barbosa, um economista competente que havia saído do governo três anos antes por não concordar com a política de Dilma e Mantega. Mas chamou o Levy, que apenas aprofundou a crise com uma política macroeconômica procíclica; cortou os investimentos quando a economia estava em recessão e, portanto, sem demanda. E perdeu o apoio à esquerda. Uma coisa patética, realmente patética. Foram tantos os erros do governo Dilma Rousseff que, de repente, nos vimos diante de uma hegemonia neoliberal absoluta no Brasil. Havia o fato inegável de "fadiga de material", de muitos anos consecutivos de governo do PT — de um partido político que dava prioridade aos trabalhadores e aos pobres.

Mas o principal problema era a total falta de apoio de Dilma junto às elites econômicas. Os liberais aproveitaram, então, sua hegemonia para propor e lograr o impeachment. Uma violência contra a democracia apoiada por elites econômicas que se revelaram cínicas. Sabiam que o motivo do impeachment, as pedaladas, era falso, mas queriam se ver livres da Dilma e do PT a todo custo. Não é assim que se faz política.

O Projeto Brasil Nação

O senhor lançou então o Projeto Brasil Nação.
É verdade. Foi uma iniciativa importante que eu e um grupo de amigos tomamos em 2016. Em dezembro de 2015 Eleonora de Lucena, que havia me entrevistado sobre *A construção política do Brasil*, veio me visitar. Ela me disse que estava preocupada com o Brasil, como eu também revelava estar nos meus pronunciamentos públicos nos jornais e na página pública que tenho no Facebook. O problema da Nação era central na crise. Era a Nação brasileira que estava ameaçada pelo que estava acontecendo. Eu concordei, mas observei que a esquerda e a centro-esquerda que apoiavam a Dilma não estavam muito preocupados com a questão nacional. Que desde que, em

1964, os empresários industriais haviam rompido o pacto nacional-popular de Vargas, essa esquerda havia se desinteressado do nacionalismo. Que Lula e Dilma haviam feito um esforço para atrair esses empresários para uma nova coalizão de classes desenvolvimentista, mas entre 2012 e 2013 eles novamente romperam o pacto em formação. Eleonora disse que isso talvez fosse verdade, mas que ela via na esquerda, que ela e seu marido, o jornalista Rodolfo Lucena, conheciam melhor do que eu, um interesse renovado pelo nacionalismo. Começamos então o Projeto Brasil Nação. Ainda em dezembro e nos primeiros meses de 2017 reunimos na minha casa um grupo de intelectuais e empresários durante vários dias. Estavam entre eles Celso Amorim, Ciro Gomes e Fernando Haddad, Pedro Celestino, do Clube de Engenharia do Rio de Janeiro, o geólogo Guilherme Estrella, Samuel Pinheiro Guimarães e Eugênio Aragão, de Brasília, os empresários Mário Bernardini e Fernando Bueno, o historiador Luiz Felipe de Alencastro, os economistas Leda Paulani e Nelson Marconi, o cientista político André Singer, a cineasta Tata Amaral e o jornalista Luís Nassif.

Desde a primeira reunião eu tinha uma minuta de manifesto, que eu queria nacionalista desenvolvimentista, mas não foi fácil aprová-lo. Foram precisas muitas reuniões e várias emendas. Os participantes mais de esquerda queriam uma crítica do quadro político e econômico pós-impeachment e umas afirmações de valores: a defesa da democracia, do desenvolvimento, e a diminuição da desigualdade. Eu queria que além disso houvesse em pelo menos uma área (a econômica, da qual entendo) uma proposta de políticas concretas, objetivas. Afinal, graças à intervenção de Celso Amorim, que eu já conhecia, assim como sua mulher Ana, há muitos anos, mas do qual eu fiquei realmente um amigo no quadro desse projeto, fizeram parte do manifesto os meus cinco pontos econômicos. Vale a pena reproduzi-los: 1) regra fiscal que permita a atuação contracíclica do gasto público, e assegure prioridade à educação e à saúde; 2) taxa básica de juros em nível mais baixo, compatível com o praticado por economias de estatura e grau de desenvolvimento semelhantes aos do Brasil; 3) superávit na conta-corrente do balanço de pagamentos, que é necessário para que a taxa de câmbio seja competitiva; 4) retomada do investimento público em nível capaz de estimular a economia e garantir investimento rentável para empresários, e salários que reflitam uma política de redução da desigualdade; 5) reforma tributária que torne os impostos progressivos.

O lançamento, em abril de 2017, foi realizado na Faculdade de Direito. Um grande sucesso. A Sala do Estudante abrigou apenas uma parte dos que compareceram. A repercussão na imprensa foi muito boa. E depois começou minha maratona de conferências, geralmente acompanhado por Eleonora, que sempre garantiu a estrutura e a continuidade do projeto. Além das conferências em São Paulo e no Rio de Janeiro, fiz conferências nas Assembleias Legislativas de Porto Alegre e de Belo Horizonte, na Universidade da Bahia em Salvador, e em Ribeirão Preto. Nelas eu sempre repetia os meus cinco pontos, mas as pessoas tinham dificuldade em compreendê-los e incorporá--los no seu discurso pessoal.

No segundo semestre de 2017 as eleições presidenciais já estavam na agenda dos políticos e da imprensa. Diante da possibilidade de Lula se candidatar, a principal estratégia, que ficou por conta da Operação Lava Jato, foi condená-lo em segunda instância antes das eleições para poder aplicar a lei da Ficha Limpa. Mas naquele momento muitos políticos ligados a Temer começaram a falar em parlamentarismo, em um golpe parlamentarista semelhante ao que foi imposto a João Goulart em 1961. Decidimos fazer então um segundo manifesto, Todos Juntos em Defesa da Democracia. Este foi lançado novamente na Faculdade de Direito, desta vez no Salão Nobre, que o diretor da faculdade fez questão de oferecer. Foi novamente uma bela e bem-sucedida iniciativa, que teve excelente repercussão. A equipe do Projeto Brasil Nação continua se reunindo, continua tentando defender a Nação brasileira. Estamos agora discutindo um Manifesto Nacionalista, mas está muito claro para mim que a esquerda e inclusive a centro-esquerda, onde me situo, não param de sofrer derrotas. Fomos derrotados no impeachment, fomos derrotados na prisão de Lula, fomos derrotados nas eleições de 2018. Podemos dar muitas causas para essas derrotas, mas estou convencido de que sua principal causa foram os erros do PT: foi seu envolvimento na corrupção e foram os erros econômicos e políticos no governo Dilma. O fato de que os outros partidos adotavam práticas corruptas não justifica que o PT também as adotasse. Como Dilma fez um mau primeiro governo, Lula e o PT não deviam tê-la adotado como candidata à reeleição. Eu me encontrei poucas vezes com Lula, uma delas foi quando ele me convidou, em 2019, a lhe fazer uma visita na prisão, em Curitiba, mas em duas vezes cobrei dele esse erro. Ele respondeu que Dilma tinha o direito de se candidatar.

A CRISE BRASILEIRA SE APROFUNDA

No livro Desenvolvimento e crise no Brasil, *lá pelas tantas o senhor analisa a associação dos tecnoburocratas (encarnados em Bulhões e Campos tocando a economia) com os militares, a partir do golpe de 1964. O senhor vê algo semelhante ocorrendo agora, com a nova associação entre os militares e os tecnoburocratas que orbitam em torno de Paulo Guedes?*

É preciso pensar como as coisas mudam. Você muda o estado das coisas mudando as ideias e as instituições ou você precisa também mudar a infraestrutura? O que aprendi com Marx foi que as três instâncias da sociedade precisam mudar mais ou menos juntas. A base econômica, as classes sociais, as leis e as ideias precisam mudar. No final dos anos 1970 houve a virada neoliberal nos Estados Unidos, a mudança nas ideias e nas instituições ignorou as estruturas... O papel que Clemente Mariani teve nos primeiros dias do governo Jânio, em 1961, foi fazer o ajuste cambial; entre 1964 e 1966 Octavio Gouvêa de Bulhões e Roberto Campos tiveram que fazer o ajuste fiscal. A economia estava desajustada no campo fiscal e cambial e era preciso pôr ordem na casa baixando a inflação para que o desenvolvimento econômico pudesse ser retomado. Eles puseram ordem na economia. O Roberto Campos era realmente um gênio. Eles fizeram reformas necessárias. Lembrem-se de que eles estatizaram a energia elétrica... Paulo Guedes não vai fazer nada disso, é um neoliberal ensandecido. O Campos foi uma grande figura, que originalmente era desenvolvimentista e depois virou liberal, mas ele tinha bagagem. Bulhões era menos político que o Campos, mas com igual bagagem, muito robusta. Eles fizeram o que os liberais podem fazer bem-feito. Eles fizeram um belo ajuste. Ali realmente precisava. Mas veja agora, nesse governo Bolsonaro, não há ninguém falando em retomada do desenvolvimento... Eles não têm o menor interesse em expansão da economia. Estamos em 2020, quase estagnados desde 1980, com uma recuperação econômica ridiculamente pequena desde a recessão de 2014-2016, e ninguém falando em retomada do desenvolvimento? Eles só falam em reformas.

COMISSÃO ARNS

O senhor agora é um dos vinte membros da Comissão de Defesa dos Direitos Humanos Dom Paulo Evaristo Arns.

É verdade. Logo depois da eleição de Bolsonaro, antes mesmo de sua posse, um grupo de umas seis pessoas, inclusive dois velhos amigos ex-ministros de Direitos Humanos, Paulo Sérgio Pinheiro e Paulo Vannuchi, e mais José Carlos Dias, André Singer, Maria Hermínia Tavares, Belisário dos Santos Junior, nos reunimos na casa do Paulo Sérgio Pinheiro com o objetivo de formar uma nova comissão de direitos humanos como aquela que existira no tempo do regime militar sob a presidência de Margarida Genevois e com o apoio de Dom Paulo Evaristo Arns. Convidamos José Gregori, também ex-ministro de Direitos Humanos, Ailton Krenak, Cláudia Costin, Fábio Konder Comparato, José Vicente, Laura Greenhalgh, Luiz Felipe de Alencastro, Manuela Carneiro da Cunha, Maria Victoria Benevides, Antonio Cláudio Mariz de Oliveira e Oscar Vilhena. José Carlos Dias é o nosso presidente, Margarida Genevois, nossa presidente de honra, e temos contado com um excelente grupo de apoio e com a ajuda *pro bono* de uma empresa, Analítica Comunicações.

Conforme prevíamos, houve uma deterioração na afirmação dos direitos humanos. As pessoas e a polícia se tornaram mais agressivas e mais desrespeitosas, e nós, na Comissão, temos feito o possível para enfrentar os problemas que surgem: a violência contra os povos indígenas, a violência contra os negros e LGBTs, a violência contra pessoas nas lojas e shopping centers, as chacinas como as do Fallet no Rio de Janeiro.[270] Temos também procurado nos associar com as outras organizações que também defendem os direitos humanos, como a OAB, a CNBB e o Conselho Nacional de Direitos Humanos.

Depois de todas as violências que a democracia brasileira tem sofrido, o senhor não acha que ela está em perigo?

Eu acho que ela está ameaçada, mas a democracia brasileira foi uma grande conquista das classes populares que, afinal, atendeu também às elites, e está hoje consolidada. Bolsonaro é um político incapaz, primário, sem nenhuma condição de governar o Brasil. E é um neofascista que adoraria poder dar um golpe e virar ditador do Brasil. Ele tem apoiadores para isso, mas são estrita minoria. Na verdade, conforme a teoria que já citei, "Transição, consolidação democrática e revolução capitalista" (2011), eu entendo que a democracia está consolidada no Brasil. O Brasil já completou sua revolução capitalista. Isso significa que as classes dominantes não precisam mais do controle direto do Estado, como acontecia nas sociedades pré-capitalistas, para conseguir se apropriar do excedente econômico. Agora é possível se apropriar do excedente no mercado através do lucro, da especulação, e de altos ordenados e bônus. É possível se tornar rico e continuar rico no quadro da democracia. Por isso não há interesse em voltar a um sistema ditatorial. Nossas instituições e nossa sociedade são democráticas e não estão interessadas na desordem envolvida em um regime autoritário.

Mas o fato de estar confiante que nossa democracia está consolidada e não seja possível se instaurar aqui um regime autoritário não significa nem que eu esteja satisfeito com a qualidade da democracia brasileira nem indiferente aos ataques que o sr. Bolsonaro vem realizando a ela e às suas tentativas de obter apoio dos militares para limitar os poderes do Supremo Tribunal Federal e do Congresso. Eu entendo que hoje brasileiros que se julgam democráticos, sejam eles progressistas ou conservadores, têm o dever moral de lutar pelo impeachment. Na Comissão Arns nós já fizemos um forte comunicado defendendo o afastamento de Bolsonaro. Eu tenho sempre algumas batalhas, e esta é uma delas. Estou, porém, menos otimista em relação à qualidade da democracia brasileira. Esta se deteriorou muito desde que, em 2013, as classes médias, indignadas com a corrupção e sem ver um rumo claro para o Brasil, deram uma virada para a direita e para o neoliberalismo, esqueceram que na vida pública as críticas são legítimas e necessárias, mas devem obedecer aos princípios da razão e da tolerância, e passaram a agir de acordo com o princípio do ódio. Com isso a coesão da nação brasileira, que sempre foi limitada devido à grande desigualdade e ao racismo escondido aqui vigentes, tornou-se ainda mais frágil. Ora, sem coesão social não é possível haver uma boa democracia.

Uma oportunidade para o Brasil

Que balanço o senhor faz dos últimos quarenta anos?
Eu nasci em 1934, quando o Brasil estava realizando sua revolução nacional e industrial. Os 46 anos seguintes foram uma história de incrível desenvolvimento econômico no quadro de um regime de política econômica desenvolvimentista. Na década de 1980 nós estávamos prontos para alcançar a democracia, que no final de 1984 foi afinal conquistada. Foi um grande avanço político. Mas no plano econômico o Brasil e toda a América Latina pararam. E desde então vivemos um tempo de liberalismo econômico, dependência ao mundo rico, desindustrialização e quase-estagnação. Uma tristeza.

Hoje está claro para mim que nem a direita nem a esquerda são capazes de fazer o Brasil retornar ao desenvolvimento. Quando chegou José Sarney, os desenvolvimentistas democráticos chegaram ao poder. Nós chegamos ao poder e fracassamos. Primeiro fracassou o Dilson; depois, se quiserem, fracassei eu. O fracasso do Maílson não foi o de um desenvolvimentista, mas de um liberal. Depois o Malan e o Palocci — outro fracasso, desta vez liberal. Aí o Guido Mantega, outro fracasso desenvolvimentista. Nelson Barbosa quase conseguiu interromper essa ciranda de fracassos, mas o impeachment de Dilma interrompeu seu projeto fiscal de cortar a despesa corrente e aumentar o investimento público. Finalmente, Levy, Meirelles e Paulo Guedes, e o neoliberalismo brasileiro assume um caráter "patético" em um mundo no qual as elites rentistas e financistas ainda apostam no fundamentalismo de mercado.

O fato é que nem a direita nem a esquerda conseguiram então enfrentar e — até hoje — superar a quase-estagnação brasileira desencadeada nos anos 1980. E eu acho que esse fracasso dos desenvolvimentistas e dos liberais decorreu de uma incapacidade nossa de garantir o investimento público e de estimular o investimento privado na indústria. De uma incapacidade de manter equilibrada a conta fiscal e de manter superavitária a conta externa. De não querer apertar os cintos, de não ter independência para enfrentar o império americano e sua hegemonia neoliberal, de não ter conseguido evitar a captura do Estado pelos rentistas e financistas, pela alta burocracia. O objetivo sempre foi o desenvolvimento econômico, mais amplamente, o progresso, político, social, a justiça social. No ano de 1987, quando fui ministro, vi o Brasil se revelar incapaz de fazer o que devia fazer. Foi para mim uma decepção grande. A economia brasileira precisa de uma estratégia desenvolvimentista, precisa de uma intervenção moderada e social-democrática que garanta o investimento público e o privado e produza uma distribuição modesta, mas efetiva, da renda. Isso não é impossível no capitalismo periférico latino-americano, mas é muito difícil. É preciso governar muito bem uma sociedade marcada pela desigualdade e pelo privilégio. Quando você governa mal, você se desmoraliza. E acho que isso aconteceu nos anos 1980 com a esquerda desenvolvimentista brasileira e com o liberalismo do meu sucessor.

O fracasso dos anos 1980 abriu espaço para que, no governo Collor, ocorresse a virada neoliberal brasileira — dez anos depois da virada neoliberal nos EUA e na Europa. Foi uma mudança trágica, um grande erro. Em lugar do regime de política econômica desenvolvimentista e social-democrático dos Anos Dourados, o regime de política econômica liberal produziu alta instabilidade financeira, baixo crescimento, forte aumento da desigualdade. Uma mudança para o pior que nos atingiu, através do Consenso de Washington, mas os atingiu também, os países centrais, que ao mesmo tempo pregavam e impunham o neoliberalismo. O Ocidente, os países ricos, sempre foram imperialistas, essa é uma condição do poder que não muda. Mas o fato é que nos EUA, desde Franklin Delano Roosevelt até Jimmy Carter (1933 a 1979), os governos não foram liberais, mas desenvolvimentistas. Um desenvolvimentismo moderado, mas real, de forma que não se opunham ferrenhamente ao nosso próprio desenvolvimentismo — apenas o achavam

A Grande Crise Brasileira

exagerado. Quando uma pequena crise nos anos 1970 desencadeou a virada neoliberal, os países ricos mudaram e passaram a nos pressionar para também mudar — para nos engajarmos na liberalização e desregulamentação dos mercados e na privatização das empresas públicas. Para resistirmos era preciso muita determinação, era preciso que o Brasil se unisse como nação e mostrasse capacidade de realizar uma política desenvolvimentista competente. Havíamos conseguido isso entre 1930 e 1980, mas naquela época a oposição do Ocidente ao nosso desenvolvimentismo não era tão grande como é hoje. Hoje é mais viável voltarmos a ter um projeto nacional de desenvolvimento, é possível porque desde 2008 o neoliberalismo está em profunda crise. A dependência das elites brasileiras ante a hegemonia ideológica dos Estados Unidos, que foi avassaladora nos anos 1990 até 2008, está desde então enfraquecida. Volta, portanto, a haver uma oportunidade para o Brasil.

Quando começamos essas entrevistas, o senhor estava escrevendo Em busca do desenvolvimento perdido, *que saiu em julho de 2018. Em que o senhor está envolvido agora, no final da década?*

Enquanto eu estava terminando esse livro de intervenção, um projeto para o Brasil calcado na teoria novo-desenvolvimentista, no começo de 2018, pensei em escrever outros dois. O primeiro seria organizar todo o meu trabalho sobre o Novo Desenvolvimentismo, escrevendo em inglês. O segundo seria sobre o capitalismo rentista. Em maio de 2018 fui para Paris e lá escrevi o primeiro capítulo do livro sobre Novo Desenvolvimentismo. Mas fui almoçar com François Chesnais, que tinha lido meu *paper* sobre o capitalismo financeiro-rentista. Ele me disse que gostara muito desse *paper* e me sugeriu que escrevesse um livro sobre o tema. A sugestão foi boa. Me estimulou. Decidi então mudar a ordem dos livros que projetava. Decidi escrever primeiro sobre o capitalismo neoliberal financeiro-rentista. É nisso que estou envolvido agora. Eu pretendia terminar de escrevê-lo antes do final de 2019, mas a revisão deste livro autobiográfico adiou o projeto do novo livro por quase um ano. Será um livro sobre o capitalismo em geral, que mistura o econômico com o social e a política. Chesnais é um pouco mais velho do que eu e é uma excelente companhia. Nos encontramos duas vezes no ano passado (2018). O almoço em maio e outro em outubro, também em Paris. Ele mora perto da Bastilha e vai de bicicleta até os restaurantes onde nos encontramos, que ficam perto do Panteão. Ele está bem-disposto e isso é bom.

25

A Covid-19 e a finitude

A CRISE DO CORONAVÍRUS

Sabemos que o senhor está terminando a revisão desta autobiografia para enviá-la aos editores. Eis, porém, que surge essa grande pandemia do coronavírus. O senhor poderia nos dizer alguma coisa sobre ela?

Esta é a maior crise que vi em minha vida. O grande artista plástico Nuno Ramos disse que é um apocalipse ou uma descida aos infernos. Neste final de maio de 2020 já morreram no mundo mais de 360 mil, no Brasil, mais de 26 pessoas e não sabemos até onde irá essa tragédia. Afinal, a gravidade desta crise, tanto em número de mortes quanto em diminuição da produção e aumento do desemprego e da pobreza, dependerá de quanto os Estados gastarão e como gastarão para enfrentá-la. A política correta para diminuir o número de mortos enquanto não surge uma vacina ou um medicamento envolve *lockdowns* intermeados por aberturas e a realização de um grande número de testes. A política para salvar empresas, empregos e evitar a fome, assim como salvar vidas, exigirá grandes gastos. Quanto deverão eles gastar? Ninguém sabe com segurança, mas uma coisa é certa: quanto mais o Estado de cada país gastar melhores deverão ser os resultados. O quanto gastarão, porém, vai depender de como o país irá financiar esses gastos: se decidir emitir títulos e os vender ao setor privado, a dívida pública aumentará muito e as autoridades econômicas tenderão a restringi-los; se, ao invés, decidir pela venda dos títulos ao Banco Central, não há aumento da dívida e os governos poderão gastar o que é necessário. Mas financiamento monetário das despesas não causaria inflação? Baseado na boa teoria econômica e na experiência, afirmo que não, e estou montando a minha pequena batalha em favor dessa tese. Eu sei que a tese é heterodoxa, que ainda há muita gente que acredita que emissão de moeda causa inflação, ou então que dessa forma a ideia de disciplina fiscal fica esvaziada, mas nem uma coisa nem outra é verdade.

Há muitas perguntas que as pessoas fazem. Quantos serão os ciclos? Quanto durará a pandemia? No mínimo um ano, talvez dois, como propôs um estudo da Universidade de Harvard. Por que a China controlou o vírus muito melhor que os países ocidentais? A resposta imediata que ouço é que lá o regime é autoritário. Sem dúvida, é autoritário, mas será que a democracia pode ser culpada? A Coreia do Sul, cujo regime político é democrático, controlou também muito bem a difusão do coronavírus. E em menor grau, também a Alemanha.

Uma explicação complementar talvez mais importante: nos países orientais não existe o individualismo que é inerente ao capitalismo, a lógica não é a da competição de todos contra todos. Nos últimos quarenta anos, no quadro do neoliberalismo no Ocidente, o individualismo tornou-se violento, passou a negar qualquer ideia de solidariedade social. Uma sociedade em que isso acontece é uma sociedade doente. Quando acontece uma pandemia como esta, nós vemos como é importante o Estado, como ele é nosso grande instrumento de ação coletiva, como só através dele podemos construir uma verdadeira nação. O mercado é uma maravilhosa instituição de coordenação econômica dos setores competitivos de uma economia capitalista, mas o Estado é a instituição maior. Que pode ser um mero instrumento da classe dominante, mas que, na democracia, pode se voltar para a construção de um sistema solidário se não for dominado por uma ideologia neoliberal, tal como aconteceu no Ocidente a partir dos anos 1980. A China não é uma democracia, mas mostrou nessa crise que lá existe mais solidariedade que nos países ocidentais.

Muitas pessoas se perguntam como será o mundo depois desta crise. Abandonará o neoliberalismo? Na verdade, ele já está sendo abandonado desde a Crise Financeira Global de 2008. Mas, em países como os Estados Unidos e o Reino Unido, ao invés de ser substituído por um desenvolvimentismo social e ambiental, do tipo que houve no pós-guerra, nos Anos Dourados do Capitalismo, está sendo substituído por um populismo conservador de direita pior que o neoliberalismo: além de a solidariedade estar ausente, como é próprio dos regimes de política econômica liberal, o princípio da racionalidade não é obedecido, como vemos com Trump nos Estados Unidos. E o mesmo aconteceu no Brasil, neste patético e infame governo Bolsonaro. Os cientistas políticos liberais estão preocupados com esse populismo de direita. Dizem que nos países a democracia poderá acabar, não através de um golpe militar, mas pouco a pouco, através de um autoritarismo que Adam Przeworski chamou de "furtivo", porque o governante populista iria adotando políticas autoritárias uma depois da outra. E dão como exemplo o governo de Viktor Orbán, na Hungria, ou de Vladimir Putin, na Rússia. Mas esses países não são países desenvolvidos e dotados de uma experiência de democracia que já dura cerca de um século, como são o Reino Unido ou os Estados Unidos. Mesmo no Brasil, um país em que a consolidação da democracia é mais recente, não creio que haja espaço para uma ditadura. Não, a democracia será mantida depois desta crise. Ela não atende apenas aos interesses das classes populares; atende também aos interesses das elites econômicas que, quando não têm medo de serem expropriadas, preferem não ficar submetidas ao arbítrio de um ditador, mas, em condições normais, não querem ser tuteladas por políticos ou militares. E talvez tenhamos um novo ciclo de democratização, como tivemos após a Segunda Guerra Mundial, mas que foi interrompido na "virada neoliberal". As sociedades são capazes de aprender, e os ensinamentos desta crise serão muitos, ainda que nem sempre muito claros.

A REESTRUTURAÇÃO DO SUS

Em tempos de pandemia, o Sistema Único de Saúde é fundamental. O senhor teve um papel na reforma administrativa do SUS?

É verdade, considero o SUS a maior realização da democracia brasileira desde a transição democrática de 1985 e a Constituição de 1988. Já no tempo em que fui Secretário de Governo de Franco Montoro (1985-1986), me interessei pelo problema da saúde pública. Naquele tempo ele se chamava SUDS e não era ainda um sistema universal de atendimento à saúde. Mas já havia unificado a área de saúde dos antigos institutos de Previdência em uma única organização de Estado. Já no período do governo Fernando Henrique Cardoso, fiz uma viagem a Cuba, onde eu sabia existir um excelente sistema, e compreendi como ele estava estruturado. Era regionalizado, a atenção básica de saúde ficando no nível local, e as atenções mais complexas em um segundo nível regional e um terceiro nível. Naquela época o SUS estava regulado pela Norma Operacional Básica de 1993 (NOB-93), segundo o qual o governo federal, que financiava o sistema, distribuía as Autorizações de Internação Hospitalar (AIHs) diretamente aos hospitais conveniados. Era um sistema centralizado. Os municípios que possuíam hospitais recebiam muitas AIHs, enquanto os demais municípios ficavam sem atendimento. E as atuais Unidades Básicas de Saúde (UBSs) chamavam-se "postos de saúde", e não cobriam toda a população de forma regional, nem faziam a triagem para os hospitais. Quando cheguei ao MARE, estudei também os sistemas universais de saúde do Reino Unido e da Espanha, que seguiam a mesma lógica do sistema cubano. E então escrevi uma proposta de reforma adminis-

A Covid-19 e a finitude

trativa do SUS que, ao ser adotada um ano depois, chamou-se NOB-96. Foi um grande avanço. O SUS passou a ser descentralizado e estruturado em níveis de atendimento, enquanto suas verbas passaram a ser distribuídas de acordo, principalmente, com a população de cada município.

Foi fácil convencer os sanitaristas e o Ministério da Saúde sobre a necessidade da reforma?

Não, foi difícil, porque é sempre complicado implantar ideias novas, e porque os sanitaristas pensavam que eu era um "neoliberal", não obstante eu já fosse um crítico do neoliberalismo naquela época.

E então, como foi?

Primeiro, tentei convencer o grande ministro da Saúde, Adib Jatene, mas ele não tinha condições de ouvir. Ele só pensava em como conseguir recursos para o SUS — algo que a reforma que eu estava propondo facilitaria. Fiz, então, duas conferências, uma no Ministério de Saúde e outra no Dia da Saúde Pública, na grande reunião sobre seguridade que o governo realizou no Auditório Teotônio Vilela, no Senado. Mas os sanitaristas, que admiro muito porque foram os grandes defensores e criadores do SUS, também não queriam ouvir. Então, em agosto de 1995, fiz uma última tentativa de interessar os sanitaristas e o Ministério da Saúde. Telefonei para o José Carlos Seixas, que era o secretário-executivo do Ministério da Saúde e meu velho amigo e companheiro de trabalho no governo Montoro, um homem público inteligente e corajoso e um grande sanitarista. Disse ao Seixas, um pouco sério, um pouco brincando: "Seixas, o seu ministro está me desqualificando", e continuei: "Toda vez que eu digo a ele que tenho um novo modelo de descentralização para o SUS, ele diz que é exatamente isso o que está fazendo. Gostaria que você viesse aqui ao MARE, e me reservasse uma tarde completa para que eu possa explicar no que consiste a reforma que estou propondo. Se você aceitar, ótimo; se rejeitar, eu desisto". Na semana seguinte, depois de duas horas e meia de explicações, argumentações e respostas a dúvidas, Seixas disse que concordava. Chamei então meu assessor, Luiz Arnaldo Pereira da Cunha Junior, apresentei-o ao Seixas, e disse que a partir dali Luiz Arnaldo deveria assessorá-lo diretamente e que Seixas conduziria todo o trabalho. Como eu era "neoliberal", não participaria dos debates que seriam necessários; o comando da reforma seria do Seixas e do seu ministro, que ele se encarregaria de convencer. A estratégia teve êxito. O Seixas discutiu o sistema no Brasil inteiro no quadro das comissões de saúde bipartites e tripartites. Dois dias antes de deixar o cargo ao final de 1996, Adib Jatene assinou a NOB-96, começando, assim, a reforma gerencial do sistema de saúde pública brasileiro. Hoje o SUS é fundamental no combate à pandemia.

Emitir ao invés de aumentar a dívida pública

O que fazer, no campo da economia, para enfrentar os efeitos da Covid-19?

O ponto fundamental que tenho defendido desde o começo desta crise é que os governos deverão deixar de lado qualquer austeridade e gastar tudo o que for necessário para salvar vidas, empregos e empresas. Mas esse gasto não deve se transformar em aumento da dívida pública. Essa é a solução ortodoxa, mas é um grande equívoco porque obrigará as pessoas, principalmente as mais pobres, a pagá-la através de políticas infindáveis de ajuste fiscal e baixo crescimento. A alternativa heterodoxa é o financiamento monetário dos gastos excepcionais, mas para os economistas ortodoxos essa alternativa não existe. Já li vários artigos na *Folha* de economistas liberais dizendo que os custos da Covid-19 serão elevados, mas "não há mágica"; teremos que retomar a estratégia do ajuste fiscal. A ortodoxia é para mim uma coisa absurda, irracional, é a incapacidade de pensar. Ortodoxia é pensar de acordo com uma "doxa", com uma verdade absoluta e indiscutível. Ora, essa "verdade" não existe nas ideologias, nas ciências sociais, nem mesmo nas ciências naturais; talvez exista na matemática. Nós estudamos para aprender a pensar em cada caso. Devemos usar as teorias disponíveis, mas sempre de forma pragmática e dialética.

A política de emissão de moeda foi adotada pelos países ricos depois da crise de 2008, no quadro do *quantitative easing* (flexibilização quantitativa). Naquele caso, a compra de títulos públicos e privados foi feita com o objetivo de aumentar a liquidez das economias nacionais, mas a compra de títulos públicos teve como consequência a diminuição da dívida pública. No caso atual, além de aumentar a liquidez (a quantidade de moeda disponível para as transações), essa compra deverá ter como finalidade o financiamento das despesas com a Covid-19. Por que é preciso evitar esse aumento? Nos países em desenvolvimento, se o aumento da dívida pública implicar também aumento da dívida externa, o país pode ser levado ao *default*.

Mas essa não é uma política que causará inflação?

Esta é uma política heterodoxa que se torna necessária apenas sob determinadas condições. A tese ortodoxa é que isso causa inflação porque implica aumento da oferta de moeda. Mas o financiamento privado tem a mesma consequência. Nos dois casos aumenta o crédito, e, assim, aumenta a quantidade de moeda. Não aumenta, porém, a inflação, porque não há risco de os países incorrerem em excesso de demanda.

A oferta e a demanda agregada estão em plena e grave queda. E o simples aumento da quantidade de moeda definitivamente não causa inflação. A teoria quantitativa da moeda afirma o contrário, mas esse é um velho e desgastado mito que os "monetaristas" liderados por Milton Friedman tentaram ressuscitar, mas fracassaram no seu projeto. Fracassaram tão radicalmente que hoje quando se fala de economistas ortodoxos não se fala mais de economistas monetaristas, mas de economistas neoclássicos. Keynes mostrou que a quantidade de moeda em uma economia é endógena. Aqui no Brasil aprendi o caráter endógeno do dinheiro com Ignácio Rangel, que chegou a essa ideia por sua própria conta, observando a realidade brasileira dos anos 1960.[271] Entre os pós-keynesianos, Basil Moore, em 1979, mostrou teoricamente a endogeneidade da moeda.[272]

A teoria da inflação inercial, na forma pela qual foi desenvolvida no Brasil (o país que teve a mais longa e radical experiência desse tipo de inflação), mostrou isso de forma definitiva. O *paper* que definiu mais amplamente essa teoria, "Fatores aceleradores, mantenedores e sancionadores da inflação" (1983), afirma isso no próprio título.[273] O fator acelerador da inflação, ou seja, sua causa, é o excesso de demanda em relação à oferta, mas pode também ser resultado de um choque de oferta. A indexação formal e informal dos preços é o fator mantenedor ou inercial da inflação, que a torna resistente às políticas de aumento dos juros e de redução de despesas visando diminuí-la. Já a moeda é o fator "sancionador" da inflação, o fator que valida a inflação que está acontecendo. Há muitas maneiras de definir o dinheiro, mas, para os teóricos da inflação inercial, uma de suas funções é a de atuar como um "óleo lubrificante" que garante a liquidez monetária do sistema, que permite que as trocas comerciais e os investimentos ocorram de maneira normal sem que a taxa de juros seja fortemente afetada. A experiência de *quantitative easing* demonstrou definitivamente que o velho monetarismo não faz sentido. Os bancos centrais dos países ricos compraram 15 trilhões de dólares em títulos públicos e privados sem que houvesse aumento da taxa de inflação. Nos dois casos buscava-se aumentar a liquidez do sistema e baixar a taxa de juros (que chegaram a se tornar negativas) para estimular a economia, mas quando houve compra de títulos públicos isso implicou diminuição da dívida pública.

E que o senhor diz sobre a redução da dívida pública?

A consequência não prevista ou não almejada da flexibilização quantitativa foi uma grande diminuição na dívida pública dos países que a praticaram. No caso do Japão, cuja dívida era imensa, a redução foi enorme: o Banco Central do Japão detém 85% da assim chamada "dívida pública" do Japão, de forma que ela foi reduzida em 77%; já a redução da dívida pública dos Estados Unidos foi bem menor, 12%.[274] Vemos, assim, que há uma grande diferença entre a compra de títulos do Tesouro pelos bancos centrais ou pelo setor privado. No primeiro caso não há aumento da dívida pública, já que Tesouro e Banco Central são duas organizações que fazem parte do aparelho do Estado. A verdadeira dívida pública é a dívida líquida do Estado dos créditos do Tesouro junto ao Banco Central. Entretanto, não é isso o que vemos ao examinarmos a evolução da "dívida pública" dos países que realizaram *quantitative easing*. As dívidas públicas do Japão, dos Estados Unidos, do Reino Unido, da Suíça, da Suécia e dos países da Zona do Euro não foram devidamente corrigidas. Não foram porque os economistas adoram ficções e as regras de contabilidade pública continuam a ser regidas por conceitos superados.

Mas por que o senhor está dando tanta importância à emissão de moeda para financiar as despesas com o coronavírus? Apenas para não aumentar a dívida pública?

Há uma razão mais importante nesse momento. Se os ministros das Finanças e seus assessores compreenderem que a compra de títulos do Tesouro pelo Banco Central não causará inflação e não aumentará a dívida pública, eles realizarão os gastos necessários. Se não acreditarem, ou se estiverem no triste caso dos países da Zona do Euro, que não têm o poder de emitir moeda, eles certamente vão gastar menos. Não existem ainda dados definitivos sobre o quanto os grandes países estão gastando com a Covid-19, mas já existem bons estudos. Segundo um estudo do Instituto Brasileiro de Economia (IBRE) da FGV, está havendo uma variação grande entre os países. Excluindo-se os financiamentos que não pesam no orçamento, mas também são muito importantes para enfrentar a crise, considerando-se apenas o programas governamentais, temos que alguns países como Austrália, Canadá e Japão estão gastando bastante (respectivamente, 10,1%, 9,1% e 6,8% do PIB), enquanto outros como Itália, França e Espanha estão gastando pouco (respectivamente, 1,2%, 2,0% e 2,7% do PIB).[275] Não creio que isso seja por acaso. Os países que estão gastando menos são exatamente aqueles que cometeram o grande equívoco de criar o euro e perderam autonomia de po-

A Covid-19 e a finitude

lítica monetária. Nós vimos isso de maneira claríssima na Crise do Euro (2010-2015) e parece que estamos vendo isso novamente na Crise da Covid-19. A Alemanha, nesse estudo, é uma exceção, está gastando 6% do PIB, mas sabemos como a conta fiscal e a conta-corrente externa desse país são administradas com rigor. E como é competente sua primeira-ministra.

Então, se a emissão de moeda não causa inflação e reduz a dívida pública, ou não a aumenta, quando gastos extraordinários se tornam necessários fica abolido o princípio da disciplina fiscal?

De forma alguma. A responsabilidade fiscal continua essencial. A compra de títulos públicos pelos bancos centrais precisará ser cuidadosamente regulada e transparentemente controlada. Dessa maneira, estou seguro de que o financiamento monetário será um trunfo na luta contra a Covid-19. Nas contas de um país existem quatro tipos de dívida conforme o devedor: a dívida privada pode ser das famílias ou das empresas; a dívida pública é a dívida do Estado, gerida pelo seu governo; e a dívida externa de cada Estado-nação pode ser privada ou pública. Existem duas instituições que controlam as dívidas de um país: o mercado controla as dívidas privadas; a política econômica controla a dívida pública. Qual dessas instituições é mais efetiva? O pressuposto liberal ou ortodoxo é que os políticos e, portanto, a política econômica, são incapazes de manter o rigoroso controle fiscal que é necessário, e, a partir daí, a ortodoxia liberal conclui que a dívida pública é mais perigosa que a dívida privada. Mas isso só é verdade para países pobres e para alguns países de renda média sujeitos ao populismo econômico, entre os quais o Brasil. Os economistas liberais acreditam que a dívida privada envolve mais risco porque o mercado puniria aquelas empresas ou famílias que fossem irresponsáveis do ponto de vista financeiro. Enquanto o endividamento das primeiras pode levá-las à insolvência, não existe Estado quebrado quando está endividado na sua própria moeda. O endividamento do Estado não tem, portanto, um sistema automático de controle pelo mercado igual ao que o endividamento privado tem; depende de um controle político — do controle pela política econômica. Mas será que o controle político é menos efetivo que o do mercado? Isso depende das instituições fiscais e financeiras e da qualidade da política econômica do país. Esta tende a ser tanto melhor quanto mais desenvolvido e democrático for o país. Os políticos no poder sabem que precisam evitar crises, e que para isso precisam de disciplina fiscal. Sabem por experiência, e porque os bons economistas, sejam eles ortodoxos ou heterodoxos, liberais ou desenvolvimentistas, defendem a disciplina fiscal. E as contas fiscais do Estado estão sendo sempre auditadas não apenas pelas organizações de controle interno e externo do próprio Estado, mas pelas organizações privadas e pela imprensa. O que torna o endividamento público muito mais transparente e passível de controle do que o endividamento das empresas e das famílias, para as quais a transparência é quase nenhuma e os controles são muito menores. Certamente nos países ricos e em grande parte dos países de renda média que já realizaram sua revolução industrial e capitalista o endividamento do Estado é menos perigoso que o endividamento do setor privado. A longa e repetitiva história das crises financeiras mostra isso de maneira definitiva. A Crise Financeira Global de 2008 foi a última grande comprovação dessa tese. Teve origem exclusivamente no setor privado.

Por todas essas razões, considero a emissão de moeda realizada por países desse tipo compatível com a responsabilidade fiscal. Liberais e conservadores pensam que permitir que o Banco Central compre títulos do Tesouro é dar uma licença para a gastança, mas isso definitivamente não é verdade se a política de emissão e de gastos for realizada de maneira bem regulada e transparente.

O senhor continua, portanto, defendendo a disciplina fiscal?

Continuo defendendo, portanto, a disciplina fiscal. Keynes fez uma revolução na teoria econômica defendendo déficits públicos e o aumento do investimento público nos momentos de recessão, mas defendeu sempre a disciplina fiscal. Os países que se desenvolveram originalmente, como o Reino Unido, a França e a Bélgica, ou os países centrais retardatários que realizaram o *catching up* na segunda metade do século XIX, como os Estados Unidos e a Alemanha, ou os países periféricos que sofreram o imperialismo industrial mas conseguiram construir suas nações com duas instituições fortes, o Estado e o mercado, como a Coreia do Sul e agora a China — todos esses países se desenvolverem adotando disciplina fiscal. Por que essa disciplina fiscal é tão importante? Não vou discutir esta questão agora. Desde o ano passado estou escrevendo um trabalho para responder a esta pergunta. Agora só adianto que não é porque o Estado pode quebrar, porque um Estado endividado na sua própria moeda não quebra. Nem é porque os investimentos públicos tirariam espaço para os investimentos do setor privado — o chamado *crowding out* do setor privado. Se o Estado realiza seus investimentos na infraestrutura e na produção de insumos básicos, ele não diminui, mas abre oportunidades de investimento para as empresas. Sem dúvida, o gasto público pode causar inflação se implicar aumento da demanda além da capacidade de oferta do país. Mas a responsabilidade fiscal implica evitar

A Covid-19 e a finitude

que isso aconteça. Proponho, porém, que existe uma razão maior que leva os bons políticos e os bons economistas dos países bem-sucedidos a agirem com disciplina fiscal — uma razão que eles não "conhecem", mas, de alguma forma, têm dela intuição. Um Estado não pode quebrar, mas um Estado-nação pode quebrar quando está endividado em moeda estrangeira. Um país fica endividado quando incorre em déficits em conta-corrente crônicos. Ora, déficits fiscais, antes de levar o país ao pleno emprego e à inflação, causam um aumento do déficit em conta-corrente que eleva sua dívida externa, e principalmente sua dívida externa privada. Isso é muito perigoso, porque o país fica à mercê de seus credores externos e pode a qualquer momento quebrar, entrar em uma crise de balanço de pagamentos que interromperá o processo de desenvolvimento econômico e levará o partido político no poder a perder as próximas eleições. Este argumento é importante e inverte o raciocínio ortodoxo. A indisciplina fiscal não é um mal porque quebra o Estado, mas porque ameaça quebrar os Estados-nação. Esse é um argumento novo-desenvolvimentista em favor da disciplina fiscal porque para esta perspectiva teórica o mal maior são os déficits em conta-corrente, que apreciam no longo prazo a moeda nacional e tornam não competitivas as empresas industriais do país.

Diante da morte

Desde que começamos essas conversas, um ano e meio atrás, três interlocutores especiais seus faleceram: Paul Singer, Hélio Jaguaribe e Fernão Bracher. Três pessoas que testemunharam a sua trajetória, assim como você testemunhou a deles. Como o senhor encara a finitude?

Hoje mesmo, pela manhã, li uma poesia de William Blake, na qual ele faz uma contabilidade da própria morte. Quando você chega na minha idade, aos 85 anos, a morte fica uma coisa muito mais concreta. Como disse Mário de Andrade em uma de suas poesias, para a qual Vera Cecília me chamou a atenção, "tenho muito mais passado do que futuro". Eu sei que vou morrer dentro de um prazo não muito longo, e isso está sempre presente para mim. Nessa época da vida o importante é fazer alguma coisa que preste aqui e agora. Acho que era isso que o Blake dizia. Deixe-me achar aqui [Bresser então se levanta, vai até sua biblioteca, volta com uma edição de Blake e passa alguns minutos em silêncio lendo poemas, boa parte deles grifados; sorri quando relê "A voz do demônio"]. Não consigo encontrar, mas o ponto é este: é preciso fazer o que é importante aqui e agora; não adianta deixar para depois. O sentido da nossa vida é aquele que nós damos a ela, é a nossa vocação. Eu decidi ser um economista do desenvolvimento, lutar por um Brasil e um mundo mais seguro, mais próspero e menos injusto, ser um membro responsável da minha família e um cidadão que ocuparia posições políticas a partir de uma perspectiva republicana. Estou satisfeito com o que fiz, embora saiba que poderia ter feito mais.

Li recentemente um livro de François Cheng, um filósofo e poeta franco-chinês da Academia Francesa de Letras, *Cinco meditações sobre a morte*.[276] É um livro notável no qual o autor mistura a cultura chinesa, em especial o Tao, com a cultura ocidental, presente especialmente nos grandes poetas, como Rainer Maria Rilke. Para Cheng, ao invés de vermos a morte a partir do lado da vida, como uma ameaça, deveríamos ver a vida a partir da morte. Porque assim, ao invés de pensarmos a vida como o corredor da morte, pensaremos a vida como uma aventura. Uma grande aventura que a morte valoriza. Para o Tao, explica ele, a Vida é uma imensa marcha na qual um Sopro de vida a faz nascer do Nada para chegar ao Todo. E Cheng conclui: "É a consciência da morte que nos faz ver a vida como um bem absoluto e seu acontecimento como uma aventura única".

Portanto, ter a morte presente no nosso horizonte relativamente próximo não significa estar aposentado. Eu sou o último dos aposentados. Eu continuo lutando duramente contra a quase-estagnação da economia brasileira que já dura quarenta anos. Na semana passada redigi um breve manifesto para o Projeto Brasil Nação defendendo o nacionalismo econômico. Nesse documento nós propomos cinco políticas que são centrais para o Novo Desenvolvimentismo.[277] Faço parte da Comissão Arns de Defesa dos Direitos Humanos. Estou escrevendo um livro crítico do capitalismo financeiro-rentista. Agora, na quarentena da Covid-19, estou defendendo fortemente duas coisas: o financiamento monetário das despesas do Estado na luta contra a pandemia e o impeachment de Bolsonaro. Continuo, portanto, muito ocupado. Como vocês estão vendo, continuo na briga. Quando eu e Sílvio Luiz éramos crianças, lembro-me de meu pai ter lido para nós o "I-Juca-Pirama" e a "Canção do Tamoio", de Gonçalves Dias. Os dois poemas me impressionaram profundamente: o "I-Juca-Pirama" pela história dramática, pela fidelidade do pai aos princípios morais da sua tribo, pelo medo e afinal a coragem do filho; já na "Canção do Tamoio" ficaram dentro de mim os versos "Não chores, meu filho, não chores, que a vida é luta renhida: viver é lutar".

A Covid-19 e a finitude

Índice de nomes

Abramovay, Ricardo, 274
Abrucio, Fernando, 276
Abujamra, Antônio, 137
Adams, Walter, 56
Affonso, Carlos Heliodoro Pinto, 205
Aglietta, Michel, 195, 248
Aidar, Antonio Carlos, 258
Aidar, Fábio, 41, 250
Aidar, Marilu, 41
Aidar, Maurício, 41
Alckmin, Geraldo, 30, 307
Alencastro, Luiz Felipe de, 249, 260, 276, 334, 337
Alfonsín, Raúl, 170
Almeida, Candido Mendes de, 93
Almeida, Hugo Ribeiro de, 40
Almeida, João, 16
Almeida, Rômulo de, 44, 46
Alvarado, Juan Velasco, 251
Alves, Madalena Diegues Moreira, 251
Alves, Márcio Moreira, 227, 251, 258
Alves, Marie Breux Moreira, 251
Amable, Bruno, 319
Amado, Jorge, 20
Amaral, Tata, 334
Amato, Giuliano, 247
Amato, Mario, 177, 255
Amorim, Ana Maria, 334
Amorim, Celso, 32, 309, 322, 334
Amsden, Alice, 280, 288
Anastasia, Antonio, 218
Anderson, Benedict, 133
Andrade, Joaquim Pedro de, 23
Andrade, Mário de, 350
Angarita Silva, Antonio, 58, 61, 73, 141
Aníbal, José, 279

Annenberg, Daniel, 226
Antunes Filho, 32
Aragão, Eugênio, 334
Aranha, Francisco, 63
Aranha, Osvaldo, 46, 164
Araújo, Cícero, 261, 275
Araújo, Eliane, 245, 261, 288
Araújo, Marcelo, 137
Arbix, Glauco, 274
Arestis, Philip, 117
Arida, Persio, 25, 145, 146, 147, 151, 163, 198, 212
Aristóteles, 127, 131, 133
Arns, Dom Paulo Evaristo, 32, 33, 42, 87, 275, 336, 337, 338, 351
Arraes, Miguel, 25
Arrighi, Giovanni, 105
Arvate, Paulo, 155
Ascar, Antônio Carlos, 62
Astaire, Fred, 19
Atkinson, Tony, 244
Ávila, Padre Fernando de, 71
Avritzer, Leonardo, 276
Aymar, Maurice, 248
Azevedo, Clóvis Bueno de, 64
Azevedo, José Osório, 42
Bacha, Edmar, 25, 145, 147, 210, 212, 241, 279, 333
Bacon, Francis, 197
Baker, James, 169, 171, 172, 173, 174, 175
Barbosa Lima Sobrinho, Alexandre, 36, 116
Barbosa Lima, Fernando, 38, 51
Barbosa Lima, Maria José, 36, 38
Barbosa, Fernando de Holanda, 303

Índice de nomes

353

Barbosa, Julio, 70
Barbosa, Lívia, 127
Barbosa, Nelson, 296, 333, 338
Barbosa, Rubens, 159, 241
Bardella, Claudio, 74, 109, 255
Barelli, Walter, 164
Barrionuevo, Arthur, 155, 162
Barro, Máximo, 39
Barros, Ricardo Paes de, 155
Beauvoir, Simone de, 21
Becker, Cacilda, 137
Belluzzo, Luiz Gonzaga de Melo, 79, 99, 273
Benevides, Maria Victoria, 337
Benevides, Mauro, 136
Bento XVI, Papa, 32
Berle Jr., Adolf, 78, 148
Bernanos, Georges, 40
Bernardini, Mário, 322, 323, 334
Berquó, Elza, 96
Berr, Eric, 248, 276
Berry, Chuck, 22
Bertero, Carlos Osmar, 58
Bethell, Leslie, 244
Betinho, 29
Bhaduri, Amit, 317
Biden, Joe, 33
Biderman, Ciro, 63, 155
Bielawski, Roberto, 206
Bignotto, Newton, 127
Bizberg, Ilan, 276
Blair, Tony, 29, 247, 318
Blake, William, 350
Blanco, Carlos, 234
Blaug, Mark, 190
Bobbio, Norberto, 85, 131, 204
Bodin, Pedro, 198
Boff, Leonardo, 79
Bolsonaro, Jair, 15, 31, 32, 33, 251, 268, 304, 306, 307, 308, 310, 325, 330, 331, 332, 336, 337, 338, 342, 351
Borghi, Hugo, 36
Bornhausen, Roberto, 255
Boulos, Guilherme, 33
Bourdieu, Pierre, 190, 295, 297

Bouzan, Ary, 61, 114
Boyer, Robert, 195, 248, 276, 284, 319
Bracher, Candido, 90, 113, 136, 251
Bracher, Eduardo, 251
Bracher, Fernão Botelho, 32, 40, 41, 42, 43, 147, 159, 169, 200, 210, 251, 255, 256, 350
Bracher, Sonia Sawaya, 41, 42, 43
Bradley, Bill, 171
Brady, Nicholas, 27, 160, 169, 175, 203, 244, 246
Brandão, Gildo Marçal, 276
Braudel, Fernand, 105
Brennand, Francisco, 32
Bresser da Silveira, Clara, 35
Bresser Pereira, Mônica, 81
Bresser Pereira, Patrícia, 16, 42, 81, 155, 249
Bresser Pereira, Rodrigo, 81, 261, 262
Bresser Pereira, Rogério, 81
Bresser Pereira, Sérgio Luiz, 37
Bresser Pereira, Sílvio Luiz, 35, 36, 37, 38, 40, 43, 55, 88, 351
Bresser Pereira, Vera Cecília Prestes Motta, 11, 13, 16, 21, 33, 36, 40, 41, 42, 43, 44, 84, 115, 206, 248, 249, 250, 252, 309, 350
Bresser, Carlos Abrão, 35
Bresser, Carlos, 35
Bresser, Clara, 35
Brimer, Andrew F., 56
Brito, José Valney, 62, 88, 89, 210
Brizola, Leonel, 22, 25, 27, 30, 183, 184, 211, 242
Bruneau, Thomas, 117
Buarque de Holanda, Chico, 23, 140
Buarque de Holanda, Sérgio, 19, 268
Bueno, Fernando, 322, 334
Bueno, Maria Esther, 21
Bulhões, Octavio Gouvêa de, 23, 46, 177, 335, 336
Burlamaqui, Leonardo, 317
Bush, George H. W., 175
Bush, George W., 30
Café Filho, João, 46, 48

Calabi, Andrea, 159

Calil Padis, Pedro, 84

Calil, Carlos Augusto, 137

Campos, Eduardo, 31

Campos, Roberto, 23, 46, 224, 263, 335, 336

Camus, Albert, 21

Canabrava, Alice Piffer, 75

Candido, Antonio, 11, 32, 125, 140

Cantanhêde, Eliane, 172

Capanema, Gustavo, 293

Capella, Luiz Carlos, 218

Cardoso, Fernando Henrique, 25, 27, 28, 29, 30, 50, 53, 69, 71, 73, 74, 96, 99, 105, 109, 114, 116, 121, 132, 139, 141, 150, 151, 162, 165, 166, 175, 184, 203, 204, 209, 210, 211, 212, 213, 214, 215, 216, 218, 219, 221, 227, 231, 232, 236, 239, 240, 241, 242, 243, 244, 245, 246, 247, 252, 253, 254, 256, 261, 263, 264, 265, 266, 267, 269, 277, 282, 288, 301, 307, 343

Cardoso, Ruth, 209, 213, 235

Carneiro, Ricardo, 273

Carter, Jimmy, 339

Cartola, 25

Carvalho, Beth, 32

Carvalho, Clóvis, 213, 219, 231

Carvalho, Fernando Cardim de, 273

Carvalho, Flávio de, 19

Carvalho, Olavo de, 307

Castello Branco, Humberto de Alencar, 23

Castells, Manuel, 212

Castro, Antônio Barros de, 92, 93, 280, 288

Castro, Claudio de Moura, 61

Castro, Fidel, 22, 32

Castro, Paulo Rabello de, 84

Castro, Raúl, 32

Catão, Francisco Augusto, 41

Caymmi, Dorival, 21

Cazuza, 25

Celestino Pereira, Pedro, 334

Chang, Ha-Joon, 276, 288, 317

Chateaubriand, Assis, 94

Chaui, Marilena, 180

Chaves, Aureliano, 27

Chávez, Hugo, 29, 30, 32

Cheng, François, 351

Chesnais, François, 248, 327, 340

Churchill, Winston, 20

Cícero, 127

Cintra Cavalcanti, Marcos, 63

Clark, Helen, 247

Clinton, Bill, 28, 29, 215, 220, 241, 247

Cohn, Gabriel, 276

Collor de Mello, Fernando, 27, 28, 88, 89, 113, 132, 183, 184, 185, 186, 187, 188, 189, 108, 201, 204, 209, 267, 279, 307, 339

Comparato, Fábio Konder, 42, 337

Corbisier, Roland, 48

Corden, W. Max, 282

Costa e Silva, Arthur da, 23

Costa, Geraldo Andrade, 86

Costin, Cláudia, 63, 217, 337

Cotrim, Paulo, 40, 43

Coutinho, Eduardo, 136

Coutinho, Luciano, 161, 322

Couto, Claudio Gonçalves, 276

Couto, Ronaldo Costa, 177

Covas, Mário, 25, 27, 113, 114, 141, 151, 166, 175, 183, 184, 205, 209, 226

Cristo, Carlos Manoel, 218

Cruz, Sebastião Velasco, 276

Cunha Lima, Jorge da, 38, 39, 40, 48, 251

Cunha Junior, Luiz Arnaldo Pereira da, 344

Cunha, Manuela Carneiro da, 337

Cunha, Patrícia, 261

Cunill Grau, Nuria, 235

D'Horta, Arnaldo Pedroso, 78

Dahl, Robert, 243

Dall'Acqua, Fernando, 83, 162

Dallagnol, Deltan, 331, 332

Dallara, Charles, 173

Índice de nomes

Dallari, Dalmo, 42
Dantas, San Tiago, 22
Davidson, Louise, 117
Davidson, Paul, 117, 195, 243
De Sica, Vittorio, 21
Déda, Marcelo, 230
Delfim Netto, Antônio, 23, 24, 32, 73, 75, 76, 93, 145, 157, 198, 246
Dewey, John, 133
Diamond, Larry, 108
Diana Spencer, Lady, 29
Dias, Gonçalves, 351
Dias, José Carlos, 116, 336, 337
Diegues, Cacá, 136, 251
Diniz, Abílio, 27, 62, 81, 82, 83, 84, 85, 86, 87, 88, 89, 90, 186, 205, 215, 252, 301
Diniz, Alcides, 85, 86, 205
Diniz, Ana Maria, 90
Diniz, Arnaldo, 85, 86, 87, 205
Diniz, Floripes dos Santos, 86, 87
Diniz, Lucília, 87
Diniz, Sonia, 87
Diniz, Valentim dos Santos, 82, 85, 86, 87, 90
Diniz, Vera, 87
Dornbusch, Rudi, 146, 163, 171
Dornelles, Francisco, 157
Dostoiévski, Fiódor, 40
Drucker, Peter, 223
Duarte, Benedito, 62
Dumas, Alexandre, 37
Duménil, Gérard, 195
Dupas, Gilberto, 65, 136, 159
Duran, Dolores, 21
Durand, José Carlos, 58
Dutra, Eurico Gaspar, 20
Dylan, Bob, 24
Ebert, Friedrich, 140
Eça, Luiz Antonio de Almeida, 41, 71, 193
Eisenhower, Dwight, 21, 55
Ellington, Duke, 19
Engels, Friedrich, 112, 190, 192
Erdogan, Recep, 32

Eris, Ibrahim, 185
Escobar, Ruth, 109, 137
Estrella, Guilherme, 334
Evans, Peter, 117
Fafá de Belém, 138
Faletto, Enzo, 69, 264
Faoro, Raymundo, 269
Farah, Marta, 63
Farias, Pedro Cezar de Lima, 218
Faucher, Philippe, 117, 232
Feijó, Carmem, 261, 288
Fellini, Federico, 24
Feola, Vicente, 242
Fernandes, Ciro Cristo, 218
Fernandes, Florestan, 45, 69, 71, 74, 75, 264
Fernández, Ramon Garcia, 261
Ferrari Filho, Fernando, 273
Ferreira Filho, Manoel Gonçalves, 39, 40, 41, 42, 94, 127, 251
Ferreira, Ivete Senise, 40, 41
Ferrer, Aldo, 170, 276
Figueiredo, João Baptista de Oliveira, 25
Figueiredo, Orlando, 63, 76
Fiori, José Luís, 202
Fleury, Maria Tereza, 158
Flores, Jorge Oscar de Mello, 65
Fonseca, Pedro Cezar Dutra, 46, 70, 273
Fortunato, Gregório, 45
Fraga, Armínio, 198
França, Luiz Ferreira, 41
França, Maria Olympia Ferreira, 41
Francini, Paulo, 255
Francisco, Papa, 32
Franco, Francisco, 19, 24
Franco, Gustavo, 147, 150, 242
Franco, Itamar, 28, 189, 209, 210
Franco, Wellington Moreira, 227, 228, 232
Frank, Andre Gunder, 264
Freire d'Aguiar Furtado, Rosa, 249, 274
Freitas, Carlos Eduardo de, 162
Frenkel, Roberto, 195, 276
Freud, Sigmund, 83
Freyre, Gilberto, 68, 268

Frias de Oliveira, Octavio, 116, 176
Friedman, Milton, 346
Frost, Carl F., 114
Fukuyama, Francis, 28
Funaro, Dilson, 26, 27, 157, 159, 175
Furquim, Lilian de Toni, 258
Furquim, Luiz Fernando, 87, 210
Furtado, Celso, 21, 22, 25, 30, 33, 43, 46, 52, 53, 69, 71, 77, 92, 94, 243, 263, 269, 273, 280
Gaebler, Ted, 217
Gaetani, Francisco, 218
Gala, Paulo, 282
Galbraith, James, 276
Galbraith, John Kenneth, 77, 119, 179, 243, 285
Garcia, Afrânio, 248, 249, 263
Garcia, Marie-France, 249
Gardenalli, Geraldo, 83
Garnier, Leonardo, 235
Garrincha, Mané, 21, 242
Gaspari, Elio, 23
Gasparian, Fernando, 274
Gates, Bill, 29
Geisel, Ernesto, 24, 25, 103, 104, 147, 194, 197, 201
Gellner, Ernest, 133
Genevois, Margarida, 336, 337
Giannetti da Fonseca, Eduardo, 180
Giannetti da Fonseca, Roberto, 168, 174
Giannotti, José Arthur, 79, 96, 99
Giddens, Anthony, 204, 247, 318
Gil, Gilberto, 23
Gilberto, João, 21, 32
Godard, Jean-Luc, 22
Goldenstein, Lídia, 206
Goldman, Alberto, 239
Gomes, Ciro, 31, 32, 184, 250, 305, 308, 309, 310, 334
Gomes, Severo, 116
Gonçalves, Reinaldo, 297
González, Felipe, 202, 318
Gonzalez, Lauro, 283
Goodman, Benny, 19
Gorbachev, Mikhail, 27

Gore, Al, 220
Goulart, João, 22, 23, 25, 45, 81, 335
Goulart, Luís Aranha Correia, 164
Gouvêa, Gilda Portugal, 205, 246
Gramsci, Antonio, 243
Greenhalgh, Laura, 337
Greenspan, Alan, 173
Greenwald, Glenn, 332
Gregori, José, 42, 337
Guanaes, Nizan, 213
Gudin, Eugênio, 44, 45, 46, 54, 103, 148, 152
Guedes, Paulo, 307, 330, 336, 339
Guerra, Ruy, 21
Guevara, Ernesto Che, 22, 24
Guimarães, Samuel Pinheiro, 334
Guimarães, Ulysses, 25, 27, 28, 136, 142, 157, 161, 166, 175, 183, 274
Guinsburg, Jacó, 78
Gullar, Ferreira, 21
Gurría, Angel, 175
Gusmão, Roberto, 113
Gusso, Padre Enzo, 41
Gutiérrez, Gustavo, 79
Guttmann, Robert, 195, 248, 276
Haddad, Fernando, 31, 32, 250, 305, 308, 309, 310, 334
Haggard, Stephen, 117
Hands, Wade D., 190
Harrington, James, 127
Hein, Eckhard, 195
Heise, Cecília, 13, 16, 156, 244, 249, 261
Hendrix, Jimi, 24
Henry, William, 56
Hippolito, Lucia, 219
Hirschman, Albert, 46, 77
Hitler, Adolf, 20
Hobbes, Thomas, 121
Hobsbawm, Eric, 133
Hobson, John A., 320
Holland, Márcio, 259, 303
Hoselitz, Bert, 57
Hroch, Miroslav, 133
Hurrell, Andrew, 244

Índice de nomes

Ianni, Octavio, 71
Ianoni, Marcus, 261, 319
Iglesias, Enrique, 233
Jabbour, Elias, 261
Jackson, Andrew, 161
Jackson, Michael, 26
Jaguaribe, Hélio, 20, 32, 47, 49, 52, 69, 70, 71, 78, 93, 94, 170, 274, 350
Jatene, Adib, 344
Jenkins, Kate, 220, 232
Jereissati, Tasso, 151, 184
Jobim, Tom, 21, 28
Johnson, Boris, 324, 326
Johnson, Chalmers, 280, 288
Joplin, Janis, 24
Jordan, Michael, 29
Jorge Caldas Pereira, Eduardo, 227, 232, 240
Josaphat, Frei Carlos, 41
Kadota, Décio, 162
Kahneman, Daniel, 192
Kaldor, Nicholas, 75
Kalecki, Michal, 75, 153, 289
Kandir, Antonio, 185
Kaufman, Robert, 117
Kennedy, Bob, 24
Kennedy, John, 22, 47, 124, 129
Keynes, John Maynard, 19, 43, 77, 149, 150, 153, 192, 193, 243, 273, 281, 289, 300, 305, 315, 346, 349
King, Martin Luther, 22, 24
Kirchner, Nestor, 30
Kissinger, Henry, 24
Kondratieff, Nikolai, 93
Kowarick, Lúcio, 96, 276
Kregel, Jan, 117, 195, 276, 317
Krenak, Ailton, 337
Krugman, Paul, 195, 196, 283
Kubitschek, Juscelino, 21, 25, 43, 44, 45, 46, 48, 49, 51, 55, 71, 72, 135, 194
Kuhn, Thomas, 190
Lacerda, Antonio Corrêa de, 322
Lacerda, Carlos, 25
Lafer, Celso, 131
Lafer, Horácio, 46

Lagos, Ricardo, 212
Lakatos, Imre, 190
Lampreia, Luiz Felipe, 212
Lattes, César, 29, 238
Lavoie, Marc, 117
Le Heron, Edwin, 248, 276
Leão XIII, Papa, 127
Lebret, Padre Louis-Joseph, 40
Lefort, Claude, 243
Leite, Alcino, 16
Leiva, João, 141
Leme, Paes, 51
Lennon, John, 26
Levy, Evelyn, 63, 218, 261
Levy, Joaquim, 303, 304, 333, 339
Lewis, Arthur, 22, 43, 46, 51, 52, 77, 243, 280
Lima, Alceu Amoroso, 40, 47, 120
Lima, Alvino, 42
Lima, Chopin Tavares de, 139
Lima, Hermes, 47, 71, 79
Lima, Luiz Antonio Oliveira, 58, 99, 258
Limongi, Fernando, 105, 260, 276
Linke, Daniela Theuer, 261
Lopes, Francisco, 25, 115, 144, 145, 146, 151, 159, 164, 188, 279
Lopes, Juarez Rubens Brandão, 96
Lopes, Luiz Simões, 63, 65, 221
Lott, Henrique Duffles Teixeira, 44
Loureiro Durand, Maria Rita, 58, 64, 276
Lucena, Eleonora de, 332, 333
Lucena, Rodolfo, 334
Lucinda, Cláudio, 282
Lucio, Clemente Ganz, 322
Luís, Washington, 22
Lula da Silva, Luiz Inácio, 25, 27, 30, 31, 32, 45, 88, 109, 162, 183, 184, 200, 211, 215, 229, 242, 256, 267, 271, 274, 275, 283, 288, 295, 296, 297, 300, 301, 302, 303, 304, 305, 306, 307, 308, 309, 310, 322, 331, 332, 334, 335
Lustig, Nora, 246
Macedo, Ronaldo Porto, 276

Madonna, 26
Madrid, Miguel de la, 170
Maduro, Nicolás, 32
Magalhães, Antônio Carlos, 211, 214
Magalhães, Luís Eduardo, 211
Magalhães, Raphael de Almeida, 161
Magara, Hideko, 318, 319
Malan, Pedro, 167, 172, 202, 212, 240, 338
Malta, Paulo, 17
Malthus, Thomas, 153, 193
Maluf, Paulo, 135, 139
Mandela, Nelson, 28
Mannheim, Karl, 85, 190
Mantega, Guido, 200, 296, 303, 333, 338
Maquiavel, Nicolau, 127
Maravall, José María, 28, 202, 250
Marconi, Nelson, 16, 31, 155, 218, 236, 261, 289, 295, 308, 309, 317, 322, 334
Marguliès, Marcos, 39
Mariani, Clemente, 44, 336
Marinho, Roberto, 176, 177
Marini, Caio, 218, 220
Marini, Ruy Mauro, 263, 264
Mariotto, Fábio Luís, 58
Maritain, Jacques, 40, 120, 128
Maritain, Raïssa, 40
Mariz de Oliveira, Antonio Cláudio, 337
Marques, Rosa Maria, 261, 276
Marshall, Alfred, 153, 192
Marshall, T. H., 130, 221
Martes, Ana Cristina Braga, 64, 276
Martins, Carlos Estevam, 95, 96
Martins, Humberto Falcão, 218
Martins, Luciano, 84
Marx, Karl, 24, 76, 77, 91, 93, 94, 95, 97, 98, 99, 100, 101, 105, 111, 112, 115, 116, 119, 121, 133, 153, 179, 190, 192, 195, 243, 254, 269, 271, 281, 290, 314, 336
Mazier, Jacques, 248
McCloskey, Deirdre, 190
Means, Gardiner, 78, 148
Medeiros, Carlos Aguiar, 297

Médici, Emílio Garrastazu, 23, 24
Meirelles, Henrique, 304, 339
Mello, Celso Antônio Bandeira de, 226
Mello, Cristina Helena Pinto de, 155, 261, 322
Mello, Zélia Cardoso de, 27, 28, 185, 187, 188
Mellone Jr., Geraldo, 262
Mendes de Almeida, Candido, 93
Mendes, Amazonino, 238
Mendes, Ivan de Souza, 177
Menem, Carlos, 162
Menezes Filho, Naércio, 155
Menezes, Antônio Carlos, 37
Menezes, Fernando, 37
Menezes, Tereza, 37
Mercadante, Aloizio, 211, 296, 302
Merkel, Angela, 32
Merquior, José Guilherme, 131, 180
Merton, Robert, 57
Mettenheim, Kurt, 276
Miceli, Sergio, 58, 105, 276
Miele, Loris, 82
Miliband, David, 247
Miliband, Ralph, 179
Mill, John Stuart, 153
Miller, David, 244
Milliet, Eduardo, 40
Milliet, Fernando, 136, 159
Minsky, Hyman, 117, 317
Mirowski, Philip, 190
Mitterrand, François, 27
Modesto, Paulo, 218, 226, 228
Modiano, Eduardo, 145, 187
Montesquieu, 127
Montoro Filho, André Franco, 135, 136
Montoro, André Franco, 23, 25, 26, 27, 40, 43, 59, 109, 113, 114, 135, 137, 138, 139, 141, 142, 157, 175, 184, 217, 239, 240, 251, 252, 254, 343
Montoro, Lucy, 40
Moore, Basil, 150, 346
Moraes, Antônio Ermírio de, 74
Moraes, Vinicius de, 21, 25
Moreira Salles, Walther, 22, 46

Índice de nomes

Moreira, Marcílio Marques, 28, 169, 170, 171, 172, 188, 198
Moreira, Thiago Moraes, 322
Moro, Sergio, 31, 331, 332
Motta, Eduardo Caio Prestes, 41
Motta, Fernando Claudio Prestes, 58
Motta, Marino, 41
Motta, Sérgio, 210
Mounier, Emmanuel, 120
Moura, Alkimar, 58
Mujica, Pepe, 30
Mulford, David, 170, 173, 175
Muraro, Rose Marie, 79
Musse, Ricardo, 213, 261, 276
Mussolini, Benito, 20
Nakano, Yoshiaki, 24, 25, 30, 64, 83, 85, 98, 111, 112, 113, 114, 136, 144, 145, 146, 150, 151, 159, 162, 164, 167, 177, 186, 199, 250, 257, 258, 259, 260, 272, 278, 279, 281, 303
Napoleão Bonaparte, 68
Nassif, André, 261, 288
Nassif, Luís, 334
Nassif, Maria Inês, 254
Nassuno, Marianne, 218
Nava, Pedro, 11
Neary, J. Peter, 282
Nelson, Joan, 117
Neves, Aécio, 304, 333
Neves, Tancredo, 22, 25, 26, 139, 142, 157
Nicol, Robert Cajado, 58, 136, 155, 156
Niemeyer, Oscar, 32
Nixon, Richard, 24, 129
Nóbrega, Maílson da, 159, 177, 178, 198, 338
Nogueira, Ataliba, 42
Novais, Fernando, 76
Nurkse, Ragnar, 46
O'Connor, James, 179
O'Donnell, Guillermo, 104, 108, 117, 130, 202
Obama, Barack, 30, 32
Ocampo, José Antonio, 276, 317
Oiticica, Hélio, 25

Oliveira Vianna, Francisco José de, 268
Oliveira, Fátima Bayma de, 60
Oliveira, Francisco de, 32, 73, 95, 99, 263
Oliveira, Inocêncio de, 227
Oliveira, Marcos Salles de, 85
Orbán, Viktor, 342
Oreiro, José Luís, 31, 259, 261, 273, 289, 295
Osborne, David, 217, 220
Oszlak, Oscar, 235
Ourique, Armando, 172
Pacheco, Carlos Américo, 237
Pacheco, Regina, 63, 64, 218
Palley, Thomas, 117, 276
Palma, Gabriel, 194, 276, 317
Palocci, Antônio, 301, 302, 338
Parsons, Talcott, 77
Pasolini, Pier Paolo, 24
Pastore, Affonso Celso, 76, 145, 198, 199, 200, 288, 297
Paula, Luiz Fernando de, 261, 273, 277, 280
Paulani, Leda, 276, 334
Pazos, Felipe, 145
Peirce, Charles Sanders, 133, 190
Pelé, 21
Pellegrino, Hélio, 140
Pereira, Horácio Gonçalves, 35
Pereira, Jesus Soares, 44
Pereira, Sylvio Gonçalves, 20, 35
Peres, Samuel Costa, 245, 288
Perón, Juan Domingo, 161
Perroux, François, 71
Pertence, Sepúlveda, 228
Petit, Pascal, 248
Petricioli, Gustavo, 170, 171, 174
Petrucci, Vera, 218
Pettit, Philip, 127
Picasso, Pablo, 19
Piketty, Thomas, 195
Pimenta, Carlos, 218, 234
Pinheiro, Paulo Sérgio, 336
Pinho, Diva Benevides, 76
Pinochet, Augusto, 26

Pinto, Álvaro Vieira, 48
Pinto, Aníbal, 71
Pinto, Carvalho, 40, 48
Pinto, Luiz Costa, 71
Pinto, Roquette, 137
Piquet, Nelson, 26
Platão, 133
Plowden, William, 232
Pocock, J. G. A., 127
Pombo, Bárbara, 16
Ponsot, Jean-François, 248
Popper, Karl, 190
Portela, André, 155, 259
Poulantzas, Nicos, 179, 243
Powell, Baden, 21
Prado Jr., Caio, 40, 268
Prado, Caio Graco, 94, 152
Prado, Eleutério, 155, 261
Praeger, Frederick A., 117
Prates, Daniela, 261
Prats i Catalá, Joan, 235
Prebisch, Raúl, 21, 33, 43, 46, 52, 53, 77, 243, 275, 280, 298, 299
Presley, Elvis, 22
Prestes, Júlio, 22
Prestes, Luís, 244
Prestes, Luiz Carlos, 25
Priewe, Jan, 286
Procópio Camargo, Candido, 96
Przeworski, Adam, 28, 202, 212, 235, 243, 246, 249, 250, 258, 318, 342
Przeworski, Joanne Fox, 249
Putin, Vladimir, 29, 32, 342
Quadros, Jânio, 22, 44, 45, 71, 72, 81, 193, 194, 336
Queiroz Filho, Antônio de, 40
Quércia, Orestes, 113, 141, 175
Quintela, Sérgio, 65
Rabinovici, Moisés, 174
Ramos, Alberto Guerreiro, 45, 47, 49, 52, 56, 68, 74, 78, 93
Ramos, Graciliano, 21, 23
Ramos, José Theophilo, 41
Ramos, Nuno, 341
Rangel, Ignácio, 24, 44, 52, 70, 71, 76, 77, 93, 94, 143, 144, 145, 148, 149, 150, 269, 346
Rattner, Heinrich, 76
Ravache, Irene, 138
Reagan, Ronald, 26, 51, 203, 233, 280
Regina, Elis, 25
Rego, José Marcio, 11, 16, 17, 30, 31, 33, 155, 190, 251, 258, 260, 272, 274
Reinach, Fernando, 236
Reinach, Klaus, 41
Reinach, Lygia, 41, 257
Reinert, Erik S., 280, 288
Reis, Eustáquio, 277
Reis, Fábio Wanderley, 275
Reiss, Gerald, 89
Renoir, Jean, 19
Requião, Roberto, 218
Resende, André Lara, 25, 145, 146, 151, 163, 188, 198, 210, 261
Resende, Marco Flávio da Cunha, 297
Resnais, Alain, 22
Ribeiro, Darcy, 22, 29, 183, 251, 252, 269
Ribeiro, Sheila, 218, 220
Ricardo, David, 153, 192
Richa, José, 25
Richard, Little, 22
Richers, Raimar, 56
Ricoeur, Paul, 9, 11
Ricupero, Bernardo, 276
Ricupero, Rubens, 169, 170, 274
Rienner, Lynne, 117, 213
Rilke, Rainer Maria, 351
Rivera, Diego, 171
Robinson, Joan, 111
Rocard, Michel, 304
Rocha Awad, Zaíra, 57, 67
Rocha, Glauber, 21, 22, 23, 25
Rodrigues, Jaura, 218
Rodrik, Dani, 195
Rogers, Ginger, 19
Rohatyn, Felix, 168
Roncaglia, André, 261
Roosevelt, Franklin Delano, 19, 20, 127, 339

Índice de nomes

Rorty, Richard, 190
Rosa, Guimarães, 21
Rosenfield, Denis, 236
Rosenstein-Rodan, Paul, 46, 280
Rosselini, Roberto, 21
Rosselli, Carlo, 204
Rossetti, Padre Nicolau, 206
Rossi, Pedro, 286, 306, 326
Rousseff, Dilma, 15, 30, 31, 195, 231, 253, 256, 267, 268, 271, 295, 296, 300, 302, 303, 304, 305, 306, 310, 332, 333, 334, 335, 338
Rúa, Fernando de la, 247
Rugai Bastos, Elide, 276
Rugitsky, Fernando, 299
Sacchetta, Hermínio, 39, 40, 43
Sachs, Ignacy, 248
Sachs, Jeffrey, 118, 171, 195
Saint-Exupéry, Antoine de, 40
Salama, Pierre, 248, 276
Salazar, Antonio de Oliveira, 24
Salinas de Gortari, Carlos, 170, 171, 175
Sallum, Brasílio, 276
Sampaio, Plínio de Arruda, 42, 43, 48, 92, 108, 109
Sanders, Bernie, 125
Santana, Ângela, 217, 220, 232, 236
Santos Junior, Belisário dos, 336
Santos, Nelson Pereira dos, 21, 23, 32
Santos, Nilton, 21
Santos, Paulo de Tarso, 40
Santos, Theotônio dos, 263, 264
Santos, Wanderley Guilherme dos, 275
Sardenberg, Ronaldo, 239
Sarney, José, 26, 27, 28, 132, 137, 142, 150, 157, 158, 159, 162, 163, 165, 166, 169, 170, 172, 174, 175, 177, 178, 185, 210, 274, 338
Sartre, Jean-Paul, 21
Sawyer, Malcolm, 117
Sayad, João, 136, 139
Schmitter, Philippe, 104, 108, 117, 202, 319
Schneider, Ben Ross, 117
Schroeder, Helmut, 247

Schumpeter, Joseph, 57, 77, 193, 249, 327
Schwartz, Gilson, 261
Schwarz, Letícia, 218, 236
Schwarz, Roberto, 9, 73, 100
Scott, Walter, 37
Seixas, José Carlos, 344
Senna, Ayrton, 26, 28
Serpa, Jorge, 176, 177
Serra, José, 25, 27, 30, 92, 136, 139, 145, 175, 184, 216, 230, 231, 253
Setúbal, Olavo, 241, 242, 256
Setúbal, Roberto, 241
Silva Neto, Tito Henrique da, 136
Silva, Adroaldo Moura da, 162, 255
Silva, Golbery do Couto e, 263
Silva, Gustavo de Sá e, 57, 58, 113
Silva, José Afonso da, 42
Silva, Sergio, 67
Silva, Vicente Paulo da, 230
Silveira, Alfredo Bresser da, 35, 294
Silveira, José Bresser da, 38
Silveira, Nilo Bresser da, 38
Simonsen Leal, Carlos Ivan, 63, 64, 65, 66, 238, 257, 258
Simonsen, Mário Henrique, 24, 83, 84, 144, 145, 151, 157, 197
Simonsen, Roberto, 44, 45, 74, 271, 272
Singer, André, 334, 336
Singer, Hans, 46
Singer, Paul, 32, 73, 96, 98, 350
Skinner, Quentin, 127
Smith, Adam, 153, 192, 193, 243, 281, 290
Smith, Anthony D., 133
Sola, Lourdes, 276
Soros, George, 171
Sourrouille, Juan, 170, 171, 174
Souto, Paulo, 225
Souza, Cleber de Castro, 243
Souza, Francisco Eduardo Pires de, 155
Souza, Jessé, 308
Souza, Laura de Mello e, 249
Spink, Peter, 29, 63, 64, 234
Sraffa, Piero, 98, 111

Stálin, Josef, 19, 20, 21
Stallings, Barbara, 117
Stepan, Alfred, 128
Stiglitz, Joseph, 118, 195, 196
Streeck, Wolfgang, 319
Street, James H., 191
Sucupira, Newton, 60
Summers, Lawrence H., 118
Suplicy, Eduardo, 58, 79, 109, 121, 152
Tavares de Almeida, Maria Hermínia, 276, 336
Tavares de Araújo, José, 167
Tavares, Maria da Conceição, 161, 229
Tavares, Martus, 162, 219
Tavares, Zulmira Ribeiro, 39, 78
Távora, Juarez, 48, 135
Taylor, Charles, 127
Teixeira, Anísio, 293
Telles, Gofredo da Silva, 42
Temer, Michel, 31, 226, 227, 268, 294, 308, 330, 331, 335
Terra, Fábio, 297
Thatcher, Margaret, 26, 51, 280
Thorstensen, Vera, 113
Tinbergen, Jan, 75
Tokeshi, Hélcio, 206
Tomás de Aquino, São, 39, 41, 127, 131, 133
Touraine, Alain, 212
Tragtenberg, Maurício, 58
Trindade, Hélgio, 263
Truffaut, François, 22
Trump, Donald, 32, 33, 125, 134, 161, 324, 325, 326, 342
Tsé-Tung, Mao, 21, 24
Turner, Adair, 195
Tversky, Amos, 192
Vannuchi, Paulo, 275, 336
Varela, Carmen Augusta, 261
Vargas, Getúlio, 19, 20, 21, 36, 43, 44, 45, 46, 47, 48, 49, 50, 51, 54, 58, 65, 68, 70, 72, 73, 135, 161, 162, 193, 293, 319, 334

Vargas, Nairo, 205
Vazquez, José Walter, 218
Veiga, José Eli da, 280
Velloso, João Paulo dos Reis, 157, 198, 277
Veloso, Caetano, 23
Veras, Beni, 231
Vernengo, Matías, 276
Vicente, José, 337
Vidigal Filho, Luís Eulálio de Bueno, 255
Vidigal, Luís Eulálio, 42
Vieira, Dorival Teixeira, 75
Vieira, José Paulo Carneiro, 84
Vieira, Padre Benedito Ulhoa, 41
Vilela, Teotônio, 25
Vilhena, Oscar, 337
Vilhena, Renata, 218
Villa-Lobos, Heitor, 19
Villares, Paulo, 255
Villaverde, João, 11, 15, 16, 17, 31, 33, 195, 317
Visconti, Luchino, 21
Vita, Álvaro de, 276
Volcker, Paul, 32, 143, 173, 194
Wade, Robert, 195, 276, 280, 288
Walzer, Michael, 127
Warner, Lloyd, 56, 78, 95
Webb, Richard, 203
Weber, Max, 78, 105, 243, 249
Weffort, Francisco, 239
Whitaker, Francisco, 43, 48
Whitehead, Laurence, 104, 117, 202, 244
Williamson, John, 202
Wright Mills, C., 57, 78
X, Malcolm, 22
Xavier, Ismail, 137
Xiaoping, Deng, 25, 249
Yeltsin, Boris, 29, 213
Zavascki, Teori, 31
Zé, Tom, 23
Zeitlin, Michael, 65
Zévaco, Michel, 37
Zilbovicius, Mauro, 274

Notas

APRESENTAÇÃO DO AUTOBIOGRAFADO

[1] Antonio Candido (1976 [1986]). "Poesia e ficção na autobiografia", in *A educação pela noite*. Rio de Janeiro: Ouro Sobre Azul. Palestra originalmente feita em Belo Horizonte em 1976. Os livros autobiográficos de Pedro Nava são *Baú de ossos* (1972) e *Balão cativo* (1973).

[2] Paul Ricoeur (1985 [2016]). Intervenções em Cornelius Castoriadis e Paul Ricoeur, *Dialogues sur l'histoire et l'imaginaire social*. Paris: Éditions de l'École de Hautes Études en Sciences Sociales. Debate na rádio France Culture, 1985.

1. UMA ÉTICA DA RESPONSABILIDADE

[3] Sylvio Gonçalves Pereira (1913-1995), pai de Luiz Carlos Bresser-Pereira, foi jornalista, advogado bem-sucedido, deputado estadual pelo PTB (1947-1950) e proprietário do jornal *O Tempo* (1951-1955). Quando o jornal faliu, pagou dívidas durante quinze anos com os proventos de sua advocacia, que jamais foi tão bem-sucedida quanto havia sido antes de entrar para a política. Nos últimos vinte anos foi romancista, sendo seus livros mais conhecidos *Nem a glória do inferno* (1978) e o premiado *Fuga para a esperança* (1987).

[4] Alexandre Barbosa Lima Sobrinho (1897-2000) foi advogado, jornalista, historiador e político nacionalista pernambucano. Foi casado com Maria José, tia de Bresser-Pereira. Foi constituinte da Constituição de 1946, governador de Pernambuco em 1951 e candidato a vice-presidente da República em 1974 na chapa do candidato de protesto Ulysses Guimarães. Entre muitos livros escreveu *A verdade sobre a Revolução de Outubro* (1933), *Presença de Alberto Torres* (1968), *Japão, o capital se faz em casa* (1973) e *Estudos nacionalistas* (1981).

[5] Em termos de tiragem naquela época, nessa ordem: *O Estado de S. Paulo*, *Diário de São Paulo* e *Folha de S. Paulo*.

[6] Caio Prado Jr. (1907-1990) foi historiador e político. Publicou sua obra maior, *Formação do Brasil contemporâneo*, em 1942. Orientado pela visão marxista, Caio Prado Jr. foi filiado ao Partido Comunista do Brasil e, durante o breve interregno de legalidade partidária, entre 1945 e 1947, foi eleito deputado estadual constituinte. Foi cassado em 1948. Autor de diversos livros, incluindo *História econômica do Brasil* (1945) e *A revolução brasileira* (1966), Caio Prado Jr. teve seu registro de professor cancelado com o AI-5, em dezembro de 1968, e sua prisão decretada em 1970. Cumpriu quase dois anos de encarceramento.

[7] Caio Prado Jr., (1962). *Dialética do conhecimento*. São Paulo: Brasiliense.

[8] Fernão Carlos Arruda Botelho Bracher (1935-2019) foi aluno do Colégio São Bento, cursou a Faculdade de Direito da USP e fez sua pós-graduação na Alemanha. Foi membro da JEC e da JUC. Foi diretor do Banco Central no governo Geisel e presidente do Banco Central no governo Sarney. Grande amigo de Bresser-Pereira, era nove meses mais jovem. Como banqueiro, trabalhou no Banco da Bahia, no Bradesco, e fundou o BBA em 1988 — um banco que seria extremamente bem-sucedido. Transformou a fazenda de seus antepassados em São Carlos, a Fazenda do Pinhal, em um museu. Após ter-se aposentado, dedicou-se especialmente ao problema da educação no Brasil.

2. A descoberta do Brasil e uma decisão de risco

[9] Rômulo de Almeida (1914-1988) foi um advogado e economista baiano. Foi o chefe da famosa assessoria econômica de Getúlio Vargas entre 1951 e 1954, da qual participaram também Ignácio Rangel e Jesus Soares Pereira. Deputado federal e secretário do governo da Bahia, Rômulo de Almeida deixou a vida partidária por vinte anos, quando a ditadura militar cancelou os partidos. Ingressou no PMDB em 1980, na luta pela redemocratização. Foi diretor do BNDES a partir de 1985. Faleceu três anos depois.

[10] Jesus Soares Pereira (1910-1974), cearense, formou-se em ciência social pela UFRJ, fez parte da assessoria econômica de Getúlio Vargas no governo democrático iniciado em 1951, tendo sido fundamental na elaboração do arcabouço legal que criou a Petrobras em 1953. Trabalhou nos governos JK e Jango. Foi cassado pelo regime militar logo em abril de 1964, quando deixou o país e foi morar no Chile e trabalhar na CEPAL. Faleceu em dezembro de 1974, aos 64 anos.

[11] Alberto Guerreiro Ramos (1915-1982) foi um sociólogo baiano radicado no Rio de Janeiro. Foi pesquisador da FGV, assessor do presidente Getúlio Vargas durante o mandato democrático (1951-1954) e integrante da direção do ISEB. Escreveu então alguns livros fundamentais, como o livro teórico *A redução sociológica* 1958) e *A crise do poder no Brasil* (1961). Filiado ao PTB, Guerreiro Ramos foi eleito deputado federal. Cassado pelo regime militar em 1964, tornou-se professor de Sociologia na Universidade da Califórnia em Los Angeles, onde desenvolveu uma nova teoria das organizações.

[12] Bresser-Pereira (1982). "Seis interpretações sobre o Brasil", *Dados — Revista de Ciências Sociais*, 25(3): 269-306.

[13] Eugênio Gudin (1886-1986) foi um engenheiro e economista brasileiro. Redigiu o projeto de lei que criou o curso de graduação em Economia no Brasil, nos anos 1940. Defensor do liberalismo econômico, Gudin escreveu diversos artigos para jornais e revistas por quase cinco décadas. Foi ministro da Fazenda do governo Café Filho, que sucedera a Getúlio Vargas após o suicídio, entre setembro de 1954 e julho de 1955. Foi professor da FGV-Rio, tendo sido um dos criadores da *Revista Brasileira de Economia*, do IBRE (Instituto Brasileiro de Economia da FGV) e da Escola Pós-Graduada em Economia da FGV.

[14] Bresser-Pereira faz referência ao período em que essas entrevistas ocorriam (entre o fim de 2017 e abril de 2020).

[15] Roberto Campos (1917-2001) foi ministro do Planejamento durante o governo Castello Branco (1964-1967), período da "ditadura envergonhada", segundo a denominação clássica do jornalista Elio Gaspari. Figura expressiva dos liberais na economia, Roberto Campos nasceu em Cuiabá a 17 de abril de 1917. Fez parte da delegação brasileira na conferência de Bretton Woods, em 1944, que criou o Banco Mundial e o Fundo Monetário Internacional (FMI). Mais tarde seria professor de Economia, tendo escrito diversos artigos em revistas e jornais, e deputado federal. Faleceu a 9 de outubro de 2001. Foi imortal da Academia Brasileira de Letras. Ele é avô do presidente do Banco Central, Roberto Campos Neto, que tomou posse em março de 2019 por indicação de Jair Bolsonaro.

[16] Octavio Gouvêa de Bulhões (1906-1990) foi um importante economista carioca. Ele também fez parte da delegação brasileira a Bretton Woods, em 1944. Menos envolvido com política que Roberto Campos, Bulhões foi professor de Economia na UFRJ e na FGV-Rio, onde dirigiu o Instituto Brasileiro de Economia (IBRE).

[17] A Comissão foi criada em 19 de julho de 1951 e encerrou seus trabalhos em 31 de julho de 1953. Participaram dela, pelo Brasil, Roberto Campos, Valentim Bouças, Glycon de Paiva, Lucas Lopes e Hélio Jaguaribe.

[18] Esta história está bem contada na biografia de Walther Moreira Salles escrita pelo notável jornalista Luís Nassif, *Walther Moreira Salles, o banqueiro embaixador e a construção do Brasil* (São Paulo: Companhia Editora Nacional, 2019).

[19] Pedro Cezar Dutra Fonseca (1989). *Vargas: o capitalismo em construção*. São Paulo: Brasiliense, p. 437.

[20] John F. Kennedy (1917-1963) foi um político norte-americano do Partido Democrata. Disputou e venceu as eleições presidenciais de 1960. Assume a Casa Branca em 1961 rodeado de grande prestígio e esperanças. Iniciou a Guerra do Vietnã, deu apoio à invasão da Baía dos Porcos em Cuba e enfrentou com êxito a União Soviética na crise dos mísseis para Cuba. Foi assassinado em novembro de 1963 durante compromisso em Dallas, no Texas.

[21] O ISEB foi fundado em 1955 e fazia parte do Ministério da Educação. O instituto aglutinaria intelectuais de diferentes carreiras, como Alberto Guerreiro Ramos, Nelson Werneck Sodré, Antonio Candido, Hélio Jaguaribe, Candido Mendes e Ignácio Rangel, entre outros. Seria o que hoje chamamos de *think tank*. Muito associado ao nacional-desenvolvimentismo sociológico e ao Desenvolvimentismo Clássico na economia, o ISEB experimentou seu auge criativo durante o governo JK (1956-1960), e foi extinto por determinação do regime militar logo em seu primeiro mês, em abril de 1964.

[22] Hermes Lima (1955). "Significação do nacionalismo", *Cadernos do Nosso Tempo*, n° 4, abril-agosto: 85-100. Hélio Jaguaribe (1955). "A sucessão presidencial", *Cadernos do Nosso Tempo*, n° 4, abril-agosto: 1-23. Guerreiro Ramos (1955). "A ideologia da 'jeunesse dorée'", *Cadernos do Nosso Tempo*, n° 4, abril-agosto: 101-112. Disponível em www.bresserpereira.org.br. É curioso que Luiz Carlos Bresser-Pereira tenha lido o n° 4 de *Cadernos do Nosso Tempo* em janeiro de 1955, embora ele seja datado de abril do mesmo ano. A publicação foi antecipada sem, no entanto, se mudar a data impressa na capa da revista.

Notas

[23] Plínio de Arruda Sampaio (1930-2014) foi um promotor público e político, na juventude, democrata-cristão, e na maturidade, de esquerda, formado pela Faculdade de Direito da Universidade de São Paulo. Participou do governo Carvalho Pinto, em São Paulo, entre 1958 e 1962. Foi eleito deputado federal pelo Partido Democrata Cristão (PDC), tomando posse em 1963. Foi cassado pela ditadura militar brasileira imediatamente após o golpe, em abril de 1964. Militou depois no MDB e participou da fundação do PT. Foi deputado constituinte entre 1987 e 1988. Deixou o PT após a revelação do "mensalão", em 2005, migrando para o PSOL. Por este partido foi candidato à Presidência da República em 2010, tendo obtido quase 900 mil votos (terminou em quarto lugar).

[24] Poeta e jornalista nascido em 1931, Jorge da Cunha Lima foi secretário de Cultura do governo Franco Montoro, em São Paulo, e presidente da Fundação Padre Anchieta e sua TV Cultura. Tem muitos livros publicados.

[25] Francisco Whitaker, conhecido como Chico Whitaker, arquiteto e político de forte orientação cristã, nascido a 19 de novembro de 1931. Chico Whitaker participou do governo Carvalho Pinto, em São Paulo, e depois do governo João Goulart. Cassado pelo regime militar, deixou o Brasil e foi morar no Chile, onde trabalhou na CEPAL. Após o golpe militar no Chile, em 1973, morou na França, onde desenvolveu um mecanismo de intercomunicação entre ONGs de todo o mundo que foi a matriz do Fórum Social Mundial, que ele fundou ao lado de Oded Grajew. Junto da Igreja, por meio da Comissão Nacional dos Bispos do Brasil (CNBB), participou de iniciativas de base social. Filiou-se ao PT e, pelo partido, foi vereador em São Paulo entre 1989 e 1996. Deixou o PT e a vida partidária em 2006.

[26] Hélio Jaguaribe (1923-2018) foi um cientista político carioca formado em Direito pela PUC-Rio em 1946. Foi fundador do ISEB, tendo então escrito trabalhos fundamentais sobre a coalizão de classes desenvolvimentista de Getúlio Vargas. Participou ativamente do debate público brasileiro por quase setenta anos. Foi eleito imortal pela Academia Brasileira de Letras (ABL) em 2005.

[27] Arthur Lewis (1915-1991), nascido em Santa Lúcia, no Caribe, foi um economista inglês que recebeu o Prêmio Nobel de Economia em 1979, sendo o primeiro afrodescendente a obter tal honraria na área. Seus estudos na área do trabalho entre 1954 e 1955 foram notáveis. O famoso "modelo Lewis" foi formado por análise histórica do desenvolvimento capitalista e advoga que o estágio inicial de crescimento do capital se dá pela incorporação de trabalhadores de setores primários, de subsistência, para os setores mais avançados. Com uma oferta inicialmente "ilimitada" da força de trabalho, o capitalista aumenta seus retornos sem oferecer incrementos salariais.

[28] Raúl Prebisch (1901-1986) foi um grande economista argentino que liderou o Desenvolvimentismo Clássico ou Estruturalismo na América Latina. Antes de dirigir a CEPAL foi presidente do Banco Central da Argentina, e, depois, presidente da UNCTAD (Conferência das Nações Unidas sobre Comércio e Desenvolvimento) em Genebra.

[29] Celso Furtado (1920-2004) foi possivelmente o economista brasileiro mais estudado nos cursos superiores brasileiros no século XX. Nascido na Paraíba em 1920, Furtado fez seu doutorado em Economia na França. Fez parte da CEPAL a partir de 1949, tendo sido ele e seu chefe, Raúl Prebisch, os dois mais importantes economistas

latino-americanos da Escola Desenvolvimentista Clássica. Foi o primeiro superintendente da Sudene, criada no fim do governo JK. Foi ministro do Planejamento de João Goulart entre 1963 e 1964, quando foi cassado pelo golpe militar. Exilado, depois de passar pelo Chile e pelos Estados Unidos, tornou-se professor da Universidade de Paris I, Sorbonne. De volta ao Brasil, foi ministro da Cultura entre 1987 e 1990. Foi autor de mais de uma dezena de livros, entre os quais *Formação econômica do Brasil* (1959).

[30] Criada pela Organização das Nações Unidas (ONU) no pós-Segunda Guerra Mundial, em 1948, a Comissão Econômica para a América Latina e o Caribe (CEPAL) se tornaria rapidamente um centro radiante de dados econômicos, estatísticas e análises para subsidiar políticas públicas. O economista argentino Raúl Prebisch assume como secretário da CEPAL em 1949 e, de veia desenvolvimentista, passa a influenciar diretamente os economistas brasileiros, em especial Celso Furtado.

3. Uma vida na FGV

[31] Bresser-Pereira (1962). "The Rise of Middle Class and Middle Management in Brazil", *Journal of Inter-American Studies*, 4(3): 313-326.

[32] A Escola de Administração de Empresas de São Paulo (EAESP), da Fundação Getúlio Vargas, é a mais antiga instituição da fundação em São Paulo. Contempla também os cursos de graduação e pós-graduação em Administração Pública. Até as criações da Escola de Economia de São Paulo (EESP) e da Escola de Direito de São Paulo (EDSP), a EAESP era a única escola dentro da FGV em São Paulo.

[33] Bresser-Pereira (1963). "O empresário industrial e a revolução brasileira", *Revista de Administração de Empresas*, 2(8): 11-27.

[34] Fátima Bayma de Oliveira (1995). *Pós-graduação: educação e mercado de trabalho*. Campinas: Papirus, pp. 104, 114-115.

[35] *Folha de S. Paulo*, 9 de outubro de 1991.

4. Uma interpretação política

[36] Sergio Silva (1976). *Expansão cafeeira e origens da indústria no Brasil*. São Paulo: Alfa Omega. Tese de doutorado defendida em 1973.

[37] Florestan Fernandes (1965). *A integração do negro na sociedade de classes. Vol. I — O legado de uma nova era*. São Paulo: Dominus. Fernando Henrique Cardoso (1964). *Empresário industrial e desenvolvimento econômico*. São Paulo: Difusão Europeia do Livro.

[38] Florestan Fernandes (1974). *A revolução burguesa*. Rio de Janeiro: Zahar.

[39] Economista brasileiro nascido no Maranhão em 1914, Ignácio Rangel foi autor de livros como *Dualidade básica da economia brasileira*, de 1958, e o clássico *A inflação brasileira*, concluído em abril de 1963. Integrou a assessoria econômica de Getúlio Vargas durante o governo democrático (1951-1954) e fez parte do ISEB. Faleceu em 4 de março de 1994.

Notas

[40] Pedro Cezar Dutra Fonseca (2013). "Desenvolvimentismo: a construção do conceito". Texto para Discussão IPEA 2103, julho de 2015.

[41] Muitos anos depois, em 1985, a ANPOCS (Associação Nacional de Pós-Graduação em Ciências Sociais) criaria a sua revista com esse mesmo nome.

[42] *Desenvolvimento e crise no Brasil* (Rio de Janeiro: Zahar) é o primeiro livro de Bresser-Pereira. Foi publicado em 1968 pela Brasiliense; a segunda, a terceira e a quarta edições foram publicadas pela Brasiliense, e a última (2003), pela Editora 34.

[43] Fernando Henrique Cardoso nasceu no Rio de Janeiro a 18 de junho de 1931, mas se mudou muito cedo para São Paulo, onde construiu sua vida acadêmica e política. Graduou-se em Ciências Sociais na USP em 1951, logo se especializando em Sociologia. Também na USP obteve o doutorado e o título de livre-docente (1961-1963). Foi professor na USP e também na Universidade de Paris, em Santiago (Chile), além de universidades dos Estados Unidos e da Inglaterra. Ficou muito associado à teoria da dependência, a partir de seu livro em coautoria com Enzo Faletto, *Dependência e desenvolvimento na América Latina: ensaio de interpretação sociológica* (1969). Participou da fundação do CEBRAP e depois se filiou ao MDB em 1974. Foi senador pelo PMDB entre 1983 e 1988, tendo influente participação na formulação da Constituição de 1988. Foi candidato a prefeito de São Paulo em 1985, quando perdeu para Jânio Quadros. Fundador do PSDB, foi ministro das Relações Exteriores entre 1992 e 1993 e ministro da Fazenda entre 1993 e 1994, quando formou a equipe que elaborou o Plano Real. Embalado com a derrota da hiperinflação, foi eleito presidente da República em primeiro turno, em 1994. Repetiu a vitória em 1998, depois de conseguir emendar a Constituição permitindo a sua reeleição, em uma operação política ruidosa e cercada de escândalos no Congresso Nacional. Transmitiu o cargo para Lula em janeiro de 2003. Formou o Instituto Fernando Henrique Cardoso em 2004, em São Paulo.

[44] Fernando Henrique Cardoso (1964). *Empresário industrial e desenvolvimento econômico*. São Paulo: Difusão Europeia do Livro. Tese de Livre-Docência apresentada na Universidade de São Paulo, na Faculdade de Filosofia, Ciências e Letras, em novembro de 1963.

[45] Antonio Angarita Silva, nascido no Amazonas em 1925, professor de Direito, participou da fundação da EAESP e, depois, da Escola de Direito de São Paulo da FGV. Foi secretário de Governo quando Mário Covas governou São Paulo (1995-2001).

[46] Antônio Delfim Netto, nascido em 1927, é um economista brasileiro, formado pela USP. Foi secretário da Fazenda de São Paulo entre 1963 e 1966, ministro da Fazenda do governo federal entre 1967 e 1974, ministro da Agricultura (1979) e ministro do Planejamento (1979-1985). Foi considerado o mais poderoso ministro do governo militar. Com a redemocratização, Delfim entrou para a política partidária, tendo sido deputado constituinte (1987-1988) e deputado federal sucessivamente entre 1987 e 2006. Autor de vários livros, é colunista de jornais e revistas há mais de cinquenta anos, tendo sido conselheiro econômico dos presidentes Lula, Dilma Rousseff e Michel Temer.

[47] Respectivamente: Nicholas Kaldor, economista britânico de origem húngara, keynesiano, hoje um dos autores mais citados pelos economistas desenvolvimentistas e pós-keynesianos brasileiros; Michal Kalecki, economista polonês marxista e desenvol-

vimentista que foi principalmente cofundador da teoria macroeconômica ao lado de Keynes; Jan Tinbergen, economista holandês e o primeiro a receber o Prêmio Nobel na área (em 1969).

[48] Affonso Celso Pastore foi professor da Faculdade de Economia e Administração da USP, secretário da Fazenda do Estado de São Paulo e presidente do Banco Central (1983-1985). É professor da EPGE-FGV no Rio de Janeiro, dirige seu próprio escritório de consultoria econômica e preside o principal *think tank* liberal em São Paulo, o Centro de Debate de Políticas Públicas.

[49] Rose Marie Muraro (1930-2014) foi uma escritora, editora e feminista brasileira. Entre seus livros, *A liberação sexual da mulher* (Petrópolis: Vozes, 1970) e *Um novo mundo em gestação* (Rio de Janeiro: Verus, 1994).

5. Construindo com Abílio Diniz o Pão de Açúcar

[50] Mário Henrique Simonsen (1935-1997) foi um dos mais influentes economistas brasileiros do século XX. Foi professor da FGV-Rio, onde o curso de graduação e pós-graduação em Economia até hoje segue suas orientações. Foi autor de vários livros, entre eles *Inflação: gradualismo x tratamento de choque* (Rio de Janeiro, APEC, 1970), no qual introduziu o conceito de "realimentação inflacionária" e, assim, se tornou um pioneiro no desenvolvimento da teoria da inflação inercial. Foi ministro da Fazenda entre março de 1974 e março de 1979, quando passou a ministro do Planejamento. Deixou o cargo em agosto de 1979. Era um grande amante da ópera.

[51] O Conselho Monetário Nacional (CMN) é a instituição máxima da política monetária brasileira. Determina os limites de atuação do Banco Central, bem como suas metas, além das políticas dos bancos controlados pelo governo, como Banco do Brasil, Caixa Econômica Federal e BNDES, entre outras atribuições.

[52] Norberto Bobbio (1909-2004) foi um notável filósofo político social-liberal, crítico do fascismo. Grande parte de suas obras foi traduzida para o português, entre as quais *A teoria das formas de governo* (1976), *O futuro da democracia* (1984) e *Teoria geral da política* (1999). Seu principal analista no Brasil é Celso Lafer.

[53] O segundo acordo foi fechado no segundo semestre de 2013. Abílio Diniz deixou a presidência do Pão de Açúcar em setembro de 2013.

6. Um apaixonado por teorias

[54] Antônio Barros de Castro (1938-2011) formou-se na UFRJ, onde seria professor por quatro décadas após obter o doutorado na Unicamp. Autor de diversos artigos e livros, notabilizou-se pela defesa do desenvolvimento econômico. Foi presidente do BNDES entre o fim de 1992 e o início de 1993. Mais tarde seria diretor (2005-2007) e conselheiro (2007-2010) do banco.

[55] Maria da Conceição Tavares nasceu em Portugal a 24 de abril de 1930, tendo se radicado no Brasil a partir de 1954, depois de ter se formado em Matemática em Lisboa. Especializou-se em Economia após ter contato com economistas brasileiros, em especial

Notas

Celso Furtado e Ignácio Rangel. Foi professora da Unicamp e da UFRJ, tendo grande influência no debate público brasileiro desde meados dos anos 1950. Morou no Chile durante o governo de Salvador Allende (1968-1973), de onde publicou sua obra mais influente (*Da substituição de importações ao capitalismo financeiro*, de 1972). Ganhou popularidade para além da economia ao defender entusiasticamente a equipe que participara da formulação do Plano Cruzado, em 1986, em programas de televisão.

[56] José Serra é um economista e político nascido em São Paulo, em 1942. Foi presidente da União Nacional dos Estudantes (UNE) entre 1963 e 1964. Cassado pelo golpe militar, Serra foi viver em Santiago, no Chile, e depois nos Estados Unidos, onde realizou seu doutorado. De volta ao Brasil, filiou-se ao MDB, foi secretário da Fazenda do governo Franco Montoro, em São Paulo, deputado federal constituinte, senador, ministro do Planejamento e depois ministro da Saúde no governo FHC, e ministro das Relações Exteriores no governo Temer. Foi candidato presidencial pelo PSDB em duas eleições. Foi eleito prefeito de São Paulo em 2004 e governador do Estado em 2006.

[57] Caio Graco Prado (1931-1992), filho do historiador Caio Prado Jr., foi editor da Brasiliense e proprietário das livrarias Brasiliense, que herdou de seu pai. Foi um editor muito bem-sucedido que se envolveu pessoalmente na publicação de livros em defesa da democracia, e viu também as boas perspectivas de coleções de divulgação das ciências sociais, como a coleção Primeiros Passos. Luiz Schwarcz, que depois se tornaria um dos maiores editores brasileiros ao fundar a Companhia das Letras, começou sua vida profissional na Brasiliense.

[58] Ignácio M. Rangel (1978). "Posfácio", em *A inflação brasileira* (3ª edição). São Paulo: Brasiliense.

[59] Manoel Gonçalves Ferreira Filho nasceu em São Paulo, em 1934, apenas nove dias antes de Bresser-Pereira, com quem estudou no ensino básico e também na Faculdade de Direito da Universidade de São Paulo. Foi professor de Direito Constitucional na PUC-SP e depois na Faculdade de Direito da USP, onde obteve a livre-docência e se tornou titular. Aposentado em 2009, foi escolhido professor emérito. Foi vice-governador de São Paulo entre 1975 e 1979. Entre seus muitos livros publicou *Constituição e governabilidade* (1995) e *A democracia no limiar do século XXI* (2001).

[60] Francisco de Assis Chateaubriand Bandeira de Mello (1892-1968) foi um jornalista brasileiro. Criou um grande império jornalístico, os Diários Associados.

[61] Carlos Estevam Martins (1934-2009) foi assistente de Álvaro Vieira Pinto no ISEB. Foi um dos fundadores, o primeiro diretor e autor do manifesto do Centro Popular de Cultura (CPC) da União Nacional dos Estudantes (UNE), fundado em 1961. Participou do CEBRAP. O artigo referido é: Carlos Estevam Martins (1970). "Tecnocracia e tecnoassessoria", *Revista de Administração de Empresas*, 10(3), setembro: 39-66.

[62] Juarez Rubens Brandão Lopes (1925-2011) era mineiro de Poços de Caldas (MG). Sociólogo com mestrado e parte do doutorado cumprido na Universidade de Chicago, foi professor na USP por mais de trinta anos. Participou da fundação do CEBRAP.

[63] Bresser-Pereira (2018). "Growth and Distribution: A Revised Classical Model", *Brazilian Journal of Political Economy*, 38(1), janeiro: 3-27.

[64] Referência à banca de livre-docência de Bresser-Pereira na USP, realizada em dezembro de 1984, da qual participaram Paul Singer, Jorge Miglioli, Carlos Estevam Martins, Heinrich Rattner e Juarez Brandão Lopes. A versão defendida por Bresser já havia sido debatida com Nakano ao longo dos anos 1970, além de passar por três seminários no CEBRAP, em 1978, e também pelas sugestões de Persio Arida, que leu o texto em 1983. Após a obtenção da livre-docência na USP, Bresser vai trabalhar na versão final, com apoio de Fernando Dall'Acqua. É essa versão, com 278 páginas, que a Brasiliense publica em livro sob o título *Lucro, acumulação e crise* em meados de 1986.

[65] Paul Singer (1932-2018), nascido em Viena, foi um economista marxista brasileiro, professor da USP, aposentado compulsoriamente pelo regime militar em 1969, pesquisador do CEBRAP, membro do PT e ex-secretário do Ministério do Trabalho nos governos Lula e Dilma Rousseff, onde supervisionava a área de Economia Solidária.

[66] Bresser-Pereira (1980). "Lições do aprendiz de feiticeiro ou tecnoburocracia e empresa monopolista", *Estudos CEBRAP*, 27: 127-151.

[67] Roberto Schwarz (1979 [2019]). "Encontros com a Civilização Brasileira", entrevista a Gildo Marçal Brandão e O. C. Lousada Filho, em Roberto Schwarz (2019). *Seja como for: entrevistas, retratos e documentos*. São Paulo: Editora 34, pp. 27-47. Publicação original em *Encontros com a Civilização Brasileira*, nº 15, 1979. Roberto Schwarz, nascido em 1938 em Viena, é um pensador e crítico literário marxista. Estudou Ciências Sociais na USP, tendo sido aluno de Antonio Candido; fez mestrado na Universidade de Yale e doutorado na Universidade de Paris III. Notável analista da obra de Machado de Assis, fez também a crítica de outros grandes escritores brasileiros, como Oswald de Andrade, Zulmira Ribeiro Tavares, Paulo Emílio Salles Gomes e Chico Buarque de Holanda. Um nacionalista marxista que mostra sempre as contradições do nacionalismo, seu ensaio mais conhecido é "As ideias fora do lugar" (1973). Entre seus principais livros estão *Ao vencedor as batatas* (1977) e *Um mestre na periferia do capitalismo* (1990).

7. Pensando a democracia e lutando por ela

[68] O sufrágio universal no Brasil foi garantido pela emenda constitucional nº 25, datada de 15 de maio de 1985, que regulou as eleições democráticas que seriam realizadas em 15 de outubro de 1986 com a mobilização de 69 milhões de eleitores. O Congresso Constituinte, que aprovaria em seguida a Constituição de 1988, confirmou esse direito.

[69] Bresser-Pereira (2011). "Transição, consolidação democrática e revolução capitalista", *Dados — Revista de Ciências Sociais*, 54(2): 223-258. Bresser-Pereira (2012). "Democracy and Capitalist Revolution", *Économie Appliquée*, 65(4): 111-139.

8. Estudando Marx

[70] Bresser-Pereira (1981). "A inflação no capitalismo de Estado (e a experiência brasileira recente)", *Revista de Economia Política* [*Brazilian Journal of Political Economy*], 1(2), abril: 3-42. Yoshiaki Nakano (1982). "Recessão e inflação", *Revista de Economia Política* [*Brazilian Journal of Political Economy*], 2(2), abril: 132-137.

[71] Bresser-Pereira e Yoshiaki Nakano (1983 [1984]). "Fatores aceleradores, mantenedores e sancionadores da inflação", *Anais do X Encontro Nacional de Economia*, Belém, ANPEC, dezembro de 1983. Reproduzido na *Revista de Economia Política* [*Brazilian Journal of Political Economy*], 4(1), janeiro 1984: 5-21. Este *paper* pode ser considerado o primeiro na literatura econômica que apresentou de forma sistemática a teoria da inflação inercial.

[72] Candido Botelho Bracher, filho de Fernão Bracher, nasceu em São Paulo em 1958. Formou-se em administração de empresas na EAESP-FGV, fez estágio em bancos suíços e foi diretor do Banco de Desenvolvimento do Estado de São Paulo. Foi fundador juntamente com seu pai e com Antonio Beltran Martinez do Banco BBA, transformando-o em um grande banco de investimentos. Quando os proprietários decidiram vendê-lo para o Itaú-Unibanco, assumiu a presidência do Itaú BBA. Em novembro de 2016 tornou-se presidente do Itaú-Unibanco, o primeiro a não pertencer às famílias Setúbal e Villela, controladoras do banco.

[73] Carl F. Frost (1914-2009) foi professor emérito de Psicologia da Michigan State University, nos Estados Unidos. Foi um grande defensor do Scanlon Plan, um plano de autogestão e participação dos trabalhadores nas empresas criado nos anos 1930.

[74] Octavio Frias de Oliveira (1912-2007) foi um notável empresário e jornalista. Comprou a *Folha de S. Paulo* em 1962 e a transformou no maior jornal brasileiro. Desde 1974 deu apoio à transição publicando artigos dos principais intelectuais e políticos da época envolvidos na defesa da democracia, como Fernando Henrique Cardoso, Severo Gomes e Bresser-Pereira.

9. EM QUE O SENHOR ACREDITA?

[75] Bresser-Pereira (1982). "1980-1981: a revolução autogestionária na Polônia", *Revista de Administração de Empresas*, 22(3), julho: 23-34.

[76] Antonio Candido (2011). "O socialismo é uma doutrina triunfante", entrevista a Joana Tavares, *Brasil de Fato*, 12 de julho de 2011.

[77] J. G. A. Pocock (1975). *The Machiavellian Moment*. Princeton: Princeton University Press.

[78] Bresser-Pereira (2004 [2009]). *Construindo o Estado republicano*. Rio de Janeiro: Editora FGV. Original em inglês, 2004.

[79] Alfred Stepan (1978 [2001]). "Liberal-Pluralist, Classic Marxist, and 'Organic-Statist' Approaches to the State", em Alfred Stepan, *Arguing Comparative Politics*. Oxford: Oxford University Press, pp. 39-72. Publicação original em 1978.

[80] Bresser-Pereira (1997). "Cidadania e *res publica*: a emergência dos direitos republicanos", *Revista de Direito Administrativo*, Rio de Janeiro, vol. 208, abril: 147-181. Em inglês, em versão um pouco mais elaborada: "Citizenship and *Res Publica*: The Emergence of Republican Rights", *Citizenship Studies*, 6(2), 2002: 145-164.

[81] T. H. Marshall (1950 [1967]). "Cidadania e classe social", em *Cidadania, classe social e status*. Rio de Janeiro: Zahar, pp. 57-114. Edição original em inglês, 1950.

[82] Celso Lafer (1988). *A reconstrução dos direitos humanos*. São Paulo: Companhia das Letras.

[83] Bresser-Pereira (2014). "Desenvolvimento, progresso e crescimento econômico", *Lua Nova*, 93: 33-60.

[84] Eric J. Hobsbawm (1990). *Nações e nacionalismo desde 1780*. Ernest Gellner (1993). "O advento do nacionalismo e sua interpretação: os mitos de nação e de classe", em Gopal Balakrishnan (org.) (2000). *Um mapa da questão nacional*. Miroslav Hroch (2005 [2015]). *European Nations: Explaining their Formation*. Benedict Anderson (1983 [1991]). *Comunidades imaginárias*. Anthony D. Smith (2003). *Nacionalismo e modernismo*.

[85] Bresser-Pereira (2018). "Nacionalismo econômico e desenvolvimentismo", *Economia e Sociedade*, vol. 27, 3(64), setembro-dezembro: 853-874.

10. COMEÇANDO A VIDA PÚBLICA COM FRANCO MONTORO

[86] André Franco Montoro (1916-1999) foi um notável político progressista brasileiro. Teve papel importante na transição democrática. Vereador, deputado estadual, deputado federal, senador, ministro do Trabalho no governo João Goulart e governador de São Paulo (1983-1986). Foi membro do Partido Democrata Cristão nos anos 1950, participou da oposição ao governo militar no MDB e foi fundador do PSDB em 1988.

[87] Gilberto Dupas (1955-2009). Economista e analista de política internacional, foi vice-presidente do Banespa e secretário da Educação de São Paulo. Escreveu diversos livros, como *Ética e poder na sociedade da informação* (2000) e *O mito do progresso* (2006).

[88] Fernando Milliet de Oliveira nasceu em 13 de março de 1942. Administrador de empresas, foi vice-presidente do Banespa entre 1983 e 1985, assumindo o comando do banco quando Bresser-Pereira passou a secretário de Governo. Foi presidente do Banco Central do Brasil em 1987.

[89] Carlos Augusto Machado Calil, nascido em 1951 em São Paulo, é professor de Cinema da ECA-USP. Foi presidente da Embrafilme, diretor da Cinemateca Brasileira, diretor do Centro Cultural São Paulo e secretário da Cultura do Município de São Paulo (2005-2012), quando foi implantado o Sistema Municipal de Bibliotecas. Construiu o prédio da Escola de Dança de São Paulo e renovou o Teatro Municipal de São Paulo.

[90] Orestes Quércia (1938-2010). Político paulista, foi um dos principais cardeais do MDB e depois do PMDB. Foi vice-governador durante o mandato de Franco Montoro. Eleito em novembro de 1986, foi governador de São Paulo entre março de 1987 e março de 1991, quando transmitiu o cargo para Luiz Antônio Fleury, também do PMDB. Seu comando sobre o partido gerou a dissidência que formaria o PSDB. Foi candidato presidencial do PMDB nas eleições de 1994, terminando em quarto lugar, atrás de FHC (eleito), Lula e Enéas, tendo ficado à frente de Leonel Brizola.

[91] Mário Covas (1930-2001) foi um engenheiro e político paulista. Formado em Engenharia pela USP, foi vice-presidente da União Nacional dos Estudantes (UNE) em

1955-56. Participou da organização do MDB em 1965, onde militou até ter os direitos políticos cassados dias depois do AI-5, em janeiro de 1969. Voltou à atividade política dez anos mais tarde, com a Lei da Anistia. Pelo PMDB foi prefeito de São Paulo entre 1983 e 1986, ano em que foi eleito senador com a maior votação jamais registrada até aquele momento (quase 7,8 milhões de votos). Constituinte, foi uma das figuras mais relevantes para a formação da Constituição de 1988. Fundou o PSDB e foi o primeiro candidato presidencial do partido em 1989. Em 1994 foi eleito governador de São Paulo, sendo reeleito quatro anos depois.

11. A DESCOBERTA DA INFLAÇÃO INERCIAL

[92] Bresser-Pereira (1980). "As contradições da inflação brasileira", *Encontros com a Civilização Brasileira*, 21: 55-78. Reproduzido em Bresser-Pereira e Yoshiaki Nakano, *Inflação e recessão* (São Paulo: Brasiliense, 1984, pp. 55-79).

[93] Bresser-Pereira (1981). "A inflação no capitalismo de Estado (e a experiência brasileira recente)", *Revista de Economia Política*, 1(2), abril: 3-42.

[94] Bresser-Pereira e Yoshiaki Nakano (1983). "Fatores aceleradores, mantenedores e sancionadores da inflação", *Anais do X Encontro Nacional de Economia*, Belém, ANPEC, dezembro de 1983. Reproduzido na *Revista de Economia Política*, 4(1), janeiro 1984: 5-21, e em Bresser-Pereira e Nakano (1984): 56-75.

[95] A Associação Nacional dos Centros de Pós-Graduação em Economia (ANPEC), fundada em 1973, é responsável por, entre outras atividades, realizar o exame nacional que serve de porta de entrada para os cursos de pós-graduação acadêmica em Economia no Brasil.

[96] Francisco Lafaiete Lopes é um economista mineiro, com graduação na UFRJ, mestrado na FGV-Rio e doutorado em Harvard (EUA). Filho de Lucas Lopes, que fora ministro da Fazenda no fim do governo JK, Francisco Lopes, ou simplesmente Chico Lopes, foi professor da PUC-Rio, tendo se especializado em inflação e programas de estabilização. Foi consultor das equipes que elaboraram os planos Cruzado I, Bresser e Real. Foi diretor do Banco Central entre 1995 e 1999. Assumiu brevemente a presidência do BC em 14 de janeiro de 1999, tendo ficado menos de dois meses no cargo, em meio à explosão de aguda crise cambial.

[97] Felipe Pazos (1912-2001), economista cubano que participou da revolução liderada por Fidel Castro, foi presidente do Banco Central de Cuba. Em 1968, desiludido do regime, ele pediu demissão do banco e foi autorizado a sair de Cuba, vivendo, a partir de então, nos Estados Unidos e na Venezuela. É autor do livro *Chronic Inflation in Latin America* (Nova York: Praeger Publishers, 1972).

[98] Filho do escritor Otto Lara Resende, André Lara Rezende é um economista brasileiro nascido em 1951. Graduou-se em Economia pela PUC-Rio e completou seu doutorado no MIT, nos Estados Unidos. Escreveu "A moeda indexada: uma proposta para eliminar a inflação inercial" (*Gazeta Mercantil*, 26, 27 e 28 de setembro de 1984) e, com Persio Arida, o artigo "Inertial Inflation and Monetary Reform", em John Williamson, (org.), *Inflation and Indexation: Argentina, Brazil and Israel* (Washington: Institute for

International Economics, 1985). A proposta contida nesses dois artigos ficou conhecida como "Larida", e seria dez anos depois a base teórica para o Plano Real. Trabalhou no governo federal em 1985-1986, tendo participado do Plano Cruzado. Fez carreira no mercado financeiro. Atualmente é pesquisador na Universidade de Columbia, de onde continua escrevendo artigos e livros sobre economia.

[99] Edmar Bacha, economista nascido em Lambari (MG), com doutorado em Yale, nos Estados Unidos. Autor de livros e artigos, Bacha fez parte do governo federal durante o Plano Cruzado, entre 1985 e 1986, e depois durante a implementação do Plano Real, entre 1993 e 1994. Foi presidente do IBGE em 1995. Professor na PUC-Rio e no *think tank* Casa das Garças, trabalhou também no mercado financeiro, tendo sido um dos fundadores do Banco BBA. Influente no debate público brasileiro há seis décadas, Bacha foi eleito imortal da Academia Brasileira de Letras (ABL) no fim de 2016.

[100] Eduardo Modiano (1955-2017) foi economista e professor da PUC-Rio; participou do grupo de economistas que desenvolveu no Brasil a teoria da inflação inercial. Foi presidente do BNDES durante o governo Fernando Collor (1990-1992).

[101] Bresser-Pereira e Yoshiaki Nakano (1984). "Política administrativa de controle da inflação", *Revista de Economia Política*, 4(3), julho: 105-125.

[102] Francisco L. Lopes (1984). "Só um choque heterodoxo pode derrubar a inflação", *Economia em Perspectiva*, Boletim do Conselho Regional de Economia de São Paulo, agosto de 1984.

[103] André Lara Resende (1984). "A moeda indexada: uma proposta para eliminar a inflação inercial", *Gazeta Mercantil*, 26, 27 e 28 de setembro de 1984.

[104] Bresser-Pereira e Yoshiaki Nakano (1984). *Inflação e recessão*. São Paulo: Brasiliense.

[105] Bresser-Pereira e Yoshiaki Nakano (1984 [1987]). *The Theory of Inertial Inflation*. Boulder: Lynne Rienner Publishers, 1987. Versão original em português: *Inflação e recessão* (São Paulo: Brasiliense, 1984).

[106] André Lara Resende e Persio Arida (1984 [1985]). "Inertial Inflation and Monetary Reform", em John Williamson (org.) (1985). *Inflation and Indexation: Argentina, Brazil and Israel*. Washington: Institute for International Economics. Originalmente apresentado em seminário em Washington, em novembro de 1984.

[107] Rudi Dornbusch (1943-2002) foi um economista alemão radicado nos Estados Unidos, onde obteve título de doutor em Economia pela Universidade de Chicago, em 1971. Foi professor de Economia no Massachusetts Institute of Technology (MIT), tendo tido contato próximo com economistas brasileiros como Eliana Cardoso, Edmar Bacha, Persio Arida e André Lara Resende.

[108] Gustavo Franco é um economista liberal nascido em 1956. Graduou-se em Economia pela PUC-Rio, onde também obteve o mestrado em 1984, com dissertação sobre o Encilhamento. Doutor por Harvard e professor da PUC-Rio desde a volta ao Brasil, em 1989, Franco foi diretor do Banco Central durante a implementação do Plano Real (1993-1994). Continuou na direção do BC até assumir a presidência da instituição em meados de 1997, cargo que manteve até janeiro de 1999. Fundador da Rio Bravo

Notas 377

Investimentos, Franco é autor de diversos livros, entre os quais *A moeda e a lei* (Rio de Janeiro, Zahar, 2017).

[109] Bresser-Pereira (2010). "A descoberta da inflação inercial", *Revista de Economia Contemporânea*, 14(1): 167-192.

[110] Ignácio Rangel (1963). *A inflação brasileira*. Rio de Janeiro: Tempo Brasileiro.

[111] Basil J. Moore (1933-2018) foi um economista pós-keynesiano canadense que viveu a maior parte de sua vida na África do Sul. Seus principais trabalhos foram o artigo "The Endogenous Money Stocks" (1979) e o livro *Horizontalists and Verticalists: The Macroeconomics of Credit Money* (1988).

[112] Bresser faz referência ao trabalho do economista norte-americano Phillip D. Cagan (1927-2012), professor emérito da Universidade de Columbia, em Nova York. Em 1956, Cagan publicou o artigo "The Monetary Dynamics of Hyperinflation", em Milton Friedman (org.), *Studies in the Quantity Theory of Money*, Chicago, University of Chicago Press, pp. 25-117.

[113] Bresser-Pereira (1994). "As objeções à fase URV", *Folha de S. Paulo*, 6 de fevereiro de 1994. Disponível em www.bresserpereira.org.br.

[114] A *Revista de Economia Política* foi criada por Luiz Carlos Bresser-Pereira e Yoshiaki Nakano no fim de 1980, tendo sua primeira edição publicada no início de 1981. Em 2019 mudou oficialmente seu nome para *Brazilian Journal of Political Economy*. O periódico, sendo publicado continuamente desde então, é uma das mais prestigiadas revistas acadêmicas brasileiras na área econômica.

[115] Alfred Marshall (1842-1924), economista neoclássico inglês, foi professor de John Maynard Keynes e escreveu uma obra clássica, *Princípios da economia* (1890), no qual desenvolveu uma explicação gráfica do funcionamento dos mercados que constitui a base dos manuais de microeconomia.

12. No Ministério da Fazenda

[116] Francisco Oswaldo Neves Dornelles é um economista nascido em Minas Gerais a 7 de janeiro de 1935. Foi ministro da Fazenda escolhido por Tancredo. Sarney manteve a indicação e Dornelles foi o ministro pelos primeiro cinco meses do novo governo. Mais tarde seria ministro da Indústria e do Comércio Exterior (1996) e do Trabalho (1999-2000) de Fernando Henrique Cardoso. Ex-deputado federal e senador, Dornelles foi vice-governador do Rio de Janeiro entre 2015 e 2018.

[117] Dilson Funaro (1923-1989) foi um empresário paulista, proprietário de uma grande empresa de brinquedos, a Trol. Nos anos 1980, assessorado por João Manoel Cardoso de Mello e Luiz Gonzaga Belluzzo, economistas desenvolvimentistas da Unicamp, aproximou-se de Ulysses Guimarães. Funaro foi diretor e conselheiro da Federação das Indústrias do Estado de São Paulo (FIESP) e da Confederação Nacional da Indústria (CNI), chegando à presidência do BNDES em 1985, no início da gestão de José Sarney. Com a queda de Francisco Dornelles, se tornou ministro da Fazenda, coordenando a equipe que lançou o Plano Cruzado em fevereiro de 1986. No fim do ano, os ajustes

inevitáveis e depois o Cruzado II fizeram a popularidade do governo Sarney e do próprio Funaro despencarem. Em fevereiro de 1987 determinou a moratória da dívida externa. Deixou o cargo dois meses depois, passando o posto para Bresser-Pereira.

[118] Anunciado em 21 de novembro de 1986, menos de uma semana após as eleições para o Congresso Nacional e governo dos estados, o Plano Cruzado II visava complementar o Plano Cruzado original, de 28 de fevereiro daquele mesmo ano. O segundo plano consistia na liberalização dos preços então congelados, aumento de impostos e tarifas, entre outras medidas, que tinham o objetivo de corrigir as distorções do plano original, que não fora ajustado por uma decisão política. Em fevereiro de 1987, o ministro da Fazenda Dilson Funaro anuncia, de forma grandiosa, a moratória da dívida externa. O calote foi vendido à opinião pública como uma medida de força nacional ante os banqueiros estrangeiros. O resultado foi a completa perda de credibilidade da política econômica brasileira e um recrudescimento dos credores internacionais. É neste contexto que se dá a instauração da Constituinte em Brasília, para formular uma nova Constituição, e é quando tomam posse os governadores eleitos no pleito de 1986.

[119] Rubens Barbosa é um diplomata paulistano nascido a 13 de junho de 1938. Foi chefe de gabinete do ministro Olavo Setúbal, quando este ocupou a pasta de Relações Exteriores (1985). Foi escolhido por Bresser-Pereira para ser secretário de Assuntos Internacionais do Ministério da Fazenda em abril de 1987. Foi depois embaixador brasileiro em Londres (1994-1999) e, em seguida, embaixador em Washington (1999-2004). É editor da revista *Interesse Nacional* e autor de diversos livros e artigos.

[120] Bresser-Pereira (org.) (1991). *Populismo econômico: ortodoxia, desenvolvimentismo e populismo na América Latina*. São Paulo: Nobel.

[121] Martus Tavares, notável servidor público, foi depois ministro do Planejamento no governo Fernando Henrique (1999-2002).

[122] Walter Barelli (1938-2019), economista, depois de ter sido diretor do DIEESE foi deputado federal, secretário do Trabalho de São Paulo e ministro do Trabalho no governo Itamar Franco.

[123] O DIEESE (Departamento Intersindical de Estatística e Estudos Econômicos) é um *think tank* financiado pelas centrais sindicais.

[124] O termo "otenização" vem de OTN (Obrigação do Tesouro Nacional), um título da dívida pública indexado que existiu entre 1986 e 1989.

13. Uma solução global para a dívida externa

[125] Gustavo Petricioli (1928-1998), economista mexicano, foi secretário da Fazenda do México (o equivalente a ministro de Estado) entre junho de 1986 e novembro de 1988, na fase final do governo de Miguel de la Madrid. Quando assumiu o presidente Salinas de Gortari, Petricioli foi nomeado embaixador do México nos Estados Unidos, cargo que desempenhou até janeiro de 1993.

[126] Aldo Ferrer (1927-1918), professor da Universidade de Buenos Aires, foi um dos mais notáveis economistas desenvolvimentistas clássicos da Argentina. Foi ministro

da Economia da Argentina (1970-1971) e presidente do Banco de la Provincia de Buenos Aires (1983-1987). Publicou muitos livros, entre os quais *Vivir con el nuestro* (2002) e *Densidad nacional* (2006).

[127] Juan Vital Sourrouille, nascido em 1940, foi ministro da Economia da Argentina entre fevereiro de 1985 e março de 1989. Ficou famoso por ter sido o responsável pelo Plano Austral, de 1985, que buscava combater a inflação argentina. Foi um dos planos estudados pelos economistas brasileiros que pouco depois formulariam os planos Cruzado (1986) e Bresser (1987). Cooperou com Bresser-Pereira e Gustavo Petricioli, do México, na criação do G3, que associou brevemente Brasil, Argentina e México nas negociações da Crise da Dívida Externa dos anos 1980.

[128] Raúl Alfonsín, presidente da Argentina entre 1983 e 1989, foi responsável por fazer a transição entre a ditadura militar e a democracia naquele país. Exerceu um papel semelhante ao de Sarney no Brasil.

[129] Carlos Salinas de Gortari, nascido em 1948, foi eleito presidente do México em 1987, cumpriu mandato entre 1988 e 1994, tendo assinado o acordo com os Estados Unidos e o Canadá que criou o NAFTA, uma zona de livre comércio ou bloco de tarifa comercial única que aumentou a dependência do seu país em relação aos EUA.

[130] George Soros, nascido na Hungria em 1930 e radicado nos Estados Unidos, é um investidor bilionário e filantropo.

[131] James Baker, nascido em 1930, foi secretário do Tesouro dos Estados Unidos, homem de confiança do presidente Ronald Reagan.

[132] Jeffrey Sachs, nascido em 1954, é um economista norte-americano, formado em Harvard e professor na Universidade de Columbia. Trabalhou como conselheiro de diversos países como a Bolívia, o Brasil (quando Bresser-Pereira foi ministro), Polônia, Estônia e Rússia.

[133] Federal Reserve Bank, ou simplesmente FED, é o Banco Central dos Estados Unidos, fundado em 1913.

[134] Paul Volcker (1927-2019) foi presidente do FED entre 1979 e 1987, período das gestões dos presidentes Jimmy Carter e Ronald Reagan. Economista de tradição monetarista, Volcker foi instrumental na explosão das crises de dívida externa dos países latino-americanos. Convivendo com elevada inflação e baixo crescimento, Volcker decidiu usar a teoria clássica e iniciou um duro aperto monetário, elevando a taxa de juros norte-americana ao longo de três anos, até 1982. Dado que os países latino-americanos tinham contraído enorme passivo de dívida em dólares, com taxas de juros reajustáveis e balizadas pela taxa básica do FED, o movimento de Volcker imediatamente fez com que as dívidas saltassem. O México foi o primeiro a quebrar, em 1982, seguido da Argentina e do Brasil, em 1983. Quando Volcker foi indicado pelo presidente Carter para assumir o FED, em 1979, o então ministro da Fazenda do Brasil, Mário Henrique Simonsen, teria dito: "Eu conheço o Volcker e sei como ele pensa. Nós estamos ferrados...".

[135] Alan Greenspan, nascido em 1926, é economista. Ele sucedeu Volcker na presidência do FED em setembro de 1987. Greenspan comandou a política monetária norte--americana até 2006, quando passou o cargo para Ben Bernanke.

[136] Bresser-Pereira fez um relato completo de sua contribuição para resolver a crise da dívida externa no artigo "The Turning Point in the Debt Crisis", *Revista de Economia Política*, 19(2), abril 1989: 103-130.

14. Começa a longa semiestagnação

[137] Bresser-Pereira (1992). *A crise do Estado*. São Paulo: Nobel.

[138] José Guilherme Merquior (1941-1991) foi um diplomata e um ensaísta e teórico político liberal, talvez o mais notável dos intelectuais liberais brasileiros. Ernest Gellner foi seu orientador no doutorado na Universidade de Oxford. Foi embaixador no México e representante permanente do Brasil na UNESCO. Foi crítico do marxismo, mas era um liberal social, defensor de uma atuação forte do Estado no planejamento social e econômico. Seu social-liberalismo o aproximou da Terceira Via de Anthony Giddens e Tony Blair. Seus livros mais importantes foram *O marxismo ocidental* (1987) e *O liberalismo, antigo e moderno* (1991).

[139] Bresser-Pereira (1990 [1992]). "A macroeconomia perversa da dívida, do déficit e da inflação no Brasil", em *A crise do Estado*. São Paulo: Nobel, 1992, pp. 71-100. Original em inglês, 1990.

[140] O forte crescimento econômico japonês que se seguiu à reconstrução após as duas bombas nucleares lançadas pelos Estados Unidos em 1945, que determinaram o fim da Segunda Guerra Mundial, foi motivo de amplos estudos no mundo inteiro. Em especial nos anos 1980, década em que também a cultura japonesa ganhou muita relevância. O crescimento econômico começou a se reduzir com a explosão da bolha imobiliária, entre 1990 e 1991, quando então o Japão entrou em um período de crise e baixo crescimento. A conferência realizada em 1989 ocorreu, portanto, no auge do crescimento econômico e imediatamente antes da crise japonesa explodir.

[141] Takao Fukuchi e Mitsuhiro Kagami (1990). *Perspectives on the Pacific Basin Economy: A Comparison of Asia and Latin America*. Tóquio: Institute of Developing Economies.

[142] Bresser-Pereira (1990). "The Perverse Macroeconomics of Debt, Déficit and Inflation in Brazil", em T. Fukuchi e M. Kagami (1990).

[143] Bresser-Pereira (2007). *Macroeconomia da estagnação*. São Paulo: Editora 34. Em inglês: *Developing Brazil: Overcoming the Failure of the Washington Consensus*. Boulder: Lynne Rienner Publishers, 2009.

[144] Tasso Jereissati, político cearense, que naquele momento era o governador do Ceará. Era então o único governador do PSDB, embora tivesse sido eleito pelo PMDB nas eleições de 1986.

[145] Ciro Gomes, político cearense e também fundador do PSDB. Seria o primeiro governador efetivamente eleito pelo PSDB, nas eleições de 1990. Quase três décadas depois, entre 2016 e 2017, Ciro Gomes, já pelo PDT, se aproximaria de Bresser-Pereira.

[146] Antonio Kandir foi secretário de Tesouro no governo Collor, ministro do Planejamento no governo Fernando Henrique e deputado federal pelo PSDB.

Notas

[147] Bresser-Pereira e Yoshiaki Nakano (1991). "Hiperinflação e estabilização no Brasil: o primeiro Plano Collor", *Revista de Economia Política*, 11(4), outubro-dezembro: 89-114.

[148] Bresser-Pereira (1991). *Os tempos heroicos de Collor e Zélia: aventuras da modernidade e desventuras da ortodoxia*. São Paulo: Nobel.

[149] Bresser-Pereira (2009). "The Two Methods and the Hard Core of Economics", *Journal of Post Keynesian Economics*, 31(3), primavera: 493-522.

[150] Bresser-Pereira (2012). "Why Economics Should Be a Modest and Reasonable Science", *Journal of Economic Issues*, XLVI (2): 291-301. Bresser-Pereira (2018). "Historical Models and Economic Syllogisms", *Journal of Economic Methodology*, nº 25: 68-82.

[151] Daniel Kahneman e Amos Tversky (1979). "Prospect Theory: An Analysis of Decision Under Risk", *Econometrica*, 47(2): 263-291. Daniel Kahneman (2011 [2012]). *Rápido e devagar: duas formas de pensar*. Rio de Janeiro: Objetiva.

[152] João Villaverde (2016). *Perigosas pedaladas: os bastidores da crise que abalou o Brasil e levou ao fim o governo Dilma Rousseff*. São Paulo: Geração Editorial.

[153] Paul Krugman (2012). *End This Depression Now*. Nova York: Norton.

15. Liberais e desenvolvimentistas

[154] Mário Henrique Simonsen (1970). *Inflação: gradualismo x tratamento de choque*. Rio de Janeiro: APEC.

[155] Affonso Celso Pastore (1968). *A resposta da produção agrícola aos preços no Brasil*. Faculdade de Economia e Administração da Universidade de São Paulo, Boletim 55, São Paulo.

[156] Bresser-Pereira e Yoshiaki Nakano (1984). "Política administrativa de controle da inflação", *Revista de Economia Política*, 4(3), julho: 105-125. Nesse artigo era proposta uma "política heroica": o congelamento de preços com tablita de conversão.

[157] Delfim Netto tentou algo semelhante no Brasil em 1979 e 1980, e também não deu certo, mas ele teve tempo de corrigir sua política a partir de 1981.

[158] Affonso Celso Pastore e Bresser-Pereira (2010). "Poupança externa e investimento" (debate), *O Estado de S. Paulo*, Pastore em 28/2, Bresser em 7/3 e Pastore em 14/3; a resposta de Bresser à réplica de Pastore não foi publicada pelo jornal. O debate completo está disponível no site www.bresserpereira.org.br.

[159] Bresser-Pereira (1989 [1993]). "Economic Reforms and Cycles of State Intervention", *World Development*, 21(8): 1337-1353. Edição original em português: "O caráter cíclico da intervenção estatal" (1989). A versão em inglês é mais bem elaborada.

[160] Bresser-Pereira (1990 [1991]). "A crise da América Latina: Consenso de Washington ou crise fiscal?", *Pesquisa e Planejamento Econômico*, 21(1), abril: 3-23. Aula magna no XVIII Congresso da ANPEC (Associação Nacional dos Centros de Pós-Graduação em Economia), Brasília, 4 de dezembro de 1990.

[161] José Luís Fiori (1994). "Os moedeiros falsos", *Folha de S. Paulo*, 3 de julho de 1994. Este artigo foi depois publicado por Fiori em livro com o mesmo título (Petrópolis: Vozes, 1997).

[162] Adam Przeworski é um cientista político norte-americano, professor da New York University, nascido na Polônia em 1940. É considerado uma das maiores referências da ciência política mundial. Seu livro *Capitalismo e social-democracia* (Cambridge: Cambridge University Press, 1985) é um marco do pensamento político mundial. Foi coautor do livro *Reformas econômicas em novas democracias* (Cambridge University Press, 1993) com José María Maravall e Bresser-Pereira. Em seu livro com Michael E. Alvarez, José Antonio Cheibub e Fernando Limongi, *Democracy and Development* (Cambridge University Press, 2000), um amplo estudo da democracia envolvendo um grande número de países, mostrou que a probabilidade de um país democrático cuja renda *per capita* em 1996 era superior a 6 dólares voltasse a se tornar uma ditadura era praticamente zero. Bresser-Pereira usou esta pesquisa como uma comprovação empírica do artigo "Transição, consolidação democrática e revolução capitalista" (2011). O último livro de Adam Przeworski é *Crisis of Democracy* (Cambridge University Press, 2019).

[163] Bresser-Pereira, José María Maravall e Adam Przeworski (1993). *Economic Reforms in New Democracies*. Cambridge: Cambridge University Press. A edição em português foi publicada em 1996 pela Nobel.

[164] Brookings Institution é um importante *think tank* baseado em Washington.

[165] John Lewis, Richard Webb e Devesh Kapur (2011). *The World Bank: Its First Half Century*. Washington: Brookings Institution Press.

[166] Bresser-Pereira (1995). "Development Economics and World Bank's Identity Crisis", *Review of International Political Economy*, 2(2), primavera: 211-247.

[167] Norberto Bobbio (1994). "Bobbio defende compromisso entre liberalismo e socialismo", entrevista realizada por Bresser-Pereira em Turim, *Folha de S. Paulo*, caderno *Mais!*, 5 de dezembro de 1994.

[168] Carlo Rosselli (1899-1937) foi um intelectual e líder político antifascista. Desenvolveu uma teoria socialista não marxista, inspirada no movimento trabalhista britânico, que descreveu como socialismo liberal. Rosselli fundou em 1925 um movimento político, *Giustizia e Libertà*, e em 1936 participou da Guerra Civil Espanhola. Seu principal livro é *Socialismo liberal* (1931). Sua principal analista no Brasil é Walquíria Domingues Leão Rêgo.

[169] Bresser-Pereira (2001). "The New Left Viewed from the South", em Anthony Giddens (org.). *The Global Third Way Debate*. Cambridge: Polity Press, pp. 258-371.

[170] Carlos Heliodoro Pinto Affonso foi um psicanalista da Sociedade Brasileira de Psicanálise. Traduziu alguns dos livros de Wilfred Bion (1897-1979), um dos mais importantes seguidores de Freud.

[171] Hélcio Tokeshi foi secretário de Competitividade do Ministério da Fazenda no governo Lula, e secretário da Fazenda de São Paulo no governo Geraldo Alckmin.

Notas

16. Um *think tank* no governo

[172] Luís Eduardo Magalhães (1955-1998), filho de Antônio Carlos Magalhães (importante cacique político baiano), foi uma liderança jovem do PFL (hoje, DEM) que viria a ser presidente da Câmara dos Deputados entre 1995 e 1997 e grande aposta da aliança PSDB-PFL para a sucessão de FHC. Faleceu prematuramente em 1998, em Brasília.

[173] Ricardo Musse (1996). "Ajuste intelectual", *Jornal de Resenhas*, 23 de fevereiro de 1996. Este artigo está disponível no site www.bresserpereira.org.br.

[174] David Osborne e Ted Gaebler (1992). *Reinventing Government*. Reading, MA: Addison-Wesley.

[175] Mestre em Economia pela FGV-SP, Ângela Santana foi assessora regional da CAPES em Brasília entre 1995 e 2002.

[176] Doutora em Administração Pública pela FGV, Cláudia Costin foi professora da PUC-SP, Insper, FAAP, Unicamp, UnB e a própria FGV. Foi secretária-executiva do Ministério da Administração Federal e Reforma do Estado (MARE) durante a gestão de Bresser-Pereira (1995-1998) e posteriormente ministra (entre 1999 e 2000). Foi secretária de Cultura do governo Geraldo Alckmin, do PSDB, entre 2003 e 2006, e secretária de Cultura da Prefeitura da Cidade do Rio de Janeiro entre 2009 e 2014, durante a gestão de Eduardo Paes, do PMDB. É professora visitante em Harvard e colunista da *Folha de S. Paulo*.

[177] Arquiteta pela USP, Regina Pacheco tem mestrado em Arquitetura e Urbanismo pela Universidade de Paris XII, onde também obteve o doutorado em Desenvolvimento Urbano. É professora da FGV em São Paulo desde 1988. Assumiu a presidência da Escola Nacional de Administração Pública (ENAP) em Brasília, a convite de Bresser-Pereira, em 1995. Foi presidente da ENAP entre 1995 e 2002.

[178] Evelyn Levy, cientista política pela PUC-Rio e doutora em Administração Pública pela FGV-SP, é professora e pesquisadora do Instituto de Estudos Avançados (IEA) da Universidade de São Paulo (USP). Foi consultora do Banco Interamericano de Desenvolvimento (BID) e do Governo do Estado de São Paulo na década de 2010.

[179] Nelson Marconi é economista, com mestrado e doutorado na FGV em São Paulo, tendo cumprido parte dos créditos do doutorado no MIT, nos Estados Unidos. Foi coordenador do curso de graduação em Economia na EESP-FGV entre 2010 e 2013. É professor nos cursos de graduação e pós-graduação em Administração Pública e Governo na EAESP-FGV. Fez parte da equipe de Bresser-Pereira no MARE e também no Ministério de Ciência e Tecnologia, entre 1995 e 1999. É coautor do livro *Macroeconomia desenvolvimentista* (Elsevier, 2016). Foi o coordenador do programa econômico de Ciro Gomes, o candidato do PDT à Presidência da República em 2018. Em 2019 assumiu a presidência da Fundação Leonel Brizola, em São Paulo.

[180] Antonio Anastasia, político mineiro filiado ao PSDB, foi secretário da Casa Civil durante o governo de Aécio Neves (2003-2010) e depois governador de Minas entre 2010 e 2014. É senador da República por Minas Gerais desde 2015.

[181] Roberto Requião foi governador do Paraná e é presidente do MDB local.

[182] Lucia Hippolito é cientista política e foi colunista do jornal *O Globo*.

17. Reformar o Estado com uma teoria

[183] Bresser-Pereira (1998). *Reforma do Estado para a cidadania* (Editora 34); Bresser-Pereira e Peter Spink (orgs.) (1998). *Reforma do Estado e administração pública gerencial* (Editora FGV). Bresser-Pereira e Nuria Cunill Grau (orgs.) (2000). *Responsabilização na administração pública* (CLAD/FUNDAP).

[184] Bresser-Pereira (1997 [2002]). "Citizenship and *Res Publica*: The Emergence of Republican Rights", *Citizenship Studies*, 6(2): 145-164 (versão mais bem elaborada do original em português de 1997).

[185] Bresser-Pereira (2004). *Democracy and Public Management Reform: Building the Republican State*. Oxford: Oxford University Press. Em português: *Construindo o Estado republicano* (Rio de Janeiro: Editora FGV, 2009).

[186] Bresser-Pereira (1996). "Da administração pública burocrática à gerencial", *Revista do Serviço Público*, 47(1): 7-40.

[187] Sepúlveda Pertence foi ministro do STF e hoje está aposentado.

[188] Marcelo Déda (1960-2013) foi governador de Sergipe pelo PT entre 2007 e 2013, quando faleceu de câncer.

[189] Benedito Clayton Veras Alcântara (1935-2015), empresário e político conhecido como Beni Veras, fez parte do grupo de políticos do Ceará associados a Tasso Jereissati. Foi senador da República pelo PSDB entre 1991 e 1999 e vice-governador e governador do Ceará entre 1999 e 2002.

[190] Moreira Franco, político fluminense e um dos cardeais do PMDB (hoje, MDB). Foi governador do Rio de Janeiro (1987-1990), ministro da Secretaria da Aviação Civil no governo Dilma Rousseff (2013-2014) e ministro de Minas e Energia do governo Michel Temer (2016-2018), de quem sempre foi braço direito.

[191] Bresser-Pereira e Peter Spink (orgs.) (1998). *Reforma do Estado e administração pública gerencial*. Rio de Janeiro: Editora FGV.

[192] Para as pequenas organizações públicas não estatais de serviços, basta a assinatura de um convênio com o Estado.

[193] Francisco Weffort foi ministro da Cultura no governo Fernando Henrique. Foi professor da USP e membro da chamada Escola de Sociologia de São Paulo, quando se notabilizou por seus trabalhos sobre o populismo. Foi fundador e dirigente do PT, mas saiu do partido quando uma manobra o impediu de ser eleito deputado federal.

18. Oxford e Paris

[194] Edmar Bacha assumiu a presidência do IBGE em janeiro de 1995, no primeiro ano do primeiro mandato de Fernando Henrique Cardoso, mas deixou o cargo poucos meses depois.

[195] Bresser-Pereira, Eliane Cristina de Araújo e Samuel Costa Peres (2020). "An Alternative to the Middle-Income Trap", *Structural Change and Economic Dynamics*, 52, março: 294-312.

[196] Bresser-Pereira (2001). "Incompetência e *confidence building* por trás de vinte anos de quase-estagnação da América Latina", *Revista de Economia Política*, 21(1): 141-166.

[197] Bresser-Pereira (1997). "As três formas de desvalorização cambial", *Revista de Economia Política*, 17(1): 143-146.

[198] Bresser-Pereira (2001). "Self-Interest and Incompetence", *Journal of Post Keynesian Economics*, 23(3): 363-373.

[199] Márcio Moreira Alves (1936-2009) foi um dos maiores jornalistas brasileiros, tendo ganho o Prêmio Esso de Jornalismo em 1957 pela cobertura do tiroteio entre deputados estaduais de Alagoas, em Maceió, durante a sessão de impeachment do então governador Muniz Falcão, na sexta-feira 13 de setembro de 1957. Na ocasião, Márcio foi alvo de uma bala, mas sobreviveu. Mais tarde entrou na política e foi eleito deputado federal pelo MDB, tendo cumprido mandato entre 1966 e o fim de 1968. Da tribuna da Câmara, em Brasília, Márcio Moreira Alves proferiu discurso contra a ditadura militar em pleno governo do general Costa e Silva, incitando boicote às paradas do 7 de setembro, que o regime usava para manter seu prestígio popular. O governo demandou sua cassação, mas a Câmara não aceitou. No dia 13 de dezembro daquele ano o governo baixou o Ato Institucional nº 5 (AI-5), dando início à "ditadura escancarada" que suprimiu o *habeas corpus*, além de ampliar a censura, as prisões e as torturas de presos políticos. Márcio Moreira Alves foi imediatamente cassado. Morou no Chile, em Paris e em Lisboa durante o exílio. Voltou ao Brasil em 1979 e se filiou ao PMDB no ano seguinte. Foi assessor de Bresser-Pereira no Banespa (1983-1984) e no governo de São Paulo (1985-1987). Em 1987, foi brevemente secretário do governo Moreira Franco, do PMDB, no Rio de Janeiro. Deixou o cargo e pouco depois a política, voltando ao jornalismo. Faleceu em abril de 2009, aos 72 anos.

[200] Yoshiaki Nakano, José Marcio Rego e Lilian Furquim (orgs.) (2004). *Em busca do novo: o Brasil e o desenvolvimento na obra de Bresser-Pereira*. Rio de Janeiro: Editora FGV.

19. A saída da política

[201] Maria Inês Nassif é jornalista nascida em Poços de Caldas (MG). Trabalhou nas principais redações do país, tendo sido editora de Opinião e colunista do jornal *Valor Econômico*, onde publicou a entrevista "Por uma ideia de nação" em 8 de abril de 2011, na qual Bresser-Pereira anunciou seu desligamento formal do PSDB.

[202] Carlos Ivan Simonsen Leal é presidente da FGV desde 2000. Nasceu no Rio de Janeiro, em 1957. Estudou no Colégio Santo Inácio e formou-se em engenharia civil pela Universidade Federal do Rio de Janeiro em 1980. Em 1981 iniciou o curso da Escola de Pós-Graduação em Economia (EPGE) da FGV, então dirigida por seu tio, Mário Henrique Simonsen. Mestre em economia matemática pelo Instituto de Matemática Pura e Aplicada (IMPA), doutorou-se em economia em 1986 pela Universidade de Princeton. De volta ao Brasil, tornou-se professor da EPGE. Em 1994 tornou-se diretor da EPGE. Em 1997 foi eleito vice-presidente da FGV, ao lado de Jorge Oscar Melo Flores, presidente.

Quando este faleceu, foi eleito seu sucessor em 2000. Na presidência da FGV, desenvolveu uma gestão voltada para a preservação da qualidade dos cursos e pesquisas.

20. Uma interpretação desenvolvimentista

[203] Bresser-Pereira (2004). "O conceito de desenvolvimento do ISEB rediscutido", *Dados — Revista de Ciências Sociais*, 47(1): 49-84. Bresser-Pereira (2005). "Do ISEB e da CEPAL à teoria da dependência", em Caio Navarro de Toledo (org.). *Intelectuais e política no Brasil: a experiência do ISEB*. Rio de Janeiro: Revan, pp. 201-232.

[204] Fernando Henrique Cardoso e Enzo Faletto (1969 [1970]). *Dependência e desenvolvimento na América Latina*. São Paulo: Difusão Europeia do Livro. Original em espanhol, 1969.

[205] Andre Gunder Frank (1966 [1973]). "Desenvolvimento do subdesenvolvimento", em Luiz Pereira (org.). *Urbanização e subdesenvolvimento*. Rio de Janeiro: Zahar. Original em inglês, 1966.

[206] Fernando Henrique Cardoso (1977). "The Consumption of the Dependency Theory in the United States", *Latin America Research Review*, 12(3): 7-24.

21. O Novo Desenvolvimentismo

[207] Bresser-Pereira e José Marcio Rego (orgs.) (2001). *A grande esperança em Celso Furtado*. São Paulo: Editora 34. Bresser-Pereira (2001). "Método e paixão em Celso Furtado", em *A grande esperança em Celso Furtado*, pp. 19-34.

[208] Celso Furtado foi ministro da Cultura no governo José Sarney (1985-1990).

[209] Lançado em 1992 pela Paz e Terra.

[210] Bresser-Pereira (1970). "Dividir ou multiplicar? A distribuição da renda e a recuperação da economia brasileira", *Visão*, 21 de novembro de 1970. Republicado em Bresser-Pereira, *Desenvolvimento e crise no Brasil*, desde sua 3º edição em 1972.

[211] Bresser-Pereira (1977). *Estado e subdesenvolvimento industrializado*. São Paulo: Brasiliense.

[212] ANPOCS é a Associação Nacional de Pós-Graduação em Ciências Sociais.

[213] Bresser-Pereira e Yoshiaki Nakano (2003). "Economic Growth with Foreign Savings?", *Brazilian Journal of Political Economy*, 23(2), abril: 3-27 (apenas na edição digital; em português também na edição impressa).

[214] Bresser-Pereira e Paulo Gala (2007). "Por que a poupança externa não promove o crescimento?", *Revista de Economia Política*, 27(1), janeiro: 3-19. Versão em inglês: "Foreign Savings, Insufficiency of Demand, and Low Growth", *Journal of Post Keynesian Economics*, 30(3), 2008: 315-334.

[215] Bresser-Pereira e Yoshiaki Nakano (2002). "Uma estratégia de desenvolvimento com estabilidade", *Revista de Economia Política*, 21(3): 146-177.

[216] José Luís Oreiro (2002). "Prêmio de risco endógeno, metas de inflação e câmbio

flexível: implicações dinâmicas da hipótese Bresser-Nakano para uma pequena economia aberta", *Brazilian Journal of Political Economy/Revista de Economia Política*, 22(3), julho: 107-122.

[217] Chalmers Johnson (1982). *MITI and the Japanese Miracle* (Stanford: Stanford University Press). Alice H. Amsden (1989). *Asia's Next Giant: South Korea and Late Industrialization* (Nova York: Oxford University Press). Robert H. Wade (1990). *Governing the Market* (Princeton: Princeton University Press). Erik S. Reinert (2007). *How Rich Countries Got Rich... and Why Poor Countries Stay Poor* (Nova York: Carroll & Graf). Ha-Joon Chang (2002). *Kicking Away the Ladder* (Londres: Anthem Press).

[218] A sugestão dessa mudança partiu de Otavio Frias Filho, que disse ser a expressão original redundante. De fato, toda ortodoxia é convencional.

[219] Bresser-Pereira (2007). *Macroeconomia da estagnação*. São Paulo: Editora 34. Traduzido para o inglês como *Developing Brazil: Overcoming the Failure of the Washington Consensus* (Boulder: Lynne Rienner Publishers, 2009).

[220] Paulo Gala é economista. Realizou seu mestrado e doutorado sob a orientação de Bresser-Pereira. Foi seu primeiro orientando já no quadro do Novo Desenvolvimentismo. Sua tese de doutorado, *Política cambial e macroeconomia do desenvolvimento*, de 2006, mostrou que a taxa de câmbio é determinante do desenvolvimento econômico. É professor na EESP-FGV e diretor do Banco Fator em São Paulo.

[221] Paulo Gala (2008). "Real Exchange Rate Levels and Economic Development: Theoretical Analysis and Econometric Evidence", *Cambridge Journal of Economics*, n° 32: 273-288.

[222] Bresser-Pereira (2008). "The Dutch Disease and its Neutralization: A Ricardian Approach", *Brazilian Journal of Political Economy*, 28(1): 47-71.

[223] W. Max Corden e J. Peter Neary (1982). "Booming Sector and De-Industrialization in a Small Open Economy", *Economic Journal*, 92(368): 825-848.

[224] Bresser-Pereira (2020). "Neutralizing the Dutch Disease", *Journal of Post Keynesian Economics*, 43(2): 298-316.

[225] Bresser-Pereira, Lauro Gonzalez e Cláudio Lucinda (2008). "Crises financeiras nos anos 1990 e poupança externa, *Nova Economia*, 18(3), setembro: 327-357. Em inglês, cap. 7 de *Globalization and Competition* (Cambridge University Press, 2010).

[226] Bresser-Pereira (2009). "A tendência à sobreapreciação da taxa de câmbio", *Econômica*, 11(1), junho: 7-30. Também em Bresser-Pereira, *Globalização e competição* (2009) e *Globalization and Competition* (2010) (não saiu na edição francesa do livro).

[227] Bresser-Pereira (2011). "Uma escola de pensamento keynesiano-estruturalista no Brasil?" ["A Keynesian-Structuralist School of Thought in Brazil?"], *Brazilian Journal of Political Economy*, 31(2), abril: 305-314.

[228] Bresser-Pereira (2015). "The Access to Demand", *Keynesian Brazilian Review*, 1(1), primeiro semestre: 35-43.

[229] Bresser-Pereira (2012). "A taxa de câmbio no centro da teoria do desenvolvimento", *Estudos Avançados*, 26(75): 7-28.

[230] Bresser-Pereira (2013). "The Value of the Exchange Rate and the Dutch Disease", *Brazilian Journal of Political Economy*, 33(3): 371-387. Bresser-Pereira, José Luís Oreiro e Nelson Marconi (2016). *Macroeconomia desenvolvimentista* (Rio de Janeiro: Elsevier).

[231] Bresser-Pereira e Pedro Rossi (2015). "Sovereignty, the Exchange Rate, Collective Deceit, and the Euro Crisis", *Journal of Post Keynesian Economics*, 38(3), inverno-primavera: 355-375.

[232] *Macroeconomia desenvolvimentista* (Elsevier, 2016).

[233] Bresser-Pereira já se referiu anteriormente aos trabalhos básicos desse cientista político e dos quatro economistas citados.

[234] Antônio Barros de Castro (2008). "From Semi-Stagnation to Growth in a Sino-Centric Market", *Revista de Economia Política*, 28(1), janeiro: 3-27.

[235] Bresser-Pereira, André Nassif e Carmem Feijó (2016). "A reconstrução da indústria brasileira: a conexão entre o regime macroeconômico e a política industrial", *Brazilian Journal of Political Economy*, 36(3): 493-513.

[236] Bresser-Pereira (2018 [2019]). "Why Did Trade Liberalization Work for East Asia but Fail in Latin America?", *Challenge*, 62(4): 273-277. *Keynote speech* no Shanghai Forum, Fudan University, maio de 2018.

[237] Bresser-Pereira, Eliane Cristina Araújo e Samuel Costa Peres (2020). "An Alternative to the Middle-Income Trap", *Structural Change and Economic Dynamics*, 52, março: 294-312.

[238] Bresser-Pereira (2020). "New Developmentalism: Development Macroeconomics for Middle-Income Countries", *Cambridge Journal of Economics*, 44(3), maio: 629-646.

[239] Bresser-Pereira (2019). "Models of Developmental State", *CEPAL Review*, 128, agosto: 35-47. Texto para Discussão em 2016. Bresser-Pereira (2017). "The Two Forms of Capitalism: Developmentalism and Economic Liberalism", *Brazilian Journal of Political Economy*, 37(4), outubro: 680-703. Bresser-Pereira (2018). "Capitalismo financeiro-rentista", *Estudos Avançados*, 32(92), 17-29, disponível também em inglês.

[240] Gustavo Capanema Filho (1900-1986), político brasileiro nascido em Minas Gerais, foi o ministro da Educação que mais tempo permaneceu no cargo em toda a história do Brasil (de 1934 a 1945, aproximadamente onze anos contínuos, durante o governo de Getúlio Vargas).

[241] Bresser-Pereira (2019). "From Classical Developmentalism and Post-Keynesian Macroeconomics to New Developmentalism", *Brazilian Journal of Political Economy*, 39(2), abril: 187-210.

[242] Reinaldo Gonçalves é economista pela UFRJ, com mestrado na FGV-Rio e doutorado pela Universidade de Reading (Inglaterra). É professor livre-docente de Economia na UFRJ.

[243] Pierre Bourdieu (1976 [1983]). "O campo científico", em Renato Ortiz (org.) (1983). *Pierre Bourdieu: sociologia*. São Paulo: Ática, pp. 122-155.

Notas

22. A ESQUERDA NO GOVERNO

[244] Leda Paulani é a principal macroeconomista marxista brasileira. É professora da USP, foi subsecretária do Planejamento da Prefeitura da Cidade de São Paulo no governo Luiza Erundina e secretária de Planejamento na gestão de Fernando Haddad.

[245] Antônio Palocci foi ministro da Fazenda durante o primeiro mandato de Lula, entre janeiro de 2003 e março de 2006. Deixa o governo pouco antes do ciclo eleitoral de 2006 começar, após as revelações, pelo jornal *O Estado de S. Paulo*, de que ele usara de seu cargo para forçar a quebra do sigilo bancário de um caseiro que fizera acusações contra ele. Foi condenado por corrupção no quadro da Operação Lava Jato e conseguiu redução da pena graças ao expediente da delação premiada.

[246] Aloizio Mercadante, economista paulista formado pela USP, com mestrado e doutorado em Economia pela Unicamp. O mestrado foi obtido em 1989, imediatamente antes do início da campanha presidencial daquele ano, da qual Mercadante fez parte do time de economistas do PT, partido que ele ajudou a fundar nove anos antes. Filho do general Oswaldo Muniz Oliva, Mercadante foi crescendo dentro dos quadros do PT a partir dos anos 1990, tendo sido candidato a vice-presidente da República na chapa com Lula nas eleições de 1994, vencidas por FHC no primeiro turno. Depois eleito deputado federal e senador, sempre pelo PT de São Paulo, Mercadante chegou a líder do governo Lula no Senado entre 2008 e 2010. Nesse período, retomou o doutorado na Unicamp, concluído em dezembro de 2010, tendo Bresser-Pereira e Antônio Delfim Netto na banca. Defensor do que chamou de estratégia "social-desenvolvimentista" do governo petista, Mercadante virou ministro da Ciência e Tecnologia em 2011, no governo Dilma Rousseff, e em 2012 passou a ministro da Educação. Em 2014 virou ministro-chefe da Casa Civil, cargo que desempenhou até o final de 2015. Foi também candidato ao governo de São Paulo em 2006 e em 2010, tendo perdido, respectivamente, para José Serra e Geraldo Alckmin, ambos do PSDB.

[247] Fernando de Holanda Barbosa, Felipe Diogo Camêlo e Igor Custodio João (2016). "A taxa de juros natural e a Regra de Taylor no Brasil: 2003-2015", *Revista Brasileira de Economia*, 70(4): 399-417.

[248] Joaquim Levy é engenheiro e economista, com mestrado pela FGV-Rio e doutorado pela Universidade de Chicago (1992). Trabalhou no FMI, foi diretor do Bradesco e exerceu vários cargos no governo, inclusive secretário do Tesouro Nacional durante o primeiro mandato de Lula, quando Antônio Palocci era ministro da Fazenda.

[249] Henrique Meirelles é engenheiro formado pela USP. Teve uma longa e bem-sucedida carreira no Bank of Boston; foi eleito deputado federal pelo PSDB, mas não chegou a tomar posse: foi presidente do Banco Central durante todo o governo Lula, em um período em que o *boom* de *commodities* e os altos juros adotados pelo Banco Central produziram uma altíssima sobreapreciação cambial. Coordenou a criação do banco Original, controlado pelos irmãos Joesley e Wesley Batista, do frigorífico JBS Friboi. Em 2016 voltou a Brasília para assumir o Ministério da Fazenda, no governo Temer, e em 2019 assumiu a Secretaria da Fazenda do Estado de São Paulo, no governo Doria.

[250] Michel Rocard (1930-2016), político do Partido Socialista francês, foi primeiro-ministro da França no governo Mitterrand entre 1988 e 1991. Foi um social-democrata

que se aproximou bastante do liberalismo, assim como ocorreu com Felipe Gonzáles na Espanha e Tony Blair no Reino Unido.

[251] Pedro Rossi é economista. Fez a graduação na UFRJ (2005) e o mestrado e o doutorado em Economia na Unicamp. É professor na Unicamp e autor do livro *Taxa de câmbio e política cambial no Brasil* (Editora FGV, 2016).

[252] Mesmo preso na carceragem da Polícia Federal em Curitiba desde 7 de abril, Lula foi escolhido o candidato presidencial do PT em agosto de 2018, tendo Fernando Haddad como seu vice. Era Lula quem aparecia como candidato em todas as inserções televisivas, radiofônicas, digitais e impressas do PT. Assim, Haddad, inscrito como vice, não participou de nenhum debate televisivo entre candidatos até que o PT tirasse o nome de Lula da candidatura, no limite do prazo dado pela Justiça Eleitoral, a 13 de setembro, apenas três semanas antes das eleições.

23. De volta ao estudo do capitalismo

[253] Bresser-Pereira (2010). "A Crise Financeira Global e depois: um novo capitalismo?", *Novos Estudos CEBRAP*, 86: 51-72.

[254] Bresser-Pereira (2019). "Secular Stagnation, Low Growth, and Financial Instability?", *International Journal of Political Economy*, 48(1): 21-40.

[255] Bresser-Pereira (2020). "Principles on New Developmentalism", *Brazilian Journal of Political Economy*, 40(2), abril-junho: 189-192.

[256] Adam Przeworski (2001). "How Many Ways Can Be Third?", em Andrew Glyn (org.) (2001). *Social Democracy in Neoliberal Times*. Oxford: Oxford University Press, pp. 312-333.

[257] Bresser-Pereira (2014). "The Hegemony Constraints in the Neoliberal Years of Capitalism", em Hideko Magara (org.) (2014). *Economic Crises and Policy Regimes: The Dynamics of Policy Innovation and Paradigmatic Change*. Londres: Edward Elgar, pp. 56-78.

[258] EAEPE é a European Association for Evolutionary Political Economy.

[259] Wolfgang Streeck (2013). *Buying Time: The Delayed Crisis of Democratic Capitalism*. Londres: Verso.

[260] Bresser-Pereira e Marcus Ianoni (2017). "Developmental Class Coalitions: Historical Experiences and Prospects", em Hideko Magara e Bruno Amable (orgs.) (2017). *Growth, Crisis and Democracy: The Political Economy of Social Coalitions and Policy Regime Change* (Nova York: Routledge, pp. 166-195). "Class Coalitions in a New Democracy: The Case of Brazil", em *Growth, Crisis and Democracy*, pp. 222-240.

[261] John A. Hobson (1902). *Imperialism: A Study*. Nova York: James Pott & Co.

[262] Bresser-Pereira (2019). "Why Did Trade Liberalization Work for East Asia but Fail in Latin America?", *Challenge*, 62(4): 273-277. Bresser-Pereira, Eliane Cristina Araújo e Samuel Costa Peres (2020). "An Alternative to the Middle-Income Trap", *Structural Change and Economic Dynamics*, 52, março: 294-312.

Notas

[263] Bresser-Pereira (2015). "After the Demise of Neoliberalism, but not of Conservatism, a Third Developmentalism?", *EESP-FGV Discussion Paper*, 394, junho.

24. A GRANDE CRISE BRASILEIRA

[264] Bresser-Pereira (2018). "Brazil's Macroeconomic Policy Institutions, Quasi-Stagnation, and the Interest Rate-Exchange Rate Trap", em Edmund Amann, Carlos Azzoni e Werner Baer (orgs.). *The Oxford Handbook on the Brazilian Economy*. Nova York: Oxford University Press, pp. 221-240.

[265] Bresser-Pereira (2019). "40 anos de desindustrialização", *Jornal dos Economistas*, junho: 3-5.

[266] Paulo Guedes é um economista carioca nascido a 24 de agosto de 1949. Obteve o mestrado e o doutorado em Economia pela Universidade de Chicago nos anos 1970. Foi professor em Santiago, no Chile, durante a ditadura do general Augusto Pinochet, quando outros economistas da Universidade de Chicago faziam parte do governo chileno. De volta ao Brasil nos anos 1980, foi professor na PUC-Rio e na FGV-RJ, tendo se notabilizado pelo pensamento liberal na economia. Crítico dos seus colegas da PUC-Rio, como Persio Arida e Edmar Bacha, Guedes não fez parte das diversas equipes que se envolveram com os planos de estabilização entre o Cruzado, de 1986, e o Real, de 1994. Com longa carreira no mercado financeiro, onde fundou a JGP Gestão de Recursos, Guedes foi colunista de jornais e revistas, tendo criado também o *think tank* Instituto Millenium para difundir o pensamento liberal no terreno econômico. Foi apresentado a Jair Bolsonaro pelo empresário sino-brasileiro Winston Ling em novembro de 2017, menos de um ano antes das eleições presidenciais. Imediatamente associado ao capitão do Exército, Guedes formulou seu plano econômico e virou seu ministro da Economia (o novo nome do Ministério da Fazenda, repetindo a mesma alteração que Collor determinou quando Zélia Cardoso de Mello foi ministra, em 1990 e 1991).

[267] Sergio Moro foi, entre 1996 e novembro de 2018, juiz federal no Paraná. Doutor em Direito pela UFPR, Moro se notabilizou ao ser o responsável por julgar os casos da Operação Lava Jato, deflagrada em março de 2014. Suas decisões levaram à prisão de empresários das maiores empreiteiras do país, bem como políticos como o ex-ministro Antônio Palocci (PT) e o ex-presidente da Câmara dos Deputados, Eduardo Cunha (PMDB-RJ). Em julho de 2017 condenou o ex-presidente Luiz Inácio Lula da Silva a mais de nove anos de reclusão. Quando ficou clara a provável vitória de Jair Bolsonaro na eleição de 2018, Moro pediu exoneração do serviço público para se tornar ministro da Justiça de Bolsonaro.

[268] Deltan Dallagnol, nascido em 1980, é procurador da República em Curitiba desde 2003. É um dos coordenadores da força-tarefa da Operação Lava Jato, deflagrada em março de 2014 e ainda não concluída quando da produção deste livro (2020).

[269] Conforme a Wikipédia, "No contexto da criminalidade brasileira, a partir da década de 2000 e de início no Rio de Janeiro, milícia designa um *modus operandi* de organizações criminosas formadas em comunidades urbanas de baixa renda, como conjuntos habitacionais e favelas, inicialmente, e que a princípio efetuam práticas ilegais sob

a alegação de combater o crime do narcotráfico. Tais grupos se mantêm com os recursos financeiros provenientes da extorsão da população e da exploração clandestina de gás, televisão a cabo, máquinas caça-níqueis, agiotagem, venda de imóveis etc.".

[270] A chacina do Fallet, em 8 de fevereiro de 2019, foi uma operação violenta da Polícia Militar do Rio de Janeiro na qual morreram quinze jovens que não estavam cometendo qualquer crime. Até hoje ninguém foi punido.

25. A COVID-19 E A FINITUDE

[271] Ignácio Rangel (1963). *A inflação brasileira*. Rio de Janeiro: Tempo Brasileiro.

[272] Basil J. Moore (1979). "The Endogenous Money Stocks", *Journal of Post Keynesian Economics*, 2(1), outubro: 49-70.

[273] Bresser-Pereira e Yoshiaki Nakano (1983 [1984]). "Fatores aceleradores, mantenedores e sancionadores da inflação", *Anais do X Encontro Nacional de Economia*, Belém, ANPEC, dezembro de 1983. Reproduzido em *Revista de Economia Política* [*Brazilian Journal of Political Economy*], 4(1), janeiro 1984: 5-21.

[274] Cálculos de Bresser-Pereira com base nas informações bem fundamentadas de Kate Allen e Keith Fray, "Central Banks Hold a Fifth of their Governments' Debt", *Financial Times*, 15 de agosto de 2017.

[275] Fonte: Laboratório de Política Fiscal do IBRE-FGV. Dados de 26 de abril de 2020.

[276] François Cheng (2013). *Cinq méditations sur la mort*. Paris: Albin Michel.

[277] São elas: "(1) Definir como meta de política econômica um pequeno superávit em conta-corrente que, além de evitar o endividamento externo, torne desnecessária a entrada líquida de capitais que apreciam o câmbio e tiram competitividade das empresas nacionais; (2) Ter como meta equilibrar ou tornar superavitária a conta fiscal relativa à despesa corrente, enquanto se busca aumentar o investimento público e se adota política fiscal contracíclica; (3) Manter a taxa de juros baixa para que a taxa de câmbio possa ser competitiva; não usar, portanto, a taxa de juros para atrair capitais; (4) Manter sob controle nacional os serviços industriais de utilidade pública e as empresas estratégicas, e garantir o papel das instituições financeiras públicas, principalmente o BNDES; e (5) Investir na educação e na ciência e na tecnologia nacionais".

Sobre Luiz Carlos Bresser-Pereira

Luiz Carlos Bresser-Pereira nasceu em São Paulo, em 1934. Cursou a Faculdade de Direito da Universidade de São Paulo. É mestre em Administração de Empresas pela Michigan State University e doutor e livre-docente em Economia pela USP. Trabalhou sempre como professor universitário, foi por vinte anos executivo de uma grande empresa e ocupou diversos cargos públicos, inclusive a chefia de três ministérios.

Publicou em 1968 seu primeiro livro, *Desenvolvimento e crise no Brasil*. Desde então publicou muitos outros, vários deles traduzidos para o inglês, o espanhol, o francês e o japonês. Salientam-se, entre eles, *A sociedade estatal e a tecnoburocracia* (1981), *Inflação e recessão* (1984, com Yoshiaki Nakano), *Lucro, acumulação e crise* (1986), *Reforma do Estado para a cidadania* (1998), *Construindo o Estado republicano* (2004), *Macroeconomia da estagnação* (2007), *Globalização e competição* (2009), *A construção política do Brasil* (2014) e *Macroeconomia desenvolvimentista*, este com Nelson Marconi e José Luís Oreiro (2016). Seus *papers* estão publicados nas principais revistas acadêmicas brasileiras e estrangeiras. Pesquisas indicam que está entre os economistas brasileiros mais citados no exterior. Escreve nos principais jornais brasileiros, em particular na *Folha de S. Paulo*, em que assina uma coluna quinzenal. Mantém um site na internet, <www.bresserpereira.org.br>, no qual se encontra disponível boa parte de sua obra acadêmica e jornalística.

Manteve-se sempre em oposição política ao regime autoritário. Em 1983, com a eleição de André Franco Montoro para o governo de São Paulo, tornou-se presidente do Banespa e, em seguida, secretário de Governo. Em 1987, em meio à crise provocada pelo fracasso do Plano Cruzado, tornou-se ministro da Fazenda do governo José Sarney. Sem condições de realizar o ajuste fiscal e a reforma tributária que permitiriam a efetivação de um plano definitivo de estabilização, demitiu-se do governo no final do ano. Em 1988 desligou-se do PMDB e participou da fundação do PSDB. Em 1995 assumiu o Ministério da Administração Federal e Reforma do Estado (MARE), no qual comandou a Reforma Gerencial de 1995. No segundo mandato foi, durante os primeiros seis meses, ministro da Ciência e Tecnologia. A partir do segundo semestre de 1999 retornou em tempo integral à vida acadêmica, na Fundação Getúlio Vargas, e à direção da *Revista de Economia Política*, que fundou com Yoshiaki Nakano em 1980. Entre 2002 e 2010 foi membro do Comitê de Especialistas em Administração Pública do Conselho Econômico e Social da Organização das Nações Unidas. Em 2010 criou o Centro do Novo Desenvolvimentismo da Escola de Economia de São Paulo, da Fundação Getúlio Vargas, e em 2015 recebeu o Prêmio Juca Pato pela edição do livro *A construção política do Brasil*.

Em 2011 desligou-se do PSDB por não mais concordar com as orientações políticas do partido. Desde que saiu do governo, em 1999, não se dedicou mais à política partidária, concentrando seu trabalho nas atividades acadêmicas e como intelectual envolvido nas questões nacionais.

Intelectualmente, atuou sempre na confluência da economia e da teoria social, utilizando um instrumental em que estão presentes as influências de Marx, Weber, Keynes e da teoria estruturalista do desenvolvimento econômico ou desenvolvimentismo clássico.

Suas contribuições teóricas mais significativas, no plano da teoria social, dizem respeito à teoria da nova classe tecnoburocrática ou profissional e à crítica dos Trinta Anos Neoliberais do Capitalismo; no plano da teoria política, à teoria do Estado moderno e à revolução capitalista, à teoria da democracia, à teoria dos direitos republicanos, e à teoria da Reforma Gerencial do Estado; e, no plano da teoria econômica, à relação entre desenvolvimento econômico e revolução capitalista, à revisão do modelo clássico de distribuição da renda e à relação dos salários com os tipos de progresso técnico, à teoria da inflação inercial, à macroeconomia, e, desde 2001, ao Novo Desenvolvimentismo — um quadro teórico amplo para compreender os países de renda média constituído por uma teoria econômica e uma economia política desenvolvimentistas, visando compreender melhor esses países, principalmente seu déficit ou superávit em conta-corrente e a correspondente taxa de câmbio que tende a ser sobreapreciada ciclicamente e no longo prazo se não se adotar uma política cambial adequada.

No plano da análise do Brasil, dedicou-se ao estudo das origens étnicas e sociais dos empresários, à análise das interpretações do país, e ao estudo dos modelos econômicos e dos pactos políticos que marcaram o estabelecimento do nosso capitalismo industrial e da nossa democracia. Publicou os seguintes livros:

Desenvolvimento e crise no Brasil (Zahar, 1968; Brasiliense, 1970-1984; Editora 34, 2003); *Development and Crisis in Brazil* (Westview, 1984)

Administração geral e relações industriais na pequena empresa brasileira, com Laerte Leite Cordeiro e Ary Ribeiro de Carvalho (Editora da Fundação Getúlio Vargas, 1968)

Casos em administração geral, com Yolanda Ferreira Balcão e Cândido Bueno de Azevedo (Editora da Fundação Getúlio Vargas, 1970)

Tecnoburocracia e contestação (Vozes, 1972)

As revoluções utópicas dos anos 1960 (em *Tecnoburocracia e contestação*, Vozes, 1972; Vozes, 1978; Editora 34, 2006)

Empresários e administradores no Brasil (Brasiliense, 1974)

Estado e subdesenvolvimento industrializado (Brasiliense, 1977)

O colapso de uma aliança de classes (Brasiliense, 1978)

Introdução à organização burocrática, com Fernando Prestes Motta (Brasiliense, 1980; Thomson Pioneira, 2003)

A sociedade estatal e a tecnoburocracia (Brasiliense, 1981)

Economia brasileira: uma introdução crítica (Brasiliense, 1982-1986; Editora 34, 1998)

Inflação e recessão, com Yoshiaki Nakano (Brasiliense, 1984); *The Theory of Inertial Inflation* (Lynne Rienner, 1987)

A dívida e a inflação (Gazeta Mercantil, 1985)

Pactos políticos: do populismo à redemocratização (Brasiliense, 1985)

Lucro, acumulação e crise (Brasiliense, 1986)

Os tempos heroicos de Collor e Zélia (Nobel, 1991)

A crise do Estado (Nobel, 1992)

A Nova República: 1985-1990 (Edições CEP, 1993)

Economic Reforms in New Democracies, com José María Maravall e Adam Przeworski (Cambridge University Press, 1993); *Las reformas económicas en las nuevas democracias* (Alianza Editorial, 1995); *Reformas econômicas em novas democracias* (Nobel, 1996)

Economic Crisis and State Reform in Brazil (Lynne Rienner, 1996); *Crise econômica e reforma do Estado no Brasil* (Editora 34, 1996); *Crise économique et réforme de l'État au Brésil* (Maison des Sciences de l'Homme, 2002)

Reforma do Estado para a cidadania (Editora 34, 1998); *Reforma del Estado para la ciudadanía* (Eudeba, 1999)

Construindo o Estado republicano (Editora FGV, 2004-2009)

Macroeconomia da estagnação (Editora 34, 2007)

Globalização e competição (Campus Elsevier, 2009); *Mondialisation et compétition* (La Découverte, 2009); *Globalization and competition* (Cambridge University Press, 2010); *Globalización y competencia* (Siglo XXI, 2010)

Developmental Macroeconomics, com Nelson Marconi e José Luís Oreiro (Routledge, 2014); *Macroeconomia desenvolvimentista* (Elsevier, 2016)

A construção política do Brasil (Editora 34, 2014-2021)

Em busca do desenvolvimento perdido: um projeto novo-desenvolvimentista para o Brasil (Editora FGV, 2018)

Coletâneas

Dívida externa: crise e soluções (Brasiliense, 1989)

Populismo econômico: ortodoxia, desenvolvimentismo e populismo na América Latina (Nobel, 1991)

Reforma do Estado e administração pública gerencial, com Peter Spink (Editora FGV, 1998); *Reforming the State: Managerial Public Administration in Latin America* (Lynne Rienner, 1999)

Lo público no estatal en la reforma del Estado, com Nuria Cunill Grau (CLAD/ Paidós, 1998); *O público não estatal na reforma do Estado* (Editora FGV, 1999)

Sociedade e Estado em transformação, com Jorge Wilheim e Lourdes Sola (Editora da UNESP/ENAP, 1999)

La responsabilización en la nueva gestión pública latinoamericana, com Nuria
Cunill Grau (CLAD, 2000); *Responsabilização na administração pública*
(CLAD/Fundap, 2006)

A grande esperança em Celso Furtado, com José Marcio Rego (Editora 34, 2001)

Política y gestión pública, com Nuria Cunill Grau, Leonardo Garnier, Oscar
Oszlak e Adam Przeworski (Fondo de Cultura Económica/CLAD, 2004)

Economia brasileira na encruzilhada (Editora FGV, 2006)

Nação, câmbio e desenvolvimento (Editora FGV, 2008)

Doença holandesa e indústria (Editora FGV, 2010)

Crise global e o Brasil (Editora FGV, 2010)

Depois da crise: a China no centro do mundo? (Editora FGV, 2012)

O que esperar do Brasil? (Editora FGV, 2013)

Financial Stability and Growth, com Jan Kregel e Leonardo Burlamaqui
(Routledge, 2014)

SOBRE O AUTOR

Em busca do novo: o Brasil e o desenvolvimento na obra de Bresser-Pereira,
de José Marcio Rego, Lilian Furquim e Yoshiaki Nakano (Editora FGV,
2004)

Sobre os autores

João Villaverde é jornalista, consultor e professor na área de Administração Pública e Governo. Depois de doze anos em redações de jornais (como *Valor Econômico* e *O Estado de S. Paulo*), escreveu o livro-reportagem *Perigosas pedaladas* (Geração Editorial, 2016) sobre o impeachment de Dilma Rousseff, caso que acompanhou desde o início como repórter em Brasília. Venceu dois prêmios consecutivos de melhor reportagem pelo *Estadão* (em 2014 e 2015) e foi finalista do Grande Prêmio Exxon Mobil de Jornalismo em 2015. Foi pesquisador visitante na Columbia University, em Nova York (EUA). Por quatro anos foi consultor da Medley Global Advisors (MGA), como analista sênior de Brasil para os clientes da MGA no mercado financeiro. Foi colunista da revista *Época* (Globo). É mestre em Administração Pública e Governo pela EAESP-FGV. Atualmente, João é doutorando em Administração Pública e Governo na FGV-SP e professor do curso de graduação no mesmo programa da Fundação Getúlio Vargas de São Paulo.

José Marcio Rego é economista e empresário, com dois mestrados (um em Ciência Política pela Unicamp e outro em Administração Pública pela EAESP-FGV) e dois doutorados (um em Comunicação pela PUC-SP e outro em Economia pela FGV-SP). Foi professor na mesma área na PUC-SP e na FECAP. Foi professor visitante na Universidade de Buenos Aires (Argentina). Como empresário atuou como usineiro no Mato Grosso do Sul e industrial em São Paulo, nos anos 1970 e 1980. É autor de cinco livros pela Editora 34, todos da série *Conversas com...* iniciada em 1996. Organizou, entre outros, os livros *Inflação inercial, teorias sobre inflação e o Plano Cruzado* (Paz e Terra, 1986) e *A grande esperança em Celso Furtado* (Editora 34, 2002). É membro do conselho editorial da *Revista de Economia Política*, curador da Casa do Saber em São Paulo e artista plástico. Atualmente, José Marcio é professor de Economia na EAESP-FGV para cursos de graduação, mestrado e doutorado.

Este livro foi composto em Sabon pela Franciosi & Malta, com CTP e impressão da Edições Loyola em papel Pólen Soft 80 g/m² da Cia. Suzano de Papel e Celulose para a Editora 34, em junho de 2021.